内蒙古自治区社会科学院铸牢中华民族共同体意识研究基地成果集

乌云格日勒 ◎ 主编

远方出版社

图书在版编目（CIP）数据

内蒙古自治区社会科学院铸牢中华民族共同体意识研究基地成果集/乌云格日勒主编.--呼和浩特：远方出版社，2024.10
ISBN 978-7-5555-1976-8

Ⅰ.①内…Ⅱ.①乌…Ⅲ.①中华民族—民族意识—文集Ⅳ.①C955.2

中国国家版本馆CIP数据核字（2024）第039942号

内蒙古自治区社会科学院铸牢中华民族共同体意识研究基地成果集
NEIMENGGU ZIZHIQU SHEHUI KEXUEYUAN ZHULAO ZHONGHUA MINZU GONGTONGTI YISHI YANJIU JIDI CHENGGUOJI

主　　编	乌云格日勒
责任编辑	王　叶
封面设计	李鸣真
版式设计	王改英
出版发行	远方出版社
社　　址	呼和浩特市乌兰察布东路666号　邮编010010
电　　话	（0471）2236473　总编室　2236460　发行部
经　　销	新华书店
印　　刷	内蒙古爱信达教育印务有限责任公司
开　　本	787毫米×1092毫米　1/16
字　　数	369千
印　　张	26
版　　次	2024年10月第1版
印　　次	2024年10月第1次印刷
标准书号	ISBN 978-7-5555-1976-8
定　　价	78.00元

如发现印装质量问题，请与出版社联系调换

《内蒙古自治区社会科学院铸牢中华民族共同体意识研究基地成果集》编委会

主   任   简小文

常务副主任   包银山

副 主 任   乌云格日勒

成   员   树 林　娜仁其木格　王海荣　吴英达
　　　　　　其乐木格　翟 禹　德红英　康建国
　　　　　　包呼格吉勒图　金书包

主   编   乌云格日勒

副 主 编   树 林

作　　者（以文序排列）
　　　　　　乌云格日勒　魏文芳　苏媛媛　道日那　简小文
　　　　　　包银山　康建国　翟 禹　树 林　娜仁其木格
　　　　　　刘春子　长 河　孟荣涛　王海荣　金 洁
　　　　　　陈新丽　德红英　其乐木格　郭晶晶　王海梅
　　　　　　于默颖　李春梅　萨日娜　钱 程　张 宁
　　　　　　李梅英

目 录

第一编 习近平总书记关于加强和改进民族工作的重要思想研究

深入推进新时代党的民族工作高质量发展……………乌云格日勒（3）
以"两个打造"助推民族工作高质量发展……………乌云格日勒（18）
不断谱写马克思主义中国化时代化新篇章……………乌云格日勒（23）
构筑中华民族共有精神家园……………………………乌云格日勒（30）
坚持和加强党的领导　做细做实民族工作………………魏文芳（34）
科学认识中华民族的共同性和差异性　推动新时代民族工作高质量发展………………………………………………苏媛媛　道日那（39）

第二编 铸牢中华民族共同体意识与北疆文化研究

为打造"北疆文化"品牌提供深厚学术支撑………………简小文（49）
论"北疆文化"的基本问题……………………………………简小文（52）
努力在铸牢中华民族共同体意识上作模范……………………简小文（67）
北疆文化建设的价值指引与路径选择……………………………包银山（71）
北疆文化的时代价值………………………………………康建国　翟　禹（88）

第三编 铸牢中华民族共同体意识实践研究

中华人民共和国成立以来蒙古族高僧为铸牢中华民族共同体意识作出的贡献……………………………………………………树 林（105）

内蒙古"铸牢中华民族共同体意识研究（培育）基地"现状研究………………………………………………………娜仁其木格（117）

内蒙古铸牢中华民族共同体意识的地域文化思考……………康建国（130）
　　——以内蒙古"沿黄河区域文化带"的构建为例

绥蒙各界抗日救国会的组织宣传工作……………………………刘春子（135）

解放战争时期蒙古文报刊中华民族共同体意识研究……………长 河（146）
　　——以内蒙古东部区第一张蒙古文党报《群众报》为例

兴安盟中小学校铸牢中华民族共同体意识教育实践研究……孟荣涛（160）

第四编 铸牢中华民族共同体意识内涵研究

立足于中华民族多元一体的"共同"理念 推进铸牢中华民族共同体意识的实践……………………………………………………王海荣（173）

以增强"五个认同"为着力点铸牢中华民族共同体意识……孟荣涛（183）

铸牢中华民族共同体意识的制度保障……………………………金 洁（188）

铸牢中华民族共同体意识的时代内涵……………………孟荣涛（193）
铸牢中华民族共同体意识的人民立场维度研究……………陈新丽（199）
增强群众组织力，铸牢中华民族共同体意识………………孟荣涛（211）

第五编　中华优秀传统文化传承发展研究

让中华优秀传统文化滋养文艺创作…………………………包银山（219）
以长城文化符号凝聚民族力量………………………………翟　禹（224）
中华文化认同视角下内蒙古民族优秀传统文化与中华文化的层次自相似性释析……………………………………………………………德红英（229）
中华优秀传统文化与马克思主义的内在契合性研究………其乐木格（239）
民族地区培育和践行社会主义核心价值观的几点思考……德红英（251）
合理有序推动"两个打造"嵌入实践………………………德红英（256）
推进重大主题文艺实践　提升作品精神能量………………郭晶晶（261）
为全方位建设"模范自治区"贡献文艺力量………郭晶晶　王海梅（267）

第六编　各民族交往交流交融史研究

明后期长城沿线民间贸易与各民族的交往交流交融………于默颖（275）
考古视域下的先秦时期北方地区的民族交融地带…………李春梅（304）

清代鄂尔多斯地区汉蒙民族交往交流交融历史……………萨日娜（323）

互嵌式社区各民族音乐文化的交融共生与创新研究…………郭晶晶（342）

——以鄂温克族自治旗群众性文艺会演为例

第七编　内蒙古民族团结进步创建理论与实践研究

内蒙古自治区开展民族团结进步创建工作的经验……………………………

………………………………娜仁其木格　金　洁　钱　程（361）

民族团结进步创建案例分析……………………………………张　宁（373）

——以阿拉善盟为例

不断巩固和加强各民族大团结……………………………娜仁其木格（384）

发挥制度优势推进内蒙古现代化建设……………………………李梅英（390）

"三千孤儿入内蒙"历史佳话的深刻内涵和时代价值…娜仁其木格（397）

第一编

习近平总书记关于加强和改进民族工作的重要思想研究

第一编　习近平总书记关于加强和改进民族工作的重要思想研究

深入推进新时代党的民族工作高质量发展

乌云格日勒

习近平总书记在党的二十大报告中指出，"马克思主义是我们立党立国、兴党兴国的根本指导思想。实践告诉我们，中国共产党为什么能，中国特色社会主义为什么好，归根到底是马克思主义行，是中国化时代化的马克思主义行"。[1]马克思主义为实现全人类自由解放指出一条光明道路，它的基本原理具有强大的生命力。马克思主义民族理论是马克思主义的重要组成部分，它揭示了民族发展的客观规律，指明了人类社会解决民族问题的基本思路，集中体现了无产阶级的民族观。中国共产党自诞生以来，始终以马克思主义民族理论指导中国的民族工作实践，坚持守正创新，既一脉相承又与时俱进，不断推进马克思主义民族理论中国化，形成了具有鲜明时代特点的中国化马克思主义民族理论。长期的历史实践说明，中国的民族工作为什么成功，民族团结、社会稳定为什么得到长期维护，归根到底是因为在马克思主义民族理论的指导下，走出一条中国特色解决民族问题的正确道路。[2]党的十八大以来，以习近平同志为核心的党中央，在实践中探索形成党关于加

---

[1] 习近平.高举中国特色社会主义伟大旗帜为全面建设社会主义现代化国家而团结奋斗——在中国共产党第二十次全国代表大会上的报告[M].北京：人民出版社，2022：14.

[2] 王希恩.不断推进马克思主义民族理论的中国化和时代化[J].西北民族研究，2022（6）.

强和改进民族工作的重要思想,创造性提出铸牢中华民族共同体意识重大原创性论断,指导民族工作取得历史性成就、发生了历史性变革。党的二十大报告指出:"以铸牢中华民族共同体意识为主线,坚定不移走中国特色解决民族问题的正确道路,坚持和完善民族区域自治制度,加强和改进党的民族工作,全面推进民族团结进步事业。"[1]习近平总书记关于加强和改进民族工作的重要思想,是马克思主义民族理论的最新成果。只有深入学习贯彻这一重要思想,全面准确领会其科学内涵,牢牢把握铸牢中华民族共同体意识主线,扎实推动落地落实,才能深化实化新时代党的民族工作高质量发展,才能在中华民族伟大复兴进程中汇聚起各民族团结奋斗的磅礴伟力。

一、马克思主义民族理论的中国化

(一)马克思主义民族理论的基本原理

马克思主义民族理论以历史唯物主义为基础,贯穿辩证唯物主义始终,为我们正确对待民族和民族问题提供了科学的世界观与方法论。马克思主义民族理论的基本原理集中体现在马克思主义经典作家对民族的形成和发展、民族问题、民族平等与民族团结等方面的立场、观点和方法上。[2]马克思恩格斯在《共产党宣言》《德意志意识形态》《中国革命和欧洲革命》《不列颠在印度统治的未来结果》《家庭私有制和国家的起源》等著作中,分析阶级社会民族问题产生的社会根源,揭示了民族和民族问题发展的一般规律,奠定了无产阶级及其政党解决民族问题的基本原则和政策依据。民族的形成是一个漫长而复杂的社会过程。马克思、恩格斯科学总结了民族形成的过

---

[1]习近平.高举中国特色社会主义伟大旗帜为全面建设社会主义现代化国家而团结奋斗——在中国共产党第二十次全国代表大会上的报告[M].北京:人民出版社,2022:33.

[2]恩佳,何雄浪,魏月姣.马克思主义民族理论中国化的新贡献:习近平关于民族工作重要论述探析[J].民族研究,2020(6).

程，认为生产力是各民族进步繁荣的原动力，也是推进民族进步的第一要素，是民族问题产生的物质根源；人民群众是创造历史的动力，也是推动民族发展进步的主体。根据马克思的历史唯物主义原理，民族是一种历史范畴，有其形成、发展和消亡的客观规律。民族随着生产力的发展而形成，最终将会随着生产力的高度发展而消亡。随着社会的发展，民族问题在不断变化，"一切历史冲突都根源于生产力和交往形式之间的矛盾"[1]，当生产力达到一定水平，民族问题也随之消失。马克思主义坚持一切从实际出发和普遍联系的观点，指出民族问题是社会总问题的一部分，这为正确处理社会整体与民族局部、各民族共性和个性的关系提供了正确的方法论。

生产方式和社会制度决定民族关系的性质，"各民族之间的相互关系取决于每个民族的生产力、分工和内部交往的发展程度"[2]。马克思、恩格斯认为，每个民族都拥有不同的自然禀赋与历史背景，这就决定了各个民族之间生产力与分工的差异性。民族国家是资本主义时期典型的正常的国家形态，在人剥削人的社会条件下，民族生产力的不平衡造成了资本主义民族的扩张、殖民地民族的反抗斗争与资本主义民族国家的霸权之争。多民族国家是国家形态的常态，社会主义国家同样存在由生产力不平衡导致的民族问题，但这与资本主义民族矛盾有着本质区别，属于人民内部矛盾。马克思、恩格斯一贯主张民族平等与民族团结，反对民族偏见和民族利己主义。马克思主义民族理论是谋求各民族平等、联合、自决，指引被压迫民族反对民族压迫，走向民族解放、民族独立的理论。马克思主义认为，阶级利益高于民族利益，阶级对立是民族对立的根源，消除私有制是消除民族压迫和对立的根本途径。民族没有贵贱优劣之分，他们都拥有相同的智慧与才能，每个民族都有其独特的优势和文化，即使一些民族发展稍有落后，但总会不断进

---

[1] 德意志意识形态.马克思恩格斯文集（第一卷）[M].北京：人民出版社，2009.
[2] 德意志意识形态.马克思恩格斯文集（第一卷）[M].北京：人民出版社，2009.

步，都应享有平等的地位与权利。"资产阶级，由于一切生产工具的迅速改进、交通的极其便利，把一切民族甚至最野蛮的民族都卷到文明中来了。它的商品的低廉价格，是它用来摧毁一切万里长城、征服野蛮人最顽强的仇外心理的重炮。它迫使一切民族——如果它们不想灭亡的话——采用资产阶级的生产方式"[1]。由此可见，如果没有发展，民族平等将无从谈起。

（二）马克思主义民族理论中国化及其成功实践

在中国革命和建设过程中，中国共产党始终坚持从各个历史时期的社会状况和民族问题实际出发，经过几代领导集体的发展完善，形成了具有中国特色的民族理论体系、政策体系。毛泽东民族理论、改革开放以来形成的中国特色社会主义民族理论、习近平总书记关于加强和改进民族工作的重要思想，都是具有时代特点的中国化马克思主义民族理论[2]。毛泽东同志对中国特色民族理论的形成和发展作出了巨大贡献[3]。毛泽东民族理论是以坚持民族平等、民族区域自治、培养少数民族干部、确立少数民族当家作主、维护民族平等、推进民族地区改革等为主要内容的理论体系[4]，是毛泽东思想的重要组成部分，是集体智慧的结晶。毛泽东民族理论回答了中华民族如何摆脱压迫、实现民族解放，继而如何步入社会主义、建立新型民族关系的问题。毛泽东民族理论的形成昭示着马克思主义民族理论中国化的第一次飞跃。我们党从成立之日起，就高度重视民族问题和民族工作。早在建党初期，二大《宣言》就提出："推翻国际帝国主义的压迫，达到中华民族完全独立；统一中国本部（东三省在内）为真正民主共和国，蒙古、西藏、回疆三部实行自治，成为民主自治邦；用自由联邦制，统一中国本部、蒙古、

---

[1]共产党宣言.马克思恩格斯文集（第二卷）[M].北京：人民出版社，2009.
[2]王希恩.不断推进马克思主义民族理论的中国化和时代化[J].西北民族研究，2022（6）.
[3]金炳镐，林艳.毛泽东与中国特色民族理论——纪念毛泽东诞辰120周年[J].民族论坛，2013（12）.
[4]卢成观，代金平.中国共产党百年民族工作的理论主题与发展道路[J].广西民族研究，2021（4）.

西藏、回疆,建立中华联邦共和国。"[1]"自治邦""联邦制"等党在幼年时期的主张尚不成熟,但建立包括蒙古、西藏、回疆等在内的"共和国"是组建统一多民族国家的"前期准备"。毛泽东1938年首次提出"马克思主义中国化"的命题。1940年拟定的《关于回回问题的提纲》《抗战中蒙古民族问题提纲》,已明确规定了实行民族平等、尊重民族文化及风俗习惯宗教信仰、帮助改善提高各少数民族人民生活、改善民族关系等具体政策。1941年5月,由毛泽东改写的《陕甘宁边区施政纲领》提出"建立蒙回民族的自治区",这是中国共产党解决民族问题的一个创造。毛泽东等老一辈无产阶级革命家坚决反对大汉族主义,反对地方民族主义。1949年9月通过的《中国人民政治协商会议共同纲领》明确了"境内各民族一律平等,各少数民族聚居的地区实行民族区域自治"[2]。中华人民共和国的成立,标示了马克思列宁主义在中国的胜利。1952年,中央人民政府颁布了《中华人民共和国民族区域自治实施纲要》,从此党的民族工作进入规范化进程。党中央始终坚持实事求是的原则指导民族地区发展进步。在党的领导下,内蒙古较早实施了土地改革。但在土改初期,由于对农村情况研究不够,错划部分农民成分,扩大了打击面。牧区民主改革,起初也因忽视畜牧业经济特点,简单划分阶级、斗争牧主、平分牲畜,使畜牧业生产受到严重破坏。党中央敏锐察觉到工作中的偏差,及时开展土地改革复查纠偏,要求"慎重缓进"推进牧区民主改革。[3]内蒙古认真总结经验教训,推行了"三不两利"等符合实际的措施,使土改回到正轨,牧区民主改革顺利实施,为民族地区提供了宝贵经验。科学正确是毛泽东民族理论的特点之一。在毛泽东民族理论指导下,我国实施了56个民族的识别工作,少数民族完成民主改革,实现了当家作主、

---

[1]中国共产党第二次全国代表大会宣言.https://www.12371.cn.
[2]马克思主义中国化一百年大事记[M].北京:中央文献出版社,2022.
[3]孙绍骋.感党恩听党话跟党走 在新时代继续保持模范自治区崇高荣誉[N].中国民族报,2022-11-25.

民族平等、民族地区稳定发展。

党的十一届三中全会以来，以邓小平、江泽民、胡锦涛等为主要代表的党和国家领导人以毛泽东民族理论为基石，准确研判民族工作形势，认真总结党的民族工作历史经验，开创了中华民族历史上民族繁荣发展新局面，形成改革开放以来中国特色社会主义民族理论，实现了马克思主义民族理论中国化新的飞跃。改革开放以来中国特色社会主义民族理论是一个理论体系，包括以经济发展为抓手推动民族地区繁荣进步、正确认识民族关系凝练其本质特征、坚决反对民族分裂维护国家统一大局等。[1]1978年5月，《光明日报》以特约评论员名义发表了《实践是检验真理的唯一标准》。由此，在邓小平的领导和老一辈革命家的支持下，一场关于真理标准的大讨论迅速在全党全社会展开，这为十一届三中全会做了重要思想准备[2]，也为改革开放时期党的民族工作提供了思想基础。随着我国改革发展的逐步深入，以邓小平关于将发展作为解决民族问题的基本任务的论述、关于民族区域自治要重视经济社会发展的论述、社会主义民族关系基本上是各族劳动人民之间的关系、各民族要相互学习取长补短相互合作的论述等为基本轮廓的中国特色民族理论逐渐形成[3]。1984年5月，六届全国人大二次会议通过《中华人民共和国民族区域自治法》，明确规定民族区域自治是国家的一项基本政治制度。至此，民族区域自治步入法治化轨道。20世纪90年代之后，面对国内外民族问题出现的新情况，以江泽民为核心的党中央两次召开中央民族工作会议，总结经验，提出民族工作的主要任务，凝练了"三个离不开"重要思想，实施西部大开发战略，拓展了中国特色民族理论的内容。进入新世纪，以胡锦涛为总书记的党中央继续给予民族问题高度重视，召开第三次中央民族工作

---

[1] 卢成观，代金平. 中国共产党百年民族工作的理论主题与发展道路[J]. 广西民族研究，2021（4）：210.
[2] 马克思主义中国化·百年大事记[M]. 北京：中央文献出版社，2022.
[3] 王希恩. 不断推进马克思主义民族理论的中国化和时代化[J]. 西北民族研究，2022（6）.

会议，指出"和谐是社会主义民族关系的本质特征""中国特色社会主义道路是解决我国民族问题的根本道路"，提出民族区域自治"三个不容置疑"的重要论断，极大丰富了中国特色民族理论。

党的十八大以来，以习近平同志为核心的党中央从实现"两个一百年"奋斗目标和中华民族伟大复兴的战略高度出发，坚持把马克思主义民族理论与中国民族问题实际相结合、与中华优秀传统文化相结合，围绕怎样坚持和完善中国特色解决民族问题的正确道路，提出了一系列新理念、新思想、新战略，形成了习近平总书记关于加强和改进民族工作的重要思想，开辟了马克思主义民族理论中国化的新境界。[1]习近平总书记关于加强和改进民族工作的重要思想，是习近平新时代中国特色社会主义思想的重要组成部分，是中国化时代化的马克思主义民族理论，为做好新时代党的民族工作提供了根本遵循。在这一重要思想指导下，党的民族工作取得历史性成就，发生了历史性变革。党的十八大以来，我国平等团结互助和谐的社会主义民族关系不断巩固和发展，"五个认同"不断增强，中华民族共同体建设不断推进，中华民族凝聚力向心力空前增强，各族群众的获得感、幸福感、安全感进一步增强，中华儿女的归属感、自豪感、使命感全面增进。[2]十年里，民族地区生产总值从5.1万亿元增长至11.8万亿元，年均增长7.6%，高于全国同期1.1个百分点；城乡居民人均可支配收入分别从20456元增长至39945元、从6314元增长至15094元，年均分别增长7.7%、10.2%；交通基础设施条件空前完善，铁路运营里程和公路里程分别达到4.2万千米、134.3万千米，分别增长61.5%、37.0%；作为脱贫攻坚战的主战场，民族地区3121万贫困人口全部脱贫，28个人口较少民族全部实现整族脱贫，少数民族和民族地区的面貌发生

---

[1]尤权.做好新时代党的民族工作的科学指引——学习贯彻习近平总书记在中央民族工作会议上的重要讲话精神[J].求是，2021（21）.
[2]乌云格日勒.不断谱写马克思主义中国化时代化新篇章[N].中国民族报，2022-11-8.

了历史性巨变。[1]十年来之所以取得历史性成就和突破性进展，在于有习近平总书记作为党中央的核心、全党的核心掌舵领航，在于有习近平新时代中国特色社会主义思想科学指引。

二、全面准确领会习近平总书记关于加强和改进民族工作的重要思想

我们党从成立起，就积极探索适合我国国情的解决民族问题的道路，逐渐确立了民族平等、民族团结、民族区域自治、各民族共同繁荣发展为主要内容的民族理论和民族政策，各民族在社会主义制度下实现了真正意义上的平等团结进步。党的十八大以来，创立了习近平总书记关于加强和改进民族工作的重要思想，实现了马克思主义民族理论中国化新的飞跃。习近平总书记关于加强和改进民族工作的重要思想，科学回答了如何铸牢中华民族共同体意识、如何汇聚实现中华民族伟大复兴磅礴力量的重大理论和实践问题，深刻阐释了中华民族共同体形成和发展的内在规律，鲜明地昭示中华民族走向认同度更高、凝聚力更强的命运共同体的光明前景，具有强大的理论引领力、实践指导力和积极的世界影响力。这一重要思想系统阐释了民族工作的战略地位、历史方位、工作主线、重要任务、工作格局、规律方法，深刻回答了民族工作举什么旗、走什么路的根本性问题，是党的治国方略在民族工作领域的集中体现，确保了新时代党的民族工作始终沿着正确道路奋勇前进。这一重要思想，是中国特色民族理论建设的一次重大飞跃，是推动新时代党的民族工作高质量发展的强大思想武器[2]。

习近平总书记关于加强和改进民族工作的重要思想，是一个科学体

---

[1]李波,马楠,甘天琦,等."这十年"民族地区经济社会发展成就[N].中国民族报,2022-10-11.

[2]尤权.做好新时代党的民族工作的科学指引——学习贯彻习近平总书记在中央民族工作会议上的重要讲话精神[J].求是,2021（21）.

系，概括为"十二个必须"。"十二个必须"体现了理论与实践相结合、认识论和方法论相统一的鲜明特色，支撑起新时代党的民族工作的"四梁八柱"[1]。学习贯彻这一重要思想，要把握好习近平新时代中国特色社会主义思想的世界观和方法论，坚持好、运用好贯穿其中的立场观点方法，坚持人民至上、坚持自信自立、坚持守正创新、坚持问题导向、坚持系统观念、坚持胸怀天下，全面准确领会"十二个必须"的基本内容和内在联系，不断把学习贯彻引向深入。有学者将"十二个必须"分为统领性部分、核心部分、具体内容部分予以理解[2]，这对于系统掌握"十二个必须"的内在规律具有很强的指导意义。本文以推进新时代党的民族工作高质量发展为切入点，将"十二个必须"分为"总体要求""主要任务""根本保障"三部分进行分析。"总体要求"，是从宏观层面对新时代党的民族工作的历史方位、重点任务、工作主线等作出的重大论断，解决的是"为什么""干什么"的问题。包括：必须从中华民族伟大复兴战略高度把握新时代党的民族工作的历史方位；必须把推动各民族为全面建设社会主义现代化国家共同奋斗作为新时代党的民族工作的重要任务；必须以铸牢中华民族共同体意识为新时代党的民族工作的主线，不断推进中华民族共同体建设。这三个"必须"在"十二个必须"中具有统领作用，是推进新时代党的民族工作高质量发展的"方向"和"指南"，事关民族工作的根本和成败，必须时刻铭记、牢牢掌握。"主要任务"，是从推动落实的层面对新时代党的民族工作作出的部署和安排，解决的是"怎么干"的问题。包括：必须坚持正确的中华民族历史观；必须坚持各民族一律平等；必须高举中华民族大团结旗帜；必须坚持和完善民族区域自治制度；必须构筑中华民族共有精神家园；必须促进各民族广泛交往交流交融；必须坚持依法治理民族事务，推进民族事务治理体系和

---

[1]中央民族工作会议精神学习辅导读本[M].北京：民族出版社，2022.
[2]严庆.深刻理解党关于加强和改进民族工作的重要思想[J].湖北民族大学学报（哲学社会科学版），2021（6）.

治理能力现代化；必须坚决维护国家主权、安全、发展利益。这八个"必须"，明确了新时代党的民族工作的主要任务和具体内容，事关民族工作的成效和地位，是贯彻重要思想的关键所在，必须扎实推动、落细落小落实。"根本保障"，从领导力量的层面指明了新时代党的民族工作的核心保障，解决的是"如何确保""何以保障"的问题，即必须坚持党对民族工作的领导。这个"必须"作为"十二个必须"体系里的根本保障，贯穿于"十二个必须"，是党的民族工作体制机制里的核心要素，是党关于百年民族工作的根本经验，必须牢牢坚持、始终不渝。

三、牢牢把握铸牢中华民族共同体意识工作主线

习近平总书记在2021年中央民族工作会议上强调，必须以铸牢中华民族共同体意识为新时代党的民族工作的主线，推动各民族坚定对伟大祖国、中华民族、中华文化、中国共产党、中国特色社会主义的高度认同，不断推进中华民族共同体建设。[1]铸牢中华民族共同体意识，就是引导各族人民牢固树立休戚与共、荣辱与共、生死与共、命运与共的共同体理念。这是习近平总书记着眼于世界民族问题发展形势、我国社会主要矛盾发展变化、中华民族共同体建设需要而提出的重大原创性论断，标志着党对民族问题的认识达到了新境界。如何牢牢把握这一主线，笔者认为，把握主线的核心问题有三：一是新时代党的民族工作的"纲"；二是民族工作的重要原则；三是客观存在和主观意识的辩证关系。

一要把握好铸牢中华民族共同体意识是新时代党的民族工作的"纲"。以铸牢中华民族共同体意识为"纲"，就是要在民族工作的全过程各方面都

---

[1]习近平在中央民族工作会议上强调 以铸牢中华民族共同体意识为主线推动新时代党的民族工作高质量发展[N].人民日报，2021-8-29.

体现铸牢中华民族共同体意识的总要求，把是否有利于铸牢中华民族共同体意识作为衡量和检验民族工作成效的标准，最大限度调动有利于铸牢中华民族共同体意识的积极因素。[1]"全过程各方面"，即指在"过程"这个"纵向"上从头贯穿到底，在"方面"这个"横向"上实现全覆盖。要将铸牢中华民族共同体意识作为制定政策、规划工作的原则和依据，作为考核评价各方面工作的标准和尺度，做到所有工作向其"聚焦"。[2]

二要把握好增进共同性、尊重和包容差异性是民族工作的重要原则。2021年中央民族工作会议提出要正确把握"四个关系"，即正确把握共同性和差异性的关系、中华民族共同体意识和各民族意识的关系、中华文化和各民族文化的关系、物质和精神的关系。在"四个关系"中，共同性和差异性是根本、是基础。民族是一个历史范畴，共同性和差异性始终存在于民族发展演变的过程中。中华民族在形成过程中，既突出"求同存异"的主要逻辑，同时根据多民族、多元性特点注重"因俗而治"。几千年的历史进程中，中华民族就是在增进共同性、又尊重和包容差异性的协同中形成中华民族共同体。增进共同性、尊重和包容差异性是民族工作的重要原则。增进共同性，就是增强各民族的"五个认同""三个意识"；尊重差异性，就是注意对各民族在饮食服饰、风俗习惯、文化艺术、建筑风格等方面的传承保护。各民族之间，共同性是主要的，差异性是次要的。工作中要重点把握好"同"的主导地位和"异"的从属性特点，在保护过程中绝不能固化强化落后因素。[3]

三要把握好中华民族共同体和中华民族共同体意识的关系。2021年中央民族工作会在强调铸牢中华民族共同体意识的同时，明确提出推进中华民

---

[1] 中央民族工作会议精神学习辅导读本[M].北京：民族出版社，2022：64.
[2] 中共中央宣传部就新时代民族团结进步事业成就与举措举行新闻发布会.[EB/OL].https://www.xuexi.cn.
[3] 中央民族工作会议精神学习辅导读本[M].北京：民族出版社，2022：67-69.

族共同体建设的要求。中华各民族在漫长的交往交流交融过程逐渐形成为中华民族共同体，也相应产生了中华民族共同体意识，中华民族共同体意识又不断强化和形塑着中华民族共同体的进一步演进。中华民族共同体是客观存在，中华民族共同体意识是对中华民族共同体的主观反映[1]。前者侧重物质层面，后者侧重精神层面，二者相伴而生、相辅相成，是一体两面的关系；铸牢中华民族共同体意识是"主线"和"纲"，建设中华民族共同体是目标和任务。在中华民族共同体大家庭中，中华民族和各民族的关系就是大家庭和家庭成员的关系。我们既要把各民族发展好，更要把共同体这个大家庭建设好。十八大以来，总书记反复强调民族工作既要重视物质层面的工作，更要重视精神层面的工作。解决民族问题，"管肚子"和"管脑子"的问题都要解决好，哪一方面问题解决不好都会出问题。[2]因此，既要把牢铸牢中华民族共同体意识主线，也要不断推动中华民族共同体建设，二者缺一不可，要同时推动、相互促进。

四、深入推进新时代党的民族工作高质量发展

民族问题是一个世界性重大问题，民族工作是党和国家工作的重要组成部分。做好民族工作，事关祖国统一和边疆巩固，事关民族团结和社会稳定，事关国家长治久安和中华民族伟大复兴。在新的历史起点上做好民族工作，必须坚持以习近平总书记关于加强和改进民族工作的重要思想为指导，牢牢把握民族工作新的历史方位，紧扣铸牢中华民族共同体意识主线，努力开创党的民族工作高质量发展新局面。

一要打牢思想文化基础，建设中华民族共有精神家园。要在各族群众

---

[1] 王延中.扎实推进中华民族共同体建设［J］.民族研究，2022（1）.
[2] 中央民族工作会议精神学习辅导读本［M］.北京：民族出版社，2022.

中深入培育和践行社会主义核心价值观,弘扬以伟大建党精神为源头的中国共产党人精神谱系,用好红色资源,深入开展社会主义核心价值观宣传教育,深化爱国主义、集体主义、社会主义教育。要完善铸牢中华民族共同体意识宣传教育体系,建立宣传教育常态化机制,将其纳入干部教育、党员教育、国民教育、社会教育,实现全覆盖。要推进中华优秀传统文化创造性转化和创新性发展,树立和突出各民族共享的中华文化符号和中华民族形象,打造一批具有中华文化底蕴、充分汲取各民族文化营养、融合现代文明的书籍、舞台艺术作品、影视作品、美术作品等,有形有感有效做好宣传教育工作。[1]要加强中华民族历史观教育,采取现代化、易传播的手段,春风化雨、润物细无声地把"五个认同""四个共同""三个意识"嵌入人心、融入血液、铸入灵魂。

二要打牢物质文明基础,建设各族人民共同富裕的幸福家园。要从政治上统筹民族地区经济社会发展,处理好物质和精神的关系,摆布好"管肚子"和"管脑子"的问题。要完整准确全面贯彻新发展理念,推动民族地区主动融入国家发展大格局,加快区域协调发展,走出一条适合民族地区实际的高质量发展新路子。要继续对民族地区实施差别化扶持政策,持续巩固拓展脱贫攻坚成果,全面推进乡村振兴,提升社会保障水平和覆盖面,让各民族群众美好生活更具品质。要深入贯彻落实治国必治疆的战略思想,坚持"富民、兴边、强国、睦邻"宗旨[2],强化兴边富民、稳边固边,加快边境地区基础设施建设,统筹解决边境地区"空心化"问题,确保边疆巩固和边境安全。

三要打牢社会文明基础,建设各族群众守望相助的和谐家园。促进各民族广泛交往交流交融,引导各民族始终把中华民族利益放在首位,本民族意

---

[1]郑宏范.打造中华文化符号和形象 推进中华文化创造性转化创新性发展[J].党建,2023(2).
[2]中央民族工作会议精神学习辅导读本[M].北京:民族出版社,2015.

识要服从服务于中华民族共同体意识，深入推动中华民族共同体建设。引导鼓励人口双向流动，推动各民族人口流动融居，不断拓展各民族交往交流交融的广度和深度。做好城市民族工作，完善各族群众融入城市的政策保障机制，构建互嵌式社会结构和社区环境，推动各民族共居共学、共事共乐、共建共享。坚定不移推广国家通用语言文字，夯实交往交流基础，保障少数民族语言文字使用，促进各族人民全面交往、广泛交流、深度交融。

四要打牢法治文化基础，建设新时代的现代化平安家园。维护社会主义法治尊严，坚持在法治轨道上解决民族事务，不断夯实民族工作的法治保障。把保障少数民族群众利益纳入法制化轨道，加快推进民族事务治理体系和治理能力现代化建设，依法保障各族群众合法利益。健全完善民族政策和地方法规体系，不断优化民族事务治理的法治环境。

坚持和完善民族区域自治制度，大力宣传党的民族理论、政策措施和法律法规，引领各族群众尊法、学法、守法、用法。坚持法律面前人人平等，客观科学对待民族问题、民族矛盾，防止犯急躁病，防止乱作为，防止从一个极端走向另一个极端。

五要打牢国家安全基础，建设边疆稳定的美丽家园。国家安全是民族复兴的根基，社会稳定是国家强盛的前提。要牢固树立总体国家安全观，坚持底线思维，强化风险意识，及时化解各种矛盾和问题。有效防范民族领域的重大风险隐患，严密防范和打击暴力恐怖活动、民族分裂活动、宗教极端活动，坚决抵御敌对势力的渗透、颠覆、破坏。

守好意识形态阵地，积极稳妥处理涉意识形态的民族问题，旗帜鲜明反对历史虚无主义、极端民族主义、宗教极端主义、大汉族主义和地方民族主义。建立健全体制机制，不断提高防范化解能力，坚决守住民族领域不发生区域性、系统性风险的底线。持续做好宣传引导工作，充分运用现代化传播手段，营造有利于铸牢中华民族共同体意识的良好舆论氛围，不断巩固发展安定团结的良好局面。

作者：乌云格日勒，内蒙古自治区社会科学院副院长，研究员；内蒙古自治区中国特色社会主义理论体系研究中心研究员

原文发表于《内蒙古社会科学》2023年第1期

/内蒙古自治区社会科学院铸牢中华民族共同体意识研究基地成果集/

以"两个打造"助推民族工作高质量发展

乌云格日勒

党的十八大以来,习近平总书记在民族工作方面提出一系列新思想、新论断、新认识,逐渐形成我们党关于加强和改进民族工作的重要思想。在2021年中央民族工作会议上,习近平总书记强调,做好新时代党的民族工作,要把铸牢中华民族共同体意识作为党的民族工作的主线。这次会议之后,民族工作理论和实践层面呈现出积极繁荣的景象,多项研究成果、多个针对性举措先后推出,有力推动了新时代党的民族工作发展。"两个打造"是内蒙古自治区在贯彻落实中央民族工作会议精神过程中组织实施的一项工作举措。"两个打造",即打造更多政治性强、内涵丰富、意蕴厚重、接受度高的中华文化符号和中华民族形象,打造一批具有中华文化底蕴、汲取各民族文化营养、融合现代文明的书籍、舞台艺术作品、影视作品、美术作品。"两个打造"作为铸牢中华民族共同体意识、推进中华民族共同体建设的举措之一,得到全区各地、各有关部门和各族干部群众的广泛响应。深入探讨"两个打造"有关理论和实践问题,对于推动新时代党的民族工作高质量发展具有积极意义。

第一编　习近平总书记关于加强和改进民族工作的重要思想研究

一、"两个打造"为铸牢中华民族共同体意识营造了良好社会文化氛围

共同性和差异性始终伴随民族发展和演变过程。正确把握共同性和差异性的关系,关键是把握增进共同性、尊重和包容差异性这一重要原则,在具体工作中既要尊重和包容差异性,也不能忽视共同性、固化甚至人为扩大差异性。"两个打造"促进了正确对待共同性和差异性的问题。

着力增进共同性,紧紧围绕国家象征、国家通用语言文字、中华优秀传统文化、革命文化、当代精神、人文地理标识等六个类别,通过导向特别鲜明、主题特别突出的符号和产品所承载的宣传教育,不断增强各民族对伟大祖国、中华民族、中华文化、中国共产党、中国特色社会主义的高度认同,涵养全社会的国家意识、公民意识、法治意识。我国是统一的多民族国家,中华民族多元一体是我国的一个显著特征。"两个打造"聚焦铸牢中华民族共同体意识,着力将"五个认同""三个意识""五观"(国家观、历史观、民族观、文化观、宗教观)教育全过程融入,突出政治性,注重接受度,着力打造内涵丰富、意蕴厚重、具有中华文化底蕴的载体,不断推进中华民族共同体建设,不断增进中华民族多元一体之"一体"的凝聚力、向心力。

在坚持共同性主导的前提下,强调尊重和包容差异性,将各民族饮食服饰、风俗习惯、文化艺术、建筑风格等元素融入产品打造,根据群众需求不断丰富"两个打造"的表现形式和产品内容。各民族之间,共同性是主要的,具有主导性,是方向、前提和根本;差异性是次要的,具有从属性,是基础、要素和动力,其存在必须以不削弱、不危害共同性为前提。"两个打造"聚力聚焦共同性,同时充分汲取各民族文化营养,深入挖掘各民族共同团结奋斗的故事,将现代文明成果融入打造过程,突出效果导向,注重分众

化打造，努力发挥中华民族多元一体之"多元"要素的积极作用，推出更多各族群众喜闻乐见的载体和形式。"两个打造"鲜明的主导方向和多样的特色载体，提升了各民族关于共同性和差异性的正确认识，为进一步铸牢中华民族共同体意识营造了良好的社会文化氛围。

二、"两个打造"丰富了铸牢中华民族共同体意识的经验做法

中央民族工作会议把铸牢中华民族共同体意识与推进中华民族共同体建设结合起来，统一谋划部署，为新时代民族工作高质量发展指明了正确方向。推进中华民族共同体建设，要在多方面发力，而大力推进中华民族共有精神家园建设是一项基础性、综合性、考验多方面能力和水平的任务。"两个打造"是内蒙古推进中华民族共有精神家园建设的一个重要抓手。"两个打造"绝不是靠喊喊口号、轻轻松松就能实现的，要靠系统谋划、有力推进的思路举措，靠务实功、求实效的扎实作风。扎实推进"两个打造"，坚持在实践中探索，在探索中创新，进一步丰富了铸牢中华民族共同体意识的经验做法。

坚持理论先行，不断丰富理论指导实践的探索。坚持理论联系实际、理论指导实践是我们党的优良传统。习近平总书记关于加强和改进民族工作的重要思想，是马克思主义民族理论中国化的最新成果，是推动新时代党的民族工作高质量发展的强大思想武器。全面深入学好用好这一重大原创性成果，是深入推进"两个打造"的根本保障。实践中，部门厅局、研究机构、高等院校等聚力提炼梳理关于"两个打造"的相关成果，不断凝练深化思想认识和理论指导。从习近平总书记关于加强和改进民族工作的重要思想中找方法、找答案，围绕如何更好打造中华文化符号和中华民族形象、更好打造主题文化文艺产品，策划设立专门课题，深入研究六类符号形象的历史底

蕴、文化内涵、时代价值，努力为科学精准推出"两个打造"成果提供智力支撑。

坚持项目化落实，不断实化操作层面探索。理论创新、理论武装的根本目的在于指导实践、推动工作。内蒙古根据六类符号形象的内涵，结合操作层面的实际情况，经过认真研究、系统策划，推出传播推广类、宣传教育类、文化文艺创作类、工程建设类、文物保护类等"两个打造"五大类别的具体项目，并形成动态管理项目库。在具体工作中，各地各部门突出创意策划，强化储备提升，加快建设和推进，坚持清单化管理、项目化落实，做到项目有人抓、有人落实，有力推动项目落地、落实、见效，推出系列卓有成效的产品。

坚持规范化管理，不断深化工作机制探索。将"两个打造"列为民族领域宣传教育工作的重要任务，列为"一把手工程"，纳入意识形态工作责任制，严把导向关、质量关，确保用优质的产品不断推进中华民族共同体建设。建立"两个打造"工作推进机制，定期研究推动、督促落实、评价评议，强化交卷意识、报账意识，加大跟踪问效力度，广泛带动参与，集思广益抓项目，努力用科学高效的组织保障推进"两个打造"高质量实施。

三、"两个打造"推进中华民族共有精神家园建设更加有形有感有效

符号和形象是人类传递信息、呈现主题、凝聚共识的重要媒介，文化符号和视觉形象是人们文化观形成的重要因素。符号和形象的打造，对于构建中华文化特征、中华民族精神、国家形象的表达体系，具有特殊意义。铸牢中华民族共同体意识是新时代党的民族工作的"纲"，推进中华民族共有精神家园建设，促进各民族交往交流交融，各项工作都要往实里抓、往细里做，要有形、有感、有效。完成这项重大政治任务，既要做看得见、摸得着

的工作，也要做大量"润物细无声"的事情。

"两个打造"聚焦有形、有感、有效进行有益探索，取得初步成效。在工作细节上着力，让抓手更有形。"两个打造"突出各民族共有共享的中华文化符号和中华民族形象，把一个个符号、形象嵌入社会面宣传教育中，设计推出首批符号和形象海报，在各类公共文化场所广泛推广使用；推出"中华颂"主题展览、"中国共产党人精神谱系的非遗表达"系列剪纸作品等，成果全部面向社会开放；推出"两个打造"专栏，集中宣传展示文艺作品，通过看得见、摸得着的产品作品，让中华民族共同体意识得到立体化、具象化的呈现。在接受主体上着力，令受众更有感。坚持分众化、实效性导向，先后创作推出宣传片《我们的二十四节气》、纪录片《美丽中国》、散文集《节气之美》、儿童绘本《石榴籽民间故事》、音乐剧《黄河情》、杂技剧《美好生活》等，不断增进各族人民对中华文化的认同感、归属感，增进各族群众的获得感、幸福感。在工作成效上着力，使教育更有效。打造推出的大型文化综艺节目《长城长》社会反响良好，受到高度评价，收视率不断创新高；大型文博综艺节目《馆长请亮宝》展示精品文物，讲述文物背后的故事，"润物细无声"地展现各民族交往交流交融的历史和现实，为构建起维护国家统一和民族团结的坚固思想长城发挥了重要作用。

铸牢中华民族共同体意识、推进中华民族共同体建设，是一项长期而艰巨的任务。我们必须深入贯彻落实习近平总书记关于加强和改进民族工作的重要思想，自觉把思想和行动统一到中央民族工作会议精神上来，勇毅前行、勇担使命，为维护国家统一、民族团结、实现中华民族伟大复兴贡献力量。

作者：乌云格日勒，内蒙古自治区社会科学院副院长、研究员；内蒙古自治区中国特色社会主义理论体系研究中心研究员

原文发表于《内蒙古日报》2022年07月第04版

第一编　习近平总书记关于加强和改进民族工作的重要思想研究

不断谱写马克思主义中国化时代化新篇章

乌云格日勒

习近平总书记在党的二十大报告中指出,"马克思主义是我们立党立国、兴党兴国的根本指导思想。实践告诉我们,中国共产党为什么能,中国特色社会主义为什么好,归根到底是马克思主义行,是中国化时代化的马克思主义行"。这一重要论断深刻揭示了中国共产党能、中国特色社会主义好、中国化时代化的马克思主义行的内在逻辑,深入阐释了马克思主义与党的理论创新、中国特色社会主义实践探索之间的辩证关系。在实现第二个百年奋斗目标进程中,我们要坚定不移用中国化时代化的马克思主义指导实践,努力赢得新时代新征程上的更大胜利,为全面推进中华民族伟大复兴贡献力量。

一、标注了马克思主义发展的新高度

马克思主义创造性地揭示了人类社会发展规律,为全世界无产阶级联合起来进行革命、实现全人类自由解放指出一条光明道路。中国共产党是马克思主义政党,马克思主义是我们立党立国、兴党兴国的根本指导思想,是党的灵魂和旗帜。中国共产党从成立之初,就高高举起马克思主义旗帜,坚持把马克思主义基本原理同中国具体实际相结合、同中华优秀传统文化相结合，在实践中不断丰富和发展马克思主义，不断谱写马克思主义中国化时代化新篇章。

马克思主义是不断发展的开放的理论，随着时代、实践、认识的发展而不断发展，吸收人类历史上一切优秀思想文化成果不断丰富自己。经过100多年的发展和实践检验，马克思主义已取得伟大胜利，彰显出巨大生命力。回望党的百年历程，我们党之所以能够领导人民不断完成中国其他各种政治力量不可能完成的艰巨任务，根本在于坚持把马克思主义基本原理同中国具体实际相结合、同中华优秀传统文化相结合，坚持实践是检验真理的唯一标准，坚持一切从实际出发，及时回答时代之问、人民之问，不断推进马克思主义中国化时代化。

中国共产党人是马克思主义的忠诚信奉者、坚定实践者。党的历史，就是一部推进马克思主义中国化时代化、不断丰富和发展马克思主义的历史。在百年奋斗历程中，我们党始终把握科学理论的正确方向，坚持马克思主义基本原理，运用马克思主义立场、观点、方法，正确认识问题、科学分析问题、有效解决问题。在新民主主义革命与社会主义革命和建设过程中，以毛泽东同志为主要代表的中国共产党人把马克思列宁主义基本原理同中国具体实际相结合，创立、丰富和发展了毛泽东思想，实现了马克思主义中国化的第一次历史性飞跃。改革开放和社会主义现代化建设时期，我们党在继承和发展毛泽东思想的基础上，从新的实践和时代特征出发坚持和发展马克思主义，创立了邓小平理论，形成了"三个代表"重要思想、科学发展观，实现了马克思主义中国化新的飞跃。党的十八大以来，中国特色社会主义进入新时代。实现第一个百年奋斗目标、开启实现第二个百年奋斗目标新征程、朝着实现中华民族伟大复兴的宏伟目标继续前进成为党面临的主要任务。以习近平同志为主要代表的中国共产党人，坚持把马克思主义基本原理同中国具体实际相结合、同中华优秀传统文化相结合,深刻总结并充分运用党成立以来的历史经验,从新的实际出发,创立了习近平新时代中国特色社会主义思想,实现了马克思主义中国化时代化新的飞跃。

一个民族要走在时代前列,就一刻不能没有理论思维,一刻不能没有正确思想指引。习近平新时代中国特色社会主义思想为新时代党和国家事业发展提供了根本遵循,是当代中国马克思主义、二十一世纪马克思主义,是中华文化和中国精神的时代精华。这一思想科学回答了新时代坚持和发展什么样的中国特色社会主义、怎样坚持和发展中国特色社会主义,建设什么样的社会主义现代化强国、怎样建设社会主义现代化强国,建设什么样的长期执政的马克思主义政党、怎样建设长期执政的马克思主义政党等重大时代课题。习近平新时代中国特色社会主义思想以全新的视野深化了对共产党执政规律、社会主义建设规律、人类社会发展规律的认识,为发展马克思主义作出了原创性贡献,标注了马克思主义发展的新高度。

二、彰显了马克思主义创新理论的实践伟力

习近平总书记在党的二十大报告中指出,"十年来,我们经历了对党和人民事业具有重大现实意义和深远历史意义的三件大事:一是迎来中国共产党成立一百周年,二是中国特色社会主义进入新时代,三是完成脱贫攻坚、全面建成小康社会的历史任务,实现第一个百年奋斗目标"。新时代党和国家事业取得历史性成就、发生历史性变革,最根本的原因在于有习近平总书记作为党中央的核心、全党的核心掌舵领航,在于有习近平新时代中国特色社会主义思想科学指引。习近平新时代中国特色社会主义思想是从新时代中国特色社会主义全部实践中产生的理论结晶。党中央根据时代变化和实践发展,坚持理论指导和实践探索辩证统一,不断深化认识、总结经验,在改

革发展稳定、内政外交国防、治党治国治军各方面取得重大成就。十年来，面对影响党长期执政、国家长治久安、人民幸福安康的突出矛盾和问题，党中央团结带领全党全军全国各族人民，采取一系列战略性举措，推进一系列变革性实践，实现一系列突破性进展，取得一系列标志性成果，经受住了来自各方面的风险挑战考验，推动我国迈上全面建设社会主义现代化国家新征程。

党的十八大以来，以习近平同志为核心的党中央从中华民族伟大复兴的战略高度统筹谋划和推进新时代党的民族工作，就民族工作作出一系列重大决策部署。各民族手足相亲、守望相助，团结一心、共同奋斗，平等团结互助和谐的社会主义民族关系不断巩固和发展，"五个认同"不断增强，中华民族共同体建设不断推进，中华民族凝聚力向心力空前增强。

以内蒙古为例，党中央十分关爱内蒙古各族干部群众，习近平总书记两次考察内蒙古，连续五年在全国两会期间参加内蒙古代表团审议，亲自给乌兰牧骑队员回信，就内蒙古工作作出一系列重要指示批示，为新时代内蒙古发展指明了前进方向、提供了根本遵循、注入了强大动力。内蒙古各族干部群众牢记嘱托、感恩奋进，坚决贯彻落实习近平总书记的指示精神和党中央决策部署，努力把内蒙古建设成为我国北方重要生态安全屏障、祖国北疆安全稳定屏障，建设国家重要能源和战略资源基地、农畜产品生产基地，打造我国向北开放重要桥头堡，全力践行生态优先、绿色发展为导向的高质量发展新路子，经济发展、民族团结、社会稳定、边疆安宁，各项事业取得历史性成就。

新时代十年的历史性变革，充分彰显了习近平新时代中国特色社会主义思想的实践伟力。以习近平同志为核心的党中央，带领全党全军全国各族人民创造了新时代中国特色社会主义的伟大成就，胜利实现了第一个百年奋斗目标，在中华大地上全面建成小康社会，实现了中华民族的千年夙愿，取得彪炳中华民族发展史册的历史性胜利,对世界和平与发展、世界社会主义运动作出了巨大贡献。各族群众的获得感、幸福感、安全感进一步增强,中华儿女的归属感、自豪感、使命感全面增进,汇聚起实现中华民族伟大复兴的磅礴伟力。

三、继续推进实践基础上的理论创新

习近平总书记在党的二十大报告中指出,"实践没有止境,理论创新也没有止境。不断谱写马克思主义中国化时代化新篇章,是当代中国共产党人的庄严历史责任"。理论的先进,是最彻底的先进;思想的主动,是最大的主动。拥有马克思主义科学理论指导是我们党坚定信仰信念、把握历史主动的根本所在。新时代不断推进马克思主义中国化时代化最重要的就是坚持和发展当代中国马克思主义、二十一世纪马克思主义。我们要进一步学懂弄通习近平新时代中国特色社会主义思想,把党的创新理论贯彻落实到各方面全过程,在新的赶考路上交出不负时代、不负人民的答卷。

(一)旗帜鲜明讲政治

切实承担起不断推进马克思主义中国化时代化的使命任务。持续推进马克思主义中国化时代化最首要的任务是坚决贯彻落实习近平新时代中国特色社会主义思想。要切实提高政治站位,深刻领悟"两个确立"的决定性意义,增强"四个意识"、坚定"四个自信"、做到"两个维护",坚持以马克思主义中国化时代化最新成果为指导,坚定中国特色社会主义道路自信、理论自信、制度自信、文化自信,坚持道不变、志不改,确保党和国家事业始终沿着正确方向胜利前进。要把讲政治体现在勇于担当、善于落实的具体行动上,体现在履职尽责、做好本职工作的实际成效里,在不断推动理论创新和实践创新过程中,主动对标对表党中央精神,做到党中央提倡的坚决响

应，党中央决定的坚决执行，党中央禁止的坚决不做。

（二）深刻把握"两个结合"的深刻内涵

坚持和发展马克思主义，始终保持马克思主义的蓬勃生机和旺盛活力，就必须把马克思主义基本原理同中国具体实际相结合、同中华优秀传统文化相结合。要立足中国实际，把握时代要求，尊重客观规律，坚持与时俱进，一切从实际出发，着眼解决新时代改革开放和社会主义现代化建设的实际问题，不断回答中国之问、世界之问、人民之问、时代之问，更好指导中国实践。必须坚定历史自信、文化自信，坚持古为今用、推陈出新，坚持创造性转化、创新性发展，把马克思主义思想精髓同中华优秀传统文化精华贯通起来、同人民群众日用而不觉的共同价值观念融通起来，不断赋予科学理论鲜明的中国特色，不断夯实马克思主义中国化时代化的历史基础和群众基础，让马克思主义在中国牢牢扎根。

（三）切实做到"六个坚持"

不断谱写马克思主义中国化时代化新篇章，是当代中国共产党人的庄严历史责任。要把握好习近平新时代中国特色社会主义思想的世界观和方法论，坚持好、运用好贯穿其中的立场观点方法，切实做到坚持人民至上、坚持自信自立、坚持守正创新、坚持问题导向、坚持系统观念、坚持胸怀天下，继续推进实践基础上的理论创新。要深刻领会蕴含在习近平新时代中国特色社会主义思想中的道理学理哲理，做到知其言更知其义、知其然更知其所以然，坚持不懈用党的创新理论最新成果武装头脑、指导实践、推动工作。

（四）全面推进党的创新理论入脑入心入行

理论创新每前进一步，理论武装就要跟进一步。学习宣传贯彻党的二十大精神是当前和今后一个时期全党全国的首要政治任务。要在全面学习、全面把握、全面落实上下功夫，坚定不移把党的二十大提出的目标任务落到实处。坚持贴近实际、尊重规律，紧密联系广大党员干部群众的新期待，努力增强学习宣传贯彻党的二十大精神的吸引力感染力和针对性实效性。创新形式载体，丰富方法手段，善于运用群众乐于参与、便于参与的方式，采取富有时代特色、体现实践要求的方法，在拓展广度深度上下功夫，使学习宣传既有章法、见力度，更重质量、强效果，引导全社会系统学、深入学、思考学、联系实际学。不断深化研究，深入阐释党的创新理论的核心要义、精神实质、丰富内涵、实践要求，深入宣传贯穿其中的人民情怀、家国情怀、天下情怀。加强传播手段和话语方式创新，充分运用新技术新应用，强化互动化传播、沉浸式体验，让党的创新理论"飞入寻常百姓家"，推动党的二十大精神广泛深入为广大干部群众所了解和掌握。

作者：乌云格日勒，内蒙古自治区社会科学院副院长，研究员；内蒙古自治区中国特色社会主义理论体系研究中心研究员

原文发表于《中国民族报》（理论周刊）2022年11月08日第05版

构筑中华民族共有精神家园

乌云格日勒

中华民族共有精神家园是中华民族赖以生存和发展的精神世界,是我国各民族人心凝聚、团结奋进的强大纽带。习近平总书记在中共中央政治局第九次集体学习时指出,"要着眼建设中华民族现代文明,不断构筑中华民族共有精神家园""在新的历史起点上不断构筑中华民族共有精神家园,为铸牢中华民族共同体意识奠定坚实的精神和文化基础"。只有牢牢把握铸牢中华民族共同体意识这条主线,持续深入推进中华民族共有精神家园建设,才能使各族人民人心归聚、精神相依,为中华民族伟大复兴提供源源不断的精神动力。

中华民族共同体的形成是中华民族历史发展的必然结果。一部中国史,就是一部各民族交融汇聚成多元一体中华民族的历史,追求国家统一、推进民族团结融合始终是我国历史发展的主流。早在先秦时期,中国就形成了以炎黄华夏为凝聚核心、"五方之民"共天下的交融格局。秦"书同文,车同轨,量同衡,行同伦",开启了中国统一的多民族国家发展的历程。汉以后中华民族进入更大规模交流融合进程。即便是在分裂的魏晋南北朝、对峙的宋辽金夏时期,各民族交往交流交融也从未中断。隋唐元明清时期为我国大一统格局作出重要贡献。秦汉雄风、大唐气象、康乾盛世,都是各民族共同铸就的历史。在数千年的深度交流融合中，各民族的共同性不断增进，奠定了各民族多元一体的坚实基础，形成了中华民族共同体这个更高层面的民族实体。新中国成立后，在中国共产党的领导下，各族人民共同当家作主人，开辟了民族关系的历史新纪元，中华民族从自觉走向自立、自信、自强，发展成为更具包容性、凝聚力、统一性的命运共同体。党的十八大以来，我们党强调中华民族大家庭、中华民族共同体、铸牢中华民族共同体意识、推进中华民族共同体建设等理念，鲜明提出把铸牢中华民族共同体意识作为新时代党的民族工作的主线、作为民族地区各项工作的主线，党的民族工作取得新的历史性成就。

铸牢中华民族共同体意识是构筑中华民族共有精神家园的基础。历史发展推动形成了多元一体的中华民族共同体，也相应产生了中华民族共同体意识，中华民族共同体意识又不断强化和形塑着中华民族共同体的进一步演进。中华民族共同体是客观存在的实体，中华民族共同体意识是对这一客观实体的主观反映。中华民族共同体意识本质上属于民族认同意识，是各民族在政治、制度、社会、心理和文化等方面的集体身份认同。铸牢中华民族共同体意识就是要引导各族人民牢固树立休戚与共、荣辱与共、生死与共、命运与共的共同体理念，建立起真正的认同感、归属感。中华民族共有精神家园属于精神文化认同的范畴，是在多元一体基础上形成的中华民族精神和情感寄托及价值认同的总和。铸牢中华民族共同体意识是构筑中华民族共有精神家园的基础和前提。历史和现实反复证明，只有铸牢中华民族共同体意识，构建起维护国家统一和民族团结的坚固思想长城，各民族共同维护好国家安全和社会稳定，才能有效抵御各种极端、分裂思想的渗透颠覆，才能不断满足各族人民对美好生活的向往，实现好、维护好、发展好各民族根本利益。

党的十八大以来，习近平总书记明确要求把建设各民族共有精神家园作为战略任务来抓，党中央对全面推进中华民族共有精神家园建设作出一系列部署。习近平总书记在中央民族工作会议上深刻指出，"铸牢中华民族共同体意识是新时代党的民族工作的'纲'，所有工作要向此聚焦""要全面推进中华民族共有精神家园建设"。我们要深入学习贯彻落实习近平总书记关于加强和改进民族工作的重要思想，紧紧围绕铸牢中华民族共同体意识主线，引导各族人民不断增进对伟大祖国、中华民族、中华文化、中国共产党、中国特色社会主义的认同，不断提升国家意识、公民意识、法治意识，不利于铸牢中华民族共同体意识的事情坚决不做，把有利于铸牢中华民族共同体意识的事情做细做实，持续深入推进中华民族共有精神家园建设。

培育和践行社会主义核心价值观。社会主义核心价值观是当代中国精神的集中体现，凝结着全体人民共同的价值追求。在各民族群众中加强社会主义核心价值观教育，牢固树立正确的国家观、历史观、民族观、文化观、宗教观，对构筑中华民族共有精神家园、铸牢中华民族共同体意识至关重要。应面向各族群众加强党的理论和路线方针政策教育，加强党史、新中国史、改革开放史、社会主义发展史、中华民族发展史宣传教育，用共同理想信念凝心铸魂。弘扬以伟大建党精神为源头的中国共产党人精神谱系，深入实施红色基因传承工程，深化爱国主义、集体主义、社会主义教育。完善铸牢中华民族共同体意识宣传教育体系，建立宣传教育常态化机制，将其纳入干部教育、党员教育、国民教育、社会教育，实现全覆盖。

树立和突出各民族共享的中华文化符号和中华民族形象。符号和形象是人类传递信息、呈现主题、凝聚共识的重要媒介。树立和突出各民族共享的中华文化符号和中华民族形象是"有形有感有效"构筑中华民族共有精神家园的关键载体。应深入实施中华优秀传统文化传承发展工程，推动中华优秀传统文化创造性转化、创新性发展，推动各民族文化的传承保护和交融创新，增强各民族群众对中华文化的认同。整合各级资源和研究力量，提炼、构建和运用中华文化特征、中华民族精神、中国国家形象的表达体系。将具有共同性、代表性、引领性的符号和形象融入人民群众生产生活，唤起各民族的心灵共鸣，使之成为中华儿女的情感归依。打造一批接受度高、充分吸收现代文明成果的文化标识，激发全体中华儿女共同团结奋斗的热情。

全面推广普及国家通用语言文字。语言是交流的工具、文化的载体，是促进文明对话的桥梁。推广普及国家通用语言文字是铸牢中华民族共同体意识的重要举措，也是构筑中华民族共有精神家园的重要途径。应全面推广普及国家通用语言文字，全面推行使用国家统编教材，以语言相通促进心灵相通、命运相通。发挥好教育教学和招生考试的主渠道作用，引导少数民族学生不断提高国家通用语言文字应用能力，加强民族地区教师教学能力培训，提升广大师生融入现代社会的能力和竞争力。充分发挥"各族青少年交流计划""各族群众互嵌式发展计划""旅游促进各民族交往交流交融计划"等各类实践平台和宣传教育渠道作用，促进各族人民交往交流交融，从而不断增进情感、凝聚共识。

作者：乌云格日勒，内蒙古自治区社会科学院副院长，研究员；内蒙古自治区中国特色社会主义理论体系研究中心研究员

原文发表于《光明日报》（学习贯彻习近平新时代中国特色社会主义思想专刊）2024年01月25日第06版

坚持和加强党的领导　做细做实民族工作

魏文芳

习近平总书记在参加他所在的十三届全国人大四次会议内蒙古代表团审议时指出，"内蒙古作为我国最早成立的民族自治区，在促进民族团结上具有光荣传统，长期以来拥有'模范自治区'的崇高荣誉，要倍加珍惜、继续保持。要围绕共同团结奋斗、共同发展繁荣，牢记汉族离不开少数民族、少数民族离不开汉族、各少数民族之间也相互离不开，在促进民族团结方面把工作做细做实，增强各族群众对伟大祖国、中华民族、中华文化、中国共产党、中国特色社会主义的认同"。

"民族工作能不能做好，最根本的一条是党的领导是不是坚强有力。""只有中国共产党才能实现中华民族大团结。"民族工作始终是党的全局性的重要工作，在全面建设社会主义现代化国家、实现"十四五"良好开局的新发展阶段，做细做实民族工作尤为重要。坚持和加强党对民族工作的领导，这是推动民族工作高质量发展的根本，也是圆满完成民族工作目标任务的核心保证。实践证明，民族团结进步事业所取得的丰硕成果、民族地区的繁荣发展，一刻也离不开党的领导。为此，必须坚持根本、提高认识，认清形势、把好遵循，总结经验、创新思路，坚持加强党对民族工作的领导，在促进民族团结方面把工作做细做实，团结带领各族人民为实现中华民族伟大复兴的中国梦而努力奋斗。

一、坚持根本、提高认识，加强党对民族工作的领导

中国共产党的领导是民族工作成功的根本保证，也是各民族大团结的根本保证。做好民族工作，首要环节就是加强党的领导，不忘初心、牢记使命，坚持走中国特色解决民族问题的正确道路。要深刻认识到民族工作是政治性、政策性都很强的工作，在民族工作上要始终坚持政治立场、政治方向、政治原则、政治道路同党中央保持高度一致，坚持从政治上把握民族关系、看待民族问题。实现真正把党总揽全局、协调各方落到实处，关键要坚持党委统一领导、统战部牵头协调、有关部门各负其责，形成工作合力。各级党委和政府主要负责人、统战部门和民族工作部门的所有从业人员尤其是党员干部，要提高政治判断力、政治领悟力和政治执行力，把讲政治作为第一位的要求，严守党的政治纪律与政治规矩，始终忠诚于党的民族工作。而且，做好政治领导坚决坚持的同时，也要做好思想认识的明白深刻。这就必须在强化"两个维护"的同时提高认识、统一思想。

一是高度重视民族工作。要深刻认识到处理好民族问题、做好民族工作，是关系祖国统一和边疆巩固的大事，是关系民族团结和社会稳定的大事，是关系国家长治久安和中华民族繁荣昌盛的大事。尤其是各级党委和政府主要负责的领导干部要亲自过问、致力做好各项民族工作。各级党委和政府要把民族工作摆上重要议事日程，及时研究民族工作中的重大问题，完善政策措施，完善工作部署，认真抓好落实。二是坚定民族团结思想，加强民族团结教育。民族团结是民族工作的重要方面，要切实用中央关于民族工作的重大方针政策统一思想、协同行动；要以铸牢中华民族共同体意识为主线做好各项工作，不断增强各族群众对伟大祖国、中华民族、中华文化、中国

共产党、中国特色社会主义的认同；要弘扬和保护各民族传统文化，建设各民族共有精神家园，增强各族干部群众识别大是大非、抵御国内外敌对势力思想渗透的能力。

二、认清形势、把好遵循，加强党对民族工作的领导

当前民族工作的总体发展形势很好，平等团结互助和谐的社会主义民族关系得到巩固和发展。进入新发展阶段，国际国内因素的影响导致民族工作存在的问题及表现形式更加复杂。我们党要团结带领各族人民夺取新时代中国特色社会主义的新胜利，就必须要认清形势、把好遵循。为此，首先就必须要坚持党的领导，团结带领各族人民坚定走中国特色社会主义道路。作为民族地区，不仅要认真贯彻落实中央精神，更要结合自身实际，深入加强党对民族工作的领导，最重要的就是要坚决维护党中央权威和集中统一领导，把好民族工作的正确方向，引领广大党员干部增强"四个意识"、坚定"四个自信"、做到"两个维护"，把各族干部群众的思想和行动统一到党中央决策部署上来。

一是遵循民族基本制度与政策，坚持和完善民族区域自治制度。坚持统一和自治相结合、民族因素和区域因素相结合，在党的领导下确保国家法律和政令实施，同时保证民族自治地方把民族区域自治法的规定落实好，依法行使好自治权。二是坚持"争取人心"这一民族团结的关键。做好民族工作，最管用的当数争取人心。这就需要全面深入、持久推进民族团结进步创建，有效团结群众、争取人心；加强党的民族理论和民族政策学习以及民族团结教育，促进各民族交往交流交融，实现各民族深入践行守望相助理念；用法律来保障民族团结，有效增强各族群众的法律意识，实现各民族群众自觉维护国家最高利益和民族团结大局。三是增强文化认同。"文化认同是最

深层次的认同,是民族团结之根、民族和睦之魂。"现阶段,我区首要的工作任务就是在党的领导下认真做好推广普及国家通用语言文字工作,推行使用国家统编教材。

三、总结经验、创新思路,加强党对民族工作的领导

深入总结、运用好以往民族工作的经验。我们党历来非常重视民族工作,尤其是党的十八大以来,我们党把民族工作摆在全局工作的重要位置,作出一系列重大决策,实施一系列重大举措,取得了明显成就,也积累了丰富经验,这些都值得深入总结、借鉴应用。在新的时代条件下,也要结合新形势新要求,创新思路、改进措施,以自觉的引领意识、鲜明的问题导向、自觉的担当行为、积极的创新思维,深化民族工作的经验总结,探索做好新时代民族工作的创新思路。

一是民族工作在坚定不移走中国特色解决民族问题正确道路的前提下,更加需要开拓创新,从实际出发,缜密进行顶层设计、全局进行政策统筹、稳妥进行工作部署。

二是加强民族领域基础理论问题和重大现实问题研究,深入总结经验、创新思路。关键要把握好民族工作的正确方向,并打牢基层基础。这就需要各级党委政府的主要领导干部善于做好民族工作,坚持夯实基层基础,推动党政机关、企事业单位、民主党派、人民团体一起做好民族工作。尤其是各级基层党组织要切实掌握做好新时代民族工作的方法措施,发挥好应有的作用。

三是要重视民族工作干部队伍建设。坚持党管干部原则,大力培养、选拔少数民族干部和各类人才,支持民族工作部门更好履职尽责。一方面要抓住关键少数,充分发挥领导干部带头示范作用;另一方面要引导管理监督民

族工作干部及从业人员不断掌握新理论、熟悉新领域、开拓新视野，增强本领能力、改进工作作风。

四是创新民族工作载体和方式。以符合时代特征、灵活多样、实际高效的载体及形式，高度重视、认真研究，切实推进落实中央及地方的制度与政策，做到准确发力、务求实效；坚决克服民族工作上存在的形式主义与官僚作风，尊重差异、包容多样，促进民族团结和共同繁荣；创新机制建设，健全推动民族团结进步事业发展的体制机制；完善民族工作机制，形成党委领导、政府负责、有关部门协同配合、全社会通力合作的工作格局；强化民族工作相关制度建设，如坚持健全民委委员制度等。

总之，把全面建设社会主义现代化国家的奋斗目标不断推向前进、实现伟大中国梦，必须做好民族工作。而做好民族工作就必须坚持和加强党对民族工作的领导，这是做细做实民族工作的首要，也是推进民族团结进步事业的根本。

作者：魏文芳，内蒙古自治区社会科学院人事处副处长，研究员；内蒙古自治区中国特色社会主义理论体系研究中心研究员

原文发表于《内蒙古日报》2021年03月15日07版

科学认识中华民族的共同性和差异性 推动新时代民族工作高质量发展

苏媛媛　道日那

中华民族具有多元一体格局,"共同性"和"差异性"共存是中华民族共同体在当前历史发展阶段的一个基本特征,这是中国共产党基于马克思主义民族理论,对中华民族当前的发展进程得出的科学认识。在民族工作的具体实践中,科学认识和正确处理共同性和差异性关系,是关乎党的民族工作成功开展和中华民族伟大复兴的一个至关重要的问题。

2021年8月召开的中央民族工作会议上,习近平总书记深入分析当前党的民族工作面临的新形势,系统阐释了党关于加强和改进民族工作的重要思想,特别强调了"增进共同性"这一加强和改进民族工作的方向问题,并将其贯穿于新时代党的民族工作的指导思想、战略目标、重点任务、政策举措当中。对于"增进共同性"的具体要求,习近平总书记强调,"铸牢中华民族共同体意识是党的民族工作开创新局面的必然要求,只有顺应时代变化,按照增进共同性的方向去改进民族工作,做到共同性和差异性的辩证统一、民族因素和区域因素的有机结合,才能把新时代党的民族工作做好做细做扎实"。

按照增进共同性的方向改进民族工作,是在民族工作面临新形势,中华民族伟大复兴进入新的历史阶段的现实背景下，中国共产党对民族工作的一次科学、全面的调适。准确把握共同性的方向，科学认识和把握共同性、差异性的内涵和相互联系，是推动新时代民族工作高质量发展的重要认识前提。

一、中华民族的"共同性"

从人类的基本活动来看，群体共同性的发生机制在于政治、经济、文化等领域的密切联系交流并产生质的变化，共同体是这种共同性从抽象到具象、从游离到稳定的转化。中华民族的共同性产生于各民族在经济社会等需求的推动下自发的交往交流交融，也可以产生于政权或推动力量的自觉构建。

近现代以来，中华民族的共同性得到历史性发展。第一，中华民族由自在发展走向自觉联合，结成了更为稳定的命运共同体、利益共同体，中华民族共同体意识空前觉醒。第二，中华民族在中国共产党的领导下，建立了统一的多民族国家，中华民族拥有了由各族人民共同缔造的现代意义的国家，中华民族的共同性在思想、道路、目标等方面发展出新的时代内容。各民族利益统一于国家利益中，各民族发展统一于中华民族伟大复兴的目标中。第三，社会主义民族关系的建立，赋予中华民族的共同性以划时代意义。同时，这一新型的民族关系的建立，推动中华民族进入了更为深层次的交往交流交融的新阶段，为铸牢中华民族共同体意识奠定了更为牢固的基础。

中国共产党创造性运用马克思主义民族理论，制定实施了符合中国国情的民族政策，在中华民族共同性的构建中发挥了主动的、积极的作用，使中华民族在政治、经济、思想、文化等多个维度构建起日益紧密的共同体。党的十八大以来，以习近平同志为核心的党中央创造性提出"铸牢中华民族共同体意识"重大论断，提出以"增进共同性"的方向加强和改进民族工作，使中华民族的共同性在理论和实践上都得到进一步的自觉构建。

如今，中国各族人民越来越多地以"中华民族"的共同身份进入国际视野，中华文化在世界文化体系中延续至今并创新发展，为人类文明贡献思想和智慧，中华民族伟大复兴的道路模式给世界民族解放发展提供了"中国方案"。中华民族共建共享富强、民主、文明、和谐的国家，在中华民族伟大复兴的进程中不断实现各民族经济社会、传统文化、语言文字、人口素质等具体发展，中华民族的民族精神和共同心理特征不断强化。

中华民族共同性的发展脉络，蕴含在中华民族的漫长历史中。以增进共同性的方向推动新时代民族工作高质量发展，要以正确的中华民族历史观理解中华民族共同性的生成与发展，遵循中华民族历史发展的科学规律。要深刻理解党的民族理论政策和民族工作成功经验，坚定对中国特色解决民族问题的道路自信、理论自信、制度自信、文化自信，同时做到守正与创新的辩证统一，站在时代的高度开创民族工作的新局面。

二、中华民族的"共同性"和"差异性"

中国共产党对中华民族的共同性和差异性的辩证统一认识，是基于对马克思主义民族理论所揭示的民族产生、发展、消亡的客观规律和对中华民族发展演进所处历史方位的准确把握。共同性和差异性的辩证统一，辩证在于共同性而非相同性，差异性而非割裂性，共同性尊重差异性，差异性以共同性为前提。"共同性和差异性始终存在于民族发展演变的过程中。同与异的共生并存是长期历史现象，有同无异，没必要强调共同体；有异无同，形成不了共同体。"[1]

中华民族的辽阔疆域是各民族共同开拓的，悠久历史是各民族共同书写的，灿烂文化是各民族共同创造的，伟大精神是各民族共同培育的，这是中华民族共同体的主要形成路径，也蕴含着共同性的基本内涵。共同性又不是静态的，而是随着中华民族对差异性的超越而不断发展着。"中国各民族特点与特长的发展，与中华民族的共同性的发展，存在着相辅相成、相互促进、共同发展的关系。某个或某些民族的特长，一旦为全国各民族或许多民族所接受，就变成共同的特长，亦即中华民族的共同性了。"[2]从这个经典解释中，我们可以较清晰地认识中华民族的共同性和差异性的联系。

正确认识和处理共同性和差异性的辩证统一关系，是中国共产党解决民族问题的智慧和民族工作的重要经验。新中国成立以来，中国共产党准确把握我国统一的多民族国家的基本国情，依据中国民族实际采取积极政策，在推动少数民族和民族地区不断发展进步的同时，全力帮助少数民族保护和传承优秀传统文化，少数民族群众生活和民族地区经济社会发展获得了历史上前所未有的进步。与此相辅相成的是，各民族的发展进步促进了相互的交往交流交融不断深化，从而超越差异，构建起中华民族共同的经济社会和共同的心理特征，中华民族共同性得到进一步增进。

当前，以增进共同性方向加强和改进民族工作，是中华民族发展到新的阶段的必然要求，是党的民族工作开创新局面的必然要求，是党领导中华民族伟大复兴的新的历史任务。以增进共同性的方向加强和改进民族工作，必须深刻认识当前民族工作新要求，继续科学题解共同性和差异性的关系，指导实践。

---

[1]中共中央统一战线工作部，国家民族事务委员会.中央民族工作会议精神学习辅导读本［M］.北京：民族出版社，2022：68.

[2]中共中央统一战线工作部，国家民族事务委员会.中央民族工作会议精神学习辅导读本［M］.北京：民族出版社，2022：68.

（一）科学认识共同性和差异性，要坚持以马克思主义为指导

马克思主义认为，"民族"作为人类社会的一个历史现象，其产生、发展、消亡是一个长期的历史过程，遵循着不以人的意志为转移的客观规律。共同性和差异性是中华民族发展阶段中的合规律性的存在，既不是静止不变的，也不是能够以人的意志为转移的。

科学认识中华民族的共同性和差异性，要坚持把马克思主义基本原理与中华民族历史进程的具体实践相结合，深刻理解超越差异走向共同是中华民族发展的客观规律和历史必然，也要认识到，在加强和改进民族工作的实践中，要坚持以马克思主义的基本立场、观点、方法，科学认识当前中华民族共同性和差异性共存的现实基础，关键要把握增进共同性、尊重和包容差异性这一重要原则。认识上，要准确把握我国统一的多民族国家基本国情，客观看待我国全方位发展持续加速、各民族交往交流交融更加深入、共同因素不断增多的事实。

各民族之间，共同性是主要的，差异性是次要的。"同"具有主导性，是方向、是前提、是根本；"异"具有从属性，是基础、是要素、是动力，其存在必须以不削弱、不危害共同性为前提。保护差异是需要的，但不能固化强化其中落后的、影响民族进步的因素。要按照增进共同性的方向改进，[1]保证新时代民族工作沿着科学的轨道高质量发展。

（二）科学认识共同性和差异性，要坚持中国特色社会主义民族理论

中国共产党是团结带领中国人民实现中华民族伟大复兴的领导核心。自成立以来，中国共产党始终坚持把马克思主义民族理论同中国民族问题具体实际相结合，走出了一条中国特色解决民族问题的正确道路。

改革开放以来，中国共产党立足社会主义现代化建设实践，科学总结处

---

[1]中共中央统一战线工作部，国家民族事务委员会.中央民族工作会议精神学习辅导读本［M］.北京：民族出版社，2022：69.

理民族问题的实践经验,形成和发展了中国特色社会主义民族理论,在改革开放以来的民族工作实践中发挥了重要作用。中国特色社会主义民族理论认为,我国的民族问题具有长期性、复杂性和重要性。社会主义时期是各民族共同繁荣发展的时期,各民族间的共同因素在不断增多,但民族特点、民族差异和各民族在经济文化发展上的差距将长期存在。这一理论认识揭示了中华民族共同性和差异性所处的历史阶段,即各民族文化、语言、传统习俗等方面的特征和差异性的长期存在,以及各民族在政治、经济、社会、文化等方面的共同性不断构建的历史阶段。

党的十八大以来,以习近平同志为核心的党中央既一脉相承又与时俱进贯彻党的民族理论和民族政策,形成了关于加强和改进民族工作的重要思想,为科学认识中华民族共同性和差异性提供了直接的思想指引。2021年召开的中央民族工作会议上,习近平总书记把中华民族的共同性和差异性置于中华民族伟大复兴的战略高度加以把握,强调要以铸牢中华民族共同体意识为主线,从"坚定五个高度认同"、构筑中华民族共有精神家园、树立正确中华民族历史观等方面入手不断增进共同性。同时也指出,要正确把握共同性和差异性的关系,增进共同性、尊重和包容差异性是民族工作的重要原则,为我们在民族工作实践中正确认识和处理共同性与差异性的关系提供了具体指导。

共同性和差异性共存是中国共产党在带领中华民族实现伟大复兴的道路中必然要面对的问题。回顾党的百年历程,中国共产党以高度的政治智慧把共同性和差异性统一于民族工作中,成功走出了中国特色解决民族问题的道路,巩固和发展了中华民族的多元一体格局,为中华民族的发展作出了巨大贡献。我们应当对走过的历程怀有坚定的自信,党的民族工作的成功开展,使各民族信任和拥护党的领导,共同维护国家统一,构建起了休戚与共、荣辱与共、生死与共、命运与共的中华民族共同体。同时也应对未来怀有坚定的自信，在中国特色社会主义民族理论和党关于加强和改进民族工作重要思想的指引下，新时代民族工作必然会不断实现高质量发展，继续成为中华民族伟大复兴的坚实力量。

作者：苏嫒嫒，内蒙古自治区社会科学院北疆文化研究院副研究员
　　　道日那，内蒙古自治区社会科学院铸牢中华民族共同体意识研究院助理研究员
原文发表于《中国蒙古学》2022年第4期

第二编

铸牢中华民族共同体意识与北疆文化研究

为打造"北疆文化"品牌提供深厚学术支撑

简小文

自治区党委十一届六次全会从时代要求与战略全局出发，以高度的文化自觉、文化自信和文化担当，提出了打造"北疆文化"品牌的工作目标。新征程上，我们必须深刻认识推进"北疆文化"建设的重大意义，自觉把思想和行动统一到党中央和自治区党委重大决策部署上来，切实增强工作的紧迫感、责任感和使命感。

首先是把握"北疆文化"的内涵和外延。

第一，从文化传承上看，推进"北疆文化"建设，必须站在传承发展中华优秀传统文化、推动中华民族现代文明建设的高度，深化研究阐释，加强保护抢修，创作文艺精品，推进普及传播，让根植在北疆大地的优秀文化在新时代活起来、火起来。第二，从价值取向上看，推进"北疆文化"建设，要以社会主义核心价值观为引领，着眼于巩固中华民族共同体思想基础，聚焦弘扬蒙古马精神和"三北精神"、铸牢中华民族共同体意识等方面，充分发挥其价值引领、精神引航、舆论引导等作用，教育引导各族群众牢固树立正确的国家观、历史观、民族观、文化观、宗教观，推进中华民族共有精神家园建设。第三，从文化保障上看，推进"北疆文化"建设，要始终坚持以人民为中心的工作导向，着眼促进满足人民文化需求和增强人民精神力量，推动公共文化服务向标准化、均等化、普惠化、便捷化方向发展，为丰富人民群众精神文化生活提供更多优质产品，创作更多优秀作品。第四，从产业属性上看，推进"北疆文化"建设，要将"北疆文化"底蕴深厚的优势转换为发展优势，进一步刺激文化市场，拉动文化消费，提高文化产业对经济发展的贡献率。第五，从外部形象上看，推进"北疆文化"建设，要加强"北疆文化"对外文化交流的内容挖掘、平台拓展、载体创新、项目设计、渠道建设、机制建立，切实推动"北疆文化"品牌走得出、叫得响。第六，从学术研究来看，推进"北疆文化"建设，应聚焦全方位建设模范自治区的任务要求，扎实推进社科研究的学术体系、学科体系、话语体系和人才队伍建设，全面深入推进党的创新理论、"北疆文化"研究、新型智库建设等重点工作，集中推出一大批优秀研究成果，发挥好哲学社会科学资政育人的作用。

打造"北疆文化"品牌，不是对现有各种文化和思想资源的简单整合，而是一项系统性创新工程，不仅需要充分挖掘丰富的人文资源，也需要提供深厚的学术支撑。

一是以组织实施重大科研项目为牵引，全方位开展"北疆文化"研究阐释工作。着眼推进"北疆文化"建设需要，进一步整合科研资源和优化科研布局，积极申请和组织实施"北疆文化"领域重大研究项目，加强建设具有"北疆文化"特点的学科体系、学术体系、话语体系。设立"北疆文化"系列研究项目，科学合理设置长、中、短期研究计划，联合区内外科研力量充分挖掘文化资源，持续产出精品学术成果；积极举办与"北疆文化"相关的论坛、研讨会等学术交流活动，扩大影响力和竞争力。

二是以加快构建特色优势学科体系为突破口，全力推进"北疆文化"建设。加大哲学、历史学、宗教学、文学、语言学、草原文化学和民族学等学科建设规模并提升科研质量，加大对"北疆文化"历史渊源、发展脉络、基本走向的研究，着眼学术前沿和新的实践，挖掘新资料，发现新问题，提出新观点，构建新理论。深入开展蒙古马精神、"三北精神"、铸牢中华民族共同体意识等方面研究工作，全方位、多角度对"北疆文化"的独特创造、价值理念、鲜明特色进行综合跨学科研究，推动一批优势学科、重点学科和"绝学"、濒危学科的建设和发展，以优势特色学科体系支持"北疆文化"建设。以加强学科建设为契机，着力培养一批多年龄层次的"北疆文化"研究队伍，打造一批为"北疆文化"建设出谋划策的人才群体。

三是以提升开发利用古籍文献能力为抓手，为打造"北疆文化"品牌提供有力支撑。古籍文献是文化传承的主要载体，也是文化建设的重要资源。挖掘好、开发好、利用好自治区的古籍文献对于推进"北疆文化"建设具有特殊意义和重要作用。要努力改善现有馆藏条件，积极推动信息化、数字化技术手段的应用，最大限度地开发、利用、保存"北疆文化"资源，并着力建设涵括全区古籍文献版本种类的"北疆文化"典籍数据库和智能化、现代化的"北疆文化"图书馆，为推进"北疆文化"建设和教学科研事业发展提供有力支撑。

作者：简小文，内蒙古自治区社会科学院党委书记，研究员；全方位建设模范自治区研究基地主任

原文发表于《内蒙古日报》2023年08月02日第06版

/内蒙古自治区社会科学院铸牢中华民族共同体意识研究基地成果集/

论"北疆文化"的基本问题

简小文

回顾100多年的党史和70多年的新中国史,中国共产党一直高度重视文化建设,充分发挥文化在引领前进方向、凝聚奋斗力量、推动事业发展等方面的重要作用。中国特色社会主义进入新时代以来,以习近平同志为核心的党中央把文化建设作为治国理政的重要内容,强调要坚定文化自信,并在新时代文化建设方面提出了一系列新思想新观点新论断,形成了习近平文化思想。在文化传承发展座谈会上的重要讲话中,习近平总书记系统阐述了"新的文化使命"的科学内涵,发出了建设中华民族现代文明的时代号召,为我们从文明传承发展的高度进一步深刻认识新时代、理解新时代、把握新时代,进而创造人类文明新形态、创造属于我们这个时代的新文化提供了根本遵循和行动指南。内蒙古自治区党委提出打造"北疆文化"品牌的目标任务,是贯彻落实习近平文化思想和文化传承发展座谈会精神的战略举措,旨在汲取中华优秀传统文化的营养和精髓,实现内蒙古地区丰厚的历史文化遗产的创造性转化、创新性发展,更好地肩负起共同努力创造属于我们这个时代的新文化的重要使命和历史责任。

本文立足内蒙古自治区党委关于打造"北疆文化"品牌的战略规划,深入分析阐释"北疆文化"的基本内涵、基本特征和打造"北疆文化"品牌应处理好的重点关系、重大意义，为进一步提升内蒙古的正面形象、推动内蒙古自治区文化建设提供学理支撑。

一、"北疆文化"的基本内涵

打造"北疆文化"品牌，首先要对"北疆文化"有一个基本认识。《内蒙古自治区党委关于全方位建设模范自治区的决定》（以下简称《决定》）中首次提出了"北疆文化"，具体内容是："着眼传承发展中华优秀传统文化、推动中华民族现代文明建设，充分挖掘和生动展现内蒙古大地上的厚重历史文化和丰富人文资源，融红色文化和草原文化、农耕文化、黄河文化、长城文化等于一体，打造以各民族交往交流交融、守望相助、共同弘扬蒙古马精神和'三北精神'、铸牢中华民族共同体意识为基本内容的'北疆文化'品牌，教育引导各族群众牢固树立正确的国家观、历史观、民族观、文化观、宗教观"[1]。根据《决定》中关于"北疆文化"的论述，可以从以下五个方面阐释其基本内涵。

（一）孕育于各民族交往交流交融的历史过程

内蒙古地区几千年的历史就是一部多民族交往交流交融的中华民族共同发展史。以内蒙古高原为核心区域的北疆地区，历史上存在的多个民族在这里繁衍生息，在中华文明的形成、传承与发展壮大的历史进程中留下了浓墨重彩的印记，比如匈奴、突厥、契丹、蒙古、汉等民族。这些在北疆地区生活过的民族与中原地区的各民族通过贸易、通婚、迁徙等多种方式，在空间分布格局上不断你来我往、交错杂居，并由此促进了彼此间经济上的相互依存、文化上的相互借鉴、情感上的相互亲近，逐渐形成了共同的、稳定的

---

[1] 内蒙古自治区党委关于全方位建设模范自治区的决定[N].内蒙古日报，2023-07-10.

集体记忆，共同融入中华民族共同体发展史中，形成了相互依存、共同发展的历史。在这一过程中，留下了胡服骑射、北魏孝文帝改革、参天可汗道等中原文化与北方少数民族文化交流融合的经典事例，为"北疆文化"积淀了丰富的历史文化遗产。中国共产党成立后，内蒙古地区各族人民同全国各族人民一道，在党的领导下共同书写了革命、建设、改革的一个又一个奇迹，在各民族交往交流交融过程中产生了强大的民族凝聚力，形成了共同团结奋斗、共同繁荣发展的良好局面。这为孕育、形成"北疆文化"提供了深厚土壤，是"北疆文化"赖以产生的基础性条件。

（二）以红色文化为底色，融多样文化于一体

习近平总书记指出，"红色是中国共产党、中华人民共和国最鲜亮的底色"[1]。红色文化是中国共产党人在革命、建设和改革过程中形成的具有鲜明特色的文化形态，既是对中华优秀传统文化、中华民族伟大精神的传承与创新，也是对中国共产党人理想信念、价值追求、奋斗品质的继承与发扬。内蒙古地区是中国共产党最早建立党组织的民族地区。在中国共产党的坚强领导下，内蒙古地区各族人民将自发的反抗民族压迫运动汇集到中国共产党领导的民族独立、民族解放的革命历史洪流之中，书写了北疆地区波澜壮阔的革命历史，形成了丰富多彩、催人奋进的红色文化。如抗日战争中的大青山游击队、解放战争中的内蒙古骑兵，还有我们耳熟能详的草原英雄小姐妹、齐心协力建包钢、三千孤儿入内蒙、最好牧场为航天等历史佳话，都是内蒙古地区红色文化的生动体现。这些感人至深、凝聚人心的红色文化，既继承了中华优秀传统文化和内蒙古地区多样文化形态的优秀品质，又与时俱进地发展创新了这些传统历史文化，赋予其红色血脉和全新的时代内涵，为构建"北疆文化"提供了系统的文化架构和明确的价值追求，使"北

---

[1]习近平.用好红色资源 赓续红色血脉 努力创造无愧于历史和人民的新业绩[J].求是，2021（19）.

疆文化"以红色文化为底色、融多样文化于一体，融入共同建设中国特色社会主义先进文化的实践当中。

（三）以守望相助为理念内核

"守望相助"出自《孟子·滕文公上》："死徙无出乡，乡田同井，出入相友，守望相助，疾病相扶持，则百姓亲睦。"[1]这里的"守望相助"讲的是邻里间防盗御寇的互相帮助以及面对灾祸、疾病时的互相照料，在后来的语义演变中，引申为邻里和睦、互济互助、共同应对困难之意，逐渐成为中国古代社会处理邻里关系的主要方式，成为维系古代社会秩序的基本准则。2014年春节前夕，习近平总书记在内蒙古自治区考察时第一次提出"守望相助"理念，并赋予其全新的时代内涵。习近平总书记指出："守，就是守好家门，守好祖国边疆，守好内蒙古少数民族美好的精神家园；望，就是登高望远，规划事业、谋求发展要跳出当地、跳出自然条件限制、跳出内蒙古，有宽广的世界眼光，有大局意识；相助，就是各族干部群众要牢固树立平等团结互助和谐的思想，各族人民拧成一股绳，共同守卫祖国边疆，共同创造美好生活。"[2]这既高屋建瓴地概括阐明了北疆地区各民族在交往交流交融过程中一直遵循的基本理念和价值取向，也为打造"北疆文化"品牌提供了理念内核和使命任务。一方面，"北疆文化"以守望相助为理念内核，旨在强调打造"北疆文化"品牌需要全区各族人民的共同参与，需要共同努力构筑中华民族共有精神家园；另一方面，明确了打造"北疆文化"品牌的最终目的是通过共同团结奋斗促进北疆地区社会发展，助力构建良好的民族关系，使各民族像石榴籽那样紧紧抱在一起。

（四）以蒙古马精神和"三北精神"为精神标识

精神标识是传统文化能够进行创造性转化、创新性发展的基本依据，是

---

[1]孟子[M].万丽华,蓝旭,译注.北京：中华书局,2006.
[2]习近平春节前夕赴内蒙古调研看望慰问各族干部群众[N].人民日报,2014-01-30.

一种文化形态能够从传统走向现代的关键纽带。2014年1月，习近平总书记在考察内蒙古时首次提出了"蒙古马精神"，随后在不同场合多次提出要大力弘扬蒙古马精神，并将其精神内涵概括为"吃苦耐劳、一往无前，不达目的绝不罢休"。这既是习近平总书记对内蒙古各族人民长期以来形成的宝贵品质的充分肯定，更是对全区各族人民在党的领导下继续谱写新时代内蒙古发展新辉煌的深切勉励。2023年6月，习近平总书记在内蒙古自治区巴彦淖尔市主持召开加强荒漠化综合防治和推进"三北"等重点生态工程建设座谈会时，要求我们弘扬"艰苦奋斗、无私奉献、锲而不舍、久久为功"的"三北精神"。蒙古马精神和"三北精神"在内涵上是一致的，充分展现了北疆儿女鲜明的精神追求、精神品格、精神力量。这两种精神，既传承了中华优秀传统文化的宝贵品质，赓续了红色文化血脉，适应建设社会主义先进文化的实践要求，又集中体现了内蒙古各族人民昂扬向上、奋发有为的精神状态和顽强拼搏、敢战能胜的奋进姿态；既为"北疆文化"提供了丰厚的精神滋养，又充分彰显了"北疆文化"的鲜明特征，是内蒙古各族人民最鲜明的精神标识，是新时代内蒙古各族人民续写辉煌篇章的重要精神源泉。

（五）以铸牢中华民族共同体意识为主线

习近平总书记在2021年8月召开的中央民族工作会议上强调："做好新时代党的民族工作，要把铸牢中华民族共同体意识作为党的民族工作的主线。"[1]2023年6月，习近平总书记在内蒙古考察时进一步指出，"铸牢中华民族共同体意识是新时代党的民族工作的主线，也是民族地区各项工作的主线。民族地区的经济建设、政治建设、文化建设、社会建设、生态文明建设和党的建设等，都要紧紧围绕、毫不偏离这条主线"[2]。打造"北疆文

---

[1] 习近平在中央民族工作会议上强调 以铸牢中华民族共同体意识为主线 推动新时代党的民族工作高质量发展[N].人民日报，2021-08-29.
[2] 习近平在内蒙古考察时强调 把握战略定位坚持绿色发展 奋力书写中国式现代化内蒙古新篇章[N].人民日报，2023-06-09.

化"品牌是内蒙古自治区党委自觉运用习近平新时代中国特色社会主义思想指导以铸牢中华民族共同体意识为主线的民族工作的新实践。"北疆文化"在中华优秀传统文化的滋养下，经过革命文化的淬炼，在建设社会主义先进文化的实践中凝聚了巨大的文化认同力量，把全区各族人民凝聚在党的周围，形成了共同的价值观、共同的民族情感、共同的奋斗目标，从而对中华民族的整体价值和利益高度认同，使各民族人心归聚、精神相依，形成人心凝聚、团结奋进的强大精神纽带，使"一条主线""三个离不开""四个与共""五个认同"思想深入人心，在构筑中华民族共有精神家园的过程中发挥着基础性作用。

二、"北疆文化"的基本特征

作为传承发展中华优秀传统文化的地域文化之一，"北疆文化"是中华文明多元一体历史进程的见证者、亲历者和参与者，与其他各民族文化一道书写了中华文明从孕育到形成再到不断发展壮大的恢宏诗篇。北疆地区多样文化和谐并存、交流互鉴，受到中华优秀传统文化的持续滋养。"北疆文化"由多样文化汇聚而成，深刻反映了北疆地区多个民族交往交流交融并不断融入中华民族共同体大家庭当中的历史过程，彰显了北疆儿女独特的审美取向、道德理念和价值追求。

（一）体现多民族、大融合的包容性特征

习近平总书记指出："一部中国史，就是一部各民族交融汇聚成多元一体中华民族的历史，就是各民族共同缔造、发展、巩固统一的伟大祖国的历史。"[1]从历史、地理、人文等多个角度看，北疆地区民族众多、环境多变、文化多样，但最终都通过交往交流交融成为中华民族共同体的一部分。

---

[1] 习近平在全国民族团结进步表彰大会上的讲话[N].人民日报，2019-09-28.

如辽、夏、金、元等都是北部边疆民族建立的政权,这些政权积极学习汉文化和中原王朝的管理制度,在不同历史时期创造了特色鲜明、辉煌灿烂的文化,为丰富发展中华文明作出了积极贡献。北疆地区与中原地区的交往交流交融从未中断,如昭君出塞、匈奴归附,以及隋唐时期突厥、回鹘、契丹、室韦等北方民族与中原王朝的频繁往来,明朝时期的封贡、互市,清朝的满蒙政治联姻、走西口、闯关东等等,充分体现了北疆地区多民族、大融合的包容性特征。近代以来,在各族人民自强不息、挽救国家民族于危亡的奋斗过程中,中华民族共同体逐渐从自在走向自觉。特别是在中国共产党领导的无产阶级革命实践中,中国人民的中华民族共同体意识进一步觉醒,找到了中国特色解决民族问题的正确道路,这为进一步促进各民族交往交流交融提供了良好环境。"北疆文化"就是在这一过程中不断形成发展的,从而具有鲜明的包容性特征。

(二)坚守文化传承的多样性特征

中华文明多元一体格局是由异彩纷呈、各具特色的地域文化融汇而成的。"北疆文化"作为中华文化主干上的绚丽一枝,其内部同样包括多种叶脉,构成了"北疆文化"的多样性特征。内蒙古高原地域广阔,从东到西跨越了森林、草原、荒漠、沙地等不同自然景观,具有不同特点的地理环境造就了多样化的生产方式,从而产生了不同的文化形态,如草原文化、农耕文化、游牧文化、渔猎文化等;内蒙古地区在早期历史时期就有人类的生存印记,产生了多种具有重要意义的考古文化遗址,如大窑文化、红山文化、夏家店文化等;在内蒙古地区生活过的民族也留下了各具特色的文化形态,如匈奴文化、鲜卑文化等。另外,还有一些基于内蒙古地区标志性的地域环境或者人文景观形成的文化形态,如黄河文化、阴山文化、长城文化等。这些文化形态在北疆地区和谐共存、兼容并蓄,为"北疆文化"的形成提供了厚重的历史文化积淀和丰富的人文资源。中国共产党成立后,北疆地区各族人民在中国共产党的坚强领导下，走过了革命、建设和改革的辉煌历程，在内蒙古地区凝结了丰富的红色文化，从而赋予内蒙古地区丰富的历史文化以红色血脉和红色基因，实现了内蒙古地区历史文化资源的创造性转化、创新性发展。这些相互影响、相互吸收、各具特色的多样文化形态成为"北疆文化"的有机组成部分，是打造"北疆文化"品牌的重要资源。

（三）注重文化交流互鉴的开放性特征

一直以来，北疆地区作为东西方贸易的关键节点，居于东西方文化交流的前沿，始终是中原和边疆交流对话、东西方文化开放互鉴的重要纽带和桥梁。在此过程中，"北疆文化"不断吸收融合来自其他地区的优秀文化成果，既丰富发展了自身内涵，又为中华文化的发展壮大增添了更多因子。如作为古丝绸之路重要组成部分的草原丝绸之路，是当时沟通欧亚大陆的商贸大通道，同时还是推动东西方政治、经济、文化交流的大动脉，在草原地带出土的东罗马金币和波斯萨珊朝银币与波斯银壶，还有在西方的金银器皿上施用的牡丹纹、莲花纹、龙凤纹，都充分证明了草原丝绸之路是一条历史悠久而又极具影响力的文化线路，其文化传播的辐射面广、冲击力强、持久性长。草原丝绸之路逐渐衰落后，北疆地区又成为另外一条集商贸往来和文化交流互鉴于一体的大通道——贯通南北茶贸易之路的万里茶道——的关键节点。万里茶道由福建崇安（现武夷山市）起，途经多个省份后由内蒙古地区进入现蒙古国境内，再经俄罗斯继续延伸至中亚和欧洲其他国家，干线总长13000余千米。万里茶道不仅促进了中国南北方和亚洲大陆南北方向农耕文化与游牧文化的交流融合，还推动了东西方文明的交流互鉴，是名副其实的万里文化通道。党的十八大以来，内蒙古自治区作为我国向北开放重要桥头堡，在推动"一带一路"高质量发展方面做了大量基础性工作、发挥了重要作用，成为"北疆文化"开放性特征的有力见证。

（四）突显时代精神的创新性特征

"北疆文化"作为具有丰厚历史底蕴、至今仍极具活力的地域文化形态，能够始终与时代发展同步，积极主动汲取时代精华，真实地反映了我们党不断推进"两个结合"的实践历程。中国共产党自成立以来就高度关注民族问题。在党的民族政策的强大感召下，内蒙古地区建立了民族地区最早的党组织，建立了我国第一个省级少数民族自治区，赢得并长期呵护了"模范自治区"的崇高荣誉，为推动马克思主义民族理论与中国民族实际相结合、走中国特色解决民族问题的正确道路提供了丰富的实践经验和理论总结，成为推动"第一个结合"的成功例证，这同时也为"北疆文化"坚守文化根脉、赓续红色血脉提供了基本保障。新时代新征程，我们要通过努力践行"第二个结合"，在不断推进优秀传统文化创造性转化、创新性发展的进程中持续打造"北疆文化"品牌。具体来说，就是按照马克思主义同中华优秀传统文化相结合的实践要求，持续推动习近平新时代中国特色社会主义思想在北疆大地落地落实，坚守文化根脉、继承优良传统、传承红色基因，不断推进"北疆文化"品牌建设，为建设中华民族现代文明贡献内蒙古力量。

（五）紧扣工作主线的实践性特征

中国特色社会主义进入新时代以来，文化建设作为党和国家战略全局的有机构成，成为推进中国式现代化建设的重要内容和重要支撑。党的十九届五中全会从战略和全局高度对文化建设作出了详细的规划和设计，首次明确了建成文化强国的具体时间表，提出到2035年把我国建成文化强国。在文化传承发展座谈会上，习近平总书记明确提出："在新的起点上继续推动文化繁荣、建设文化强国、建设中华民族现代文明，是我们在新时代新的文化使命。"[1]这同样是"北疆文化"的使命。此外，"北疆文化"还肩负着在"润物细无声"中铸牢中华民族共同体意识的重大使命。"北疆文化"具有

---

[1] 习近平.在文化传承发展座谈会上的讲话[J].求是，2023.

丰厚的历史文化资源，其中包括各民族优秀传统习俗、传统节庆、传统艺术、传统手工艺，还包括优秀文学、音乐、舞蹈、美术、书法、戏曲、传统剧目等等，这些都蕴含着丰富的民族团结进步思想内涵，在中华文明的历史长河里熠熠生辉。如著名英雄史诗《江格尔》《格萨（斯）尔》、史传文学《蒙古秘史》，还有新中国成立后的乌兰牧骑等等，都是构筑中华民族共有精神家园的基础性资源。打造"北疆文化"品牌，是将铸牢中华民族共同体意识存在于、发生于、实现于全区各族群众的文化实践活动当中，进而把社会主义核心价值观变成日常的行为准则，并形成自觉奉行的信念理念。这一过程具有鲜明的实践性特征。

三、打造"北疆文化"品牌需要重点处理的四对关系

"北疆文化"不是简单机械的文化拼凑。"北疆文化"是基于中华优秀传统文化提出的，旨在涵盖北疆地区的所有优秀文化、体现内蒙古特征，为推动内蒙古地区历史文化资源的创造性转化、创新性发展，推进中华民族共有精神家园建设提供有力抓手和重要载体。打造"北疆文化"品牌，并非脱离传统的另起炉灶，而是为了更好地肩负起新时代文化使命，共同助力建设中华民族现代文明。正确理解"北疆文化"和打造"北疆文化品牌"，需要正确处理好四对重大关系。

（一）正确处理好"北疆文化"与"建设中华民族现代文明"的关系

从中华文明孕育、形成到发展壮大的历史进程看，"北疆文化"作为特色鲜明的地域文化，植根于内蒙古地区厚重的历史和绵延不绝的中华文脉，在漫长的历史长河中为推动中华文明的发展繁荣作出了重要贡献。如红山文化中的C型玉龙、北方游牧文化对农耕文化的重要影响、近代以来内蒙古地区形成的革命文化等等，对多元一体中华文明的最终形成以及中华民族共

有精神家园的构建都产生了深远影响。从新时代新的文化使命来看,只有着眼于中华文明突出的连续性、创新性、统一性、包容性、和平性和"两个结合"的重大意义,才能准确把握"北疆文化"的核心内涵、价值理念、文化意蕴,真正将打造"北疆文化"品牌有机融入建设中华民族现代文明的宏伟目标,更好肩负起新时代新的文化使命。

(二)正确处理好"北疆文化"与"中华优秀传统文化"的关系

中华文化是主干,各民族文化是枝叶,根深干壮才能枝繁叶茂。中华文化是包括"北疆文化"在内的异彩纷呈、各具特色的各民族文化的集大成,由多元汇集并融成一体。"北疆文化"既是中华文化的重要组成部分,同时又受到了中华优秀传统文化不间断的滋养,传承了中华民族一脉相承的精神追求、精神特质、精神脉络,是对中华优秀传统文化的传承弘扬和创新发展。这是"北疆文化"的"根"和"魂",是推进"北疆文化"建设的出发点和落脚点。打造"北疆文化"品牌,必须在增强对中华文化的认同、正确把握中华文化和各民族文化"主干"和"枝叶"关系的基础上进行,不能本末倒置,只有这样,才能为繁荣发展"北疆文化"打下坚实基础。

(三)正确处理好"北疆文化"与"铸牢中华民族共同体意识"的关系

铸牢中华民族共同体意识既是新时代党的民族工作的主线,也是民族地区各项工作的主线。打造"北疆文化"品牌必须紧紧围绕、毫不偏离这条主线。这要求对"北疆文化"的研究阐释、宣传推广、转化运用等工作都要按照铸牢中华民族共同体意识的要求及增进共同性的原则来展开,坚决防止狭隘民族意识的滋长,这是推进"北疆文化"相关工作的总方向。打造"北疆文化"品牌,要充分尊重、包容各民族文化和内部多样文化形态的差异性,在做好保护、传承各民族的饮食服饰、风俗习惯、文化艺术、建筑风格等方面工作的基础上,通过打造"北疆文化"品牌不断增强各族人民对伟大祖国、中华民族、中华文化、中国共产党、中国特色社会主义的认同,从而更好地维护民族团结，构建中华民族共有精神家园。

（四）正确处理好"北疆文化"与办好"两件大事"的关系

完成好"五大任务"和全方位建设模范自治区这"两件大事"，是习近平总书记对内蒙古的殷切嘱托和深情厚望，是新时代新征程上党和国家交给内蒙古各族人民的重大任务和光荣使命。文化建设是推进中国式现代化的有机构成和重要支撑，是内蒙古现代化建设的重要一环。打造"北疆文化"品牌是落实"两件大事"各项工作要求，实现内蒙古自治区"闯新路、进中游"奋斗目标的重要内容和重要支点。因此，推进"北疆文化"建设，要紧紧围绕办好"两件大事"，找准切入点和发力点，以一批重大工程项目为载体，打响"北疆文化"品牌，以文化的力量聚人心、暖民心、强信心，为建设亮丽内蒙古、共圆伟大中国梦凝聚强大精神力量。

四、深刻把握打造"北疆文化"品牌的重大意义

中国式现代化道路的每一步探索都彰显着"两个结合"的实践伟力。"北疆文化"作为内蒙古地区历史文化资源的时代性表达，是与时俱进形成的符合建设中华民族现代文明要求、与内蒙古现代化建设相适应的文化新形态，深刻体现了"两个结合"的实践规律。打造"北疆文化"品牌是推动内蒙古经济社会高质量发展的重要内容，是内蒙古各族人民战胜前进道路上各种风险挑战的文化力量，是在实现第二个百年奋斗目标过程中展示内蒙古风采与担当的生动体现。

（一）建设中华民族现代文明的源头活水

习近平总书记强调："只有全面深入了解中华文明的历史，才能更有效地推动中华优秀传统文化创造性转化、创新性发展，更有力地推进中国特色

社会主义文化建设，建设中华民族现代文明。"[1]在全面建设社会主义现代化强国的新起点上，坚定文化自信、推进社会主义文化强国建设，必须从中华优秀传统文化中寻找源头活水。"北疆文化"是在中华文化根脉上一体演进发展的地域文化，历经世代传承积淀，蕴含着丰富的中华优秀传统文化。从地域性视角把握，深耕中华文化沃土，充分挖掘"北疆文化"的思想观念、人文蕴含、道德规范，把富有永恒魅力、具有当代价值的文化精神弘扬起来，对于坚定文化自信自强、推进文化强国建设、为铸就中华文化新辉煌提供优秀文化元素等具有重要现实意义。

（二）不断推进"两个结合"的宝贵资源

习近平总书记强调："在五千多年中华文明深厚基础上开辟和发展中国特色社会主义，把马克思主义基本原理同中国具体实际、同中华优秀传统文化相结合是必由之路。"[2]这就要求我们从新时代新征程新实践出发，坚持马克思主义立场观点方法，对中华优秀传统文化蕴含的哲学思想、人文精神、价值理念、道德规范等进行创造性转化、创新性发展，在不断把马克思主义基本原理同中华优秀传统文化相结合的同时，推动新时代中国特色社会主义实践不断深入拓展。内蒙古自治区作为我国第一个少数民族自治区，在丰富发展马克思主义民族理论、巩固发展社会主义新型民族关系、建设模范自治区等方面做了大量行之有效的工作，积累了丰富的实践经验，这些都是蕴含在"北疆文化"中有待进一步挖掘的宝藏，是我们在新时代继续推进"两个结合"，特别是第二个结合的宝贵资源。

（三）铸牢中华民族共同体意识的精神纽带

文化认同是最深层次的认同，是民族团结之根、民族和睦之魂。[3]在中

---

[1]习近平在文化传承发展座谈会上的讲话[J].求是，2023.
[2]习近平在文化传承发展座谈会上的讲话[J].求是，2023.
[3]习近平在参加内蒙古代表团审议时强调 完整准确全面贯彻新发展理念 铸牢中华民族共同体意识[N].人民日报，2021-03-06.

华民族的历史长河中，各族人民共同铸就了中华民族共有精神家园，凝聚起生生不息、团结奋进的强大精神动力。"北疆文化"是承载着中华民族集体记忆的文化符号，守望相助、蒙古马精神、"三北精神"等为铸牢中华民族共同体意识提供了记忆标识、民族认同的叙事脚本，呈现着中华民族精神与民族共同体的情感表达，在推动内蒙古自治区经济社会发展和凝聚干部群众团结奋斗的精神力量方面发挥了重要作用。推进"北疆文化"建设，就是要深刻挖掘北疆文化的深层意蕴以发挥其强化中华民族共同体的身份认同、价值认同等功能，把有关各民族广泛交往交流交融的故事讲足讲好，推动各民族文化在增强对中华文化认同的基础上创造性转化、创新性发展，创造更加完善的各族群众共居共学、共建共享、共事共乐的社会环境，使各民族人心归聚、精神相依，形成人心凝聚、团结奋进的强大精神纽带，持续增强实现中华民族伟大复兴的精神力量。

（四）推进内蒙古现代化建设的磅礴伟力

2023年6月，习近平总书记在内蒙古考察时对奋力书写中国式现代化内蒙古新篇章提出了明确要求。在今后相当长的历史时期内，奋力书写中国式现代化内蒙古新篇章是推进内蒙古经济社会各个方面高质量发展最为重要的动力和途径。将习近平总书记的殷殷嘱托和殷切希望变为美好现实，需要中华文明的支撑和浸润。打造"北疆文化"品牌，就是为了发挥文化"润物细无声"的基础性作用，把全区各族人民群众凝聚在党的周围，使之对中华民族的整体价值和利益高度认同，凝心聚力推进中国式现代化。打造"北疆文化"品牌，也是完整、准确、全面贯彻新发展理念，书写中国式现代化内蒙古新篇章的重要内容。

通过打造"北疆文化"品牌，能够更好地传承弘扬中华优秀传统文化，让根植在北疆大地上的优秀文化在新时代活起来火起来，让模范自治区的金字招牌亮起来，为更好树立和展现内蒙古的良好形象提供支点和舞台，为推进内蒙古现代化建设凝聚起各族人民共同奋斗的磅礴伟力。

作者：简小文，内蒙古自治区社会科学院党委书记，研究员；全方位建设模范自治区研究基地主任

原文发表于《内蒙古社会科学》2023年第6期

努力在铸牢中华民族共同体意识上作模范

简小文

2023年6月8日,习近平总书记在内蒙古考察时提出,"铸牢中华民族共同体意识是新时代党的民族工作的主线,也是民族地区各项工作的主线"。10月27日,习近平总书记在主持中共中央政治局第九次集体学习时再次强调,"要全面贯彻党的二十大部署,准确把握党的民族工作新的阶段性特征,把铸牢中华民族共同体意识作为党的民族工作和民族地区各项工作的主线,不断加强和改进党的民族工作,扎实推进民族团结进步事业,推进新时代党的民族工作高质量发展"。这一重要要求为做好新时代党的民族工作以及民族地区以铸牢中华民族共同体意识为主线做好各项工作,树立了思想旗帜、明确了奋斗目标、提供了行动指南。内蒙古自治区作为我国最早成立的民族自治区,在促进民族团结上具有光荣传统,长期以来拥有"模范自治区"的崇高荣誉。新征程上,要有形有感有效做好铸牢中华民族共同体意识工作,让民族团结之花在北疆常开长盛。

一、继承民族团结的光荣传统

内蒙古地区是中国共产党最早建立党组织的民族地区,内蒙古自治区是在中共中央直接领导下建立的，内蒙古是在党中央的支持下发展起来的，内蒙古作为"模范自治区"的模范性主要体现在听党的话上。一部内蒙古地区发展史，就是一部多民族交往交流交融史，多民族、大融合的特点在内蒙古大地上极其鲜明。历史上，内蒙古地区活跃过多个民族，这些民族持续推动农耕文化与游牧文化交汇融合，不断促进各民族广泛交往交流交融，与其他民族共同开拓了我们辽阔的疆域、书写了悠久的历史、创造了灿烂的文化、培育了伟大的民族精神，为中华民族由多元凝聚为一体作出了贡献。中国共产党成立后，内蒙古地区各族人民衷心拥护党的领导、紧跟党的步伐，在革命、建设和改革的伟大历史进程中书写了壮丽诗篇，形成了感党恩、听党话、跟党走的优良传统，创造了"三千孤儿入内蒙""齐心协力建包钢""最好牧场为航天"等佳话。进入新时代以来，内蒙古各族群众牢记习近平总书记的殷切嘱托，坚定不移维护国家统一、民族团结，铸牢中华民族共同体意识，促进各民族在中华民族大家庭中像石榴籽一样紧紧抱在一起，凝练形成了"守望相助"理念、蒙古马精神和"三北精神"，汇聚起建设亮丽内蒙古、共圆伟大中国梦的磅礴力量，用实际行动呵护了"模范自治区"的崇高荣誉。

二、全面准确深入理解以铸牢中华民族共同体意识为工作主线的实践要求

习近平总书记对内蒙古的重要讲话重要指示批示中，强调最多的就是民族团结、铸牢中华民族共同体意识。2022年3月5日，习近平总书记在参加十三届全国人大五次会议内蒙古代表团审议时指出，"党中央强调把铸牢中华民族共同体意识作为新时代党的民族工作的主线，是着眼于维护中华民族大团结、实现中华民族伟大复兴中国梦作出的重大决策，也是深刻总结历史经验教训得出的重要结论""铸牢中华民族共同体意识,既要做看得见、摸得着的工作,也要做大量'润物细无声'的事情"。2023年6月,习近平总书记在内蒙古考察时进一步提出,"铸牢中华民族共同体意识是新时代党的民族工作的主线,也是民族地区各项工作的主线。民族地区的经济建设、政治建设、文化建设、社会建设、生态文明建设和党的建设等,都要紧紧围绕、毫不偏离这条主线。无论是出台法律法规还是政策措施,都要着眼于强化中华民族的共同性、增强中华民族共同体意识"。习近平总书记对以铸牢中华民族共同体意识为主线做好各项工作,既讲了是什么、为什么,又讲了怎么看、怎么办;既有宏观层面的整体指导,又有具体层面的实践路径;既部署"过河"的任务,又指导解决"桥"或"船"的问题,为我们做好新时代党的民族工作、做好民族地区各项工作提供了重要认识论和方法论,充分体现了习近平总书记对内蒙古的关切之深、嘱托之重、期望之高。我们要把铸牢中华民族共同体意识作为各项工作的"纲",做任何工作、办任何事情,都要紧紧围绕、毫不偏离这条主线,并以此来评价、检验其效果,让中华民族共同体意识根植各族群众心灵深处。

三、努力在铸牢中华民族共同体意识上作模范

为全面贯彻落实习近平总书记对内蒙古的重要指示精神,内蒙古自治区党委在强调完成"五大任务"的基础上,提出了全方位建设"模范自治区"的奋斗目标,明确提出全面创建铸牢中华民族共同体意识示范区,这是贯彻落实以铸牢中华民族共同体意识为主线做好各项工作的重大举措。

全方位建设"模范自治区"主要包括七个方面内容:一是在感党恩听党话、紧跟习近平总书记奋进新征程上作模范;二是在铸牢中华民族共同体意识上作模范;三是在民族地区推进中国式现代化建设中作模范;四是在边

疆民族地区走向共同富裕的道路上作模范；五是在兴边稳边固边上作模范；六是在边疆地区联通国内国际双循环上作模范；七是在弘扬新风正气上作模范。这七个方面内容，将以铸牢中华民族共同体意识为主线的实践要求体现在各领域、各方面、各环节，在有形有感有效铸牢中华民族共同体意识的实践中不断丰富和拓展"模范自治区"的内涵外延，持续引导各族人民坚定不移感党恩、听党话、跟党走。内蒙古还作出打造"北疆文化"品牌的工作部署，旨在坚守中华文脉、赓续红色血脉，推动中华优秀传统文化创造性转化、创新性发展，将内蒙古民族团结的光荣传统和各族人民识大体、顾大局、讲风格、求奉献、有担当的宝贵品质发扬光大，在助力建设中华民族现代文明的伟大实践中不断构筑中华民族共有精神家园。

近日出台的《国务院关于推动内蒙古高质量发展奋力书写中国式现代化新篇章的意见》，为内蒙古实现高质量发展目标明确了"施工图""时间表"。内蒙古要把各项工作主动融入党和国家事业大局之中，牢牢把握主线，大力发扬蒙古马精神和"三北精神"，加快落实"五大任务"，推动高质量发展，奋力书写中国式现代化内蒙古新篇章。

作者：简小文，内蒙古自治区社会科学院党委书记，研究员；全方位建设模范自治区研究基地主任

原文发表于《中国民族报》2023年11月07日第05版

北疆文化建设的价值指引与路径选择

包银山

弘扬北疆文化、推进北疆文化建设、打造北疆文化品牌（以下称"北疆文化建设"），是内蒙古自治区党委在完成好习近平总书记交给内蒙古的五大任务和全方位建设模范自治区两件大事、全面建设社会主义现代化国家新征程上书写内蒙古新篇章中作出的重大文化发展决策，具有重要的战略前瞻性、宏观引领性和现实指导性。实践证明，所有的决策部署、发展规划或重大项目都应有明确的价值导向和与之相对应的实践路径。北疆文化建设必须坚持以习近平新时代中国特色社会主义思想特别是习近平文化思想为指引，深入贯彻落实习近平总书记关于加强和改进民族工作的重要思想，深入贯彻落实习近平总书记关于内蒙古的重要指示、批示精神，以北疆文化建设为有力抓手，产生丰硕成果，为提升内蒙古正面形象提供有力支撑，为祖国北疆各项建设凝聚奋进力量，为传承弘扬中华优秀传统文化、建设中华民族现代文明作出内蒙古应有的贡献。

一、北疆文化建设彰显中华民族共同体意识的意义和要求

铸牢中华民族共同体意识是习近平总书记提出的重大原创性论断。在

2021年召开的中央民族工作会议上,习近平总书记强调,"做好新时代党的民族工作,要把铸牢中华民族共同体意识作为党的民族工作的主线","铸牢中华民族共同体意识是新时代党的民族工作的'纲',所有工作要向此聚焦"。[1]2022年3月5日,习近平总书记在参加十三届全国人大五次会议内蒙古代表团审议时深刻指出,"党中央强调把铸牢中华民族共同体意识作为新时代党的民族工作的主线,是着眼于维护中华民族大团结、实现中华民族伟大复兴中国梦作出的重大决策,也是深刻总结历史经验教训得出的重要结论"[2]。2023年6月8日,习近平总书记在内蒙古考察时进一步指出,"铸牢中华民族共同体意识是新时代党的民族工作的主线,也是民族地区各项工作的主线。民族地区的经济建设、政治建设、文化建设、社会建设、生态文明建设和党的建设等,都要紧紧围绕、毫不偏离这条主线"[3]。习近平总书记的重要讲话为民族地区做好各项工作提供了根本遵循、指明了前进方向。

(一)坚持增进共同性,厚植北疆文化底蕴,夯实北疆文化建设的基础

马克思主义认为,一定的文化是一定社会的经济和政治在观念形态上的反映,一定社会的经济、政治总是要求文化与之相适应。作为新时代边疆少数民族地区组织实施的宏大文化建设工程,北疆文化建设必须紧紧围绕、毫不偏离铸牢中华民族共同体意识这一主线,这是政治对文化的根本性要求。因此,文化建设的指导思想、方针原则、重点任务和保障措施等,都要彰显中华民族共同体意识的意义和要求,以北疆文化建设实践推动落实中华民族共同体建设的战略任务。在制定相关规划、出台扶持政策等宏观层面,要自觉做到从党和国家工作大局、从中华民族整体利益的高度想问题、作决策、

---

[1] 习近平总书记出席中央民族工作会议并发表重要讲话[N].人民日报,2021-08-29.
[2] 习近平在参加内蒙古代表团审议时强调 不断巩固中华民族共同体思想基础 共同建设伟大祖国共同创造美好生活[N].人民日报,2022-03-06.
[3] 习近平在内蒙古考察时强调 把握战略定位坚持绿色发展 奋力书写中国式现代化内蒙古新篇章[N].人民日报,2023-06-09.

抓工作，要把是否有利于强化中华民族的共同性、增强中华民族共同体意识作为首要考虑；要坚持增进共同性、包容差异性的原则，通过北疆文化建设，不断深化中华民族现代文明建设的内蒙古实践，不断壮大中华文化这一主干，并在此基础上繁荣各民族文化，形成中华文化百花园中各民族文化竞相繁盛的生动局面；要坚持以社会主义核心价值观为引领，以中华文化为根基，充分运用现代科学技术手段，对各民族共享的中华文化符号、中华民族形象以及中华民族精神标识进行广泛深入的宣传，用各族群众喜闻乐见的方式讲好新时代的中华文化故事，以文化人、以文育人，不断构筑中华民族共有精神家园，夯实铸牢中华民族共同体意识的思想文化基础。

（二）抓好重点领域、重点项目，以有形有感有效的内容和形式推动铸牢中华民族共同体意识工作落地见效

在北疆文化建设过程中，既要做看得见、摸得着的工作，又要做大量"润物细无声"的事情。要把铸牢中华民族共同体意识的工作要求贯彻落实到全区历史文化宣传教育、公共文化设施建设、城市标志性建筑建设、旅游景观陈列等具体工作中，增强中华文化符号和中华民族视觉形象对广大民众的情感熏陶、思想浸润和行为塑造，发挥其引领、校准、规范、教化等重要的政治和社会作用；要扎实推进长城、黄河国家文化公园等具有象征意义的重大项目在内蒙古的建设任务；要抓住机遇推进落实《国务院关于推动内蒙古高质量发展奋力书写中国式现代化新篇章的意见》（国发〔2023〕16号）中提出的"将西辽河文明研究纳入中华文明探源工程，支持红山文化遗址申报世界文化遗产"等北疆特色文化建设的重大任务部署，以重点盘活全局，以有形、有感、有效的内容和形式增强中华民族共同体意识，引导各族群众增强中华民族自豪感，牢固树立正确的祖国观、民族观、文化观、历史观、宗教观；要扎实推进中华优秀传统文化传承发展工程，深入挖掘中华优秀传统文化中蕴含的思想观念、人文精神、道德规范等，持续推动"两个打造"

工作举措，打造一批政治性强、内涵丰富、意蕴厚重、认可度高的中华文化符号和中华民族形象，打造一批具有中华文化底蕴、汲取各民族文化营养、融合现代文明的书籍、舞台艺术作品、影视作品、美术作品，充分发挥主流文化的引领、融合作用，让北疆文化建设始终彰显鲜明的中华文脉和底蕴，成为铸牢中华民族共同体意识的生动实践和有力抓手。

二、不断铸就北疆文化建设多元一体的鲜明文化品格

2023年6月2日，习近平总书记在文化传承发展座谈会上发表的重要讲话创造性地提出并回答了建设中华民族现代文明的时代命题及实现路径，科学概括了中华文明具有突出的连续性、创新性、统一性、包容性、和平性五大突出特性，并告诉世人正是这五个突出特性从根本上决定了为什么中国坚定不移走自己的道路、为什么中华民族具备进取精神和无畏品格、为什么中华民族自古追求国家统一、为什么中华文化拥有对世界文明兼收并蓄的开放胸怀、为什么中国始终坚持走和平发展道路的深刻道理，理解古代中国、现代中国和未来中国的文化密码，是对中华优秀传统文化当代价值和世界意义的又一科学概括和提炼，是对中国之问、世界之问、人民之问、时代之问的又一深刻回答，具有重大的理论意义、实践意义和世界意义。

（一）从中华文明的五大突出特性准确把握北疆文化的基本特征

北疆文化建设必须顺应中华民族从历史走向未来、从传统走向现代、由多元凝聚为一体的历史大趋势，着眼中华民族现代文明建设，在中华文明五大突出特性这一共性中准确把握北疆文化的基本特征。北疆文化是中华文化的重要组成部分，北疆文化建设是中国特色社会主义文化建设在北部边疆的地方实践。因此，在实践中要根植中华文明的连续性、秉持北疆文化绵延不断的传承性，激扬中华文明的创新性、彰显北疆文化的时代性，坚守中华文

明的统一性、突出北疆各民族高度的中华文化认同性，赓续中华文明的包容性、展现北疆文化异彩纷呈的多样性，立足中华文明的和平性、践行北疆各族人民开拓进取的开放性[1]，让北疆文化建设成为中华民族现代文明建设的重要内容和独特风景。

（二）为研究阐发中华文明的五大突出特性提供生动丰富的例证

"史实证明，在中国历史上的各个时期，都有北方民族程度不同地参与到创造中国多元历史文化的进程之中，印证了中国的历史是由各民族共同创造的发展规律。"[2]内蒙古地区的发展史本身就是一部多民族交往交流交融史，多民族、大融合的特点在内蒙古大地上极其鲜明。从文化的演进看，红山文化遗址、大窑遗址等诸多文物考古发现都充分印证了内蒙古地区是中华民族古代文明的重要发祥地之一；从文化交流的变迁看，内蒙古地区是各民族的交往交流交融之地，不同文化之间的借鉴交融成为中华文明发展演进的重要动力之一；从新文化发展看，新中国成立以来，在中国共产党的领导下，内蒙古地区各民族文化空前繁荣，以多元一体的丰富性在中华文化的百花园中绽放异彩，成为中国特色社会主义先进文化的重要组成部分；从文化的新使命看，内蒙古与全国其他地区一样都面临着传承保护与创新发展中华优秀传统文化的时代重任。无论是历史人文资源还是新中国成立以来的当代文化实践，都鲜明地印证了中华文明的五大突出特性。

（三）为推进"两个结合"特别是"第二个结合"贡献更多的北疆智慧

在2023年文化传承发展座谈会上，习近平总书记系统阐述了"两个结合"的重大意义，强调"第二个结合"造就了新的文化生命体，既"发展出中华文明的现代形态"，也使"形成的新文化成为中国式现代化的文化形态"。[3]"两个结合"将对中华优秀传统文化重要地位的认识提升到新的时

---

[1] 艾北疆.北疆文化的内涵特征与时代价值[N].内蒙古日报，2023-11-16.
[2] 张久和，刘国祥.中国古代北方民族史[M].北京：科学出版社，2021.
[3] 习近平.在文化传承发展座谈会上的讲话[J].求是，2023（12）.

代高度，突出彰显了包括少数民族文化在内的中华优秀传统文化在新时代的重要作用，也为北疆文化建设提出了新的更高要求。北疆文化所蕴含的文化精髓和精神标识，如爱国、忠诚、奉献的核心理念，崇尚自然的生态意识，吃苦耐劳、一往无前、不达目的绝不罢休的蒙古马精神，艰苦奋斗、无私奉献、锲而不舍、久久为功的"三北精神"等时代精神，以及体现社会主义文艺本质要求的乌兰牧骑光荣传统等等，为巩固中华文化主体性提供了丰富养分，为"第二个结合"提供了更多的契合点和更广阔的文化创新空间。要深刻理解"第二个结合"对造就有机统一的新的文化生命体、形成中国式现代化文化形态的根本性价值，准确领会在新的起点上"第二个结合"对推动文化繁荣、建设文化强国、建设中华民族现代文明的关键性作用，充分发挥好北疆文化建设在推动马克思主义基本原理同中华优秀传统文化相结合中的实践载体作用，推进"第二个结合"在新时代新征程上深化发展、不断走深走实。

（四）充分发挥北疆文化建设的现代文化整合功能，夯实民族团结进步的文化基础

习近平总书记在关于内蒙古的重要讲话、重要指示批示中多次强调民族团结问题，要求全区各族人民要深入践行守望相助理念，深化民族团结进步教育，铸牢中华民族共同体意识，促进各民族像石榴籽一样紧紧抱在一起，共同守卫祖国边疆、共同创造美好生活。2021年3月5日，习近平总书记在参加十三届全国人大四次会议内蒙古代表团审议时指出，"文化认同是最深层次的认同，是民族团结之根、民族和睦之魂"[1]，加强中华民族大团结，长远和根本的是增强文化认同。2022年3月5日，习近平总书记在参加十三届全国人大五次会议内蒙古代表团审议时强调，"民族团结是我国各族人民的生

---

[1] 习近平在参加内蒙古代表团审议时强调 完整准确全面贯彻新发展理念 铸牢中华民族共同体意识[N].人民日报，2021-03-06.

命线，中华民族共同体意识是民族团结之本"，"内蒙古自治区是我国最早成立的民族自治区，要坚持和完善民族区域自治制度，加强各民族交往交流交融"，"继续在促进民族团结进步上走在前列"。[1]"对内蒙古来说，维护社会和谐稳定，必须巩固和发展民族团结大局。"[2]习近平总书记的以上重要论述为我们推进北疆文化建设、推动发展新时代民族团结进步事业提供了重要遵循、指明了实践路径。

文化认同与文化整合既相互制约又相互联系、相互促进，是辩证统一关系。文化认同是文化整合的前提和基础，文化整合能够更好地凝聚、增强文化认同。《内蒙古自治区党委关于全方位建设模范自治区的决定》指出："着眼传承发展中华优秀传统文化、推动中华民族现代文明建设，充分挖掘和生动展现内蒙古大地上的厚重历史文化和丰富人文资源，融红色文化和草原文化、农耕文化、黄河文化、长城文化等于一体，打造以各民族交往交流交融、守望相助、共同弘扬蒙古马精神和'三北精神'、铸牢中华民族共同体意识为基本内容的'北疆文化'品牌。"这正是强调新时代新征程上北疆文化品牌建设的新的文化整合功能，通过北疆文化建设，将历史与现实贯通、多元与一体融通，以文化整合凝聚和增强中华文化认同，进而更好地促进民族团结与共同进步，推动中华民族共同体建设。

三、始终彰显北疆文化建设鲜明的红色基因和政治本色

红色文化是党和人民在伟大的革命斗争中创造的富有时代特征的宝贵精神财富，是中国特色社会主义文化不可动摇的基石，是文化自信的重要

---

[1]习近平在参加内蒙古代表团审议时强调 不断巩固中华民族共同体思想基础 共同建设伟大祖国共同创造美好生活[N].人民日报，2022-03-06.
[2]美好梦想，奔驰在辽阔草原——以习近平同志为核心的党中央关心内蒙古发展纪实[N].内蒙古日报，2017-08-07.

支撑。红色文化也是生动鲜活的党史教材,是构建社会主义核心价值体系的重要载体。以伟大建党精神为源头的中国共产党人精神谱系,构筑了无产阶级政党带领人民、依靠人民全面建设社会主义现代化国家、建设中华民族现代文明的基因结构。北疆文化建设要把红色文化作为最鲜明的底色,把传承红色文化、赓续红色基因作为最重要的建设任务,深入实施红色基因传承工程,大力弘扬以爱国主义为核心的民族精神、以改革创新为核心的时代精神,讲清楚中国共产党领导和社会主义制度是我国各民族共同发展进步的可靠保障,讲清楚中华民族是具有强大认同度和凝聚力的命运共同体,讲清楚中国特色解决民族问题的正确道路所具有的明显优越性。

(一)深入挖掘和充分运用好内蒙古的红色文化资源

内蒙古拥有丰富的红色文化资源,北疆文化最内在的品质就是爱国、忠诚、奉献。2021年3月5日,习近平总书记在参加十三届全国人大四次会议内蒙古代表团审议时强调,"一切向前走,都不能忘记走过的路,走得再远、走到再光辉的未来,也不能忘记走过的过去,不能忘记为什么出发"[1]。在谈到内蒙古革命与建设之路时,习近平总书记深情地指出,"早在建党之初,我们党就十分关注民族问题。李大钊同志直接领导和参与在蒙古族群众中传播马克思主义、培养共产主义先进分子的工作。1923年,内蒙古产生了包括乌兰夫在内的第一批共产党人。1947年5月,党领导的内蒙古自治区宣告成立,成为我们党运用马克思主义解决国内民族问题的成功实践。新中国成立后,内蒙古创造了'齐心协力建包钢'、'三千孤儿入内蒙'等历史佳话"[2]。内蒙古要始终牢记习近平总书记的嘱托,深入挖掘、充分运用好这些红色文化资源,在坚持走中国特色解决民族问题的正确道路、维护各民族

---

[1] 美好梦想,奔驰在辽阔草原——以习近平同志为核心的党中央关心内蒙古发展纪实[N]. 内蒙古日报,2017-08-07.

[2] 美好梦想,奔驰在辽阔草原——以习近平同志为核心的党中央关心内蒙古发展纪实[N]. 内蒙古日报,2017-08-07.

大团结、铸牢中华民族共同体意识等重大问题上不断提高思想认识和工作水平，充分发挥好红色文化的价值引领、铸魂育人功能，使红色文化更加深入人心。

（二）时刻铭记"六句话"的事实和道理

《内蒙古自治区党委关于全方位建设模范自治区的决定》要求在七个方面作出模范，其中第一个模范就是在感党恩听党话、紧跟习近平总书记奋进新征程上作模范，强调必须传承好心向党、心向党中央的红色基因，教育引导广大党员、干部、群众更加深刻地领悟"两个确立"的决定性意义，更加自觉地增强"四个意识"、坚定"四个自信"、做到"两个维护"。要求广大干部群众牢牢铭记"六句话"的事实和道理，即内蒙古地区是中国共产党最早建立党组织的民族地区、内蒙古自治区是在中共中央直接领导下建立的、内蒙古是在党中央的支持下发展起来的、内蒙古工作中出现的重大偏差都是党中央帮助纠正的、内蒙古新时代的发展成就是在习近平总书记亲切关怀和指引下取得的、内蒙古作为模范自治区模范就模范在听党的话上。这六句话的事实和道理主题鲜明，具有无可辩驳的历史和现实逻辑。在北疆文化建设实践中要不断深化对中国共产党在内蒙古地区发展历史的研究阐释工作，采取各种有效方式大力宣传习近平总书记和党中央对内蒙古的支持与关怀，夯实内蒙古各族人民忠诚维护、感恩奋进的情感之基。

（三）不断繁荣红色文化主题创作事业

红色文化主题特别是感恩奋进主题创作是内蒙古文化艺术创作的优良传统，而且这一主题集中体现在新中国成立以来各个历史时期的文化艺术作品中，这一优良传统在不同历史时期一脉相承，汇聚起各民族团结奋斗的磅礴伟力，奏响了时代强音，成为内蒙古文化创作生产的鲜明底色。在推动北疆文化建设、实施北疆文化创作工程的过程中，要发扬内蒙古文化创作生产的光荣传统，在共同创造美好生活的伟大实践中，推出更多讴歌党、讴歌祖国、讴歌人民、讴歌英雄、讴歌新时代的优秀作品,用优秀文艺作品将红色文化基因深深植根于全区各族人民的心灵深处,并不断将其转化成感恩奋进的强劲动力。

四、不断突显北疆文化建设鲜明的人民立场和时代特征

人民性是马克思主义的本质属性,坚持人民至上是习近平新时代中国特色社会主义思想的根本立场,坚持以人民为中心的创作导向是习近平文化思想最根本的要求。2017年11月21日,习近平总书记在给内蒙古自治区苏尼特右旗乌兰牧骑队员们的回信中充分肯定了乌兰牧骑几十年来所取得的巨大成就,并勉励乌兰牧骑队员在新时代"大力弘扬优良传统,扎根生活沃土,服务牧民群众,推动文艺创新,努力创作更多接地气、传得开、留得下的优秀作品,永远做草原上的'红色文艺轻骑兵'"[1]。2019年7月15日,习近平总书记来到内蒙古赤峰市松山区兴安街道临潢家园社区考察调研,在观看社区乌兰牧骑歌舞表演时,再次指出"乌兰牧骑很接地气,群众喜闻乐见,永远不会过时"[2]。

(一)紧紧依靠广大人民群众的文化创造力

习近平总书记对乌兰牧骑的肯定和希望充分体现了以人民为中心的发展思想,对新时代文艺工作具有普遍的指导意义。一种文化只有扎根于自身的生存土壤、紧紧依靠人民群众的创造力,才能保持其旺盛的活力,才能巩固和发展自身独有的文化主体性。北疆文化建设只有牢固树立马克思主义的文化观,做到以人民为中心,把满足人民的精神文化需求作为品牌打造的根本

---

[1]习近平回信勉励乌兰牧骑队员 大力弘扬乌兰牧骑优良传统 永远做草原上的"红色文艺轻骑兵"[N].内蒙古日报,2017-11-22.
[2]深情牵挂温暖百姓心 巨大鼓舞凝聚奋斗志——习近平总书记在内蒙古考察指导回访纪实[N].内蒙古日报,2019-07-17.

出发点和落脚点，使文化发展的成果不断惠及全区各族人民，把各族人民的文化创新创造活力作为品牌打造的基本依靠力量，才能使"北疆文化"品牌拥有最广泛、最坚实的基础，发挥文化品牌的最大正能量，使其成为内蒙古各族人民共同的精神标识和奋进力量。时下火爆的贵州"村BA""村超"，就是贵州省坚持以人民为中心、全力打造"多彩贵州"品牌的重要成果。近年来，内蒙古的文化活动更加活跃，充分体现了以人民为中心的发展思想，支持并鼓励群众文化群众办的发展势头。

（二）制作推出更多彰显中华文明突出特性、体现北疆文化基本内涵的精品力作

坚持以人民为中心的创作导向，必须正确把握好丰富与增强、满足与引领的关系，在不断丰富和满足人民群众日益增长的精神文化需求的同时，创作推出更多更好的增强人民精神力量、引领人民精神需求的优秀作品。这就要求我们把创作生产文化精品作为中心环节，把提高质量作为文化品牌建设的生命线，增强精品意识，实施精品战略，积极组织实施北疆文化创作生产工程，不断丰富文化产品的文化内涵、提升文化产品的精神能量和艺术价值，创作推出一批彰显中华文明突出特性、体现北疆文化基本内容的精品力作，以更多更好的优秀作品提升"北疆文化"品牌的影响力和美誉度。

（三）切实发挥好乌兰牧骑在北疆文化建设中的重要作用

乌兰牧骑是在党和政府的坚强领导、大力扶持下成长壮大起来的北疆文化亮丽品牌。乌兰牧骑所彰显的忠于党、服务人民的优秀品质，正是新时代北疆文化建设的根本价值追求。乌兰牧骑队员要始终牢记习近平总书记的嘱托，更加自觉地担负起时代和人民赋予的新使命新任务，更好地履行新时代红色文艺轻骑兵的责任担当。"要在凝心聚力培根铸魂上担当新使命，始终做党的理论政策的信仰者传播者"[1]，"要在增强人民精神力量上担当新

---

[1] 孟萱.新时代新征程 乌兰牧骑的使命担当[N].光明日报，2022-11-21.

使命,始终做人民群众最热情的赞美者褒扬者"[1],更好地为人民创作、为时代放歌,"要在推进文化自信自强上担当新使命"[2],以文立心、以文铸魂,始终做北疆文化的建设者、推动者,守正创新、创造辉煌。

五、充分发挥北疆文化建设的绿色生态优势

中华民族向来尊重自然、热爱自然,绵延五千多年的中华文明孕育了丰富多彩的生态文化。习近平总书记强调,建设绿色家园是人类的共同梦想,也是各国人民的共同期盼。面对全球生态环境保护存在的问题,要充分发挥文化的浸润作用,讲好生态故事、传播生态声音,以理服人、以情动人,倡导世界人民共同担负保护地球生态环境的责任,秉持共商共建共享的全球治理观,有效应对气候变化、生物多样性保护等全球性生态环境问题,把人类活动限制在地球生态系统能够承受的限度内,努力修复工业文明造成的生态创伤,实现人与地球和谐相处。[3]

内蒙古地处祖国北疆,内蒙古的生态状况如何不仅关系全区各族群众的生存和发展,而且关系华北、东北、西北乃至全国的生态安全。习近平总书记始终高度重视、深情牵挂内蒙古的生态文明建设,在对内蒙古的重要讲话、重要指示批示中,关注最多、论述最多、部署最多的就是生态文明建设。习近平总书记强调:"把内蒙古建成我国北方重要生态安全屏障,是立足全国发展大局确立的战略定位,也是内蒙古必须自觉担负起的重大责任。"[4]2020年,习近平总书记在参加全国两会内蒙古代表团审议时指出,

---

[1]孟萱.新时代新征程 乌兰牧骑的使命担当[N].光明日报,2022-11-21.
[2]孟萱.新时代新征程 乌兰牧骑的使命担当[N].光明日报,2022-11-21.
[3]张伟进.推动中华优秀传统生态文化创造性转化创新性发展[N].重庆日报,2023-12-11.
[4]习近平在参加内蒙古代表团审议时强调 保持加强生态文明建设的战略定力 守护好祖国北疆这道亮丽风景线[N].内蒙古日报,2019-03-06.

生态环境保护就是为民造福的百年大计。要保持加强生态文明建设的战略定力，牢固树立生态优先、绿色发展的导向，持续打好蓝天、碧水、净土保卫战，把祖国北疆这道万里绿色长城构筑得更加牢固。[1]2023年6月习近平总书记再次来到内蒙古，强调筑牢我国北方重要生态安全屏障是内蒙古必须牢记的"国之大者"[2]。

（一）突出北疆文化的绿色生态属性

地域文化的形成、发展与其独特的自然地理环境密不可分。内蒙古作为祖国北疆重要生态安全屏障，特殊的地理位置和自然地理特性决定了北疆文化具有鲜明的生态文化属性和特征。从生态文化建设的视角认识、丰富和发展北疆文化，以生态文化为基本特征和内容的"北疆文化"品牌建设推动贯彻落实习近平生态文明思想，把内蒙古建成我国北方重要生态安全屏障的要求是"北疆文化"品牌建设的重要任务。在历史长河中，北疆地区的各族人民适应农耕、游牧、渔猎等不同生产生活方式，创造了丰富多彩的生态文化，孕育了传扬至今的生态文化传统。例如，由北疆各民族创造的草原文化天然地具有生态文化属性，草原民族的文化习俗、传统禁忌、家庭教育中蕴含着大量保护生态的内容，深入挖掘传承草原文化蕴含的丰富生态思想必将为当今生态文明建设带来更多启示。因此，要从北疆各民族优秀传统文化蕴含的深厚生态哲理、生态伦理、生态智慧中寻找借鉴、汲取滋养，不断拓展和完善传统生态文化的时代内涵，激发和弘扬生态文化的时代精神，绽放中华民族生态文化的时代光彩，创造和丰富属于我们这个时代的立得住、行得远的北疆生态文化。

---

[1]习近平在参加内蒙古代表团审议时强调 坚持人民至上 不断造福人民 把以人民为中心的发展思想落实到各项决策部署和实际工作之中[N].内蒙古日报，2020-05-23.

[2]习近平在内蒙古考察时强调 把握战略定位 坚持绿色发展 奋力书写中国式现代化内蒙古新篇章[N].人民日报，2023-06-09.

（二）繁荣生态文明主题创作事业

生态文化艺术创作是内蒙古文艺创作的又一优势和传统。多年来，广大文艺工作者聚焦崇尚自然、保护环境、促进人与自然和谐共生的基本价值观，不断加强生态文学艺术创作，涌现出了许多优秀作品。习近平总书记在关于内蒙古生态文明建设的重要指示中曾引用南北朝时期《敕勒歌》中的诗句"敕勒川，阴山下。天似穹庐，笼盖四野。天苍苍，野茫茫，风吹草低见牛羊"和内蒙古当代歌曲《美丽的草原我的家》中描绘的"美丽的草原我的家，风吹草地遍地花，彩蝶纷飞百鸟儿唱，一湾碧水映晚霞，骏马好似彩云朵，牛羊好似珍珠撒"[1]，并以此嘱咐我们要守护好内蒙古优美的生态环境。在打造"北疆文化"品牌的实践中，生态文化艺术创作必不可少，且大有可为。

六、大力推进各民族优秀传统文化创新交融

习近平总书记高度重视中华优秀传统文化的传承与发展，2019年7月15日在内蒙古自治区赤峰博物馆考察时强调，我国是统一的多民族国家，中华民族是多民族不断交往交流交融而形成的。中华文明植根于和而不同的多民族文化沃土，历史悠久，是世界上唯一没有中断、发展至今的文明。要重视少数民族文化的保护和传承，支持和扶持《格萨（斯）尔》等非物质文化遗产，培养好传承人，一代一代接下来、传下去。[2]2019年，习近平总书记在考察内蒙古大学图书馆时指出："要加强对蒙古文古籍的搜集、整理、保护，挖掘弘扬蕴含其中的民族团结进步思想内涵，激励各族人民共同团结奋

---

[1] 坚持绿色高质量发展 让北疆草原更壮美[N].中国绿色时报，2021-10-27.
[2] 深情牵挂温暖百姓心 巨大鼓舞凝聚奋斗志——习近平总书记在内蒙古考察指导回访纪实[N].内蒙古日报，2019-07-17.

斗、共同繁荣发展。"[1]习近平总书记的重要指示既体现了对传承弘扬少数民族优秀传统文化的重视和关怀，也为我们全面深入挖掘整理、创新发展各民族优秀传统文化指明了方向。

（一）推动各民族优秀文化的保护传承和创新交融

"古今中外"的关系问题在历史和现实中争论已久，是中国文化建设与文化研究必须解决的问题。取其精华、去其糟粕，古为今用、推陈出新[2]，是中国共产党对待传统文化始终如一的原则。在世界文化激荡、传统文化面临创新发展的关键时刻，习近平总书记提出了推动中华优秀传统文化创造性转化、创新性发展的"两创"论断，指出创造性转化就是把优秀传统文化的要素、资源经过创造实践转变为另一种新的文化事物，借以形成新的文化特质，从而实现对文化资源的再利用；创新性发展是对中华优秀传统文化的内涵和形式进行补充、拓展和完善，以更好地适应时代的要求。[3]北疆文化建设必须处理好继承、借鉴、批判、创新的关系，充分挖掘和生动展现内蒙古大地上的厚重历史文化和丰富人文资源，推动各民族文化在增强对中华文化认同的基础上进行创造性转化、创新性发展，这是北疆文化建设的重要立足点和实践路径。只有正确认识和把握中华民族文化与各民族文化的关系，以坚持中华文化主体性为根本前提，繁荣发展各民族文化，全面推动各民族优秀文化的保护传承和创新交融，使其成为北疆文化最坚实的基础和新文化最具特色的组成部分，"北疆文化"品牌才能保持持续发展的动力，才能激发起全区各族人民文化创造的活力，使北疆大地丰富多彩的各民族文化真正活起来、火起来。

---

[1]习近平听取了内蒙古自治区党委和政府工作与开展"不忘初心、牢记使命"主题教育情况汇报，对内蒙古各项工作取得的成绩给予肯定，希望内蒙古的同志认真贯彻党中央要求——弘扬蒙古马精神，努力把各项工作做得更好[N].内蒙古日报，2019-07-17.

[2]商志晓.论创造性转化创新性发展[J].前线，2022（12）.

[3]文脉国脉紧紧相连（中国式现代化面对面）——如何理解全面建设社会主义现代化国家必须推进文化自信自强？[N].人民日报，2023-09-25.

（二）提升地区文化创意能力和水平

随着人民群众日益增长的精神文化需求和数字网络技术的飞速发展，文化创新转化的路径和形式更加多元，推进北疆优秀传统文化创造性转化、创新性发展，必须大力推动优秀民族文化与科技的深度融合，以科技的翅膀助推传统文化飞得更高更远。毫无疑问，"两创"是一项系统工程，涉及收集整理、主题提炼、创意策划、创作生产、宣传推介等一系列既相互联系又各有侧重的具体步骤，其中，是否具备创新策划能力是能否把优秀传统文化转化为高质量文化产品的关键。从讲述在故宫修复书画、青铜器、宫廷织绣等珍贵文物的纪录片《我在故宫修文物》，以赏中华诗词、寻文化基因、品生活之美为宗旨的文化节目《中国诗词大会》等，将戏曲元素定为主基调的网络平台元宵晚会《上元千灯会》，到央视春晚音舞诗话节目《忆江南》，以及被誉为在文博、舞蹈、音乐、文学和非遗传承中探寻和提炼当代审美内涵的舞蹈诗剧《只此青绿》等的成功，无不彰显着高超的创新意识和创意能力，只有具备这样的能力，才能使传统文化的现代转化出奇制胜，才能创造出更多新颖独特的文化作品。

（三）坚持真实性、艺术性与时代性相统一

对北疆优秀传统文化和历史人文资源的创造性转化，必须坚持真实性、艺术性和时代性相统一。首先，坚持真实性。我们必须尊重历史、尊重传统，始终秉持客观、科学、敬畏的态度，把客观真实的历史、优秀传统文化知识和智慧传递给人民。其次，坚持艺术性。我们必须按照艺术规律呈现艺术化的历史，只有这样才能经得起历史的检验，才能立之当世、传之后人。再次，坚持时代性。当我们对优秀传统文化进行艺术转化时，既要坚持历史的真实性和创作的艺术性，更要注重艺术转化的时代性，充分挖掘传统文化的时代价值，把艺术创造力与中华文化价值融合起来，把中华美学精神与当代审美追求结合起来。核心价值观决定着一个国家文化发展的性质和方向，

体现着一个国家、一个民族的文化理想和精神追求。可以说，优秀传统文化是涵养社会主义核心价值观不可或缺的养料。

总之，要深度关照北疆地区丰富多彩的人文历史资源和优秀传统文化，不断赋予其爱国、忠诚、奉献的核心理念、蒙古马精神和"三北精神"等精神标识，真正让北疆各民族优秀传统文化实现创造性转化、创新性发展，以北疆文化建设推动内蒙古文化事业和文化产业高质量发展，充分展现北疆文化的时代价值。

作者：包银山，内蒙古自治区社会科学院院长，研究员
原文发表于《内蒙古社会科学》2024年第2期

北疆文化的时代价值

康建国 翟 禹

当下,学界对于"地域文化"概念的界定并不一致,有学者认为地域文化专指先秦时期中华大地上不同区域的文化,也有人认为地域文化是中华大地特定区域的人们在特定历史阶段创造的具有鲜明特征的考古学文化。雍际春指出:"所谓地域文化,就是一定地域内历史形成并被人们所感知和认同的各种文化现象。研究地域文化,旨在探讨其在历史形成过程中的整合演变轨迹及其形态特征,并揭示其空间组合关系和地域特色,从而为区域文化发展和推进社会文明,继承传统文化和建设社会主义先进文化提供服务。"[1] 地域文化"是在一个相对稳定的环境中,在自然地理环境和人文社会因素等多重要素的综合作用下,在一个相当长的历史时期中逐步孕育和形成的。因为其形成要素和机制均具有特殊性,就造成了地域文化发展中表现出较强的形态上的稳定性、历史发展上的传承性和文化外观上的独特性"[2]。

"边疆"作为一个在地理、文化、经济等历史和现实基础上总结出来的概念,一般来说,指靠近一国边境的领土。因此,当代中国的北疆就是我国

---

[1] 雍际春.地域文化研究及其时代价值[J].宁夏大学学报(人文社会科学版),2008(3).

[2] 路柳.关于地域文化研究的几个问题——第一次十四省区市地域文化与经济社会发展研讨会综述[J].山东社会科学,2004(12).

作为主权国家靠近国界的北部地区，在广义上包括东北、西北地区，在狭义上指以内蒙古自治区为主的我国正北方地区。

历史上，"古人的'中国'概念更多情况下是历代王朝'正统性'的标志，并不具有近代以来主权国家领土的属性，且没有一个明确的范围，无法作为判定归属的标准"[1]。因此，我们在追述北疆历史时，不能完全按照今天的边界、边疆范围展开讨论。但无论其范围如何变迁，今天的内蒙古自古以来就是中国北部边疆的核心地区，在发挥北部边境功能、维护国家安全稳定上的作用始终存在。历史表明，北部边疆是多民族共同开拓、共同开发建设的重要区域。北疆文化是内蒙古地区各族人民在共同开拓北部边疆的历史中，在共同守护、开发、建设祖国北疆的过程中凝聚而成的文化形态，是以"蒙古马精神""三北精神"为精神特质的地域文化，是书写中国式现代化精神文明建设必不可少的重要内容，是社会主义文化建设的重要成果，更是新时代创造中华民族现代文明的题中之义。

一、北疆文化是在开拓和建设边疆的历史中凝结而成的

（一）北疆地区是中华民族繁衍生息和中华文明的重要诞生地

大量的考古发现证明，北疆地区自古以来就有人类繁衍生息的印记，不但孕育了丰富的史前文明，而且与中原文化密切相关。内蒙古鄂尔多斯市萨拉乌苏遗址中"河套人"的生活年代距今约14万~3.5万年，"萨拉乌苏河遗址里不但发现了丰富的兽类化石，并发现有一枚人的牙齿"[2]。萨拉乌苏遗址出土的石器与近年挖掘的乌兰木伦遗址属于同一个系列，"乌兰木伦遗址作为中国华北小石器传统演化序列中的一员，与东谷坨、小长梁、周口店第

---

[1] 李大龙."天下"视域下的"中国"与"边疆"——在"历史上的中国"讨论基础上的新思考[J].中央民族大学学报（哲学社会科学版），2023（5）.
[2] 贾兰坡.河套人及其文化[J].历史教学，1951（3）.

一地点、周口店第十五地点、许家窑、萨拉乌苏、峙峪等构成了一个连续演化的系列"[1]。由此可见，旧石器时代，我国华北地区的人群之间已经存在紧密的联系。

内蒙古呼和浩特市保合少镇大窑村的大窑遗址距今约50万~1万年。考古挖掘研究表明，大窑遗址内可能存在过一个规模很大的石器加工场，说明这一时期石器制作不仅具备专业的技术，还有专门的生产场所，"从早期到晚期的地层里都出土有石球，且以晚期更多，这表明这一石器制造场同我国北方的其他旧石器时代文化遗址存在着内在联系"[2]。由此可见，北疆地区不仅是早期人类的诞生地，而且拥有相对发达的史前文明。

新石器时代，距今约8000年的兴隆洼文化已经出现了带有防御性环壕的聚落遗址，陶器已经是普遍的生活用具，在遗址中还出土了玉器，"兴隆洼文化玉器是中国迄今所知年代最早的玉器"[3]。距今5000年左右的红山文化更是被考古学界称为"中华文明的新曙光"[4]，红山文化中的彩陶、玉器均是中华彩陶、玉文化的重要分支和起源地，其中典型的C型玉雕龙更是中华龙文化的重要实物见证。红山文化遗址中"庙、坛、冢"[5]的组合凸显了这一地区早期文明的发达程度。吴小红指出："距今5800年前后，黄河、长江中下游以及西辽河等区域出现了文明起源迹象。也就是说，距今5800年或者距今6000年前后，以河南濮阳西水坡遗址为代表的仰韶文化、以安徽含山凌家滩遗址为代表的崧泽文化、以辽宁牛河梁遗址为代表的红山文化，出现了文明起源的迹象，发生了社会分层现象，从平均社会迈向了复杂社会。距今

---

[1] 刘扬，等.鄂尔多斯乌兰木伦遗址石器工业及其文化意义[J].考古学报,2022(4).
[2] 汪宇平.呼和浩特市大窑村南山四道沟东区旧石器时代石器制造场1983年发掘报告[J].史前研究,1987(2).
[3] 杨虎，刘国祥.兴隆洼文化玉器的发现及其意义[N].中国文物报,1995-04-30.
[4] 苏秉琦.中华文明的新曙光[J].东南文化,1998(5).
[5] 华泉.牛河梁的"庙、坛、冢"——红山文化文明起源的象征[J].瞭望周刊,1990(15).

5300年以来，中华大地各地区陆续进入了文明阶段。"[1]

北疆地区独特的自然资源、地理气候以及生产生活方式深远地影响着这一地区的政治、经济、文化等，其东北部与渔猎经济生活区交叉并存，南部与农耕经济生活区叠床架屋，西部与戈壁绿洲农畜生活区密切关联，"在历史长河中，农耕文明的勤劳质朴、崇礼亲仁，草原文明的热烈奔放、勇猛刚健，海洋文明的海纳百川、敢拼会赢，源源不断地注入中华民族的特质和禀赋，共同熔铸了以爱国主义为核心的伟大民族精神"[2]。而且，历史上的北疆还是中国与世界沟通的重要节点和纽带，在欧洲、中西亚和中国的北方草原地区之间，自古以来就存在着一条相互联通的通道——草原丝绸之路，北疆地区是草原丝绸之路的黄金通道。此外，北疆还是中国历史上典型的农耕文化与游牧文化交汇交融的重要地带，保存了许多历史悠久、内涵丰富、特色鲜明的文化遗产。

（二）北疆地区的历史是多民族交往交流交融的历史

早在8000～5000年前，赤峰地区的兴隆洼文化、红山文化中就已出现采用中原制式、技术构筑和制造的遗址和器物，这一现象随着时间的推移愈加显著。由于内蒙古西部地区沿黄河河谷的交流往来更为顺畅，因此，这一地区文化交融汇聚的特征也就更加突出。考古发现，内蒙古中南部仰韶文化的主体"是中原地区仰韶时期北上的移民，其发生年代约在距今7000年或是稍晚一些时候"[3]，说明这一时期的人口流动已经出现大规模移民，族群间的交往交流更加密切，对河套地区产生了较为深远的影响。有学者称海生不浪文化。20世纪60年代发现于内蒙古自治区呼和浩特市托克托县，为"仰韶文化海生不浪类型"，"它（海生不浪）是吸收了西南面马家窑文化系统、东

---

[1] 吴小红.中华文明探源中的年代研究[N].北京大学校报，2022-06-05.
[2] 习近平.在全国民族团结进步表彰大会上的讲话（2019年9月27日）[N].北京：人民出版社，2019.
[3] 塔拉.草原考古学文化研究[M].呼和浩特：内蒙古教育出版社，2007.

面大司空文化、南面半坡四期文化,甚至北方草原文化的因素,在本地产生的一种地方文化"[1]。继仰韶文化后的龙山文化几乎横贯整个黄河流域。仰韶、龙山文化时期,这一地区出现了大量的城堡、环壕,而且这些城堡、环壕往往位于交通要道、军事重地,且呈一定的规律性分布,从侧面反映了族群接触的频繁,战争在一定程度上加速了族群间的交融。

夏商周时期,北方诸族与中原交往的史事开始出现在文字记载中。在中原地区形成王朝国家的过程中,荤粥、土方、鬼方、猃狁、犬戎、林胡、楼烦、东胡等生活在北疆地区的部族不但与中原王朝产生了深入的接触和联系,而且北疆地区也逐渐被纳入中原王朝的管辖体系。《逸周书·王会篇》记载的"成周之会"[2]就有来自北疆地区的部族参与。战国时期,秦、赵、燕三国势力与游牧部族在北疆地区战和,留下"胡服骑射""秦开质胡"等各族交往交流交融的典型事件。秦汉时期,匈奴、鲜卑、乌桓等部族在内蒙古部分地区活动,由于汉朝在对匈奴的作战中呈现出明显的战略优势,因此很多匈奴部落投附汉朝,汉朝多将其安置在今天的内蒙古地区。《后汉书》"南匈奴列传"记载:"韩氏骨都侯屯北地、右贤王屯朔方、当于骨都侯屯五原、呼衍骨都侯屯云中、朗氏骨都侯屯定襄、左南将军屯雁门、栗籍骨都侯屯代郡。"[3]此时的北疆地区呈现出更加明显的多民族特征,民族融合呈持续发展的势头,内蒙古地区已经成为多民族共同开发、共同守卫的边疆,是各民族共同建设的家园。

到了魏晋南北朝时期,政权更迭频繁,社会矛盾突出,北方诸族纷纷南下,建立了许多分立政权。4世纪,鲜卑拓跋部建立的北魏统一了中国北方,内蒙古大部分地区由其管辖。此时中原地区政权纷争激烈,内蒙古作为边疆的属性并不突出,但多民族交往交流交融的程度却不断加深,内蒙古地

---

[1] 张忠培,关强."河套地区"新石器时代遗存的研究[J].江汉考古,1990(1).
[2] 黄怀信.逸周书汇校集注[M].上海:上海古籍出版社,1995.
[3] 司马迁.史记[M].北京:中华书局,1959.

区的经济、社会和文化等得到进一步开发，对中原地区的影响力不断加强。特别是南匈奴、乌桓、鲜卑的大规模南迁和西迁活动在更大范围上加速了内蒙古地区多民族、大融合的历史进程。

契丹、党项和女真分别建立辽、西夏、金三个政权，内蒙古地区的不同地段分别被这几个政权，或同时或先后所管辖。此时，北方民族在内蒙古地区占据主导，契丹、党项、女真等民族与迁至内蒙古地区的中原人往来密切。元朝是兴起于北方草原的蒙古族建立的大一统王朝，内蒙古地区成为元朝中央政权直辖的核心范围，汉、蒙古、色目等多元民族汇聚其中，实现了民族关系的繁荣发展。

明清时期的走西口移民浪潮持续时间长，波及地域广泛，是北疆地区影响深远的民族融合过程。今天内蒙古西部地区的一些藏传佛教寺院和伊斯兰教清真寺深受晋陕文化的影响，房屋建筑仍然保留着晋陕文化的传统风格，在内蒙古西部地区流行的"二人台""漫瀚调"等民间戏剧也是文化交融的典型例证。在饮食文化上，典型的山西饮食（如莜面、炸糕、腌菜等）在内蒙古西部地区广为流传，多民族饮食习俗与地方物产相结合的典型饮食还有稍麦、羊杂等。总的来说，在共同开发中国北疆的进程中，各民族的习俗、观念、生产生活方式相互影响、相互借鉴，最终实现了文化上的交融，甚至在许多方面已经很难区分彼此。

（三）北疆的历史是多民族共同开拓和建设北部边疆的历史

国家疆域是历史上随着国家的稳固、发展逐步形成的，现在的北疆由历代王朝的北疆发展而来。虽然历代王朝存在分裂和统一，不同政权的控制范围也各不相同，但从中国历史的发展脉络看，内蒙古地区的疆域特点在大一统时期表现得尤为明显，历代王朝在北疆地区都设置了有别于中原地区的军政管理制度。西周时期，北方戎人开始强大，与中原政权之间不仅存在广泛的交流，而且经常爆发尖锐的冲突。"秦襄公伐戎至岐，始列为诸侯。"[1]春秋时期，各诸侯国以抵抗戎人进攻、维护周王室稳定为首要职责，秦襄公因伐戎有功，被封为诸侯。战国时期，赵国为了扩大疆域，实施"胡服骑射"改革，北击林胡、楼烦等部落，"筑长城，自代并阴山下，至高阙为塞。而置云中、雁门、代郡"[2]。塞，就是长城。赵国在阴山南麓修建长城，并设置了云中、雁门、代三郡，对这一地区进行军政管辖和治理。三郡的辖区范围均包括今天的内蒙古地区，特别是云中郡，郡治云中（今内蒙古自治区呼和浩特市托克托县古城村古城），辖境包括今天的土默特川、阴山、河套等地。与此同时，燕国还在东部地区设置了上谷、渔阳、右北平、辽西、辽东五郡，其大部分管辖范围包括今天的内蒙古地区；右北平郡治平刚县（内蒙古自治区赤峰市宁城县黑城古城遗址）也在今天的内蒙古辖区内。"新莽钱范作坊遗址的发现，说明古城址是郡国一级的行政建置，这是我们考定黑城古城址为右北平郡治平刚县的极为有力的证明。"[3]此外，燕国还在其北部边境修筑长城，稳定了这里的军政局势。

秦汉时期，内蒙古部分地区被纳入大一统的中央王朝管辖下，对其进行有效管理。秦始皇统一六国后，将几个诸侯国的长城连接起来，成为后来的"万里长城"，内蒙古地区成为秦汉时期中央王朝稳固的北部边疆。公元前121年，匈奴浑邪王率领数万人归顺汉朝，汉朝因此设置五郡属国，并置属国都尉进行治理。"乃分徙降者边五郡故塞外，而皆在河南，因其故俗，为属国。张守节《史记正义》：以来降之民徙置五郡，各依本国之俗而属于汉，故言'属国'也。"[4]匈奴人与汉人杂居共处，成为汉朝守边护边的重要力量。同时，西汉还在乌桓人活动的地区设置护乌桓校尉，对其进行管

---

[1] 司马迁.史记[M].北京：中华书局，1959.
[2] 李文信.西汉右北平郡治平刚考[J].社会科学战线，1983（1）.
[3] 定宜庄.清代北部边疆八旗驻防概述[J].中国边疆史地研究，1991（2）.
[4] 司马迁.史记[M].北京：中华书局，1959.

辖。东汉时期，中央王朝继续在北方推行郡县制和属国制，并把度辽将军、使匈奴中郎将作为常设机构。隋唐时期，内蒙古的大部分地区成为大一统王朝的藩属，突厥、回鹘等北方诸族生活在大漠南北，与中原王朝发生着频繁的交流往来，唐朝在北部边疆地区设置了都护府和节度使，对其进行羁縻管辖。

辽金元时期，内蒙古作为边疆的性质虽不明显，但却是历史上的重要时期，为今天中国北部边疆的形成奠定了基础。明朝时期，内蒙古成为明朝与蒙古诸部相对峙的前沿地带，因此明朝在北方修筑长城，并形成以长城为核心的九边防御体系。长城在巩固政权、稳定北方地区、维护国家安全等方面发挥了积极作用。尤其是到了明朝中后期，长城在维系明蒙关系、促进互市贸易往来、增进双方文化交流等方面发挥着重要作用。与明朝修好的蒙古诸部（如土默特、朵颜三卫等）接受封贡、开放马市贸易，对边疆稳定和地区发展作出了重要贡献。

清代在全国范围内实现了大一统，内蒙古及其以北地区成为清朝的北疆地区。"清代北部边疆，大言之可包括今天的辽宁、吉林、黑龙江三省以及内蒙古、新疆两个自治区，还有蒙古人民共和国和苏联的一部分。"[1]清廷在内蒙古地区设立盟旗制度，对北疆地区进行有效管辖，漠南蒙古诸部成为清朝治下的臣民，逐渐形成内属扎萨克蒙古，即今天内蒙古的前身。

二、打造"北疆文化"品牌的现实意义

（一）继续深入推进北疆各民族之间的交往交流交融

习近平总书记在2014年中央民族工作会议上提出："加强各民族交往交流交融，尊重差异、包容多样，让各民族在中华民族大家庭中手足相亲、守

---

[1] 定宜庄. 清代北部边疆八旗驻防概述[J]. 中国边疆史地研究, 1991（2）.

望相助。"[1]促进各民族开展广泛的交往交流交融是党的民族工作理论和实践的智慧结晶,是推动铸牢中华民族共同体意识建设的重要举措。文化认同是各族人民凝心聚力的重要纽带,是促进各民族交往交流交融的核心力量。习近平总书记在2021年召开的中央民族工作会议上强调,"必须促进各民族广泛交往交流交融,促进各民族在理想、信念、情感、文化上的团结统一,守望相助、手足情深"[2]。北疆文化在多民族的交往交流交融中形成,传承着丰厚的历史基因,推动北疆地区各族群众在文化上互学互长,在习俗上互相尊重、平等参与社会活动,在情感上互相亲近、互相欣赏、手足情深,实现心理上的无障碍、零距离认同,实现各民族在空间、文化、经济、社会、心理等各个方面的全方位互嵌。

（二）践行守望相助理念,构筑北疆各民族共有精神家园

2014年春节前夕,习近平总书记来到内蒙古看望慰问各族干部群众。在参加锡林浩特市宝力根苏木冬季那达慕活动时,他深入阐述了守望相助理念:"守,就是守好家门,守好祖国边疆,守好内蒙古少数民族美好的精神家园;望,就是登高望远,规划事业、谋求发展要跳出当地、跳出自然条件限制、跳出内蒙古,有宽广的世界眼光,有大局意识;相助,就是各族干部群众要牢固树立平等团结互助和谐的思想,各族人民拧成一股绳,共同守卫祖国边疆,共同创造美好生活"[3]。守好家门、守好边疆、守好精神家园是打造和挖掘北疆文化、开展北疆文化研究的目标所在。

守望相助理念是打造"北疆文化"品牌的理论基础。内蒙古既是边疆地区,也是民族地区,因此我们要立足现实,深刻领会和把握习近平总书记

---

[1] 中央民族工作会议暨国务院第六次全国民族团结进步表彰大会在京举行[N]. 人民日报,2014-09-30.
[2] 习近平出席中央民族工作会议并发表重要讲话[EB/OL].https://www.gov.cn/xinwen/2021-08/28/content_5633940.htm,2021-08-28/2023-04-25.
[3] 习近平春节前夕赴内蒙古调研看望慰问各族干部群众[N]. 人民日报,2014-01-30.

关于推动各民族优秀传统文化传承保护和创新交融的重要指示精神，推进共有精神家园建设。各项工作要往实里抓、往细里做，要有形、有感、有效地开展各项工作，更加深入、更高质量地打造"北疆文化"品牌。构筑各民族共有精神家园，要坚持以社会主义核心价值观为引领，坚持创造性转化、创新性发展的方向，在保护和传承各民族历史文化遗产中，挖掘弘扬蕴含其中的民族团结进步思想。把那些可能消失的文化形态作为一种文化记忆加以保存，但绝不是不分良莠地全盘保护，更不是借保护文化多样性之名宣扬保守封闭的观念、固守愚昧落后的生活方式和陈规陋习。打造"北疆文化"品牌是推动中华优秀传统文化传承保护和创新交融、增强各族人民文化认同、构筑北疆各民族共有精神家园的有效方式。

（三）文化现代化是书写中国式现代化内蒙古篇的重要组成部分

党的二十大报告指出："全面建设社会主义现代化国家，必须坚持中国特色社会主义文化发展道路，增强文化自信，围绕举旗帜、聚民心、育新人、兴文化、展形象建设社会主义文化强国。"[1]文化是一个国家、一个民族的灵魂，文化兴则国运兴，文化强则民族强。文化自信是激发中华民族创造力、凝聚中华民族向心力的基本保证，是推动新时代文化繁荣发展的动力源，事关中华民族伟大复兴和中华文化的永续发展。中华文化是各民族文化的集大成者，各民族文化交相辉映，中华文化历久弥新，这是今天我们葆有文化自信的根源。内蒙古异彩纷呈的地域文化是中华文化的重要组成部分，打造"北疆文化"这一具有内蒙古特质的地域性文化品牌，凝练重要文化标识，其目的就是传承和弘扬中华优秀传统文化中的重要元素，让北疆地区各民族创造的优秀传统文化在新时代绽放新的光彩。2019年7月，习近平总书记在内蒙古赤峰市考察时，着重了解了红山文化等史前文化发掘保护的情况

[1] 习近平. 高举中国特色社会主义伟大旗帜 为全面建设社会主义现代化国家而团结奋斗——在中国共产党第二十次全国代表大会上的报告（2022年10月16日）[N]. 人民日报，2022-10-26.

以及契丹、蒙古等民族文化的历史沿革，观看了古典民族史诗《格萨（斯）尔》的说唱展示。习近平总书记指出："我国是统一的多民族国家，中华民族是多民族不断交流交往交融而形成的。中华文明植根于和而不同的多民族文化沃土，历史悠久，是世界上唯一没有中断、发展至今的文明。要重视少数民族文化保护和传承，支持和扶持《格萨（斯）尔》等非物质文化遗产，培养好传承人，一代一代接下来、传下去。要引导人们树立正确的历史观、国家观、民族观、文化观，不断巩固各族人民对伟大祖国的认同，对中华民族的认同，对中国特色社会主义道路的认同。"[1]

（四）为全方位建设模范自治区注入强大的精神力量

习近平总书记指出："内蒙古是我国民族区域自治制度的发源地，具有民族团结的光荣传统。要高举各民族大团结旗帜，全面贯彻党的民族政策，深化民族团结进步教育，践行守望相助理念，铸牢中华民族共同体意识，把各族人民紧紧团结在党的周围，共同守卫祖国边疆，共同创造美好生活，在新时代继续保持模范自治区的崇高荣誉。"[2]在北疆文化中孕育形成的"蒙古马精神""三北精神"是内蒙古人民的精神标识，是办好内蒙古两件大事的强大精神力量，更是推动中国式现代化内蒙古篇的内生动力。打造"北疆文化"品牌的目的是树形象、聚民心，传承和发扬北疆文化中的优秀精神品质，为办好内蒙古两件大事汇聚强大的精神力量。优秀的精神和品质既具有传承性又具有时代性，需要不断地弘扬和培育。弘扬是继承基础之上的发展，培育是继承基础之上的创新。唯有如此，优秀的精神和品质才能在弘扬中得到培育和发展，在培育中不断弘扬和升华，才能永葆青春与活力，发挥民族之魂和文化之核的作用。对于历史悠久、民族众多、文化源远流长、底

---

[1] 习近平. 牢记初心使命贯彻以人民为中心发展思想 把祖国北部边疆风景线打造得更加亮丽[N]. 人民日报, 2019-07-17.

[2] 习近平. 牢记初心使命贯彻以人民为中心发展思想 把祖国北部边疆风景线打造得更加亮丽[N]. 人民日报, 2019-07-17.

蕴深厚的中国而言，地域文化是揭示传统文化与民族精神内在继承性和时代性的重要手段。要继承和弘扬优秀的精神和品质，进而培育、再造、展现引领时代潮流的精神和品质，地域文化既是绝佳的切入点，也是正确的出发点。

三、打造"北疆文化"品牌是边疆地区实现中国式现代化的探索与实践

（一）北疆文化是内蒙古对"第二个结合"的积极探索

中华文化之所以源远流长，就在于其所具有的求同存异、互鉴融通、不断创新的特征。党的二十大报告指出，要"把马克思主义基本原理同中国具体实际相结合、同中华优秀传统文化相结合"[1]，这是正确回答时代和实践提出的一系列重大问题的前提和基础。习近平总书记在文化传承发展座谈会上指出："'第二个结合'是又一次的思想解放，让我们能够在更广阔的文化空间中，充分运用中华优秀传统文化的宝贵资源，探索面向未来的理论和制度创新。"[2]只有充分运用中华优秀传统文化的宝贵资源，打开创新思路的窗口，我们才能创造性地建设前所未有的中国式现代化。而且，"第二个结合"也是中国式现代化的一部分，是我们把握党中央对内蒙古自治区的战略定位，完整、准确、全面贯彻新发展理念的重要内容。因此，打造内蒙古地域文化品牌既是历史发展的结果、现实需要的必然，也是时代发展的需求。打造"北疆文化"这一具有内蒙古特质的地域性文化品牌，就是要传承和发展中华优秀传统文化，让根植北疆大地的优秀传统文化在新时代活起来、火起来，为提升内蒙古的正面形象提供有力支撑，为推进现代化建设注

---

[1]习近平.高举中国特色社会主义伟大旗帜 为全面建设社会主义现代化国家而团结奋斗——在中国共产党第二十次全国代表大会上的报告（2022年10月16日）[N].人民日报，2022-10-26.

[2]习近平在文化传承发展座谈会上强调 担负起新的文化使命 努力建设中华民族现代文明[N].人民日报，2023-06-03.

入强大的精神力量。

（二）北疆文化是对历史的继承和发展

内蒙古地处祖国北疆，各民族交融汇聚的史实是对伟大祖国历史的最佳诠释。历史上的内蒙古地区是农耕文化与游牧文化高度融合交错的地带，在各个时期呈现出不同的历史面貌，内蒙古的历史与北方草原、中原地区密切相关。北部边疆的历史印证了"我们辽阔的疆域是各民族共同开拓的""我们悠久的历史是各民族共同书写的""我们灿烂的文化是各民族共同创造的""我们伟大的精神是各民族共同培育的"，"一部中国史，就是一部各民族交融汇聚成多元一体中华民族的历史，就是各民族共同缔造、发展、巩固统一的伟大祖国的历史"[1]这一重要论断。因此，北疆地区不只是一条漫长的边境线、一片广阔的边境区域，还是一片与中华民族、中华文化息息相关的文化沃土。

近代以来，内蒙古各族人民在中国共产党的领导下，心连心、手拉手，共赴救亡图存之道，与全国人民一同实现了民族独立和解放。内蒙古既是中国共产党领导下建立的第一个省级少数民族自治区，也是党的民族区域自治制度最早付诸实施的地方。中国共产党在这里建立了平等团结互助和谐的社会主义新型民族关系，实现了社会发展、民族团结、边疆安宁的新局面，内蒙古也赢得了具有民族团结传统的"模范自治区"的崇高荣誉。

四、余论

地域文化鲜明地标识出各地人类群体的特征，体现着民众的情感需要、文化认同和乡土归属。不同的地域文化各具特色又紧密联系，共同演绎着最

---

[1]习近平.在全国民族团结进步表彰大会上的讲话（2019年9月27日）[N].北京：人民出版社，2019.

深沉的文化内涵，成为中华文化的最基本单元。在新时代以铸牢中华民族共同体意识为主线的民族工作目标下，边疆和民族地区的地域文化彰显着更加鲜明的时代特色，也承担着更加重要的时代使命。

北疆文化具有鲜明的地域性、时代性和更加明晰的涵盖性、更大的包容性，是内蒙古在新时代文化建设中提出的特色鲜明的文化品牌。从国家层面看，北疆文化是独具特色的地域文化，是中华文化的重要组成部分。北疆文化的时代价值是历史的传承和延续，是当代价值的思想、方向、动力和智慧源泉，更是开启未来的智慧导向。立足北疆是根本，守卫北疆是责任，建设北疆是目标。打响"北疆文化"品牌、弘扬北疆文化是新时代内蒙古文化建设的现实需要，是做好以铸牢中华民族共同体意识为主线的民族地区各项工作的现实需要，是新时代在边疆地区探索和实践中国式现代化的重要举措。北疆文化不仅是中国式现代化建设的精神动力，更是边疆地区实现中国式现代化的重要内容。

作者：康建国，内蒙古自治区社会科学院北疆文化研究所副所长，研究员；北疆文化研究中心主任

翟禹，内蒙古自治区社会科学院历史研究所副所长，研究员；北疆文化研究中心副主任

原文发表于《内蒙古社会科学》2023年第5期

第三编

铸牢中华民族共同体意识实践研究

中华人民共和国成立以来蒙古族高僧为铸牢中华民族共同体意识作出的贡献

树林

自元朝以来，蒙古族高僧大德为中华各民族交往交流交融贡献力量，到现当代尤其中华人民共和国成立之后，蒙古族高僧爱国爱教，维护国家统一和民族团结，为铸牢中华民族共同体意识作出了积极贡献。在政界，蒙古族高僧嘉雅葛根·洛桑丹毕尼玛（1916—1990年）、第十一世乌兰葛根·嘎拉僧海日布丹毕尼玛（1920—2004年）、噶喇藏活佛（1911—1965年）等在青海省、内蒙古自治区、国务院宗教事务局、雍和宫等地方和单位担任重要职务，为促进祖国统一、加强民族团结、发展民族地区经济、文化事业做了大量的工作；在医学方面，香扎尕布藏·确吉坚赞（1925—1998年）、敖赛格西（1920—1992年）等在蒙藏医学的理论和实践上作出了突出贡献；在教育上，阿旺·却太尔教授（1919—2013年）、雍增葛根（1920—1998）、贾拉森活佛（1947—2013年）、第五世丹迥·冉纳班杂（1941—2006年）、雍和宫原住持嘉木扬·图布丹大师（1925—2022年）等的影响力突出。

一、服务于政界的蒙古族高僧

中华人民共和国成立初期，百废待兴，百业待举，需要各个战线、各个领域的全力付出。蒙古族高僧大德配合国家政策，积极参与社会主义建设，活跃在中国人民政治协商会议、统一战线工作领域，以宗教界人士的身份为维护国家统一、民族团结、铸牢中华民族共同体意识作出了重要贡献。

蒙古族高僧嘉雅葛根·洛桑丹毕尼玛于1916年出生在青海海晏县，五岁时被认定为塔尔寺第十二世活佛嘉雅·洛桑楚臣丹毕尼玛的转世活佛，1943年成为十世班禅额尔德尼·确吉坚赞的经师，为培养十世班禅付出了心血。嘉雅葛根·洛桑丹毕尼玛历任中国人民政治协商会议青海省常务委员会常务委员，中国佛教协会副会长，青海省佛教协会副会长，第五届、第六届、第七届中国人民政治协商会议全国委员会委员。他是一位爱国爱教的佛教界知名人士，多次陪同班禅大师深入西藏、青海、甘肃、四川等地，在加强民族团结、发展民族地区经济、文化事业方面做了大量工作。他的主要贡献是认真培养十世班禅、支持塔尔寺堪厅（堪布大会）拥戴中共中央、协助十世班禅致力于西藏和平解放事业、协助十世班禅落实中国共产党的民族政策和宗教政策等。嘉雅葛根·洛桑丹毕尼玛于1990年9月20日去世，时任国家领导人在唁电中对嘉雅葛根的逝世表示"深感痛惜"，赞扬嘉雅葛根"是与我党长期合作共事的爱国活佛和知心朋友"，痛惜他的逝世"是我国佛教界的一大损失"。[1]

第十一世乌兰葛根·嘎拉僧海日布丹毕尼玛（又名嘎拉僧图丹赤列尼玛）于1920年出生在鄂尔多斯郡王旗（今鄂尔多斯市伊金霍洛旗）王府，幼

---

[1]李志刚,陈玮.深切怀念嘉雅活佛(纪念文章)[M].//巴义.德都蒙古宗教文化(蒙古文)[M].呼伦贝尔：内蒙古文化出版社，2012：374-398.

名巴图敖其尔，两岁时被认定为十世乌兰葛根的转世灵童，于1925年坐床。第十一世乌兰葛根·嘎拉僧海日布丹毕尼玛九岁至十九岁期间在塔尔寺学习，"在兴萨、色日图格、阿拉格、阿如拉、却西、密那格等葛根和九世班禅等上师尊前广泛听授经论并精研经典"[1]，在此期间的闻思修业绩记录在他本人撰写的两函《闻法录》之中。

1951年，十一世乌兰葛根作为塔尔寺的代表，陪同十世班禅额尔德尼·确吉坚赞前往北京参观游览，受到中国共产党和国家领导人的亲切会见。他还陪同十世班禅到中南海，受到毛泽东主席的亲自接待，并且获得毛主席亲笔签名的礼品。他继续陪同十世班禅游览天津、上海、杭州、西安等城市，回到塔尔寺后为国家捐献银两，支援了抗美援朝战争。壬辰年农历二月初七（1952年3月14日），乌兰葛根·嘎拉僧海日布丹毕尼玛正式出任塔尔寺第八十四任堪布（总法台）。1953年5月30日至6月3日，他参加了中国佛教协会成立会议，当选为中国佛教协会常务理事。1958年，乌兰葛根返回内蒙古自治区。他创立内蒙古佛教学校，为寺院培养新一代的接班人，向中国藏语系高级佛学院输送了几批层次较高的僧侣，为内蒙古地区培养了高级佛学人才。1991年3月，乌兰葛根进京参加中国人民政治协商会议期间，与西藏、青海等各地诸多活佛讨论了寻访十世班禅转世灵童的重要工作，为国家的民族宗教作出重要贡献。1982年以来，乌兰葛根连续四届当选中国人民政治协商会议内蒙古自治区委员会副主席，1987年担任中国佛教协会副会长，1990年担任内蒙古自治区红十字会名誉会长。乌兰葛根说："如果没有党的好政策、没有班禅大师的鼓励，特别是如果没有各级组织及同事、信教群众的大力协助，本人根本无法完成那些工作。我本人只是参与部分工作而已。不过想一想也有许多美好的回忆。"[2]

---

[1] 热格瓦.吉祥福慧寺暨乌兰活佛［M］.呼和浩特：远方出版社，2009.
[2] 热格瓦.吉祥福慧寺暨乌兰活佛［M］.呼和浩特：远方出版社，2009.

他以宗教教职人员身份，为民族团结、民族文化的发展、社会的安定、铸牢中华民族共同体意识作出了积极贡献。

雍和宫第一任堪布噶喇藏葛根（噶喇藏隆日·降措），1911年出生在内蒙古科尔沁左翼后旗阿都沁努图克都楞营子，十岁时被认定为原卓素图盟土默特左旗巴达玛旺其嘎庙葛根。1924年，噶喇藏葛根到青海塔尔寺拜青海佑宁寺七世土观呼图克图·噶桑丹曲尼玛为经师，学习佛经。1926年，嘎拉藏葛根赴甘肃拉卜楞寺深造十年，并且学习藏医基础理论。1935年，噶喇藏葛根获得"堪布"称号，同年回寺主持寺务。他还开办喇嘛学校，着重继承和发掘中医（藏医）、中医（蒙医）遗产，培养徒弟。中华人民共和国成立后，噶喇藏葛根拥护中国共产党的领导，投身社会主义革命和社会主义建设，积极参加土地改革和宗教改革，爱国爱教，全心全意为人民服务，得到中国共产党和政府的肯定，赢得广大人民群众的支持和拥护。1951年，噶喇藏葛根参加了在张家口召开的内蒙古自治区第一届喇嘛代表会议。1954年，他担任雍和宫住持，成为中华人民共和国成立后的雍和宫第一任堪布。1956年5月，他参加了中国佛教协会第一届全国代表会议，当选为中国佛教协会副会长。20世纪60年代初，噶喇藏葛根以中国佛教协会副会长的身份前往呼伦贝尔盟（今呼伦贝尔市）鄂温克族自治旗锡尼河庙等地，通过开展宗教学术答辩活动对喇嘛进行形势教育，引导他们正确对待当时的经济困难，使他们坚定克服困难的信心。这些举动为各族人民拥护中国共产党的领导、促进民族团结和进步、铸牢中华民族共同体意识发挥了积极的作用。

二、为医学作出突出贡献的蒙古族高僧

中华人民共和国成立后，一部分蒙古族高僧发挥高超的医术为广大民众看病治病，研究发展了中医药学（蒙医药学、藏医药学），丰富了中华医药

学宝库，客观上也为铸牢中华民族共同体意识作出了贡献。青海省黄南藏族自治州河南蒙古族自治县蒙古族高僧香扎尕布藏·确吉坚赞是当代著名的高僧学者，撰写了八函藏文著作，内容包括历史、文学、因明、寺院清规、讲辩著、查玛舞、医学等。他在医学上的贡献极为突出。

第一，拥有扎实的医学基础和多年的实践积累。香扎尕布藏·确吉坚赞以寺院僧侣的身份学习中医（藏医）基本理论，后来在四川省阿坝藏族羌族自治州若尔盖县、甘肃省甘南地区、青海省黄南藏族自治州河南蒙古族自治县等地开展采集药材和进行药物研究，再加上为群众诊断治疗、送医送药的经历，他的医疗服务水平大大提高。第二，讲授医学知识，培养医疗人才队伍。为了服务青海省黄南藏族自治州河南蒙古族自治县的医疗事业，香扎尕布藏·确吉坚赞凭借深厚的医学功底和高度的责任心，为河南蒙古族自治县培训二百多名藏医。他带领学员深入开展学习和实践活动，指导学员掌握辨认药物、制作药物、看病治疗等医治技术，使学员具备独立开展医疗活动的能力，促进了青海省黄南藏族自治州河南蒙古族自治县医疗事业的发展。香扎尕布藏·确吉坚赞在1982—1988年多次为青海省藏医进修班、青海省黄南藏族自治州河南蒙古族自治县医护人员、外国学员等讲授中医药学（藏医药学）知识，编写《草药学》和《藏医学史》等诸多讲义，主编《中国医学百科全书·藏医分册》和《全国中等藏医学校试用教材》，有力地支撑了青海省乃至全国中医（藏医、蒙医）教学培训事业。第三，研制中药（藏药）。在西藏著名藏医教授、主任医师、药剂专家堪布·次郎先生的指导下，香扎尕布藏·确吉坚赞于1987年研制了"仁钦乌日勒"（珍宝丸）等四种中药（藏药）。第四，建设医院。香扎尕布藏·确吉坚赞在青海省黄南藏族自治州河南蒙古族自治县人民政府的大力支持下建成青海省黄南藏族自治州河南蒙古族自治县蒙藏医院，不断完善办医条件，研制新药"仁青旱苔"和七种"珍宝丸"等。至此，青海省黄南藏族自治州河南蒙古族自治县蒙藏医院

"成为省内外乃至国内外藏医学界和广大患者的焦点,香萨活佛的医名、医德更加为人所称颂"[1]。第五,医学著作。《脉络关节之主要内容简要》《观察尿相之主要内容简要》《关于藏族医方明全集之尊者论述作》《本续注释》《释续注释》《诀窍续注释》《后续注释》《青海地区藏医药学发展史》[2]等多部医学著作对中医学(蒙藏医学)的发展产生了重要的影响。香扎尕布藏·确吉坚赞为各族同胞看病治病,既促进了民族团结,又发展了中医药(蒙医药、藏医药)事业,丰富了中华医药学宝库,用实际行动为铸牢中华民族共同体意识作出了贡献。

敖赛(蒙古语为敖德斯尔)格西广泛学习掌握佛学、因明学、历史学、医学等,培养了四十多名医生。八十岁时与香扎尕布藏·确吉坚赞等人参与《中国医学百科全书·藏医分册》的编写工作,从讲经、辩论、著述的角度从事医学并投入实践,为当地的医疗事业和中华医学作出了贡献。

三、为教育事业作出贡献的蒙古族高僧

中华人民共和国成立后,一部分蒙古族高僧投入教育事业,发挥才华和智慧,在国家高等教育和僧人教育事业中取得显著成绩,为铸牢中华民族共同体意识作出了积极贡献。

(一)阿旺·却太尔

1919年,蒙古族高僧阿旺·却太尔出生于青海省湟源县胡丹度(现称上庄)的青海蒙古和硕特南左末旗(群科扎萨克旗)的一个普通蒙古族家庭。作为家中长子,他七岁时跟随伯父丹达尔到青海省湟源县扎藏寺出家为僧,开始了一生的学习生涯。在扎藏寺学经八年后,阿旺·却太尔赴藏传佛教格

---

[1]次仁顿珠.黄河南蒙古高僧学者简介[J].西藏研究,2015(5):47-48.
[2]香扎尕布藏·确吉坚赞.香扎尕布藏·确吉坚赞文集(藏文)[M].北京:民族出版社,2010.

鲁派六大寺院之一的塔尔寺深造十八年，完成了藏传佛教显宗的因明、般若、中观、俱舍、戒律五大功课，通过了格西考试。1950年，他参加了"西北人民革命大学兰州分校（第三部）"的学习，后护送十世班禅入藏，参加了和平解放西藏的工作，走上了革命道路。阿旺·却太尔到西北民族学院（今西北民族大学）任教，实现了从寺院僧人到人民教师的人生转变。成为教师后，他从头做起，编教材、带学生、搞教研，一边积极摸索教学经验，一边努力提高自身的学识水平。他从一名普通的教师一步步成长为讲师、副教授、教授以及硕士研究生导师，国家民族事务委员会学术委员会第一届、第二届、第三届委员，国务院学位委员会第一届、第二届学科评议组成员，荣膺中国翻译家协会"资深翻译家"称号。桃李满天下的同时，他在学术领域中也取得了不少成就[1]。阿旺·却太尔用藏文翻译了中国古代名著《红楼梦》的部分章节，为汉蒙藏文化交流作出了贡献。在教书育人的同时，他以无党派人士身份担任甘肃省人民代表大会第五届、第六届、第七届代表以及甘肃省人民代表大会常务委员会委员，为民族教育事业和西北民族大学的发展发出了自己的声音。

（二）贾拉森

内蒙古阿拉善地区南寺寺主活佛、第六世第司活佛贾拉森于1947年出生在甘肃省天祝藏族自治县，乳名拉嘎旺。他三岁被迎请到阿拉善，五岁在广宗寺坐床，先后跟随经师香巴丹增和拉然巴·嘎拉桑热布萨勒（噶藏热萨）学习藏文和《菩提道次第广论》等佛学经论。1958年，十二岁的贾拉森活佛在内蒙古自治区人民政府的关照下，进入阿拉善左旗蒙古族小学读书，开始小学、初中、大学的求学之路，之后成为内蒙古大学教授，开启了现代教育生涯和教学人生。1982年1月，贾拉森活佛在内蒙古大学任教，1983年10月至1985年东渡日本，留学于东京外国语大学。1993年，贾拉森活佛被增列

---

[1] 却学博, 整理. 阿旺·却太尔口述自传[M]. 北京: 民族出版社, 2018.

为硕士研究生导师；1997年5月被评为教授；1999年被增列为博士研究生导师。

贾拉森活佛主要有以下贡献。第一，贾拉森活佛在蒙藏语言学文献关系研究和蒙古文字学研究方面有一定的影响力。他先后在国内外许多权威刊物发表数十篇有影响力的论文，参与"中世纪蒙古语词典""中国蒙古语方言地图""蒙古语方言调查研究"等国家社会科学基金项目和国际合作项目，主持完成内蒙古自治区哲学社会科学规划项目"阿礼嘎礼文研究"。贾拉森活佛的著作包括《缘起南寺》及合著《六世达赖喇嘛传两种》等。他还在六世达赖喇嘛仓央嘉措研究和蒙古族佛教研究方面提出独到的见解，取得突破性的成果。第二，贾拉森活佛在教学工作上培养了硕士和博士，为相关领域的研究和学科建设输送诸多人才。他曾担任中国人民政治协商会议第十二届全国委员会委员、中国佛教协会副会长、内蒙古自治区佛教协会会长等职务。贾拉森活佛待人和蔼，谦虚可敬，是教书育人的楷模，为内蒙古自治区的文化教育事业作出了贡献，身体力行地为各民族的团结进步、社会主义教育事业奉献了一生，为铸牢中华民族共同体意识作出了积极贡献。

（三）丹迥·冉纳班杂

第五世丹迥·冉纳班杂活佛（汉名吴占有），1941年出生于今辽宁省阜新蒙古族自治县伊玛图镇艾友村乌良哈氏家族，自幼被认定为内蒙古自治区赤峰市翁牛特旗梵宗寺寺主活佛——丹迥第五世。他刻苦自励，精修佛教显密宗论，学习声明学、医学等大五明学科，掌握汉文、蒙古文等多种文字，在绘画、雕刻艺术等工巧明技艺方面也有一定的造诣。中国社会科学院世界宗教研究所研究员嘉木扬·凯朝称冉纳班杂为"20世纪藏传佛教界爱国爱教、护国利民、弘法利生的光辉典范。同时，他也是中外佛教文化交流、'一带一路'文明互鉴的模范先驱"[1]。冉纳班杂兼任中华人民共和国国家宗教事务局教学研究系列高级职称任职资格评审委员会评委、中国佛教协会常务理事、河北省承德市普宁寺（大佛寺）名誉住持、内蒙古自治区赤峰市佛教协会名誉会长、辽宁省阜新市弥勒妙法成就院（海州庙）寺主活佛等职[2]。

丹迥·冉纳班杂活佛在教育上的主要贡献体现在为大学生教授藏语，管理中国藏语系高级佛学院教务工作，发表科研著述。他在1983年1月至1984年12月受聘于内蒙古民族医学院。1985年，丹迥·冉纳班杂先后在辽宁省阜新蒙医研究所科研室、中国藏语系高级佛学院首届佛学大专班等单位学习和工作，担任中国藏语系高级佛学院研究员、教务处处长职务。丹迥·冉纳班杂的主要著作和译著包括《瑞应寺》（1984年）、《蒙医儿科治疗》（1987年）、《班禅大师驻锡地——扎什伦布寺》（1990年，汉文）、《中国各民族宗教与神话大词典》（1990年）、《十世班禅》（1991年）、合著《名刹双黄寺——清代达赖和班禅在京驻锡地》（1997年）以及译著《菩提道次第广论》（2003年，蒙古文）、《密宗道次第广论》（2006年，蒙古文）等；在《法音》《佛教文化》《中国民航》《中国医药学报》等期刊发表多篇文章。以上著述在中国佛学教育和宗教学相关专业领域中发挥了重要作用。

（四）嘉木扬·图布丹

蒙古族高僧、雍和宫第三任堪布嘉木扬·图布丹于1925年出生在内蒙古鄂尔多斯库布齐沙漠腹地的一户普通牧民之家。嘉木扬·图布丹出生时恰逢祖父六十寿辰，因此乳名为吉仁太。嘉木扬·图布丹七岁时在当地的菩提济度寺出家，1942年9月起在塔尔寺开始更高层次的佛法苦修生涯，在十五年间攻克藏文和梵文，经过严格的考试先后通过十二个学级，获得"格

---

[1] 嘉木扬·凯朝，王帅．丹迥·冉纳班杂活佛弘法利生亲闻记（纪念文）．2022-5-18．

[2] 嘉木扬·凯朝：丹迥·冉纳班杂活佛纪念集，内部资料，2020：412-416．

西"学位,意味着嘉木扬·图布丹已经成为一名学识渊博的高僧,奠定了他在佛教界的地位[1]。

嘉木扬·图布丹不但致力于寺院的佛学教授,而且著书立说。首先,1981年5月,雍和宫为了青年学僧的教育,从内蒙古自治区邀请嘉木扬·图布丹大师为新学僧讲课。在讲法时,嘉木扬·图布丹要求修行者做到今日事今日毕、刻苦钻研各类知识。他深入浅出,耐心细致地把博大的知识传授给年轻学僧,受到年轻学僧的敬仰和爱戴。1988年3月,嘉木扬·图布丹任雍和宫副住持,1993年任雍和宫住持,为雍和宫佛教事业的继承、恢复、发展、兴盛、僧才培养等作出了卓越的贡献。其次,自1981年以来,嘉木扬·图布丹在繁忙的工作之余笔耕不辍,著书立说,翻译和出版蒙藏合璧的佛学词典《智慧之源》,合作校订藏文《四部医典》,撰写并出版藏文版《释尊本生传记》《吉祥果聚塔缘起及佛塔浅论——见而获益稀奇莲花乐园》《乌兰活佛传》《嘉木扬·图布丹文集》(藏文)等多部著作。在嘉木扬·图布丹的亲自指导和教诲下,学徒胡雪峰和嘉木扬·凯朝先后翻译出版了《藏汉蒙佛教日诵》《藏汉蒙对照无上瑜伽部大威德金刚十三尊成就仪轨》《藏汉蒙对照佛教语法辞典》等[2],体现了嘉木扬·图布丹渊博的佛学知识和对佛教文化事业的关心与重视。嘉木扬·图布丹的文集包括传记、诗歌、故事、习俗等内容,展示了他的文学才华,反映了中国多民族文字、文化的交流和交融,为佛教教育、宗教学、文献研究等领域作出了积极贡献。在嘉木扬·图布丹的倡导下,雍和宫捐建了数所"希望小学",为社会主义教育事业奉献力量,为社会稳定发展和民族团结进步作出贡献。

(五)云增·吉木彦

五世云增活佛吉木彦于1920年出生在察哈尔正蓝旗巴彦宝力格一个贫

---

[1] 嘉木扬·凯朝. 忆念恩师嘉木扬·图布丹的无上功德(纪念文). 2022.
[2] 嘉木扬·凯朝. 忆念恩师嘉木扬·图布丹的无上功德(纪念文). 2022.

苦的牧民家中，乳名为敖日布敦都格。五岁时被九世班禅确认为五世云增活佛，获赐"阿格旺格力格吉木彦扎木苏"（阿旺格勒嘉扬）之名和永生十五字经。云增·吉木彦活佛六岁时被送到锡林郭勒盟正蓝旗呼义嘎图庙学习佛经，于1926年7月坐床。同年9月，新活佛被迎请至根培吉祥庙。云增·吉木彦活佛十五岁时赴青海塔尔寺拜阿嘉活佛为师，与中国人民政治协商会议内蒙古自治区委员会原副主席、中国佛教协会原副会长、内蒙古自治区佛教协会原会长乌兰葛根等人同窗学习。云增·吉木彦活佛先后担任内蒙古自治区赤峰市中国人民政治协商会议阿鲁科尔沁旗委员会驻会副主席、中国人民政治协商会议赤峰市委员会常务委员会委员、赤峰市佛教协会会长、中国人民政治协商会议内蒙古自治区委员会委员、内蒙古自治区佛教协会常务理事、十世班禅大师特聘的中国藏语系高级佛学院副教授。

云增·吉木彦活佛在教育工作上的主要贡献有以下几个方面。第一，云增·吉木彦活佛在1955年和1956年当选阿鲁科尔旗第二届人民代表大会代表和中国人民政治协商会议阿鲁科尔沁旗委员会委员期间，每逢根培吉祥庙、罕庙举行重大佛事活动或者庙会，都会专程前往，向前来参加活动的阿鲁科尔沁旗内外僧人和数千名各族信教群众宣传国家的民族宗教政策，阐释教义，讲演经典，号召各族人民增进团结，为加强本地区各族人民的团结和维护社会稳定发挥了重要作用。第二，捐款救灾。云增·吉木彦活佛慷慨解囊，为抗击1994年的洪水灾害捐款。1994年11月，中国共产党赤峰市委员会、赤峰市人民政府授予云增·吉木彦"捐款救灾先进个人"称号。第三，学术成绩突出。云增·吉木彦活佛语言造诣颇深，他撰写的《关于喇嘛教在内蒙古的传播》、相关回忆录以及关于阿鲁科尔沁旗寺院、宗教活动、民俗风情等方面的论文，收录或者发表于《阿鲁科尔沁文史》丛书和《赤峰文史资料》等刊物。1992年，云增·吉木彦活佛的主要论文、诗歌、部分翻译作品等被整理出版。

四、结语

中华人民共和国成立以来,蒙古族高僧致力于社会主义宗教事务和统一战线工作领域以及文化、教育、医疗卫生等事业的发展,在思想和行动上与中共中央保持一致,将思想和学识融入社会文化事业,在政治思想、医学、教育等方面为国家和社会作出了贡献。他们创造了流芳后世的著述,留下了丰硕的教育果实,客观上维护了社会稳定,促进了民族团结进步,为铸牢中华民族共同体意识作出了积极贡献。

作者:树林,内蒙古自治区社会科学院北方多语种文献研究所所长,研究员

原文发表于《内蒙古民族大学学报》(社会科学版)2022年第6期

本文为2022年度内蒙古自治区社会科学院铸牢中华民族共同体意识研究基地课题成果

内蒙古"铸牢中华民族共同体意识研究(培育)基地"现状研究

娜仁其木格

2020年,中央统战部、中央宣传部、教育部、国家民委(以下简称四部委)联合发文,公布15家入选国家首批铸牢中华民族共同体意识研究基地、研究培育基地名单,即北京大学社会学人类学研究所、暨南大学中华民族凝聚力研究院、四川大学中国藏学研究所等10个研究基地,清华大学人文与社会科学高等研究所等5个研究培育基地。这些首次由四部委联合设立的依托有关重点院校和科研机构建设的研究机构,是以服务决策、学术创新、实践引领、人才培养为主要任务的科研创新平台。基地实行"竞争入选、定期评估、优胜劣汰"的动态管理机制,每轮基地建设运行周期为3年。2023年4月27日,四部委对2020年设立的15家铸牢中华民族共同体意识研究(培育)基地进行复审,并公布北京大学社会学人类学研究所、南京大学民族与边疆研究中心等全国高校和科研单位共28家机构入选第二批全国基地名单,不断加强了铸牢中华民族共同体意识研究合力,扩大了研究范围。

2023年,中央统战部、中央宣传部、教育部、国家民委联合下发的《关于加强铸牢中华民族共同体意识理论研究体系建设的意见》提出,"全面总结铸牢中华民族共同体意识研究(培育)基地建设经验,推动基地建设提质增效,加强对基地建设的科学规划和分类指导,支持各地区立足实际建设铸牢中华民族共同体意识研究中心(基地)等相关智库"。2023年,国务院印发的《国务院关于推动内蒙古高质量发展奋力书写中国式现代化新篇章的意见》提出,"开展铸牢中华民族共同体意识示范创建,推进研究基地和教育实践基地建设"。这些为铸牢中华民族共同体意识研究基地建设提供了重要政策保障。本文根据对内蒙古自治区部分基地的调查,梳理基地建设现状、取得的成绩和未来建设思考,为今后"铸牢中华民族共同体研究(培育)基地"建设提供一定的参考依据。

一、内蒙古铸牢中华民族共同体意识研究(培育)基地概况

内蒙古自治区认真落实建设"铸牢中华民族共同体意识研究基地"工作。2020年4月,内蒙古大学入选首批中央统战部、中央宣传部、教育部、国家民委联合命名的"铸牢中华民族共同体意识研究培育基地";2023年,顺利通过3年周期验收,并被命名为"铸牢中华民族共同体意识研究基地",由"培育基地"提升为"研究基地"。2021年3月,内蒙古师范大学民族学与人类学学院被国家民委确定为"中华民族共同体研究基地"。2021年4月,包头市民委与内蒙古科技大学联合成立"铸牢中华民族共同体意识研究基地"。2021年8月,内蒙古自治区党委统战部、宣传部、教育厅、民委(以下简称四部委厅)命名内蒙古大学中华民族共同体研究中心、内蒙古师范大学马克思主义学院、内蒙古自治区社会科学院民族研究所和文学研究所、内蒙古民族大学马克思主义学院、呼和浩特民族学院民族学学院、赤峰学院红山文化与中华民族共同体研究基地等6家单位为"铸牢中华民族共同体意识研究基地";内蒙古党校民族理论与政策教研室、内蒙古农业大学铸牢中华民族共同体意识研究基地2家单位为"铸牢中华民族共同体意识研究

培育基地"。2021年11月，教育部民族教育发展中心在内蒙古师范大学设立铸牢中华民族共同体意识民族地区本科人才培养重点研究基地。2021年，呼和浩特市委宣传部、市委统战部、市教育局、市民委命名呼和浩特市昭君博物院、乌兰夫纪念馆为"铸牢中华民族共同体意识实践基地"。2023年，呼和浩特市委宣传部、市委统战部、市教育局、市民委、市文旅广电局和团市委联合命名呼和浩特职业学院、中共呼和浩特市委党校为"铸牢中华民族共同体意识研究基地"。这些基地担当内蒙古铸牢中华民族共同体意识相关研究的崇高使命。内蒙古自治区党委宣传部出台《内蒙古自治区哲学社会科学重点研究基地管理暂行办法》管理基地建设工作，采取定期检查、督查等形式加强指导工作。2021年8月，内蒙古自治区党委宣传部召开成立基地座谈会，全面部署哲学社会科学重点研究基地目标任务。2022年5月，内蒙古自治区统战部、民委组织自治区8家基地召开座谈会，听取各基地开展工作情况、存在的问题，并安排部署今后基地工作重点任务。

各基地依托本单位学术资源，整合研究力量，从内蒙古实际出发，设立或承担研究项目，为组织开展专门的专业的铸牢中华民族共同体意识方面的研究做了全面布局，开展了大量工作，在推进内蒙古铸牢中华民族共同体意识研究、人才建设、学科发展、资政服务等方面起到了积极作用，取得了一定的成就。

（一）内蒙古大学"铸牢中华民族共同体意识研究培育基地"

2019年，内蒙古大学整合校内人文社会科学以及蒙古学研究等传统优势学科力量，积极筹备成立内蒙古大学中华民族共同体研究中心，组织申报国家四部委的"铸牢中华民族共同体意识研究基地"，并于2020年4月入选首批四部委在全国各地高校设立的"铸牢中华民族共同体意识研究培育基地"。2021年8月，内蒙古大学中华民族共同体研究中心获批由内蒙古自治区四部委厅命名的"铸牢中华民族共同体意识研究基地"。学校党委书记担任基地主任，阿拉坦宝力格担任基地常务副主任，何生海担任基地首席专家。基地有10多名专职研究人员和40名兼职研究人员，另聘请10名校内外专家担任学术委员会委员。目前基地办公条件齐全，配有独立的资料室、会议室和专家办公室。

该基地发挥学校教学优势，专设铸牢中华民族共同体意识教研室，开设铸牢中华民族共同体意识课程等，向学生系统讲授马克思主义民族理论及其中国化的最新成果，将中华民族共同体意识全方位、全过程融入思政课程。基地科研人员承担国家社会科学铸牢中华民族共同体意识专项重大项目《习近平总书记关于铸牢中华民族共同体意识的重要论述及内蒙古的实践路径研究》（2001年）、《铸牢中华民族共同体意识视域下北部边疆安全建设机制研究》（2022年）2项，承担国家和四部委课题31项，承担其他省部级课题67项；研究成果被自治区各委、办、厅、局和盟市党委、政府采纳的咨询报告53篇；共出版专著25部，发表论文133篇；目前，承担国家民委《中华民族交往交流交融史料汇编·内蒙古卷》的组织、协调、编纂工作。基地围绕北方民族、民族关系等特色研究方向，深入开展中华民族共同体意识理论和实践研究，为党和国家提供决策咨询，为促进民族学学科的创新发展作出了一定贡献。[1]

（二）内蒙古自治区社会科学院"铸牢中华民族共同体意识研究基地"

2021年，内蒙古自治区社会科学院获批自治区党委宣传部设立的哲学社会科学重点研究基地"铸牢中华民族共同体意识研究基地"，同年，获批"内蒙古自治区四部委厅基地"。该研究基地多措并举推进基地建设工作。一是院党委高度重视基地工作，在获批基地后组织召开启动仪式，院党委书记、院长对基地工作做全面部署，保障经费大力支持基地建设。二是健全组

---

[1] 内蒙古大学铸牢中华民族共同体意识研究培育基地介绍. 内蒙古大学新闻网，2021-10-19.

织机构。院党委委员、副院长乌云格日勒担任基地主任，文学研究所所长树林担任首席专家，成立基地学术委员会。三是高效完成内蒙古自治区党委统战部、宣传部交办的研究工作，如承担完成2021年内蒙古自治区党委宣传部交办的重点项目《铸牢中华民族共同体意识讲义》和2022年内蒙古自治区党委统战部、民委交办的《"以铸牢中华民族共同体意识为主线推进新时代党的民族工作高质量发展"专项调研》等课题。四是探索系统研究铸牢中华民族共同体意识重大问题，如提出"内蒙古自治区中华民族共同体建设研究工程"重点项目，并获得自治区党委大力支持，与自治区党委统战部联合开展研究，为下一步全面、系统开展研究提供了重要保障。五是通过研究推进基地学科建设。以开展课题、学术论文、学术研讨会、阐释文章相结合方式推进学科建设。2022年，获准立项国家社科基金项目中国历史研究院重大历史问题专项项目《中国北方民族交往交流交融史研究》，子课题负责人由该院科研人员承担。2022年，设立民族学、历史学、社会学、文献学、宗教学等学科的14项课题，从不同视角研究铸牢中华民族共同体意识的理论及实践。截至2023年底，基地科研人员获批各级各类课题共78项，发表阐释党的二十大精神、全方位建设模范自治区方面的理论文章40多篇，主办2次学术研讨会。六是注重调查研究。如2022年，45人次对12个盟市的民族工作高质量发展情况开展了164天的调研；2023年，开展习近平新时代中国特色社会主义思想主题教育调研项目20项，累计调研天数约200天。

（三）内蒙古自治区党校"铸牢中华民族共同体意识研究培育基地"

2021年8月，内蒙古自治区党校获批成立"铸牢中华民族共同体意识研究培育基地"。副校长安静赜任首席专家，基地负责人是内蒙古党校民族理论与政策教研部主任萨仁，有兼职研究员20余名。

该基地开展工作的特点，一是坚持在重大时间节点及时发声和建言。2022年召开两会期间，组织撰写理论文章和决策咨询报告，其中一篇决策咨询报告被吸收到全国政协民主监督报告，获全国政协领导批示。二是通过建立调研基地，推动实践研究。在兴安盟建立内蒙古党校铸牢中华民族共同体意识教学科研调研基地。三是积极撰写关于党的二十大精神和五大任务理论文章。截至2023年6月，该基地科研人员发表学术论文23篇；参加学术会议19人次；完成决策咨询报告9篇，其中获得副省级以上领导批示有6篇；主持完成国家社会科学、自治区重大课题子项目、自治区党委组织部重点调研项目、自治区社科联社科普及项目等课题5项；新立项10项课题；3篇研究报告被自治区政协评为"2020—2022年度优秀社情民意信息"。

（四）内蒙古师范大学"中华民族共同体研究基地"

2021年3月20日，内蒙古师范大学民族学人类学学院被国家民委确定为"中华民族共同体研究基地"，成为全国31家国家民委"中华民族共同体研究基地"之一。校长担任基地主任，长江学者纳日碧力戈担任基地首席专家，民族学人类学学院院长乌日陶克套胡担任基地副主任。该基地以教学与科研同步推进建设基地工作。2021年，该学院在呼和浩特职业学院建立"中华民族共同体研究基地呼和浩特职业学院分基地"。截至2022年底，该基地教师发表70余篇论文，资助出版3部著作，举办1次理论研讨会。该研究基地在"铸牢中华民族共同体意识"学科建设方面发挥了重要作用。

（五）内蒙古师范大学"铸牢中华民族共同体意识研究基地"

2021年，内蒙古师范大学马克思主义学院成为内蒙古自治区四部委厅"铸牢中华民族共同体意识研究基地"，也是内蒙古教育厅"大中小学思政课一体化铸牢中华民族共同体意识研究基地"。该学院将两个基地同步推进，同步开展工作。学院设立"铸牢中华民族共同体意识概论"教研室，2019年开展"中华民族精神"进课堂活动，采用学生分组展演的形式，展示和分享中华民族精神，课程取得良好效益，受到师生好评。2020年编写《铸牢中华民族共同体意识课程教学大纲（征求意见稿）》，经内蒙古自治区教育厅审定后2021年开始在内蒙古自治区高校试用。根据不同学年段学生特点编写大中小学《自治区大中小学一体化建设》等辅导读本，分别在呼和浩特市市区的小学、初中、高中开展《铸牢中华民族共同体意识》现场会，与呼和浩特一中、土默特中学、第十四中学建立"手拉手"辅导思想政治课模式，为思想政治课在初高中阶段的教学进行了一定探索。

2021年12月16日，内蒙古师范大学举行"石榴籽"民族团结进步教育示范班开班仪式，成立由学校34个不同民族的56名学生组成的象征民族团结进步的班级。"石榴籽"民族团结进步教育示范班学生来自校内各民族、各年级，以铸牢中华民族共同体意识为主线，以"中华民族一家亲，同心共筑中国梦"为总目标，以"互动课堂"形式为常态化教育手段，通过以点带面创造性地开展民族团结进步教育，引导学生把爱民族、爱家乡与爱祖国统一起来，坚定不移维护祖国统一，促进各民族学生相互尊重、相互欣赏，相互学习、相互借鉴，为实现中华民族伟大复兴凝聚青春力量。[1]

（六）呼和浩特民族学院"铸牢中华民族共同体意识研究基地"

2020年9月，内蒙古自治区民委在呼和浩特民族学院设立"铸牢中华民族共同体意识研究基地"，2021年获批内蒙古四部委厅的基地。成立基地后设置办公室，健全组织机构，制定机构章程，进一步规范基地日常管理，成立基地学术委员会。该基地采取校内外专家共同组建"命运共同体研究团队""政治共同体研究团队""维护共同体研究团队""利益共同体研究团队"4个专业研究团队，聘请中央民族大学、内蒙古党校、内蒙古自治区社会科学院等单位的专家与学校老师共同开展研究工作。基地成员考察中央民族大学、中南民族大学、云南民族大学、西北民族大学"铸牢中华民族共同

---

[1] "石榴籽"民族团结进步教育示范班开班.内蒙古师范大学新闻网，2021-12-17.

体意识"相关工作，[1]加强了对外交流合作。基地成立以来，基地成员获批国家社科基金项目5项，国家民委高等教育教学改革研究项目1项，内蒙古哲学社会科学规划重点项目1项，自治区民委地方语言文字重点项目1项，一般项目10项；基地自设一般项目15项、重点研究6项；基地科研人员发表论文约20篇、咨询报告1篇。

截至2023年12月末，内蒙古自治区拥有国家级铸牢中华民族共同体意识研究基地2家，内蒙古自治区级研究、培育基地8家，盟市级研究基地3家。这些研究（培育）基地，健全基地机构组织，开展学术研究；申报国家级、国家民委、自治区级课题或基地自设课题；资助出版著作；主办、承办学术研讨会；加大学术成果转化等形式促进了基地学科建设，不断夯实了内蒙古铸牢中华民族共同体意识研究力量。

二、内蒙古"铸牢中华民族共同体意识研究（培育）基地"取得的成绩

内蒙古各"铸牢中华民族共同体意识研究（培育）基地"发挥本单位学科优势，组织研究力量，从不同学科视角、以高质量成果为导向开展建设工作，取得了一定成绩，为基地提质增效奠定了坚实的基础。

（一）探索多学科视角研究铸牢中华民族共同体意识

铸牢中华民族共同体意识研究具有融多学科的特点，各基地较好地把握学科规律，探索从不同学科视角开展比较全面、系统的研究。如自治区党委统战部、社会科学院联合开展的内蒙古自治区重点科研项目《中华民族共同体建设研究工程（2023—2027）》，从政治学、经济学、民族学、人类学、社会学、文学、语言学、历史学等不同学科视角设立子课题开展研究，有力

---

[1] 呼和浩特民族学院.2020年铸牢中华民族共同体意识研究基地工作总结.内部资料，2020.

推动了内蒙古铸牢中华民族共同体意识重大问题研究力度。内蒙古大学"铸牢中华民族共同体意识研究基地"从民族学、社会学、文学、语言学、历史学、蒙古学等学科视角开展研究。内蒙古民族大学"铸牢中华民族共同体意识研究基地"从民族学、教育学、历史学、经济学等学科视角设立课题开展研究。多学科研究铸牢中华民族共同体意识，有助于从多角度开展铸牢中华民族共同体意识的形成历程、历史逻辑、现实路径等方面的研究。从各基地研究成果情况看，结合基础研究与应用研究，结合理论阐释与学术研究，充分体现了铸牢中华民族共同体意识研究融多学科、汇聚多种形式的特点。

（二）多措并举加强人才培养工作

主持、参与课题，发表论文，撰写理论文章，参加培训等对于科研人员来说是研究能力提升的良好机会，也是人才培养的重要方式。各基地在人才建设方面，主要采取以开展课题研究为主，以培训辅助形式培养人才。自治区党委统战部、宣传部组织开展铸牢中华民族共同体意识方面的培训，各基地按要求派科研人员参加培训，对人才建设起到了积极作用。基地设立开放课题或委托课题，组织基地科研人员申报国家、自治区级课题，多渠道多形式推进课题申报工作，以课题研究督促培养人才。在培养年轻科研人员方面，采取"以老带新"的培养方式。例如，呼和浩特民族学院铸牢中华民族共同体意识研究基地采取团队建设形式加大培养人才力度，不仅吸纳本单位科研力量，还邀请校外专家组建4个专业研究团队，团队集体攻关形成在人才建设方面取得一定成效。各基地不断探索人才培育途径，在人才建设方面取得初步成效。

（三）学术成果转化力度不断提升

科研成果转化途径主要包括出版著作、发表理论文章、完成资政报告、宣讲、教学等形式。据调查，各基地成果转化力度及社会效益不断提升。如内蒙古自治区社会科学院铸牢中华民族共同体意识研究基地共完成15篇资政报告，获得副省级以上领导肯定性批示12篇，获批率占决策咨询报告总数的80%。内蒙古党校铸牢中华民族共同体意识培育基地完成的9篇决策咨询报告中，获得副省级以上领导批示的有6篇，占决策咨询报告总数的66.66%。内蒙古大学铸牢中华民族共同体意识研究培育基地自成立以来，基地专家向中央部委直接报送基地成果4篇，被自治区决策部门采纳的研究报告共43篇。截至2022年底，各基地成员在内蒙古教育系统、自治区相关厅局和企事业单位、乡村宣讲30余场。内蒙古师范大学马克思主义学院在小学、初中、高中多次开展《铸牢中华民族共同体意识》现场会，辅导小学、初中、高中思想政治课。内蒙古师范大学民族学人类学学院中华民族共同体研究基地成员2021年发表相关论文50多篇，部分论文质量较高。相比较而言，成立基地之前科研人员撰写论文、理论文章涉及铸牢中华民族共同体意识方面的内容相对少，而成立基地后基地科研人员在原研究基础上围绕铸牢中华民族共同体意识开展课题研究、撰写学术论文或理论文章，基本实现了基地研究目标、任务，激发了科研人员的积极性。

三、内蒙古"铸牢中华民族共同体意识研究（培育）基地"提质增效思路

内蒙古各铸牢中华民族共同体意识研究（培育）基地认真贯彻落实《关于加强铸牢中华民族共同体意识理论研究体系建设的意见》，加快建立和不断完善铸牢中华民族共同体意识理论研究体系，助推新时代党的民族工作高质量发展提供智力支撑。内蒙古自治区党委第十一届六次全会审议通过的《内蒙古自治区全方位建设模范自治区的决定》强调，"推动铸牢中华民族共同体意识研究基地扩容、提质、增效"。这对内蒙古"铸牢中华民族共同体意识研究（培养）基地"的建设提出了新要求，是铸牢中华民族共同体意

识研究从数的有效增长向质的有效飞跃的新起点。

（一）加强研究力度

加强铸牢中华民族共同体意识理论研究体系建设，要准确把握铸牢中华民族共同体意识理论研究的方向和重点，通过深入研究实现完善铸牢中华民族共同体意识理论研究学科体系、学术体系、话语体系。一是充分认识铸牢中华民族共同体意识基础性问题研究的重要性，开展重大基础性问题研究，深化民族、中华民族、中华民族共同体等概念的内涵和外延研究。发挥内蒙古研究优势，不断挖掘内蒙古历史文化资料，以地方实践研究充实铸牢中华民族共同体意识研究。二是注重基础研究与应用相结合方式开展调查研究，加强智库建设力度，聚焦突出问题，立足内蒙古实际，充分开展调研，全面了解各个盟市、旗县经济社会发展情况，解决人民群众最关心的急难愁盼问题。三是不断增强多学科融合研究力度，拓展研究视野，充分利用民族学、政治学、哲学、社会学、法学、历史学、考古学、人类学、心理学、文献学、文学、语言学等多学科、多领域的最新研究成果，构建立体的、系统性的铸牢中华民族共同体意识理论研究体系，有效为民族地区的经济建设、政治建设、文化建设、社会建设、生态文明建设和党的建设等提供智力支撑。五是增设专项经费支持基地建设。基地建设需要大量经费，如项目研究、人才培养、开展调研、成果转化、资料库建设等都需要经费，应以专项经费推进基地建设，保障基地推进各项工作。

（二）注重人才队伍建设工作

基地扩容、提质、增效，要进一步增强人才队伍建设工作。一是在相关专项人才计划中给予倾斜支持，在政策保障、经费投入、人才培养、成果转化等方面提供支持，加大引进人才力度，建立健全培养本土人才机制，针对性培养一批自治区铸牢中华民族共同体意识研究专家学者。二是定期开展相关专业理论培训，加大对青年科研人员的培训力度，为他们把好方向、搭建平台、创造机会，增强铸牢中华民族共同体意识科研工作者的专业理论水平。三是建立铸牢中华民族共同体意识专家库，组建由不同学科背景、具有一定学术能力、理论基础相对扎实、老中青不同年龄段组成的专家库。四是优化各高校民族学学科设置，系统、全面讲授中华民族共同体理论，构建适应铸牢中华民族共同体意识需要的学科专业。五是自治区各高校增加相关专业硕士、博士点，采取定向培养研究生、博士生的方式，夯实理论研究人才基础，稳步壮大铸牢中华民族共同体意识研究队伍。

（三）加强对外交流合作

目前各基地围绕本单位科研特色或本人研究背景有序开展研究工作，基本组建了以本单位为主的科研团队，但是没有形成各个基地间的交流合作模式，不仅需要加强区内基地间的交流合作，也要加强与区外各基地间的交流合作。一是各基地每年定期召开座谈会等形式加强交流。二是各基地轮流召开不同主题的理论研讨会，打造平台，加强区内外基地间的交流。三是合作开展一些重大研究项目，各基地发挥本单位科研优势，吸纳其他单位的优势专业，共同开展研究、集体攻关，为内蒙古铸牢中华民族共同体意识重大问题研究提供研究力量，实现基地提质增效。

（四）完善基地工作机制

完善的工作机制将会更好地推动基地工作，因此，应在自治区党委统战部或民族事务委员会设立专门处室管理铸牢中华民族共同体意识研究基地工作，同时探索与各基地所在单位科研管理部门建立基地推进工作联络点，便于及时了解本单位基地科研工作动态。各基地日常工作也需要专职工作人员来完成。部分基地没有专职工作人员，日常工作均由挂靠的研究所、学院的人员完成，如汇总立项相关课题、发表论文、定期报送研究情况、月报基地工作动态等日常工作都由科研人员或教师承担，一定程度上增加了科研人员、教师的工作量，应配备专职工作人员处理基地日常行政工作，让科研人员、教师有更多时间开展研究。

习近平总书记提出："需要构建科学完备的中华民族共同体理论体系。要立足中华民族悠久历史，把马克思主义民族理论同中国具体实际相结合、同中华优秀传统文化相结合，遵循中华民族发展的历史逻辑、理论逻辑，科学揭示中华民族形成和发展的道理、学理、哲理。"各基地应认真贯彻落实习近平总书记提出的铸牢中华民族共同体意识研究目标、任务，探索基地深入研究工作。内蒙古各基地经三年建设形成了一定规模的研究力量，发挥了理论研究和智库作用，提升了学术影响力、社会影响力，已经迈出"看得见"的步伐，为内蒙古自治区铸牢中华民族共同体意识研究作出一定贡献。如何在基地建设方面做摸得着的工作，如何做"润物细无声"的事情，如何提质增效，是下一步基地建设的重点工作，各基地要不断深入探讨铸牢中华民族共同体意识相关学术研究，开展大量细致、深入、全面、系统科研成果，来回答有关铸牢中华民族共同体意识时代之问。基地建设工作应秉持"要往实里抓、往细里做，有形、有感、有效"的科研导向，进一步提升铸牢中华民族共同体意识研究能力，为内蒙古自治区完成"五大任务"和全方位建设模范自治区提供哲学社会科学工作者的智慧。

作者：娜仁其木格，内蒙古自治区社会科学院铸牢中华民族共同体意识研究院院长，研究员

本文为2022年度内蒙古自治区社会科学院铸牢中华民族共同体意识研究基地课题成果

内蒙古铸牢中华民族共同体意识的地域文化思考
——以内蒙古"沿黄河区域文化带"的构建为例

康建国

2019年10月，习近平总书记在河南召开的黄河流域生态保护和高质量发展座谈会上，发表关于黄河流域的讲话，其中谈到"保护、传承、弘扬黄河文化"问题："黄河文化是中华文明的重要组成部分，是中华民族的根和魂。要推进黄河文化遗产的系统保护，守好老祖宗留给我们的宝贵遗产。要深入挖掘黄河文化蕴含的时代价值，讲好'黄河故事'，延续历史文脉，坚定文化自信，为实现中华民族伟大复兴的中国梦凝聚精神力量。"习近平总书记强调，"要让收藏在禁宫里的文物、陈列在广阔大地上的遗产、书写在古籍里的文字都活起来"。保护文化遗产实际上就是保护一个国家发展历史的现实证物，从而维系历史的完整性与真实性，继而使国民心中具有历史信念。同时，这还是我们反对历史虚无主义的重要实证资料，也是实现文化自信的重要内容，从而使其成为培育民众社会主义核心价值观的主要抓手。同时这些资源也是新时代经济转型的主要方向，文化旅游将成为重要的绿色经济增长点，将在扶贫攻坚、经济结构转型乃至未来内蒙古地区实现高质量发展中发挥重要作用。在草原丝绸之路的历史与当前"一带一路"倡议下，我们正在进行的"中蒙俄经济走廊"建设，都赋予了内蒙古重要的历史担当，而这些草原文化遗产正是国际交往的重要话题,是民心相通的重要人文基础。

《中共中央关于制定十四五规划和二〇三五远景目标建议》中提出"推动黄河流域生态保护和高质量发展"的战略要求,此外还有"传承弘扬中华优秀传统文化,加强文物古籍保护、研究、利用,强化重要文化和自然遗产、非物质文化遗产系统性保护,加强各民族优秀传统手工艺保护和传承,建设长城、大运河、长征、黄河等国家文化公园"等内容。2021年3月12日发布的《中华人民共和国国民经济和社会发展第十四个五年规划和2035年远景目标纲要》中正式提出了黄河文化的建设目标,即"实施黄河文化遗产系统保护工程,打造具有国际影响力的黄河文化旅游带""建设长城、大运河、长征、黄河等国家文化公园"。

一、内蒙古"沿黄河区域文化带"的构建内蒙古地处中国北部边疆

无论是历史上还是当代社会,内蒙古都是祖国的"北部屏藩",当前还是我国重要的生态安全屏障,也是我国向北开放的桥头堡。阴山与黄河在这里相遇,山水相依,交融交汇。黄河发源于青藏高原的青海省境内,整个黄河呈现一个"几"字形,自西向东分别流经青海、四川、甘肃、宁夏、内蒙古、陕西、山西、河南和山东九个省(自治区),最后汇入渤海。漫长的黄河先后经过青藏高原、河西走廊、关中盆地、宁夏平原、鄂尔多斯高原、河套平原、阴山山脉、黄土高原和华北平原等地形地貌,而其中的鄂尔多斯高原、河套平原和阴山山脉,是具有草原文化和游牧文化地域特色的地区,是黄河文化与草原文化高度重合的地段。

内蒙古是农耕文化和游牧文化交往交流交融的重要地区,内蒙古的历史对于中华民族共同体的形成有着重要的贡献。因此,从历史人文和自然地理的双重意义上来说,这一区域构成了"内蒙古黄河区域文化"地带,这一地

带历史悠久，在各个历史阶段都有着鲜明的时代特色，并对周边地区产生了深远的影响。

内蒙古"沿黄河区域文化带"的基本内涵是，这里作为中国历史上农耕文化与游牧文化的高度交汇和融合的地带，中国北方民族历史中的绝大部分事件均发生在这里；这里是黄河流经的最北端，在东西绵延的广袤区域内，有着丰富多彩的历史，并留下了许多重要文化遗存，尤其是一些历代军事性城堡和长城等设施；此外还有关于行政建置、人居聚落、民间信仰和社会生产生活等多方面的遗存。这基本涵盖了内蒙古这一区域的全部的草原文化遗产的类型和种类。

内蒙古"沿黄河区域文化带"也因此而成为草原丝绸之路的黄金通道，是其中不可缺少的关键地带。草原丝绸之路上遗留了大量的文化遗产，而文化遗产是民族的根，是特定人类群体的文化基因，也是一个国家的精神支柱。文化遗产又是见证一个民族的历史、体现民族精神、繁荣民族文化的重要基础。

二、构建内蒙古"沿黄河区域文化带"，铸牢中华民族共同体意识

（一）提高站位，整体思考

首先，我们根据内蒙古黄河文化的历史发展进程，将黄河文化初步划分为核心区、辐射区和外围区，从地区、民族和时代特征出发，深入考察内蒙古黄河区域文化的演进和传承过程，对这一区域的历史发展进行多方面整体性研究，完整揭示黄河文化多民族历史发展的总线索和社会进步的规律，总结历史上这一区域各族人民社会实践中弥足珍贵的经验教训。其次，要论证内蒙古黄河区域文化具有多元文化高度融合的显著特征，且内蒙古黄河区域文化是整个中华黄河文化的重要组成部分，是黄河文化中极富特色的兼具草原文化

与中原文化的高度融合的地域文化。其中我们需要重点思考的内容有三点：一是内蒙古黄河文化发展历史进程的主线，二是各个时代的基本特征，三是内蒙古黄河文化的历史遗产及其对当代社会的启示和价值。

（二）内蒙古黄河文化是黄河文化与中国北方草原文化的高度重合地带

从区域文化角度讲，内蒙古黄河文化是黄河文化与中国北方草原文化的高度交错重合地带，而这一点也是内蒙古黄河区域文化的最大特征。因此，所谓"内蒙古沿黄河区域文化带"就成了整体黄河文化的重要组成部分，同时也是草原文化的核心区域之一。草原文化中特征显著的"游牧"等文化因素特性，体现了草原文化的典型性，但这些因素在黄河文化中也有相当重要的比重，这两者高度重叠的地区当属"内蒙古黄河文化"这一区域。

开展黄河文化的研究，还能够丰富草原文化的内涵，从而为中华民族多元一体增添更丰富的内容。两者是交融多元的辩证关系。草原文化区和黄河文化区并不存在一条界限，将两个区域泾渭分明地分割开来，而是在两者的边缘存在很大范围的犬牙交错区域。黄河流域的文化并非纯粹的农耕文化，而是以农耕文化为主，其他多元文化交错杂居形成。内蒙古境内的黄河文化是"作为整体的黄河文化史"中的一段被忽略甚至未被记载的篇章，当然这不是说这一区域的历史文化从未被人关注和研究。我们往往都是从北方民族历史、农牧文化交融史、草原文化和内蒙古地区史等学界已有的研究领域中入手加以认识并开展研究的。从考古学上讲，这一区域是北方长城文化带的中段地区，是一处典型的农耕与游牧文化交错地带。故这一区域的一大特征是交融多元。

内蒙古黄河文化区域，是由历史上活跃的典型农耕和游牧两种文化交错带的人类群体创造并遗留至今的，包含历史信息，具有艺术、科学和研究价值的文化遗产遗迹遗存，是中国历史上以中原地区的农耕生产方式与北方草原上的游牧生产方式之间发生的交往交流交融所遗留的实物见证。内蒙古黄河文化区域历史中有许多典型历史事件，在中国历史上有着重要的影响。比如秦汉时期的河南地和明代河套地区的争夺等，都是在这个特定区域内发生的自成体系的历史事件，它们既独立存在，又对中国历史甚至世界历史产生了深远影响。

站在当代社会视角来看待历史文化传统，内蒙古"沿黄河区域文化带"中，具有非常丰富的可资利用的历史文化资源，比较典型的有鄂尔多斯地区的萨拉乌苏文化、北方游牧民族典型代表器物鄂尔多斯式青铜器、河套地区的"塞上江南"文化区、阴山南麓的土默川（敕勒川）文化、阴山历代岩画、呼和浩特的昭君文化、乌兰察布地区的察哈尔文化，具体到一些典型的草原历史文化遗产，有明代归化城、美岱召（福化城）、清代绥远城、和林格尔北魏盛乐城以及清代西口文化（和林格尔清代驿路）等等，不一而足。

（三）内蒙古"沿黄河区域文化带"是在中华民族多元一体格局下的多元民族多元文化交融汇聚之地

这一地区的历史是中国历史的重要组成部分，在中华民族多元一体格局历史中占有重要地位。中国是一个多民族的国家，统一多民族国家的形成是有一个发展过程的。

在这个过程当中，各个地区都对中华民族多元一体格局的形成作出了自己的贡献，内蒙古"沿黄河区域文化带"也不例外，虽然是地处中国北疆的一个特定区域，但是无论是在中国历史的任何时代，这里始终都是中国历史的重要组成部分，也是中国疆域的一部分，生活在这里的各民族都是中华民族的重要成员，在这里创造的文化都是中华文化的重要内容。

作者：康建国，内蒙古自治区社会科学院北疆文化研究所副所长，研究员；北疆文化研究中心主任

原文发表于《赤峰学院学报》（哲学社会科学版）2021年第6期

绥蒙各界抗日救国会的组织宣传工作

刘春子

抗日战争爆发初期,日军为肢解中国、巩固伪满洲国左翼防线,同时准备北进对苏作战,纠合伪军大举侵犯绥远。由于中国军队坚决抵抗,红格尔图、百灵庙等战役胜利挫败了日伪侵吞绥蒙(内蒙古中西部)的图谋,国民党第七集团军(傅作义部)、骑七师(门炳岳部)、东北挺进军(马占山部)、骑二军(何柱国部)相互配合,先攻占商都,又收复了化德,将日伪军驱至张北一带。然而日伪军并未放弃侵占绥蒙地区的野心,1937年8月27日,日军占领张家口后,沿平绥路向西进攻,大同、右玉、丰镇、集宁相继陷落。10月,日伪军分三路西犯归绥、包头,守军因敌众我寡,伤亡极重,被迫撤出,除伊克昭盟(今鄂尔多斯市)和后套地区以及阿拉善旗(今阿拉善盟)、额济纳旗外,内蒙古中西部大部沦为日本帝国主义的殖民地。苏尼特札萨克德穆楚克普鲁栋在日本关东军参谋长东条英机操纵下,成立伪蒙疆联合自治政府,政治、军事上受日本派出的最高顾问、参议、各专门委员会顾问全面控制,经济上则成为资源掠夺型经济体制的牺牲品,煤、铁、云母、石棉、硫黄、石膏、粮食、马铃薯、羊毛、皮革、牲畜等物资均被纳入战时资源,遭到近乎强制的征收,绥远地区城乡各界群众利益严重受损。在文化上,日伪政权极力推行奴化教育,为消弭中国人民的国族意识,无所不用其极。沦陷区人民在水深火热中苦苦挣扎，尤为热望摆脱受压迫、被奴役、遭剥削的悲惨命运。

中国共产党对绥蒙的形势和抗日救国斗争十分关心。七七事变后，中共中央继8日发表《中国共产党为日军进攻芦沟桥通电》后，于10日又发出《关于蒙古工作的指示信》（以下称《指导信》），呼吁绥蒙地区加强抗日统一战线，实现蒙汉联合抗日。《指示信》指出，日军进攻绥东的失败，并没有放松其进攻绥蒙的侵略计划，而在积极准备更大规模的新的进攻，绥蒙当局与蒙汉人民应有抗击日军新进攻的积极准备和充分动员。同时，指示绥蒙党组织，"应当把发动蒙古民族抗日运动高潮，当作今天第一等重要任务和一切工作的中心"[1]，"蒙汉联合抗日，是目前绥蒙工作的最高原则"[2]。"我们的口号：蒙古民族，不分盟旗，不分上下，团结一致，抗日援绥！保卫绥远，保卫蒙古!驱逐日寇出绥蒙！"[3]中共中央的这一《指示信》，非常适时，非常重要，它使绥蒙地区的党组织和党的工作者进一步明确了在抗战全面爆发的新形势下如何"开展抗日救蒙运动"，促进了抗日救国斗争的新发展。

一、抗战初期归绥各界的抗日救亡运动

归绥市是日伪统治绥察的中心，也是中共绥远省委开展地下抗日斗争的重要城市。面对晋绥危急、华北危急的严重局势，绥蒙各族各界的抗日救国斗争同全国一样掀起了高潮。中共绥远工委遵照中共中央北方局指示，深入

---

[1]中央档案馆，中共中央文献研究室.中共中央文件选集（第十一册）.北京：人民出版社，1991：282-286.

[2]中央档案馆，中共中央文献研究室.中共中央文件选集（第十一册）.北京：人民出版社，1991：282-286.

[3]中央档案馆，中共中央文献研究室.中共中央文件选集（第十一册）.北京：人民出版社，1991：282-286.

绥蒙开展抗日工作。在中国共产党的号召和推动下,绥远"民先队""牺盟会""妇女会""绥远"学联等,联合发起建立"绥远民众抗日救亡会"。其宗旨就是抗日救国、保卫家乡,发动和组织爱国知识分子、学生、社会青年、汉蒙上层爱国人士和工农牧兵群众,进行抗日斗争。7月底,在归绥九一八纪念堂举行"绥远民众抗日救亡会"成立大会,参加会议的有200多人。会上,阐明了成立这一救亡会的筹备过程和主要宗旨,推举由武佩莹(武达平)、章叶频、陈渔农(介平)、贾润芝、常佩三等5人组成理事会。为扩大影响,争取公开合法活动,"抗日救亡会"成立后还举行了一次记者招待会。"抗日救亡会"的活动,是以共产党员、民先队员、牺盟会员为骨干,每天在救亡办公地点——绥远民众教育馆集中,理事们首先简短地开会,然后便分头带领会员们到新城、旧城、火车站、龙泉公园等处进行抗日宣传和募捐活动。在街头和公园,他们选择人多适中的地方,演唱《救亡进行曲》《义勇军进行曲》《救国军歌》《牺牲已到最后关头》《大众的歌手》等救亡歌曲,深受群众欢迎。为了广泛开展抗日宣传和组织工作,"抗日救亡会"决定在九一八纪念堂召开全市群众大会,发表《告全市人民书》。但到开会时,绥远国民党当局竟然下令"市民大会应立即停止召开",引起广大群众的激愤。于是,"抗日救亡会"理事和积极分子们便组成若干小组,分头在全市进行抗日宣传讲演、张贴和散发传单,形成了声势浩大的广泛深入的抗日救国斗争热潮。当抗战局势不利,国民党绥远省军政要员纷纷溃逃时,绥远各报均已停刊。王一然、武达平、章叶频、狄敏达等便于9月初创办了《绥远抗日战报》,宣传《中国共产党抗日救国十大纲领》精神,报道抗日战况,鼓舞人民抗日士气。同时,中共派周小舟、潘纪文等同志先后来绥远开展抗日工作。周小舟了解了"绥远抗日救亡会"开展抗日救国活动的情况,并对"抗日救亡会"工作给予了正确指导。

随着日本侵略者的战火在华北大地燃起,武装抗日已成为抗日斗争的主要形式。在日军进攻面前,国民党绥远省军政要员纷纷溃逃,而绥蒙地区的中共组织则肩负起领导重任,积极组织各族人民武装进行抗日斗争。共产党员杨植霖、刘洪雄、贾力更(蒙古族)、高凤英(蒙古族)等,在抗战爆发后不久,就在归绥附近农村发动蒙汉农民组织抗日武装"绥蒙民众抗日开路先锋队"。开始,他们在滕家营子一带动员了十多个农民组成抗日游击队,用从地主绅士和溃兵那里搞来的枪支武装起来。接着,把队伍扩展到20多人。1938年,游击队在归绥郊外的哈拉沁沟、魏家窑、冯家窑一带展开抗日武装斗争,战士们夜袭坝口子村伪警察所,伏击敌伪火车站、汽车站等,这表明绥蒙地区各族人民的抗日救亡运动由自发性的群众运动向在中国共产党领导下的自觉革命斗争转变。

二、绥蒙各界救国会成立的组织准备

面对绥蒙地区错综复杂的斗争形势,中共提出在群众工作方面,要大力加强群众工作,为党积蓄团结广大群众的力量来支持游击战争与准备将来的局面,必须放弃过去那种狭隘、秘密与第二党化的群众工作方式,要以取得合法存在为第一。为此,要利用一切公开合法团体的活动方面,打入伪政府组织、教会、青帮等各种团体中去,注意保持自己的活动地位,从而进行长期隐蔽工作。在秘密工作方面,中央指出党政工作,特别是政权工作要建立在游击队活动的基础上。公开工作必须坚决地与秘密工作分开,秘密支部应做公开工作,红了的干部必须坚决调出。不让已经红了的公开干部做党的秘密工作,也不要把公开的任务交给秘密党去做,以免为敌人的破坏创造更多的机会。不要只顾眼前的需要,而消耗在伪军、伪组织、群众中的隐蔽力量。[1]党的各级干部必须以职业化、社会化、群众化的方式活动，即要以正当职业为掩护，在群众中进行活动要认亲拜友，在活动中要穿便衣扎根到群众中去。在干部中进行秘密工作教育，使干部了解隐蔽政策的意义与秘密工作的方法。还要深刻地对过去不适当的斗争形式、组织形式和工作方式进行总结，坚决彻底地执行隐蔽政策。

为加强归绥市内的地下斗争，党派四支队代支队长、政治处主任宁德青（化名叶茂）和魏铭（化名刘炜）进入归绥市，成立了中共归绥工作委员会，书记宁德青、组织部部长刘洪雄、宣传部部长魏铭。归绥工作委员会按行业建立了学校、工厂、车站、机关4个党支部。在杨植霖、刘洪雄、王建功等的影响和带动下，归绥东郊保合少、讨思浩、腾家营、陶卜齐等村的一批青年知识分子及名言小学的学生，积极参加抗日救国活动。宁德青打入伪厚和市政府，担任教育股督学，利用合法身份，广泛接触爱国师生，秘密传播抗日救国思想。1938年冬，党派刘洪雄、郝登鸿进入归绥市开展地下斗争。刘洪雄通过伪协和安民救国军的关系，在徐秉初部取得旅长的合法身份（后打入日本宪兵队任少校参谋），郝登鸿也在徐部担任某团副官。他们利用合法身份，为根据地搜集了不少重要情报，并购买军需物资设法运回根据地。后因郝登鸿的行动被日伪察觉，受到监视，遂及时撤出。郝登鸿撤出时动员部分伪军反正，改编为抗日武装，在小井沟一带活动。刘洪雄则与中共地下党员张克敏、贾恭取得联系，逐步打开了地下工作局面。

为配合游击区的公开工作，除敌人的指挥中心归绥进行地下工作外，在敌人控制严密的其他城镇和乡村也派出大批干部开展地下工作。选派的干部大都以"群众化""社会化"和"职业化"的要求开展活动。他们身着便衣，在群众中广交朋友，攀亲结拜，寻找一定的职业，深深地扎根于群众

---

[1] 中国人民解放军档案馆，内蒙古自治区档案馆.大青山抗日游击根据地资料选编（历史档案部分）.呼和浩特：内蒙古人民出版社，1986：10.

之中。如赵诚同志以铁匠身份在土默川做地下工作；高增贵同志以木匠身份活动在陶卜齐等地；刘启焕同志以当长工、挑担担等方式在萨县、伊盟等地跑地下交通；张少庭同志则化装成叫花子，在武归县乌兰不浪乡一带沿街乞讨进行地下活动。还有很多同志在卓资、乌兰花、陶林、凉城等地做秘密工作，贯彻党的隐蔽政策，一直坚持到抗日战争的最后胜利。1935年春，党组织派高凤英回国，在绥远一带从事党的地下工作。他与毕力格巴图尔在归化城（今呼和浩特市玉泉区）南柴火市开设一个肉铺，在归化城北的和合桥附近开设一个杂货铺，以此为掩护，负责地下党工作人员的联络和传递情报等工作。工委在三官庙街9号开设了一个新兴永杂货铺，作为联络据点，魏铭任经理，地下党员张旭和彭光华当店员，刘洪雄的姐夫辛宽当伙夫。彭光华主要负责跑交通，另外还在南柴火市开设了勤顺裕焙子铺，由余平充当店员。工委开会多在新兴永杂货铺内举行，所获情报均由彭光华送出城，经南平川党支部转往根据地，上级的有关指示也多由这个渠道下达。

大青山根据地开辟后，保合少、滕家营子等村的知识青年张培霖、段德智、赵艾等曾接受培训，之后被派回村开展地下抗日斗争。他们和余平、彭光华、张旭等争取了伪仪员乡长支持抗日，控制了该乡政权，团结一批青年开展地下抗日斗争。1939年初，党的南平川支部建立，下辖保合少、陶卜齐、奎素、塔利、黑土洼、北陶思浩5个党小组。南平川党支部密切配合了归绥城内的地下抗日斗争。

三、绥蒙各界救国会的组织宣传活动

归绥旧城财神庙是"蒙疆道教会"会址，信徒颇多。会务由庙内道士王信真、王从顺、王永茂负责。这几位道士颇富民族气节，很支持抗日。刘洪雄了解这些情况后，主动与之接触，启发他们的民族觉悟，很快吸收他们参加了地下抗日斗争。1939年春,在中共归绥工委领导下绥蒙各界抗日救国会成立,会址设在财神庙内,负责人为宁德青、刘洪雄、贾恭、张克敏和魏铭等。工委诸同志加入道教会,刘洪雄还担任了该会董事,并以此为掩护,秘密宣传抗日,通过亲朋、同学、同事等关系发展了不少救国会员,如伪农会会长郑化国、伪商会会长段履庄、新华毛织厂经理魏达贤、铁路工程师宫付荫、戒烟所道士郭久成、税务局职员赵新民、小学教员梁福润、助产士李克敏、电灯工人杨森和电机厂职员岳浦等。在学校则以巴彦塔拉盟师范学校为重点,先后发展个别教师及学生周服礼、何树声、任希舜、王贤敏、阎培昌、卜斌等50余人为会员。到1940年初,会员已达200余人。[1]

共产党员杨培林回保合少与名言小学教师王英杰及学生余平、彭光华、张旭等取得联系,组织起"绥蒙各界抗日救国会"的基层群众组织。杨培林任主任,余平任组织委员、张旭任宣传委员。"绥蒙各界抗日救国会"先后发展胡月贵、杨廷英、李二巴、宋福、温培华、齐大六、何万里、郭志恒等为会员。"绥蒙各界抗日救国会"很快在归绥城郊各村发展起来。在群众中,秘密开展抗日宣传活动。他们把杨培林菜园里的一间小茅屋作为联络站,为归绥地下党组织和大青山根据地之间做交通联络工作。他们还与讨思浩村贾连喜,腾家营村的刘壁、张德奎取得联系,逐步扩大了联络范围。1939年5月,段德智、赵艾二人被派到陶卜齐村建立据点,开展抗日救亡活动。他们以开设"自生号"小杂货铺为掩护,广交朋友,启发群众,发展会员。进步青年王永光及其父亲,当地大户、伪义贞乡乡长王栋、蒙古族农民兴旺、青年农民崔三、候伟伟等都参加了"绥蒙各界抗日救国会"。

1939年8月,归绥东郊农村党支部(后改称南平川党支部)成立。杨培林任书记,余平任组织委员,彭光华任宣传委员。支部下设陶卜齐、腾家

---

[1]呼和浩特地方志编修办公室.呼和浩特市志(上)[M].呼和浩特:内蒙古人民出版社,1999.

营、保合少三个党小组,共有党员16名。绥蒙各界抗日救国会还在巴盟师范、大召东仓的戒烟所,以及梁福润、李云、辛宽、魏达贤等人家中安设了据点或联络点,在东郊滕家营子和北坑垯铺等村也设置了联络点。

宣传工作之所以成为党在敌后的重点工作,是基于这项工作同军事、政治、经济及社会等各项工作的紧密联系。宣传工作本质上属于上层建筑的一部分,按照马克思主义基本原理,某一领域上层建筑必定同构成它的经济基础和其他领域上层建筑,发生相互作用。这一点在宣传工作上表现得尤为突出。传播党的抗战主张及发动群众抗日,一直是敌后党宣传工作的重中之重。

同时,二者之间又存在着极为密切的联系。一方面,发动群众参与和支持抗战,一直是全面抗战时期,党的主张的重要指向之一。如毛泽东在《论持久战》中强调:"这个政治上动员军民的问题,实在太重要了。我们之所以不惜反反复复地说到这一点,实在是没有这一点就没有胜利。没有许多别的必要的东西固然也没有胜利,然而这是胜利的最基本的条件。"[1]另一方面,充分动员群众又离不开党的方针理论与政策,唯有经正确理论与思想武装起来的群众,方能凝聚成足以战胜敌人的磅礴力量。

绥蒙各界抗日救国会进行了多方面的秘密抗日斗争,如梁福润经常刻印揭露日本侵略军罪行,号召各界同胞保卫中华,不当亡国奴的宣传品,秘密散发。抗日救国会会员间采用单线联系的方式传递秘密宣传品,宣传品用其他书籍封面加以伪装。"有一次传给我一本用带色有光纸油印的小册子,封面上印着'三字经'三个字里头却印着毛主席论游击战的内容。就是从这样一些小册子里,我知道了中国有个共产党,她是抗日的中坚,是全中国人民利益的真正代表。"[2]日伪军与特务机构严厉盘查所谓的"违禁品",传

---

[1] 毛泽东.论持久战.毛泽东选集:第2卷[M].北京:人民出版社,1991.
[2] 呼和浩特市地方志编修办公室.呼和浩特史料:第5辑[M].1985:162.

递宣传品充满风险。绥蒙各界抗日救国会会员经缜密观察,发现归绥各城门口的检查点检查力度时松时紧,敌人有什么大事检查就紧,平时就相对松一些,所以会员们传递小册子时灵活选择时机,尽量降低传播风险。此外,检查点的人员既有日本兵也有伪军,日本兵检查仔细,稍有蛛丝马迹即扩大检查,伪军就比较马虎一些,会员们利用学生等社会身份伪装,伪军有时检查只是做做样子。因此,在通过检查点时,会员们就注意选日本兵忙于检查别人这个"空子",从伪军身边溜过去。通过种种努力,绥蒙各界抗日救国会将党的抗战政策、抗日队伍的英勇事迹传播到了归绥各处。

借助会员的亲缘、地缘及学缘等社会关系,绥蒙各界抗日救国会广泛发动群众,发展会员,宣传党的抗日主张和抗日民族统一战线政策。中共党员张克敏以教书为掩护,秘密组织党的地下宣传工作。他借助先后在十里坡村、潘家庄、大里堡村等地教书的便利,在师生中散发进步书刊,宣传抗日救国的道理。贾恭以伪农会草料股长、郭久成以戒烟所负责人的身份,以"有人出人、有钱出钱、有物出物"的原则,联络各界进步人士为支援抗日队伍捐款,而后购买药品、枪械等物转送至大青山根据地。刘洪雄等同志开展敌军工作,动员徐秉初等同情和支持抗日,他还利用宪兵少校的身份,搜集敌伪情报,有力地配合了反"扫荡"斗争。此外,中共归绥工委还在绥蒙各界抗日救国会员及爱国青年中选拔部分人才,送到延安培养或参加革命斗争。如1939年至1940年初,先后将刘璧、张纯公、周服礼、何树声、任希舜、王贤敏、黄媚梅、王琳、贾连喜等送往延安学习或工作。[1]

绥蒙各界抗日救国会在短短一年多时间里作出了很大成绩,在绥远敌占区组织发展了秘密的抗日民族统一战线,发动群众宣传抗日救国的道理,揭露日伪的殖民统治,宣传八路军在大青山抗日的行动,号召各行各界同敌人斗争,扩大了共产党的影响力。

---

[1] 张国祥.晋绥革命根据地史[M].太原:山西古籍出版社,1999:143.

四、绥蒙各界抗日救国会的失败及经验教训

1940年春,日本宪兵队、日本特务机关、伪蒙古宪兵队、伪警厅集中大批敌伪特务,一方面对绥蒙抗日救国会进行刺探,另一方面从伪巴彦塔拉盟师范学校下手,抓捕了30多名师生和赴延安学习的6名学生家长及亲属。随着事态的不断扩大,救国会总部及其他活动据点全部暴露,救国会的领导、骨干、大批会员相继被捕。由于叛徒刘炜的出卖,刘洪雄与彭光华也被特务逮捕。到1941年5月23日止,被捕人数达到190余人。为了得到地下党的组织机构和救国会的全部信息,敌人对这100多人进行了极为残酷的刑罚,致使他们遍体鳞伤,但他们坚贞不屈,在敌人面前始终只字不露。绥蒙抗日救国会虽然被敌人破坏了,但这些共产党人顽强的革命意志激励着民众继续坚持地下党领导的抗日战斗。

绥蒙各界抗日救国会的失败及厚和惨案也暴露出一些问题。

第一,没有认真执行中央的隐蔽政策,不注意地下工作的方法,缺乏地下斗争的经验。在组织两批学生去往延安过程中,第一批是在乌兰合少村集合送的,第二批送走的是伪蒙疆巴彦塔拉盟师范学校的学生,在输送的过程中没有做到足够隐蔽,暴露了行踪,从而引起敌人的注意,这也形成了"厚和惨案"的导火索。

第二,组织发展过急,对新入会的会员政治情况、思想意志以及生活作风了解不够深入,也未及时对地下工作者进行培训,导致一些骨干和会员的叛变。如伪巴彦塔拉盟师范学校的女学生燕曼云,也是救国会会员,与她同院住着一个日本翻译。由于本人意志薄弱,缺乏经验,在未了解日本翻译身份的前提下,与其谈情说爱。在与日本翻译接触的过程中,透露了6名学生去延安的消息。再如作为救国会负责人之一的刘炜,生活腐化,行为异常,

但我组织并没有对其进行教育和罢免职务，导致其被捕后，轻易地供出了救国会的主要领导人、总部地址和活动据点，造成绝大部分救国会员英勇就义，牺牲惨重。

第三，救国会的有些活动被敌人察觉，有的联络点被注意，没能及时采取措施转移，行为缓慢，造成大部分人员被捕。日军对扣捕伪巴彦塔拉盟师范学校的师生的情报，救国会领导四五天后才得知，虽然紧急采取了应变措施，但错过了最佳时机，并没有减轻事态发展的严重性，教训惨痛。

作者：刘春子，内蒙古自治区社会科学院历史研究所副研究员

本文为2022年度内蒙古自治区社会科学院铸牢中华民族共同体意识研究基地课题成果

/内蒙古自治区社会科学院铸牢中华民族共同体意识研究基地成果集/

解放战争时期蒙古文报刊中华民族共同体意识研究
——以内蒙古东部区第一张蒙古文党报《群众报》为例

长 河

"抗日战争胜利后,中国人民迫切需要一个和平安定的环境。中国共产党从人民的这一根本愿望出发,主张团结一切爱国民主力量,把中国建设成为独立、自由、民主、统一、富强的新国家。这是一个光明的前途。与此相反,国民党统治集团则企图依靠美国政府的支持,在中国继续维持国民党一党专政的统治。这是一个使中国继续处于半殖民地半封建社会的黑暗的前途。中国革命由此进入一个两种命运、两个前途决战的新时期——全国解放战争时期。"[1]"解放战争时期是中国共产党领导中国人民取得新民主主义革命胜利的重要时期,是中国共产党民族区域自治政策在内蒙古地区实施并取得成功的重要时期,也是党领导内蒙古地区革命运动的辉煌时期。"[2]在中国共产党的领导下,内蒙古地区开展了如火如荼的民族解放运动,即内蒙古自治运动。

在解放战争的伟大历史进程中,"中国共产党始终把宣传工作摆在极

---

[1] 中国共产党宣传工作简史[M].北京:人民出版社,2022:171.
[2] 中共内蒙古自治区委员会党史和文献研究室.中国共产党内蒙古历史(第一卷)[M].北京:中国党史出版社,2022.

为重要的位置，作为发动群众、组织群众、武装群众的开路先锋，积极探索完善宣传工作的思想理念、方针原则、政策策略、阵地队伍建设等，与国内外一切反动势力进行艰苦卓绝的思想斗争，形成了'唤起工农千百万，同心干'的强大力量"。[1]

这个关键时刻需要良好的舆论环境，需要有力的舆论工具。一方面，宣传中国共产党及其民族政策，宣传内蒙古自治运动联合会的政治主张和工作部署，动员和组织内蒙古人民踊跃参加自治运动，支援全国解放战争；另一方面，用革命的舆论反击国民党的舆论围剿。就在这样的历史环境和民族意识的觉醒中，解放战争时期我党领导的报刊应运而生。其中，蒙古文革命报刊是中国共产党领导创办的报刊事业的重要组成部分，是内蒙古各族儿女以维护中华民族共同体为目标，为民族翻身解放、争取自由而百折不挠、奋起斗争的历史见证。

一、解放战争时期党创办革命报刊的背景和迫切需要

抗日战争胜利后，国际、国内形势发生了重大变化，内蒙古地区的政治风云也发生了复杂的变化。当时，国内的主要矛盾是以国共两党为代表的两大阵营围绕"战争"与"和平"展开的政治斗争和军事斗争，是两种命运和前途的斗争。

内蒙古地域辽阔、物产丰富，地跨中国的东北、华北、西北，北面与苏联和蒙古国接壤，南连冀热辽、晋察冀、晋绥、陕甘宁等根据地的大片解放区，战略地位极其重要。在当时全国政治、军事斗争的严峻形势下，内蒙古自然成为国共两党激烈争夺的战略要地。在此紧要关头，中国共产党给内蒙古人民指明了民族解放的光明道路。1945年10月23日，中共中央发出《关

---

[1] 中国共产党宣传工作简史[M].北京：人民出版社，2022：2.

于内蒙古工作方针给晋察冀中央局和晋绥分局的指示》，明确指出："对内蒙古的基本方针，在目前是实行区域自治。"[1]同年11月25日至27日，根据党中央的安排，在中共晋察冀中央局及晋绥分局的具体领导下，在张家口市召开由内蒙古8个盟、36个旗代表参加的内蒙古各盟旗代表大会，成立了内蒙古自治运动联合会，还向全国发表了《内蒙古自治运动联合会成立大会公报》。《公报》指出："内蒙古人民的彻底解放，只有在中国共产党的领导下才能实现；没有中国共产党，就没有内蒙古人民的自由。"[2]

此时，蒋介石集团已加紧准备发动内战，侵犯解放区，妄图消灭人民军队，独吞抗日战争的胜利果实，维持其独裁统治，接连创办了《阿旗简报》《新绥蒙》《中央边报》等蒙古文报刊，加之抗日战争胜利之前存在的《蒙藏月报》《民众日报》《边疆通信报》，国民党系统的蒙古文报刊达6种，通过这些报刊加大了发动全面内战的舆论攻势。

为了应对这种局面，中国共产党创办《内蒙古周报》《群众报》《内蒙古自治报》《内蒙古日报》等蒙古文革命报刊，用革命舆论回击国民党的舆论"围剿"，揭穿他们的内战阴谋，继而用共产党对民族地区的方针政策和科学理论、先进思想来教育蒙古族人民群众。通过创办革命报刊鼓舞各民族人民共同斗争、团结一致，使得中华民族共同体意识空前增强。

二、解放战争时期创办的蒙古文革命报刊的主要特征

据初步统计，内蒙古自治运动4年多中创刊的蒙古文报刊有41种，约占近现代蒙古文报刊总数的1/3，另有7种蒙古文报刊虽创刊于抗日战争胜利

---

[1] 中共中央文献研究室，中央档案馆.建国以来重要文献选编（1911—1949年）第22册[M].北京：中央文献出版社，2011：760.
[2] 内蒙古自治区档案馆.内蒙古自治运动联合会档案史料选编[M].北京：中国档案出版社，1989：42.

之前，但仍在内蒙古自治运动期间出版发行。至此，内蒙古自治运动时期内蒙古地区出版发行的蒙古文报刊总数达48种之多。近现代其他历史时期的蒙古文报刊的密集程度都无法与内蒙古自治运动时期相提并论。

在革命报刊面前，国民党主办或控制的蒙古文报刊，囿于坚持国民党的反人民立场，同时从根本上否定蒙古地区存在的大汉族主义政策，为国民党发动全面内战和维持其独裁统治摇旗呐喊，从而其社会影响力日渐式微，逐渐脱离群众，失去市场，最终退出历史舞台。

综合解放战争时期出版发行的蒙古文报刊的历史背景、出版目的、现实意义以及具体内容等多种因素，可以总结和归纳其两大基本特征。

解放战争时期蒙古文报刊的最显著特征是主体性。"内蒙古自治运动时期的蒙古文报刊具有与近现代其他历史时期蒙古文报刊业截然不同的个性特征——主体性。这一主体性特征表现在中国共产党主办或直接领导的革命报刊业已成为这一时期蒙古文报刊业当之无愧的主体或主流。"[1]据不完全统计，解放战争时期仅内蒙古地区出版发行的共48种蒙古文报刊中，共产党主办或直接领导的革命报刊就有26种之多，其中既包括内蒙古地区共产党组织主办的蒙古文党报党刊，也包括党组织领导的内蒙古自治运动联合会和内蒙古自治政府的各级机构、内蒙古地区革命团体、革命军队所创办的蒙古文机关报刊。这些主流报刊不仅在当时蒙古文报刊业中占有压倒性数量优势，也具备了由其革命性质所决定的政治优势和传播优势。

内蒙古自治运动时期的蒙古文报刊业的主体性特征也改变了近现代蒙古文报刊业的固有业态。中国共产党主办和领导的蒙古文报刊一诞生便宣布自己是"内蒙古人民的言论机关""为内蒙古人民服务""它所做的，它所说的，将决定于广大内蒙古人民的意志"（引自《内蒙古周刊》发刊词）。

---

[1] 采自内蒙古日报社高级编辑、《蒙古学百科全书》新闻出版卷常务副主编、新闻传播史研究专家巴干先生访谈录。

作为内蒙古自治运动时期的蒙古文报刊的主体和主流，共产党主办和领导的革命报刊继承了近现代蒙古文报刊业的优良传统，海纳百川般地吸纳了进步报刊的专业人才、业务经验、技术设备，从而不断壮大和成熟。

解放战争时期蒙古文报刊的另一个显著特征是报刊的生存格局发生了变化。"中国近现代蒙古文报刊业的基本特征是其多元性，这是报刊创办背景的多样性决定的。出现在中国近现代历史舞台上的各种不同政治势力（代表同阶级利益的各种政党、政权机构以及外国入侵者和他们控制的各类政治文化团体）为了向蒙古族人民宣扬各自的政治主张而创办过各式各样的蒙古文报刊。"[1]作为中国近现代蒙古文报刊业的组成部分，解放战争时期及内蒙古自治运动时期的蒙古文报刊业也保留着多元性特征。形形色色的文化团体、社会组织都以各种名义创办过蒙古文报刊。

三、蒙古文党报《群众报》的创办和宣传重点

《群众报》于1946年7月1日在王爷庙（今乌兰浩特市）创办，是内蒙古自治运动联合会东蒙总分会的机关报。蒙古文版《群众报》初为4开一版，从9月19日起改出4开2版，铅字排印，不定期出报，该报在半年的存续时间内共出版35期。

蒙古文版《群众报》坚决落实"全党办报、群众办报"的方针，宣传报道始终贯彻内蒙古各民族之间"你中有我，我中有你，谁也离不开谁"的命运共同体认知，增进对"中华民族"和"中国共产党"的认同，强化实现全国解放的目标以及"汉族离不开少数民族，少数民族离不开汉族，各少数民族之间也互相离不开"的中华民族共同体意识。

---

[1]采自内蒙古日报社高级编辑、《蒙古学百科全书》新闻出版卷常务副主编、新闻传播史研究专家巴干先生访谈录。

（一）《群众报》的创办背景

1946年4月3日，由内蒙古自治运动联合会和东蒙古人民自治政府全体代表参加的内蒙古自治运动统一会议正式举行，这就是著名的"四三"会议。[1]在"'四三'会议这一特定历史条件下事关大局的斗争中，自治区领导坚定维护党中央决策，坚决执行党中央决定，坚持中国共产党的领导，坚持民族区域自治，坚持国家统一，做了大量艰苦的工作，体现出正确的国家观、民族观、大局观，表现了无产阶级革命家的宏大政治气魄、崇高思想境界和高超斗争艺术，为革命事业作出了重要贡献。"[2]"四三"会议之后，按照《内蒙古自治运动统一会议的主要决议》精神，停止了内蒙古人民革命党的活动，成立了内蒙古自治运动联合会东蒙总分会；解散了东蒙古人民自治政府，建立了兴安省人民政府，内蒙古东部区政治形势发生了根本性的变化。中国共产党领导民族解放运动排除干扰朝着正确的方向发展，内蒙古自治运动成为全国解放事业的重要组成部分。

在这样的政治背景下，当时在王爷庙出版发行的《人民之路》《黎明》等进步报刊引起共产党组织的注意。1946年5月，经中共东蒙工委建议，内蒙古人民革命青年团的机关报《黎明》改名为《群众报》。5月25日，撤销东蒙古人民自治政府后，原为东蒙政府机关报的《东蒙新报》从1946年7月1日起与《群众报》合并。从此，《群众报》成为内蒙古自治运动联合会东蒙总分会的机关报。

"《群众报》是由中国共产党在内蒙古东部区创办并领导的第一张蒙古文党报，也是内蒙古自治运动联合会的第一张蒙古文机关报。该报名为内蒙古自治运动联合会东蒙总分会机关报，实则由党组织直接领导和管理，主要办报人员均为中国共产党党员；《群众报》的创刊实现了内蒙古自治运动蒙

---

[1] 亦称"承德会议"。
[2] 中共内蒙古自治区委员会党史和文献研究室.中国共产党内蒙古历史（第一卷）[M].北京：中国党史出版社，2022.

古文报刊宣传活动的中心东移。尤其1946年10月《内蒙古周报》停刊之后，《群众报》实际上成了自治运动联合会的唯一机关报。王爷庙成了内蒙古自治运动蒙古文报刊宣传活动的中心。"[1]

（二）《群众报》的办报方针

1946年7月1日，《群众报》刊登的"刊发词"中指出，"……为适应当前的政治形势和政治任务的要求，……实现民族平等、民主自由、保卫和平，是我们历史的神圣的任务。我们为完成这一任务，坚定我们全心全意为群众服务的立场，以鞠躬尽瘁的高度热诚，密切和东蒙工农兵群众的生活相结合，从群众的实际需要和自愿出发，来推动群众的政治、经济、文化的一切翻身斗争"。"《群众报》在其半年的存续时间，始终坚持'全心全意为群众服务'和'同工农兵群众的生活相结合'；'从群众的实际需要和自愿出发''推动群众……斗争'，作为办报的根本出发点和立足点，并始终贯彻了党的群众路线"。[2]

1946年7月12日，内蒙古自治运动联合会东蒙总分会发布了《关于群众报的决定》。7月20日《群众报》蒙古文版全文刊登此决定。"此决定虽以联合会东蒙总分会之名发布，实际上这是中国共产党直接领导内蒙古统一的民族自治运动之后，针对蒙古文新闻宣传工作形成的第一份重要文献。"[3] 决定中规定："群众报之任务是集中、归纳、交流、研究群众斗争之各种实际活动及其经验，以提供上级机关提高其领导艺术；并将领导机关之政策、指示、思想，传达、贯彻到群众中去。""报纸是我们进行宣传教育，推动工作，以及同敌人进行政治、思想、文化斗争之优良武器，也是广大人民群

---

[1] 采自内蒙古日报社高级编辑、《蒙古学百科全书》新闻出版卷常务副主编、新闻传播史研究专家巴干先生访谈录。

[2] 采自内蒙古日报社高级编辑、《蒙古学百科全书》新闻出版卷常务副主编、新闻传播史研究专家巴干先生访谈录。

[3]《内蒙古日报五十年》编委会.内蒙古日报五十年[M].呼和浩特：内蒙古人民出版社，1998.

众最普遍最经常之读物。"因此决定要求机关、团体、学校"把本地区本机关之各种工作情况及经验,以及各种群众活动、斗争及其创造的成就,写成新闻或通讯寄给报纸。把给报社写稿要看得和给上级写汇报一样重要"。[1]即内蒙古自治运动联合会东蒙总分会《关于群众报的决定》共提出四个问题:明确了《群众报》的任务、方针、定位,以及要求各级组织和各部门各单位"规定出具体办法切实执行"此决定。

这一"决定"虽然针对《群众报》发布,但其主要精神对当时内蒙古地区蒙古文报刊具有普遍的指导意义。特别是决定指出"以群众力量完成报纸的使命"的办报方针,首次明确传达了党中央提出的"全党办报、群众办报"方针的核心内容。

(三)《群众报》的中华民族共同体意识宣传报道主要表现

《群众报》为汉文和蒙古文两种文字的报纸,每期内容基本相同,除大的时事新闻和重要文章,两种文字的报纸都发表外,自编自采的新闻和文章则不尽相同。蒙古文版《群众报》主要宣传重点归纳如下:

第一,《群众报》宣传报道的首要任务是宣传中国共产党对民族地区的工作任务和方针、政策,宣传内蒙古自治运动联合会及其东蒙总分会的政治主张和具体活动。当时,东蒙人民刚刚得到解放,人民群众对中国共产党还不是很了解。因此,《群众报》以通俗易懂的文字,介绍中国共产党,介绍中国革命领袖毛泽东、朱德,宣讲民族解放运动的革命道理,批判错误观点,揭露国民党民族政策的反动本质,这方面文章占相当比例。

第二,《群众报》发表社论或刊载有关领导带有指导性的报告,对重大事件和问题表明立场和观点,帮助读者认清事实,进行形势教育。蒙古文版《群众报》1946年7月1日创刊号上刊发标题为《伟大的二十五年》长篇社论。文章首先祝贺党的25周年生日的同时,讴歌伟大的建党精神,阐述共

---

[1] 白润生.蒙古文《群众报》与蒙古语文的发展[J].中央民族学院学报,1991(03).

产党建党25年来艰苦奋斗的历史。其次,文章批评了国民党反动派勾结美帝国主义企图发起内战的阴谋,表明内蒙古各族人民无论任何时候、任何民族都离不开中国共产党,东蒙各族人民翻身得自由一定要跟随共产党,坚决反对国民党反动派及帝国主义的侵略。最后指出,中国共产党是以"顺民之所欲、除民之所恶"为中心的党,要战胜敌人,就要各民族团结,夺取革命的胜利。同年8月1日刊发的《向人民军队学习》的社论指出,"在这个伟大的节日来临之际,让我们一起回顾人民军队八路军和新四军的光荣而又伟大的历程。八路军建军以来,在中国共产党的领导下把中国人民的利益当作自己的利益,坚决与压迫人民的外来侵略和国内反动派的一切阴谋进行斗争,时刻与群众保持血肉关系,真正成为人民的军队。我们要向人民军队学习他们能征善战和得到人民群众真心信任和拥护的'秘诀'。为了得到自由和彻底解放,全军上下及进步人士要团结一道帮政爱民,坚决粉碎损害人民利益的国内外敌对势力"。1946年12月24日刊登《男女老幼慰问前线官兵》的社论,提出慰问前线官兵是一项非常重要的工作。"人民子弟兵是为保卫内蒙古安宁,为各族人民得到解放和自由的英勇战斗者,所以我们不分男女老幼,不分民族和职业,要千方百计支援前线捐款捐物"。

为总结1946年内蒙古自治运动的经验,坚定完成1947年光荣任务的信心和勇气,《群众报》在题为《伟大的一年》的社论中说:"四月三日承德会议,使东西蒙古的自治运动统一于内蒙古自治运动联合会的领导之下,这就使分裂三百余年的内蒙古得到统一。""一九四六年民族斗争的经验教训是非常宝贵的。我们从这些经验中获得了新的信心和勇气,要为完成一九四七年内蒙古自治运动新阶段的伟大任务而奋斗。"通过此社论,如实总结了内蒙古自治运动取得的显著成绩,安排部署了以后一段时间的奋斗目标。还有题为《内蒙古的解放道路》的长篇报告,分5期翻译刊发在《群众报》头版上。此报告是内蒙古自治运动联合会东蒙总分会主任哈丰阿,在东北军政大学向教职员工作的《关于内蒙古形势的报告》全文。"报告详尽地讲述了内蒙古艰难困苦、曲折险峻的民族解放道路,并号召致力于内蒙古民族解放的同胞们要高举内蒙古自治运动、民族平等、民族自由的旗帜,努力学习革命的理论和方法,克服狭隘的民族观念,做革命的先锋,才能取得中国的解放,蒙古民族的解放"。[1]

第三,《群众报》创刊时全国解放战争刚刚开始,因此会及时刊登人们所关心的解放战争有关的战局新闻。比如《十月份蒋介石损兵八万七千》《蒋军两个月被歼二十六个师》《东北民主联军歼灭蒋军伪匪十四万余》等等。《群众报》还转发了《解放日报》社论《战局开始变动》和中共领导人有关战局的报告和讲话。如《周恩来将军发表谈话——揭露"蒋记"国大阴谋》《兴安省主席谈话——要彻底粉碎蒋军的进攻》等。这些新闻和社论极大地鼓舞了内蒙古各族人民战胜蒋介石反动派的信心,鼓励了他们积极参军作战、全力支援前线,为赢得解放战争的最后胜利而团结奋斗的勇气。更是"武装干部和群众的思想,使广大群众认清战争的性质,增强必胜信心的战斗檄文"。[2]《抗议蒋介石轰炸延安》一文,严厉谴责蒋介石撕毁双十协定,进攻解放区的骇人事件。文章指出,轰炸延安是破坏和平,发起内战的可耻的举动,呼吁全国各界抗议蒋介石轰炸延安,并指责美帝国主义干涉中国内政的阴谋。

第四,《群众报》报道汉蒙人民支前参战的消息和内蒙古人民自卫军与国民党军及当地土匪作战的消息。例如,特古斯的战地通讯《哈拉乌素庙之战》生动地描写了内蒙古自卫军粉碎占据通辽的国民党军的战斗场景。《噶拉藏活佛号召喇嘛为民族解放而奋斗》的报道详细记述了原卓素图盟土默特左旗八大王庙活佛噶拉藏因不堪忍受国民党歧视蒙古族的苛政,毅然参

---

[1] 白润生.蒙古文《群众报》与蒙古语文的发展[J].中央民族学院学报,1991(03).
[2] 采自内蒙古日报社高级编辑、《蒙古学百科全书》新闻出版卷常务副主编、新闻传播史研究专家巴干先生访谈录。

加库伦旗民主政府，发动喇嘛参加自卫军，亲自随军打游击战，打击国民党军的故事。此外，还记述了王爷庙附近葛根庙的僧人为感谢内蒙古自卫军尊重宗教信仰、保护寺庙和正当的宗教法事活动而发表声明，并为人民军队打胜仗而念经祈祷，喇嘛们自愿捐献100张羊皮，给军队做防寒冬装等有关新闻的报道。

（四）《群众报》的办报人员和印刷设备

1.《群众报》的办报人员

党组织在关心和指导内蒙古进步报刊的实践中，既积累了领导创办革命报刊的经验，又培养出一批创办革命报刊的骨干力量。包彦、特古斯、洛布桑等早期报刊活动家就是在那时陆续加入中国共产党，接受革命斗争锻炼的。《群众报》成立时，根据中共东蒙工委提议，内蒙古自治运动联合会任命了社长和副社长，社长为包彦，副社长特古斯兼任总编辑。

包彦，蒙古族，吉林省人，是延安派来内蒙古工作的共产党员。承德"四三会议"上当选为内蒙古自治运动联合会执委会委员，联合会东蒙总分会成立时兼任宣传部部长，他是《群众报》的总把关人。

特古斯，全名特古斯朝克图，内蒙古哲里木盟（今通辽市）科左中旗人，曾就读于原王爷庙兴安学院、新京（长春）建国大学。抗日战争胜利后，他在王爷庙参加了创建革命青年组织的活动，后出任内蒙古人民革命青年团执行委员、副秘书长（副书记）。1946年12月，负责创办内蒙古人民革命青年团总部机关报——《黎明》报。承德"四三会议"之后，出任东蒙总分会执委会委员，同年加入中国共产党。1946年5月《黎明》报更名为《群众报》时任总编辑；同年7月，内蒙古自治运动联合会东蒙总分会机关报创刊时被任命为副社长兼总编辑。1947年1月，《群众报》更名为《内蒙古自治报》时，他仍任副社长兼总编辑；同年7月，《内蒙古自治报》和《内蒙古周报》合并后调离报社。

"特古斯是内蒙古自治运动蒙古文报刊宣传活动的开拓者之一。他在《群众报》《内蒙古自治报》任职期间,肩挑重担,亲自撰写很多社论、评论,并深入基层和前线采写了很多具有时代特点的标志性新闻和通讯。《哈拉乌素庙之战》就是他的代表性战地通讯。他手把手地培养了许多蒙古文报专业人才和业务骨干,为《内蒙古日报》的创刊打下了坚实基础。"[1]

洛布桑,蒙古族,内蒙古哲里木盟(今通辽市)科左后旗人。著名报人、翻译家。曾就读于王爷庙育成学院,1946年春出任东蒙古人民自治政府宣传部干事,同年7月加入中国共产党。他参与创办内蒙古自治运动联合会东蒙总分会机关报《群众报》和《内蒙古自治报》,具体负责蒙古文报编务。1948年1月1日,《内蒙古日报》创刊后,他出任蒙古文编辑部主任,1955年被任命为《内蒙古日报》副总编辑,全面负责蒙古文报办报业务,1959年调离内蒙古日报社。"洛布桑从《群众报》到《内蒙古日报》负责编辑一系列蒙古文党报,为蒙古文报的业务建设和队伍建设作出了巨大贡献。在他负责期间,《内蒙古日报》实现了从翻译本位到采编本位的转变,成了一张成熟的蒙古文报纸,积累了丰富的办报经验。"[2]

与特古斯、洛布桑一同参加《群众报》办报工作的采编译人员还有珠荣嘎、那森布和、宝音德力格尔、林以行(汉文编辑)以及都固尔苏荣、胡·赛音朝克图、道布臣、齐日迈图(蒙古文编辑)等。

2.《群众报》的印刷设备

"报社工厂的设备大部分是原来东蒙新报社的,还有蒙古文版《群众报》的印刷技术和设备就是伪满时期《青旗》报社的"。[3]日本投降后,苏

---

[1] 采自内蒙古日报社高级编辑、《蒙古学百科全书》新闻出版卷常务副主编、新闻传播史研究专家巴干先生访谈录。
[2]《内蒙古日报五十年》编委会.内蒙古日报五十年[M].呼和浩特:内蒙古人民出版社,1998.
[3]《内蒙古日报五十年》编委会.内蒙古日报五十年[M].呼和浩特:内蒙古人民出版社,1998.

联红军驻长春部队接收了原《青旗》报社完整的印刷设备。苏联红军撤走时把它交给了东北民主联军。当时在王爷庙没有蒙古文铅印技术和设备，此前出版发行的东蒙古人民自治政府的《人民之路》、内蒙古人民革命青年团的《黎明》报和《群众报》等均为油印报纸。为了解决《群众报》的铅印技术问题，"经内蒙古自治运动联合会东蒙总分会执行委员阿思根将军的联系和安排，东北民主联军叶季壮将军将那些原《青旗》报社的蒙古文印刷设备派专车送到了王爷庙，交给了新成立的《群众报》社"。[1]随印刷设备而来的还有蒙古文印刷技术工人赛音乌力吉、金瑞堂和一名叫远藤信夫的日本技术工人，为保障收录新华社播发时事新闻的准确性和时效性，中共西满分局还特意拨给报社一台手摇发报机和一名报务员。

三、结语

总之，解放战争时期的内蒙古自治运动是中国共产党领导的全国革命的重要组成部分，解放战争时期创办的蒙古文革命报刊始终遵照中共中央"全党办报、群众办报"方针，包括办报的组织领导、宣传报道、编辑方针等每一个关键环节，始终贯穿各族人民同呼吸、共命运、心连心的中华民族共同体意识，形成了各民族人心归聚、精神相依的强大力量。《群众报》通过新闻舆论这个强大的思想武器，牢固树立各民族休戚与共、荣辱与共、生死与共、命运与共的共同体理念，为建设和巩固中华民族共有精神家园，促进中华民族命运共同体巩固作出了应有贡献。

[1]采自内蒙古日报社高级编辑、《蒙古学百科全书》新闻出版卷常务副主编、新闻传播史研究专家巴干先生访谈录。

作者：长河，内蒙古日报社全媒体发布中心副主任，副高级职称（主任记者）

本文为2022年度内蒙古自治区社会科学院铸牢中华民族共同体意识研究基地课题成果

/ 内蒙古自治区社会科学院铸牢中华民族共同体意识研究基地成果集 /

兴安盟中小学校铸牢中华民族共同体意识教育实践研究

孟荣涛

青少年是祖国的未来、民族的希望，也是我们党的未来和希望。青少年时期是一个人价值观形成的重要阶段，更是精神思想极具可塑性的关键时期。因此，要更加重视青少年思想道德教育，加深青少年对"中华文化多元一体""中华民族共同体"的认识，深植"民族团结一家亲，同心共筑中国梦""爱我中华"的情感。全面抓好青少年德育工作，是一项关乎民族伟业、关乎长远未来的头等大事。

一、紧扣铸牢中华民族共同体意识这条主线，将其贯穿于学校教育教学全过程

为进一步铸牢中华民族共同体意识工作，实现铸牢中华民族共同体意识教育科学化、制度化、常态化发展，2019年10月23日，国务院印发《关于全面深入持久开展民族团结进步创建工作，铸牢中华民族共同体意识的意见》，强调"健全民族团结进步教育常态化机制，把民族团结教育纳入国民教育、干部教育、社会教育全过程，构建课堂教学、社会实践、主题教育多

位一体的教育平台"。[1]

内蒙古自治区为进一步牢牢把握铸牢中华民族共同体意识这条主线，2020年2月21日，自治区党委办公厅、政府办公厅印发《关于全面深入持久开展民族团结进步创建工作铸牢中华民族共同体意识的意见》，要求全区各盟市各部门要深刻认识民族团结进步创建工作、铸牢中华民族共同体意识的重大意义，要深入开展民族团结进步创建工作、铸牢中华民族共同体意识，强调这是深入贯彻习近平总书记关于民族工作重要论述的必然要求，是深入贯彻习近平总书记对内蒙古工作重要讲话批示指示精神的必然要求，是建设新时代"模范自治区"的必然要求。

内蒙古自治区党委、政府严格督导各盟市教育部门，要按照增进共同性的方向和立德树人的根本要求，进一步集聚强大合力，坚定不移地将全面推广国家通用语言文字和推行国家统编教材工作落实到位，把铸牢中华民族共同体意识贯穿于所有课程教学中，促进民族团结和教育教学质量水平同步提升。

为全面贯彻落实铸牢中华民族共同体意识工作，兴安盟制定《全面深入持久开展民族团结进步教育工作铸牢中华民族共同体意识的实施方案》《兴安盟教育局"铸牢中华民族共同体意识"工作管理办法（试行）》等，将铸牢中华民族共同体意识列为重点工作，力求将其贯穿于学校教育教学全过程，实行与教育教学工作同部署、同检查、同考核机制。同时，全盟各级各类学校持续注重加强个人品德、家庭美德教育，建立健全充分发挥道德模范积极作用的体制机制，突出社会主义核心价值观，坚持弘扬中华传统美德、开展文明礼仪教育。要求将铸牢中华民族共同体意识贯穿到学校教育、家庭教育、社会教育全过程，形成长效教育引领机制，健全政府、社会、学

---

[1]中办国办印发.关于全面深入持久开展民族团结进步创建工作铸牢中华民族共同体意识的意见[N].光明日报，2019-10-24.

校、家庭一体化育人体系，全面提升社会精神风貌。

二、兴安盟中小学校铸牢中华民族共同体意识教育实践现状

兴安盟各级各类学校共630所，其中，幼儿园415所、小学121所、初中60所、特殊教育学校5所、普通高中18所、中等职业学校9所、高等教育学校2所，在校生约22万人，教职工2.6万人，专职教师2.1万人。全盟义务教育阶段68所原民族语言授课学校1—8年级、2.72万名学生已全部推行使用三科统编教材，其中22所学校同时推行音乐、体育、美术、英语、信息技术、劳动教育等其他学科使用国通语授课；50余所原民族语言授课幼儿园、7000余名学前儿童全部使用国家通用语言文字进行保育教育。全盟有33所中小学民汉合校，2022年秋季开学新增16所民汉合校。

（一）师生共同学习，进一步铸牢中华民族共同体意识

兴安盟制定《关于在全盟大中小学（幼儿园）全面深入持久开展铸牢中华民族共同体意识教育工作方案（2021—2025年）》，已举办覆盖全体教员的铸牢中华民族共同体意识培训班19期，开展教育实践活动3800余场次，将铸牢中华民族共同体意识主题教育作为师资培训的必修课程。开通"兴安教育思政云课堂"，已推出专题栏目100余期、受众达35万余人次。主要做法包括：成立思政课教育教学指导委员会，建立思政课教师集体备课机制，组织大中小学党委（组织）书记校长带头讲授思政课，遴选展播精品课，切实将铸牢中华民族共同体意识教育融入到教育教学全过程。始终坚持"从娃娃抓起"要求，有效推动民族团结进步教育，构建课堂教学、主题教育、社会实践多位一体的教育平台，把铸牢中华民族共同体意识教育融入师生学习全过程。发挥课堂主渠道作用，推进爱国主义教育、民族团结进步教育、社会主义核心价值观教育进课堂、进师生头脑。

（二）完善工作机制，搭建互动平台

盟委成立推行使用国家统编教材工作指挥部，全面落实盟旗乡三级包联制度，建立重大舆情引导工作机制，盟委行署主要领导靠前指挥，各部门分工负责，有效保障正常教学秩序和教学质量。制定《教育系统推广普及国家通用语言文字助教助学工作方案》，全面开展"石榴籽同心筑梦"系列活动，原民族语言授课学校和优质普通学校结对共建，建立点对点、手拉手的良好关系，推动各民族师生共同用好学好国家通用语言文字。

（三）优化师资力量，提升教学质量

持续做好教师补充、调剂和培训工作，补充三科专任教师并举办覆盖全员的统编三科教师业务培训班，累计培训三科教师2200余人次；组织普通话专题培训班9期，累计培训原民族语言授课教师9200余人次。为盟教师发展中心增加三科教员编制17名，新建三科名师工作坊33个，将原民族语言授课学校三科教师均纳入名师工作坊，开展共同备课、说课、示范讲课等教学活动，帮助三科教师用好国家统编教材，进一步提升教学质量。

（四）注重校园文化建设，润物细无声

注重校园文化环境建设，推进整改工作，成立校园文化建设工作领导小组，召开全盟校园文化建设现场交流会，投入专项资金，用于原民族语言授课中小学校的校园文化建设。加强学校图书管理，采购各类图书，丰富师生精神文化生活。常态化举办经典诵读、书画展示、讲故事大赛等，引导师生亲近中华优秀文化、增强文化自信，树立正确的中华民族历史观。结合民族团结进步活动月、活动周等，开展"系列主题活动，以开主题班会、团队活动形式、党史学习教育，利用宣传栏、手抄报、校园广播、走廊文化、专题讲座等方式，宣传民族团结政策及中央民族工作会议精神，在校园营造良好的民族团结氛围。

三、兴安盟中小学校铸牢中华民族共同体意识教育主要做法及成效

中小学时期是青少年世界观、人生观、价值观形成的关键时期，是铸牢中华民族共同体意识的最佳时机。为培养好未来的社会主义建设者和接班人，兴安盟教育部门全力抓好这一拔节孕穗期，教育引导各族青少年扣好人生第一粒扣子，牢固树立正确的思想认识，结合盟情实际，依托当地资源，有效推进铸牢中华民族共同体意识教育实践活动。

（一）以马克思主义为指导，抓好课堂主渠道

习近平总书记多次强调"青少年是祖国的未来、民族的希望"。他指出，"在大中小学循序渐进、螺旋上升地开设思想政治理论课非常必要，是培养一代又一代社会主义建设者和接班人的重要保障"。学校的中心工作始终是教书育人，课堂教学是实施教学任务的主渠道。兴安盟中小学校坚持以马克思主义科学理论为指导，运用习近平新时代中国特色社会主义思想的世界观、方法论，全面贯彻落实习近平总书记关于统筹推进大中小学思政课一体化建设指示精神，以培养社会主义建设者和接班人为根本目标，把思政课作为落实立德树人根本任务和传播主流意识形态的主渠道，将铸牢中华民族共同体意识教育贯穿育人全过程，民族团结进步创建工作与教育教学有效融合，引导学生理解并践行社会主义核心价值观，指引他们选择和确立崇高理想信念，力求以全面深入的常态化工作，达到启迪浸润思想、引导行动自觉的教学效果。

（二）开展主题教育活动，深化宣传教育

2021年1月以来，兴安盟举办铸牢中华民族共同体意识培训班培训教职工2万余人次，实现教职工全员覆盖，成立550余人的教育系统网评员和宣传

员队伍[1]，聚焦中央和自治区民族理论政策及推行使用国家统编教材，全面加强国家通用语言文字教育决策进行主题宣传解读，提升教师队伍的政治素养，加强对统编三科教师的培训学习，提高学生和家长的思想觉悟。科右前旗第五中学组织教师学习《国务院关于深化改革加快发展民族教育的决定》《学校民族团结教育指导纲要（试行）》，学习贯彻中央民族工作会议精神、党的二十大精神等，举办党和国家民族政策专题讲座，促使广大教职工进一步全面正确理解党的民族政策，增强"立德树人，为党育人，为国育才"的责任感、使命感。

各级各类学校广泛开展民族团结进步教育"七个一"和"小小石榴籽民族一家亲"等主题展演比赛活动，把铸牢中华民族共同体意识往实里抓、往细里做，确保有形有感有效。围绕重要时间节点开展主题班团队会、读书、诵读、绘画、歌舞等各类活动，广大师生积极参与活动，"三个离不开""五个认同"思想深深扎根各族学生心中。同时，注重发挥新媒体优势，利用假期开设线上读书班等活动，推出铸牢中华民族共同体意识等主题内容，在全盟师生及家长中形成教育引导力、影响力，进一步铸牢中华民族共同体意识。

（三）依托本地红色文化，夯实思想根基

兴安盟是党的领导下我国民族区域自治制度的发源地，红色文化底蕴深厚、民族团结传统悠久，代代兴安儿女谱写着数不胜数的生动故事和感人事迹。全盟现有50余处红色遗址遗迹，蕴含丰厚宝贵的红色文化资源，成为传承红色基因、弘扬革命传统的最佳载体。兴安盟教育局充分发挥这一优势，组织中小学生以"金话筒讲解员"身份，在休息日走进五一会址、乌兰夫办公旧址、民族解放纪念馆等爱国主义教育基地，围绕"五个认同""四个与

---

[1] 内蒙古自治区民族事务委员会网站
http://mw.nmg.gov.cn/zt/gclszymzgzhyjs/gzdt/202203/t20220309_2014652.html

共""三个离不开",为广大参观者义务讲解兴安盟的丰厚红色文化和优良革命传统。各学校每学期都组织师生家长走进红色教育基地参观研学,家校联合鼓励学生深入学习红色历史文化。学校"小小乌兰牧骑表演队"为社区群众和敬老院老人表演节目,学生进社区开展民族团结进步教育宣讲活动,在讲解、表演、宣讲活动中,不断增强爱党爱国爱家乡情感、巩固拓展民族团结知识、坚定为中华之崛起而读书的理想信念,夯实铸牢中华民族共同体意识的思想根基,为培育堪当民族复兴大任的时代新人打好坚实基础。

(四)家校共育,推动创建融入教书育人全过程

成立于1932年的乌兰浩特蒙古族小学,全面推行国家统编教材和国家通用语言文字,多措并举为师生学好用好国家统编教材和国家通用语言文字奠定基础,成为自治区第一批民族语言授课学校推行使用统编教材、完全使用通用语言文字授课的示范学校。该小学是由各民族组成的大家庭,学校始终坚持以优势促进步,全面抓好民族团结进步创建工作,开展中华优秀传统文化进校园主题活动,构筑中华民族共有精神家园,引导和带动各民族师生家长亲近中华文化、树立文化自信、增强文化认同。2021年,该小学被评为自治区第一批中小学开展铸牢中华民族共同体意识主题教育实践活动试点学校,2020年荣获全国文明校园等20多项国家级荣誉,2017年被评为全国中小学中华优秀文化艺术传承基地学校和特色学校,2016年被评为全国民族团结进步创建示范单位。全盟中小学校聚合学校、家庭、社会的联动作用,引领广大师生家长团结友爱、携手前行。

(五)结合学生认知特点,科学规划教育教学内容

学校全力保障思政课的教学质量,同时注重其他科目的教学中浸润爱国主义教育和民族团结进步教育,落实好习近平总书记强调的"其他各门课都要守好一段渠、种好责任田,使各类课程与思想政治理论课同向同行,形成协同效应"。

科右前旗第五中学以民族团结进步创建工作为抓手,将其列入学校发展规划,成立民族团结进步创建工作领导小组,全面做好铸牢中华民族共同体意识工作。各学科教研组根据学科特点,经多次专题研讨将中华民族共同体思想、民族团结教育相关知识融入教学课程中。科学依据学生的认知水平、兴趣爱好、年龄特点,来设计教学内容、完善教学方法、安排教学进度,以更具亲和力和吸引学生的方式方法代替说教灌输模式,提高知识趣味性和课堂活跃度。充分利用校园文化、主题班会、体验实践、读书会、情景剧等,开展学习教育活动,吸引每一个学生积极主动参与。

四、中小学校铸牢中华民族共同体意识教育实践亟待解决的问题

兴安盟各中小学校都在全面推进铸牢中华民族共同体意识教育实践活动,构建了校党委领导下各教研部门共同组成的工作机制,指导全校开展铸牢中华民族共同体意识教育工作。具体推进工作中,各学校普遍存在如下薄弱之处。

(一)中小学校铸牢中华民族共同体意识教育工作机制有待完善

兴安盟中小学校铸牢中华民族共同体意识教育工作机制不健全,缺乏有效落地的评估机制与保障机制,中小学校铸牢中华民族共同体意识教育评估指标和督导内容不具体不细致,铸牢中华民族共同体意识教育物质保障和人才支撑不充足。

(二)中小学校铸牢中华民族共同体意识教育课程体系有待优化

当前,各学段关于铸牢中华民族共同体意识知识点的交叉性内容较多,产生过多重复性教学,各学段教学内容衔接不到位。这不仅不利于教师对各学段课程目标的清晰认识,也增加了中小学生的学习压力,影响对重点内容的深刻把握。因此,急需进一步完善铸牢中华民族共同体意识教育课程体

系，推动课程体系从"有"向"优"转变。

（三）中小学校铸牢中华民族共同体意识教育实践内容亟待丰富

全区范围内的大中小学思政课一体化共同体建设单位共有10家，兴安盟教育局位列其中，兴安盟抓住有利时机，以思政课一体化建设工作，全面推动兴安盟中小学校铸牢中华民族共同体意识教育实践活动。但由于一体化建设处于初期发展阶段，存在个别课程教学资源不够全面、教育实践内容不够丰富等情况。

（四）中小学校铸牢中华民族共同体意识教育实践活动有待深化

课堂教学一直是中小学校铸牢中华民族共同体意识教育实践的主要形式，各校常态化开展面向学生的主题演讲比赛、征文比赛、诗歌朗诵等，有利于激发爱国情、凝聚强国志、指引报国行。但面向教师、面向师生家长共同开展的活动较少，对当地和区内外红色教育资源的把握和利用不够全面和充分。

五、对中小学校铸牢中华民族共同体意识教育实践的建议

（一）健全中小学校铸牢中华民族共同体意识教育工作机制

需进一步完善中小学校铸牢中华民族共同体意识教育领导工作机制，从各校实际出发健全完善机制体系。邀请区内外该领域专家、集合教研室骨干力量，进一步明确、细化铸牢中华民族共同体意识教育评估指标和督导内容；激发名师合力，打磨各学段标杆优质课，指引教学活动；结合学校发展实际，争取自治区基础教育专项资金，强化铸牢中华民族共同体意识教育财政支持和人才支撑，智力物力两手抓，以有效工作机制保障教育效果。

（二）完善中小学校铸牢中华民族共同体意识教育课程体系

要加强顶层设计和统筹规划，进一步完善各学段中小学校铸牢中华民族

共同体意识教育课程体系。厘清铸牢中华民族共同体意识和民族团结进步教育的辩证关系，突显中华民族共同体的整体性、完整性和一体性。以明确针对性落实好各阶段的教学任务，小学阶段形成中华民族共同体意识和热爱中华民族的情感基础，初中阶段以社会主义核心价值观为引领追求崇高理想，高中阶段加强马克思主义"五观"教育和增强五个认同，有效衔接好各阶段的教学内容。

（三）丰富中小学校铸牢中华民族共同体意识教育实践内容

2023年3月，由内蒙古自治区铸牢中华民族共同体意识教学指导委员会专家、全区思政课名师、中小学校长及幼儿园园长代表等指导创作的视频《石榴籽育人小课堂》，正式面向全区中小学、幼儿园展播，视频分众化、多元化的展现方式深受学生喜爱。笔者认为，各学校应动员师生发掘当地民族团结进步、弘扬社会主义核心价值观的典型代表，参照《石榴籽育人小课堂》模式，录制学生访谈模范典型的视频等，让学生讲述平凡又伟大的身边人身边事，不断更新和丰富铸牢中华民族共同体意识教育实践内容，形成学校、家庭、社会的强大合力，扩大宣传教育的覆盖面和影响力。

（四）拓宽中小学校铸牢中华民族共同体意识教育实践渠道

铸牢中小学校铸牢中华民族共同体意识，是面向全体师生的学习教育，注重面向学生进行教育教学的同时，也要加强对教师的马克思主义民族理论和党的创新理论的学习。同时，根据实际教育学习需要，将铸牢中华民族共同体意识教育实践与爱国主义教育紧密结合起来，把当地和区内外捍卫国家和人民利益、无私奉献的各民族优秀代表请进校园，让全校师生和家长共同聆听英雄模范的光荣事迹，感受爱党爱国的炽热情感，在现场学习中延展更丰富的教育内容，拓宽更有效的实践渠道。

作者：孟荣涛，内蒙古自治区社会科学院铸牢中华民族共同体意识研究院副研究员

本文为2022年度内蒙古自治区社会科学院铸牢中华民族共同体意识研究基地课题成果

第四编

铸牢中华民族共同体意识内涵研究

立足于中华民族多元一体的"共同"理念推进铸牢中华民族共同体意识的实践

王海荣

中华民族的发展史是"多元一体"的发展历史。长期以来，我国各族人民同呼吸、共命运、心连心，在多元一体的格局下汇聚成了休戚与共、荣辱与共、生死与共、命运与共的中华民族共同体。中华文化是中华民族繁衍生息的根基，各民族优秀传统文化都是中华文化的组成部分，中华文化是主干，各民族文化是枝叶，根深干壮才能枝繁叶茂。坚持"多元一体"的中华民族格局和中华文化指向，是新时代增进民族团结、加强民族交往交流交融的历史选择，也是弘扬中华优秀传统文化，增强中华民族凝聚力和向心力，铸牢中华民族共同意识的时代要求。

"多元一体"既强调中华民族是一个整体，也指出中华文化是一个整体，这是中华民族在历史发展中的共识。多元是指增进共同性、尊重和包容差异性，是指各民族文化既具有中华文化的共性，同时也具有本民族的特性，多元一体是坚持中华文化共性和个性的有机统一。这些论述既是对中华民族既有结构的科学概括，也为如何铸牢中华民族共同体意识指明了方向。

一、中华民族多元一体理论的提出

（一）学界对中国民族关系的论述和提炼

我国民族史学大家对中国各民族之间关系的研究和提炼，对此后认识、理解费孝通先生的中华民族多元一体格局有积极意义。例如有关民族、民族关系方面，我国著名的历史学家、教育家、社会活动家白寿彝先生曾指出："是许多民族之间共同创造了我们的历史，各民族共同努力，不断地把中国"历史推向前进"[1]。著名史学家、教育家翁独健先生认为：中国民族间的关系，从本质上看，是在长期的历史进程中，经过政治、经济、文化诸方面愈来愈密切的接触，形成一股强大的内聚力，尽管历史上各民族间有友好交往，也有兵戎相见，历史上也曾不断出现过统一或分裂的局面，但各族间还是互相吸收、互相依存、逐步接近，共同缔造和发展了统一的多民族伟大祖国，促进了中国的发展"[2]。这些民族史学大家对民族关系的论述，对认识和理解中华民族多元一体格局，有积极的引导和铺垫意义。

（二）中华民族多元一体理论的正式提出

1988年，我国著名的社会学家、人类学家、民族学家费孝通先生在香港中文大学"泰纳讲演"（TannerLecture）会上，发表了著名演讲，系统阐述了中华民族多元一体格局理论，后整理成《中华民族的多元一体格局》[3]一文。这篇论文论述了中华民族多元一体格局的形成过程，认为它的主流是由许许多多分散存在的民族单位，经过接触、混杂、联结和融合，同时也有分裂和消亡，形成"我中有你、你中有我"，而又具个性的多元统一体。

---

[1] 翁独健. 中国民族关系史研究[M]. 北京：中国社会科学出版社，1984：9.
[2] 翁独健. 中国民族关系史研究[M]. 北京：中国社会科学出版社，1984：24.
[3] 费孝通. 中华民族多元一体格局：修订本[M]. 北京：中央民族大学出版社，1999.

文中，费孝通先生对中华民族的历史发展脉络用了大量历史文献资料和调查资料，做了多角度的梳理和广博的考证。比如以丰富的考古资料分析了多元的起源，新石器文化的多元交融，地区性的多元统一和中原地区民族大混杂、大融合，汉族与北方民族、南方民族、西北民族的交融等，为这一理论提供了坚实的历史基础，准确地反映出中国历史上的民族关系。费孝通先生对中华民族的形成及其结构特点，做了高层次的理论概括，在学术界、理论界引起了广泛影响。1989年，费孝通先生主编的《中华民族多元一体格局》由中央民族学院出版社出版，其中首篇即为经过整理、修订的费先生的论文《中华民族多元一体格局》。

学界认为，1988年费孝通先生提出"中华民族多元一体格局"这一重要理论，对中华民族的含义与起源、结构与层次、历史上的民族交往与民族关系进行了纲要性阐释，开辟了关于中华民族结构的学术新体系，对于今后的民族问题的研究，具有重要的参考和指导意义。

（三）中华民族多元一体成为党和国家阐述民族问题的正式用语

费孝通先生"中华民族多元一体格局"这一重要理论，成为当代阐述中国历史和现实民族状况、民族关系、民族格局等领域科学、简明、通用的概念，不仅在学术界，也在社会层面被广泛应用，甚至成为党和国家阐述民族问题的正式用语。

在2005年召开的中央民族工作会议暨国务院第四次全国民族团结进步表彰大会上，胡锦涛同志的讲话中提到："在漫长的历史进程中，我国各族人民密切交往、相互依存、休戚与共，形成了中华民族多元一体的格局，共同推动了国家发展和社会进步。"

在2009年国务院第五次全国民族团结进步表彰大会上，胡锦涛同志再次提到："在长期发展进程中，我国各民族密切交往、相互依存，形成了中华民族多元一体的格局。"在中央民族工作会议上，提到中华民族多元一体格局，可见中华民族多元一体格局在现实的政治生活、社会生活中起到的重要作用。

（四）中华民族多元一体理论的深刻阐释及理论升华

在2014年中央民族工作会议暨国务院第六次全国民族团结进步表彰大上，习近平总书记强调指出："多民族是我国的一大特色，也是我国发展的一大有利因素。各民族共同开发了祖国的锦绣河山、广袤疆域，共同创造了悠久的中国历史、灿烂的中华文化。我国历史演进的这个特点，造就了我国各民族在分布上的交错杂居、文化上的兼收并蓄、经济上的相互依存、情感上的相互亲近，形成了你中有我、我中有你，谁也离不开谁的多元一体格局。中华民族和各民族的关系，是一个大家庭和家庭成员的关系，各民族的关系，是一个大家庭里不同成员的关系。"

在2019年召开的全国民族团结进步表彰大会上，习近平总书记再次强调指出："我们伟大的祖国，幅员辽阔，文明悠久。一部中国史，就是一部各民族交融汇聚成多元一体中华民族的历史，就是各民族共同缔造、发展、巩固统一的伟大祖国的历史。我们辽阔的疆域是各民族共同开拓的，我们悠久的历史是各民族共同书写的，我们灿烂的文化是各民族共同创造的，我们伟大的精神是各民族共同培育的。中华民族多元一体是先人们留给我们的丰厚遗产，也是我国发展的巨大优势。"

总书记强调指出"多元一体"一直以来就是中华民族的显著特征，用四个"共同"作出了深刻阐述，并用"各民族像石榴籽一样紧紧拥抱在一起"，十分形象地比喻了"多元一体"理论。习近平总书记的这些论述生动说明，在漫长历史中，伟大祖国的每一段辉煌成就都凝结着各族人民的智慧和汗水，各族人民对同属中华民族的由衷认同又成为推动伟大祖国发展进步的强大动力，这也是他将中华民族多元一体称为"特色""丰厚遗产"和"巨大优势"的深刻原因。

正确认识多元与一体的关系，是坚定对伟大祖国、中华民族、中华文化、中国共产党、中国特色社会主义的高度认同，是巩固和发展社会主义民族关系、铸牢中华民族共同体意识的前提和基础。

二、中华民族共同体意识与中华民族多元一体的聚焦点——共同

（一）中华民族共同体意识的"共同"理念

习近平总书记在2021年召开的中央民族工作会议上强调，"铸牢中华民族共同体意识是新时代党的民族工作的'纲'，所有工作要向此聚焦"。铸牢中华民族共同体意识，是习近平总书记统筹国内外两个大局，把握现代民族发展规律，提出的重大原创性论断。

"中华民族共同体意识"，自2014年在第二次中央新疆工作座谈会上，首次作为处理民族工作的基本要求提出以来，经历了从"牢固树立"到"积极培养"再到"铸牢"的演进过程。党的十九大将"铸牢中华民族共同体意识"写入了党章，指明了新时代中国特色解决民族问题正确道路承前启后、开拓前行的主线和方向。

"共同"是中国共产党的中华民族观、民族理论和民族工作实践的核心概念。"共同"是中华民族共同体意识研究中最为基础的问题，只有阐述清楚这些基础问题，才能更好地理论指导实践，探寻铸牢中华民族共同体意识的建设路径。

各民族的"共同"，是巩固平等团结互助和谐的社会主义民族关系的基本内涵，也是民族团结进步事业的基本立足点。习近平总书记指出："实现中华民族伟大复兴的中国梦，就要以铸牢中华民族共同体意识为主线，把民族团结进步事业作为基础性事业抓紧抓好。"这一方面指出了新时代民族团结进步事业的"主线和方向"，另一方面强调了民族团结进步事业，需要全

国各民族人民同心同德、同心同向地努力,也就是"一个民族也不能少"。

中华民族共同体意识的"共同"是在几千年的朝代更迭进程中、是在中华各民族共同的革命斗争中、是在社会主义建设的共同奋斗中逐渐孕育而成的,是共同的利益和命运把各民族凝聚在了一起。

从秦汉到隋唐,再到元明清,在朝代更替的过程中,"大一统""一统天下"逐渐演变为历代王朝的最高追求。每一次的新统一都会通过制定一些相关制度来实现政治、经济、社会、文字、交通等各方面的统一。例如,秦朝通过郡县制,实现了政治上的大一统;通过统一度量衡,实现了经济大一统;通过编户齐民,实现了社会大一统;通过车同轨,实现了交通大一统;通过书同文,实现了文字大一统。中华各族也通过迁徙、互通贸易、婚姻嫁娶,或以战争等形式,在交往交流交融的广度、深度上不断加深,越来越"你中有我、我中有你",最终形成中华民族实体,这些是形成中华民族共同体意识的深厚基础。

再如,从1840年的鸦片战争到辛亥革命、五四运动,再到中华民族全民抗战的抗日战争,中华各民族共同抵御外敌,为中华民族的独立解放作出了重要贡献和巨大牺牲,共同的经历也使各民族形成了同甘共苦、生死相依的共同体意识。一次次的舍生忘死的斗争,也让中华各民族深刻体会到了中华民族是一个一荣俱荣、一损俱损的命运共同体,是一个有着共同命运的民族整体,是一个休戚与共、荣辱与共、生死与共、命运与共的共同体。在这个过程当中,中华民族共同体意识得到了淋漓尽致的体现和不断加强。

(二)中华民族多元一体的"共同"理念

2014年,习近平总书记在中央民族工作会议的重要讲话中,对中华民族多元一体给予了深刻阐释,中华民族多元一体的辩证统一,其意义在于"多元"和"一体"的相互依存关系。这种依存关系的内核就是相互离不开的"共同"。就像总书记阐释的那样,"中华民族多元一体格局,一体包含多元,多元组成一体,一体离不开多元,多元也离不开一体,一体是主线和方向,多元是要素和动力,两者辩证统一"。中华民族多元一体所蕴含的"共同",离不开多元的"要素和动力",更离不开一体的"主线和方向"。多元始终是构筑一体的"要素和动力",而一体则是凝聚多元要素、引领多元动力的"主线和方向"。因此,践行"以铸牢中华民族共同体意识为主线"的新时代要求,要聚焦"一体是主线和方向"。习近平总书记对多元一体的解读,为中华民族伟大复兴进程中增进各民族"共同",提供了理论升华和实践指引。

习近平总书记也指出:"中华民族多元一体是先人留给我们的丰厚遗产,也是我国发展的巨大优势。"这种"丰厚遗产"和"巨大优势"的核心理念,就是各民族的"共同"。其中"共"意味着"多元",没有"多"无从谈起"共";"同"体现着一体,是由"多"凝聚为"同"的一体。"共"中有"同","同"中有"共",这是多元一体辩证统一的内涵。所以,"共同"创造的"丰厚遗产"在于历史上各民族共同开拓了祖国的疆域、共同书写了中国的历史、共同创造了中华文化、共同培育了伟大精神。习近平总书记强调指出:"一部中国史,就是一部各民族交融汇聚成多元一体中华民族的历史,就是各民族共同缔造、发展、巩固统一的伟大祖国的历史。各民族之所以团结融合,多元之所以聚为一体,源自各民族文化上的兼收并蓄、经济上的相互依存、情感上的相互亲近,源自中华民族追求团结统一的内生动力。""共同"开创的"巨大优势"在于中国共产党领导各民族人民守望相助、同舟共济,共同团结奋斗、共同繁荣发展的伟大实践。事实证明,中华民族多元一体的历史和现实的"共同"是中国特色解决民族问题正确道路的巨大优势。

如上所述,共同的经历使各民族形成了同甘共苦、生死相依的共同体意识,同样,实现中华民族伟大复兴是各族人民的共同责任,也是各民族的根本利益。实现中华民族伟大复兴的中国梦，是中华各民族的共同理想。新中国成立后，在中国共产党的领导下，中国社会主义建设事业取得巨大成就。特别是改革开放40多年来，发展步伐不断加快，中国现在已经成为世界第二大经济体，从世界舞台的边缘逐渐走向了世界舞台的中央，中华民族伟大复兴进入一个新的阶段。但是，要实现中华民族伟大复兴的伟大梦想，还要面对国际国内各种风险和挑战。共同的理想确定了共同承担的责任，只有各民族始终把中华民族利益放在首位，做到本民族意识要服从和服务于中华民族共同体意识，同时要在实现好中华民族共同体整体利益进程中实现好各民族具体利益，将自己本民族的利益与中华民族的共同利益真正结合起来，各尽其责，维护好中华民族这个为各民族遮风挡雨的共同体载体，各民族才能获得更美好的发展和未来。中华民族共同体是一个由56个民族构成的有机整体，是一个"命运共同体"。

"共同"衍生的概念也有"共有""共享""共筑""共同认同"，从新中国成立后确立的包括民族平等、团结、民族区域自治等在内的体系完备的民族政策到改革开放，再到脱贫攻坚战的伟大胜利等等，这些有力推进了全国各民族在物质生活与精神生活上的实质性改变，这些社会主义建设成果的共有、共享，也让各族人民真真切切地体会到了中国共产党"以人民为中心""一心为民"的初心、使命和决心，促使中华民族共同体意识更加自觉，也使中华民族共同体意识得到了进一步的加强。所以，"共同"指向就是多元一体的美美与共。

立足于中华民族多元一体的"共同"理念，深刻认识共同性对于多民族国家长治久安的意义，正确把握共同性和差异性的关系，增进共同性、尊重和包容差异性，在此基础之上积极推动中华民族共同体建设，是56个民族的共同责任。

三、立足于"共同"的理念，推进铸牢中华民族共同体意识实践

面对复杂的国内外形势，我们要树立正确的国家观、历史观、民族观、文化观、宗教观，以铸牢中华民族共同体意识为主线，立足于中华民族多元一体的"共同"理念，守护好中华民族多元一体这笔丰厚遗产，发挥好中华民族多元一体这一巨大优势，为铸牢中华民族共同体意识、为实现中华民族伟大复兴贡献力量。

坚持中国共产党的领导，铸牢中华民族共同体意识。实践证明，只有中国共产党才能实现中华民族的大团结，只有中国特色社会主义才能凝聚各民族、发展各民族、繁荣各民族。我们要坚持党的领导，不忘初心、牢记使命，坚持走中国特色解决民族问题的正确道路，坚持和完善民族区域自治制度，加强党的民族理论和民族政策学习以及民族团结教育，以铸牢中华民族共同体意识为主线做好各项工作，不断增强各族群众对伟大祖国、中华民族、中华文化、中国共产党、中国特色社会主义的认同。

增强文化认同，铸牢中华民族共同体意识。文化认同是最深层次的认同，是民族团结之根、民族和睦之魂。中华文化是各民族共同创造的，各民族优秀传统文化都是中华文化的组成部分，中华文化是主干，各民族文化是枝叶，根深干壮才能枝繁叶茂。我们既要有各民族的自认同，也要有民族之间的互认同，更要有体现中华各民族共性的共同认同。我们要增进共同性、尊重和包容差异性，共建各民族共有精神家园，使各民族人心归聚、精神相依，形成人心凝聚、团结奋进的强大精神纽带。

深化各民族广泛交往交流交融，铸牢中华民族共同体意识。民族间的和谐发展关系到社会的稳定和国家的繁荣兴盛。各民族间的交往交流交融是加强民族团结、铸牢中华民族共同体意识的关键。各民族只有互相交流、互相

吸收、互相依存才能促进中华民族的共同进步和发展。我们要进一步促进各民族广泛交往交流交融,促进各民族在理想、信念、情感、文化上的团结统一,守望相助、手足情深。

夯实民族团结的物质基础,铸牢中华民族共同体意识。人民对美好生活的追求是加强民族团结,铸牢中华民族共体意识的立足点和根本目标。我们要正确把握物质和精神的关系,要赋予所有改革发展以彰显中华民族共同体意识的意义,以维护统一、反对分裂的意义,以改善民生、凝聚人心的意义,让中华民族共同体牢不可破。发展是党执政兴国的第一要务,是解决我国一切问题的基础和关键。只有推动经济持续健康发展,才能筑牢国家繁荣富强、人民幸福安康、社会和谐稳定的物质基础。要通过发展社会生产力,不断提高人民物质文化生活水平,促进人的全面发展,不断实现好、维护好、发展好最广大人民根本利益,使发展成果更多更公平地惠及全体人民,使中华民族共同体意识得到进一步的加强、进一步的铸牢。

作者:王海荣,内蒙古自治区社会科学院北疆文化研究所所长,研究员

原文发表于《内蒙古日报》(蒙古文版)2021年10月29日06版

以增强"五个认同"为着力点铸牢中华民族共同体意识

孟荣涛

习近平总书记在参加十三届全国人大五次会议内蒙古代表团审议时强调,"民族团结是我国各族人民的生命线,中华民族共同体意识是民族团结之本"。在全面建设社会主义现代化强国的新征程上,我们要认真贯彻习近平总书记重要讲话精神,深刻认识铸牢中华民族共同体意识的丰富内涵和时代意义,以增强"五个认同"为着力点铸牢中华民族共同体意识,推动新时代党的民族工作高质量发展。

一、进一步弘扬爱国主义精神,增强对伟大祖国的认同

一直以来,爱国主义都是中华民族的优良传统,始终贯穿在中华民族生生不息的发展历程中。如今,爱国主义已经成为伟大的时代精神,成为永恒的教育主题,是凝聚中华民族团结力量的精神纽带,是激发自强不息民族精神的力量源泉。

我们党的百年奋斗历史和中国的百年发展巨变,是中华民族奋力开创、世代传承的巨大物质财富和宝贵精神财富。爱国主义是中华民族精神的核

心。爱国主义精神深深根植于中华民族心中，是中华民族的精神基因，维系着华夏大地上各个民族的团结统一，激励着一代又一代中华儿女为祖国发展繁荣而不懈奋斗。我们要进一步弘扬爱国主义精神，彰显时代特色、突出时代主题，深入开展爱国主义教育、集体主义教育、社会主义教育，引导人们树立正确的历史观、民族观、国家观、文化观，不断增强对伟大祖国的认同。

二、树立正确的历史观，增强对中华民族的认同

中华民族历史是由各民族共同缔造、发展、巩固统一的伟大历史，各民族在政治上团结统一、经济上相互依存、文化上兼收并蓄、情感上和谐融洽，形成了唇齿相依的紧密关系。中华民族拥有共同的疆域、共同的资源、共同的利益、共同的发展成果，是利益共同体，是发展共同体，更是责任共同体。这就必然要求各民族同心同德，共同保卫辽阔的疆域，共同守护丰富的资源，共同维护国家的利益，共同享受高质量发展的成果。

新时代铸牢中华民族共同体意识，必须正确引导各族人民树立正确的历史观，明晰中华民族的深刻内涵，了解中华民族的形成脉络，全面把握平等团结互助和谐的社会主义民族关系。中华民族大家庭中的每一个成员，都要以强烈的政治意识、大局意识、核心意识、看齐意识，全面正确把握好民族关系，自觉把中华民族利益放在首位，本民族利益要服从和服务于中华民族共同利益，牢记作为中华民族一员的历史责任，牢固树立中华民族共同体意识，不断增强对中华民族的认同感和自豪感。

三、正确处理中华文化和各民族文化的关系，增强对中华文化的认同

文化是民族的重要精神特质，也是民族生命力、凝聚力、创造力的重要源泉。中华民族灿烂的文化是各民族共同创造的，各民族都对中华文化的形成与发展作出了重要贡献。中华文化是各民族优秀文化的集大成和统一体，积淀着中华民族最深沉、最伟大的精神追求。"根深干壮才能枝繁叶茂"，我们要正确把握中华文化、各民族文化是"主干"和"枝叶"的关系，在不断增强对中华文化深层次认同的基础上来推进各民族文化繁荣发展，通过高度的文化认同来培民族团结之根、铸民族和睦之魂。

保护传承各民族多样性文化和地域性文化繁荣发展，是不断丰富中华文化新内涵、持续注入中华文化新活力的过程，也是为人类文化多样性增光添彩的过程。我们要不断构筑中华民族共有精神家园，秉承"各美其美、美美与共"，不断促进各民族在文化上相互尊重、相互欣赏、相互学习、相互借鉴，深入践行社会主义核心价值观，最大限度地凝聚各民族的智慧和力量，促进各民族人民人心归聚、精神相依，立民族文化之根、拓文明发展之道，用文化之火照亮民族复兴的光辉道路。

四、强化百年党史学习，增强对中国共产党的认同

歌曲《没有共产党就没有新中国》唱遍中华大地，深受各族人民喜爱，唱出了中华儿女热爱中国共产党的共同情感。中国共产党的诞生，为历经磨难的中华民族带来了生机和希望。星星之火、可以燎原，中国共产党从成立之初的50多名党员，历经血雨腥风的洗礼，逐渐发展壮大成拥有9500多万名党员的世界最大政党。中国共产党人以"为有牺牲多壮志，敢教日月换新

天"的奋斗精神，广泛团结起各地区各民族的力量，越来越多满怀报国理想的中华儿女，不断加入共产党员队伍中，为实现中华民族伟大复兴的中国梦而共同团结奋斗。

身为中华儿女，我们要深入学习中国共产党百年奋斗的重大成就和历史经验，从百年党史中汲取奋进力量，更加深入地了解中国共产党和共产党人，了解党的根本政治立场是人民立场、唯一宗旨是全心全意为人民服务，了解共产党人的初心使命是为中国人民谋幸福、为中华民族谋复兴，了解他们在泥泞坎坷和流血牺牲中始终一往无前的奉献精神，不断学习他们舍我其谁的担当精神和英雄气魄，增强对中国共产党的认同，继承和发扬好爱党爱国爱民的优良传统。

五、立足时代发展变化，增强对中国特色社会主义的认同

新中国成立前，中华大地满目疮痍，各族人民在水深火热中受尽屈辱，共同祈盼早日改天换地。新中国成立后，中华大地生机勃勃，各族人民在欢声笑语中自力更生，共同创造新的美好生活。新中国成立至今70余年间，我们国家从生产力落后状况发展到如今经济总量跃居世界第二的历史性突破，实现了人民温饱不足到历史性解决贫困、实现全面小康的历史性跨越。这源于党和国家全部理论和实践的主题是开辟并坚定不移走中国特色社会主义道路、不断创新发展和生动实践中国特色社会主义理论体系。

进入新时代，以习近平同志为核心的党中央为坚持和发展中国特色社会主义明确了清晰的任务书、时间表、路线图。在习近平新时代中国特色社会主义思想指引下，各民族共同团结进步、共同繁荣发展，全面坚持中国共产党领导，进一步夯实铸牢中华民族共同体意识的经济基础，全面提升民族团结进步教育创建水平，不断推动基层民族事务治理体系和治理能力现代化，

适合国情的中国特色社会主义道路越走越宽广。

作者：孟荣涛，内蒙古自治区社会科学院铸牢中华民族共同体意识研究院副研究员

原文发表于《实践》2022年第4期

内蒙古自治区社会科学院铸牢中华民族共同体意识研究基地成果集

铸牢中华民族共同体意识的制度保障

金 洁

中华民族共同体意识是国家统一之基、民族团结之本、精神力量之魂。党的十八大以来，以习近平同志为核心的党中央高度重视民族工作，着眼培育中华民族共同体意识，创新推进民族团结进步创建。内蒙古是我国民族区域自治制度的发源地，拥有民族团结的光荣传统。2021年1月30日，内蒙古自治区第十三届人民代表大会第四次会议通过了《内蒙古自治区促进民族团结进步条例》（以下内容中简称《条例》）。制定该《条例》是全面贯彻落实习近平总书记关于民族工作的重要论述和党中央关于民族工作重大决策部署的迫切需要，是全面加强和改进内蒙古新时代民族工作的迫切需要，也是依法治理民族事务的迫切需要。在全面建设社会主义现代化国家的征程中，制定一部高质量的民族工作地方性法规，对内蒙古自治区全面深入持久开展民族团结进步创建工作、铸牢中华民族共同体意识，具有重大的现实意义和长远意义。

总的来看，《条例》开篇布局、章节结构都彰显了铸牢中华民族共同体意识这条主线，每条每款内容都符合主线的要求。《条例》以"中华民族一家亲、同心共筑中国梦"为总目标，引导各族群众深刻认识中华民族是政治共同体、利益共同体、文化共同体、命运共同体。可以说，《条例》是以地方制度优势积极应对新时代我区面临各种风险挑战的纲领性文献，是铸牢中华民族共同体意识的制度保障。

一、指明铸牢中华民族共同体意识的政治领导

坚持党的领导，这是中国特色社会主义最本质的特征，也是做好民族工作的根本保证。民族工作能不能做好，最根本的一条是党的领导是不是坚强有力。铸牢中华民族共同体意识，首要的就是加强党对民族工作的集中统一领导，把党的领导贯穿到做好民族工作的全过程、体现到加强民族团结的各方面，确保中国共产党始终成为推进民族团结进步事业的中流砥柱，确保民族团结进步事业始终沿着正确轨道向前推进。因此，加强中国共产党的全面领导，是实现铸牢中华民族共同体意识制度化的前提和基础。《条例》指出，促进民族团结进步，应当坚持以习近平新时代中国特色社会主义思想为指导，坚持中国共产党的领导，坚持中国特色社会主义道路。即首先把党的领导落实到铸牢中华民族共同体意识各方面各环节，指明各族人民要在坚持党的领导中增进政治认同，切实增强听党话、感党恩、跟党走的政治自觉、思想自觉和行动自觉，坚持以各族群众共同团结奋斗、共同繁荣发展为导向，让广大人民拥有更多的获得感、幸福感。

二、促进中华文化认同和文化传承

加强中华民族大团结，长远和根本的是增强文化认同，建设各民族共有精神家园，积极培养中华民族共同体意识。铸牢中华民族共同体意识的前提是培养、增进文化认同，因为各民族的文化认同是最深层次的认同，是构建民族共同体意识的先决条件，也是社会和谐、民族团结的根本。在文化认同

的背景下，各民族的不同文化相互补充、相互交流，既赋予了少数民族文化以新的时代精神，拓展了少数民族文化的发展空间，又通过整合不同民族的文化资源，凝聚成共同价值观，融合为中华文化共有的精神家园，使各族群众从对中华文化的认同转为文化自觉，进而铸牢中华民族共同体意识。《条例》指出要促进中华文化认同和文化传承，规定的具体内容涉及深入开展习近平新时代中国特色社会主义思想主题教育、推动中华优秀传统文化创造性转化和创新性发展、推动中华优秀传统文化教育常态化、弘扬蒙古马精神、弘扬乌兰牧骑优良传统、全面加强国家通用语言文字教育、加强革命历史遗址和文物的保护等。《条例》强调文化认同最重要的就是对中华优秀传统文化的认同，同时也强调，在中华文化大背景中，让各民族文化在中华文化百花园里绽放光彩。《条例》强调促进中华文化认同和文化传承，开展社会主义核心价值观教育，拓展各族群众参与国家政治生活的制度化渠道，实现民族身份和公民身份的统一，积极培育中华民族共同体意识。

三、为铸牢中华民族共同体意识提供坚实的物质条件

共同富裕是铸牢中华民族共同体意识的物质基础。我国社会主要矛盾已由原来的"人民日益增长的物质文化需要与落后的社会生产之间的矛盾"，转变为"人民日益增长的美好生活需要和不平衡不充分的发展之间的矛盾"。在历史的发展中，由于各民族所处的区位不一样、拥有的资源不一样、生产力发展水平不一样，导致了各民族经济社会发展的不平衡不充分问题。多年来，尽管各民族地区取得了快速发展，但物质基础相对薄弱的客观事实不容忽视，如果不及时缩小各民族地区的发展差距，就会影响中华民族共同体意识的构建。党的十九届五中全会强调"扎实推动共同富裕"，在描绘2035年基本实现社会主义现代化远景目标时，明确提出"全体人民共同富

裕取得更为明显的实质性进展"。在共同富裕的道路上,各民族对美好生活的追求不断得到实现,中华民族的凝聚力更加强大,中华民族共同体意识会更加深入人心。《条例》根据国家总体战略布局,落实党的十九届五中全会精神,结合自治区经济社会发展实际,把促进各民族共同繁荣发展作为加强和促进民族团结进步的重要基础,强调要深度融入共建"一带一路",深入落实新时代西部大开发、东北振兴、黄河流域生态保护和高质量发展战略,加强与京津冀交流合作,发挥联通俄蒙的区位优势,优化资源要素配置和生产力空间布局,统筹推进自治区东、中、西部形成优势互补的差异化协调发展新格局;又从全面推进乡村振兴、实现巩固拓展脱贫攻坚成果同乡村振兴有效衔接、发展县域经济、加强边境地区建设、支持人口较少民族提高自我发展能力、促进基础设施互联互通、健全覆盖城乡基本公共服务体系、加强民族传统医药资源的保护和开发利用等方面,明确指出我区在今后一段时期内,要加快建设现代化经济体系,服务融入新发展格局,推进治理体系和治理能力现代化,实现更高质量、更有效率、更加公平、更可持续、更为安全的发展,以此逐步缩小贫富差距,扎实推动共同富裕,为铸牢中华民族共同体意识提供坚实的物质条件。

四、巩固相互嵌入式的社会结构和社区环境

党中央强调推动建立相互嵌入式的社会结构和社区环境,为各民族群众共居、共学、共事、共乐创造了社会条件,为增强中华文化认同、铸牢中华民族共同体意识奠定了坚实的社会基础。精心做好城市民族工作,进一步推动城市民族工作制度化、规范化、精细化,建立少数民族流动人口服务管理体系,为构建互嵌式社会结构奠定了坚实基础。坚持夯实社区基础,把社区打造成为各民族群众共居共学共事共乐的大家庭,各民族群众逐步由空间嵌

入拓展到经济、文化、社会和心理嵌入。《条例》准确把握新时期民族人口大流动、大融居的新特点，针对当前各民族在社会生活中联系越来越紧密的实际，对各级群团组织、嘎查村民委员会、居民委员会、家庭、公共文化场所在推动民族团结进步中应当发挥的作用作出了具体规定，以进一步巩固相互嵌入式的社会结构和社区环境，促进各民族交往交流交融，努力夯实中华民族共同体意识的社会基础。

五、推动民族事务治理的现代化法治化

推动铸牢中华民族共同体意识有序化和长效化，需要充分发挥国家制度优势，提供充足有效的制度供给。要始终用法治思维和法治方式谋划和推进民族工作，用法律来保障民族团结，依法保障各民族公民合法权益，大力推进民族事务治理法治化。《条例》从领导责任制、年度目标责任考核制、国民经济和社会发展规划、年度计划、财政预算、各级各部门工作职能分工、加强各民族干部和各类人才队伍建设等方面，强调了开展民族团结进步工作的保障监督和法律责任。上述条款的制定，进一步加强了我区民族团结进步工作的制度保障和制度监督力度，推进了在法治轨道上处理民族事务和民族事务治理现代化，提高了铸牢中华民族共同体意识的现代化法治化水平。

作者：金洁，内蒙古自治区社会科学院民族研究所研究员
原文发表于《内蒙古日报》2021年7月5日第5版

铸牢中华民族共同体意识的时代内涵

孟荣涛

习近平总书记在中央民族工作会议上强调，必须以铸牢中华民族共同体意识为新时代党的民族工作的主线，推动各民族坚定对伟大祖国、中华民族、中华文化、中国共产党、中国特色社会主义的高度认同，不断推进中华民族共同体建设。铸牢中华民族共同体意识内涵丰富、意义深远，作为具有前瞻性、全局性和纲领性的重大原创性论断，是新时代党的民族工作的主线，是夯实民族团结进步的思想根基，是实现民族复兴伟业的强大动力。在向全面建成社会主义现代化强国的第二个百年奋斗目标迈进的背景下，必须深刻认识并不断挖掘铸牢中华民族共同体意识的时代内涵。

一、铸牢中华民族共同体意识是新时代民族工作的主线

（一）深刻领会铸牢中华民族共同体意识的重要要求

党的十八大以来，以习近平同志为核心的党中央反复强调要切实"打牢中华民族共同体的思想基础""铸牢中华民族共同体意识"。2014年中央民族工作会议上，习近平总书记强调要坚持打牢中华民族共同体的思想基础，并将其置于中国特色解决民族问题正确道路核心内涵的高度。党的十九大提

出"铸牢中华民族共同体意识",并将其写入党章。2019年全国民族团结进步表彰大会上,习近平总书记指出以铸牢中华民族共同体意识为主线做好各项工作。在党的十九届四中全会上,习近平总书记强调,坚持各民族一律平等,铸牢中华民族共同体意识,实现共同团结奋斗、共同繁荣发展,是我国国家制度和国家治理体系的显著优势之一。2020年中央第七次西藏工作座谈会和第三次中央新疆工作座谈会,将铸牢中华民族共同体意识列为新时代党的兴藏兴疆方略。党的十九届五中全会将"中华民族凝聚力进一步增强"列为"十四五"时期经济社会发展主要目标。2021年习近平总书记在青海调研时强调,要全面贯彻党的民族政策,铸牢中华民族共同体意识,深化民族团结进步示范省建设,共同建设民族团结一家亲的和谐家园。

这些都是以习近平同志为核心的党中央基于准确把握我国民族问题发展规律作出的科学性总结,体现了党中央对新时代民族工作的高度重视,为做好以铸牢中华民族共同体意识为主线的民族工作提供了根本遵循和方向指引。

(二)必须牢牢把握主线,全面推进新时代民族工作

中华民族共同体融命运共同体、政治共同体、经济共同体、社会共同体、文化共同体为一体,铸牢中华民族共同体意识必须全面肯定和高度认同历史上各民族在经济、政治、文化方面的进步与贡献。历经长期的交往交流交融,各民族间早已你中有我、我中有你、谁也离不开谁。铸牢中华民族共同体意识不仅体现了我国各民族同呼吸共命运的亲密关系,更凸显出各民族强烈的认同感、归属感和自豪感。

多元一体格局是中华民族历史长河中沉淀下来的宝贵遗产,更是我国各族人民踵事增华的巨大优势。民族工作要突出这一优势,多元中立主导,多样中谋共识,多元与一体并行不悖、相得益彰,不断增进各族人民强烈的情感认同和责任担当,赓续中华民族世代相传、生生不息的精神品格,以更加自信自强的姿态奋勇向前。

二、铸牢中华民族共同体意识是夯实民族团结进步的思想根基

（一）深刻认识中华民族是一个命运共同体

近代以后，中华民族遭受的苦难之重、付出的牺牲之大，在世界历史上都是罕见的。在那山河破碎、水深火热的苦难岁月，中华民族书写出永不屈服的抗争史；在那一穷二白、百业待兴的起步阶段，中华民族拼搏出改天换地的奋斗史；在那摸索前行、全面改革的发展阶段，中华民族开创出日新月异的发展史。百年共同抗争、百年共同奋斗、百年共同发展的过程中，中华儿女早已心连在一起、血流在一起、力量凝聚在一起，中华民族用血肉筑成的钢铁长城，巍然屹立，坚不可摧。回顾中国共产党带领中国人民站起来、富起来到强起来的伟大飞跃，让人深刻地领悟到中华民族始终是一个命运共同体，并肩作战走过了百年风雨，同甘共苦走进了崭新时代。正如习近平总书记所强调的："中华民族是一个命运共同体，一荣俱荣、一损俱损。各民族只有把自己的命运同中华民族的命运紧紧连接在一起，才有前途，才有希望。"

（二）推进民族团结进步教育事业向前发展

铸牢中华民族共同体意识，必须正确引导各族干部群众和广大青少年深刻认识多民族是我国的基本国情，是我国的一大特色，更是我国发展的一大有利因素；必须巩固和发展平等团结互助和谐的社会主义民族关系，深刻把握民族团结进步教育工作特点，夯实民族团结进步的思想根基；必须全面贯彻落实党的民族政策，加强民族大团结大联合，不断增进各族群众对伟大祖国、中华民族、中华文化、中国共产党、中国特色社会主义的认同；必须牢固树立辩证唯物主义的历史观、国家观、民族观、文化观，以马克思主义民

族理论与民族政策、习近平新时代中国特色社会主义思想、中华民族伟大复兴的中国梦为精神引领，不断巩固和发展最广泛的统一战线，团结一切可以团结的力量、调动一切可以调动的积极因素，最大限度凝聚起共同奋斗的力量。这既是新时代民族团结进步教育事业的工作目标和努力方向，更是以习近平同志为核心的党中央对深化民族团结进步教育事业的重要要求。

三、铸牢中华民族共同体意识是实现民族复兴伟业的强大动力

（一）以增强五个认同为着力点

在建设社会主义现代化国家新征程上，只有切实增强五个认同，铸牢中华民族共同体意识，中国人民才能找到最大公约数、画出最大同心圆、实现最美中国梦。

增强对伟大祖国的认同。爱国主义历来是中华儿女的崇高美德，是中华民族的精神支柱，世代传承、历久弥坚。爱国主义是中华民族精神的核心，深深根植于中华民族心中，是中华民族的精神基因，成为我们每一个公民最基本、最深沉的情感认同。全国各族人民都要强化国民意识，胸怀爱国主义，把维护祖国统一和加强民族团结作为自己的神圣职责，旗帜鲜明地维护国家利益和祖国尊严，同一切分裂祖国的行为作坚决斗争。

增强对中华民族的认同。中华民族共同体，是我国各族人民在长期历史发展中形成的政治上团结统一、文化上兼容并蓄、经济上相互依存、情感上相互亲近，你中有我、我中有你、谁也离不开谁的民族共同体，是建立在共同历史条件、共同价值追求、共同物质基础、共同身份认同、共有精神家园基础上的命运共同体。对中华民族的认同就是认同自己的民族归属，认同自己和自己所属的族群都属于中华民族这个更大的共同体。

增强对中华文化的认同。加强中华民族大团结长远和根本的是增强文

化认同。文化认同是最深层次的认同,更是民族团结之根、民族和睦之魂。要认真汲取中华优秀传统文化的思想精华和道德精髓,大力弘扬以爱国主义为核心的民族精神和以改革创新为核心的时代精神,深入挖掘和阐发中华优秀传统文化的时代价值,使中华优秀传统文化成为涵养社会主义核心价值观的重要源泉。各民族共同创造的中华文化和中华文明,集中体现了各民族的优秀文化。要推动各民族文化的传承保护和创新交融,促进中华文化蓬勃发展,构筑各民族共有美好精神家园。

增强对中国共产党的认同。中国共产党自成立以来,始终坚持一切为了人民、一切依靠人民,带领人民历史性地解决了绝对贫困问题,全面建成了小康社会,实现了第一个百年奋斗目标,取得了举世瞩目的成绩。面向未来、面对挑战,必须毫不动摇坚持和完善党的领导,毫不动摇推进党的建设新的伟大工程,把党建设得更加坚强有力,团结带领人民进行伟大斗争、推进伟大事业、实现伟大梦想。

增强对中国特色社会主义的认同。中国特色社会主义,是中国共产党领导中国人民进行的伟大创造。要正确认识中国特色社会主义所处的历史方位和国内外形势,在习近平新时代中国特色社会主义思想指引下,守正创新、接续奋斗,从世界历史的高度,毫不动摇坚持和发展中国特色社会主义,续写中国特色社会主义更加辉煌的篇章。

(二)汇聚民族团结磅礴力量,实现中华民族伟大复兴的中国梦

新中国成立前,中华儿女饱经风霜却仍满怀希望,穷且益坚,不坠青云之志。新中国成立后,中华儿女欢天喜地,踏平坎坷,闯出一片崭新天地。改革开放以来,中华儿女同心同德,团结奋斗,走出一条康庄大道。新时代新征程,中华儿女满怀豪情,扬帆起航,共筑复兴伟大梦想。

"实现中华民族伟大复兴,就是中华民族近代以来最伟大的梦想。这个梦想,凝聚了几代中国人的夙愿,体现了中华民族和中国人民的整体利益,是每一个中华儿女的共同期盼。"党的十八大以来，以习近平同志为核心的党中央，结合党和国家的发展历程，把中华民族伟大复兴的中国梦同最广大人民群众利益紧紧联系起来，明确提出"中国梦归根到底是人民的梦，必须紧紧依靠人民来实现，必须不断为人民造福""中国梦是国家的、民族的，也是每一个中国人的""实现中华民族伟大复兴的中国梦，必须紧紧依靠人民，充分调动最广大人民的积极性、主动性、创造性"。如今，我们比历史上任何时期都更接近实现中华民族伟大复兴，这就更需要我们在党的领导下，汇聚起各民族团结一心的磅礴力量，战胜更大挑战，抵御更大风险，攻克更大难关，创造更大价值，共同绘就中华民族伟大复兴壮美画卷。

作者：孟荣涛，内蒙古自治区社会科学院铸牢中华民族共同体意识研究院副院研究员

原文发表于《实践》2021年第9期

铸牢中华民族共同体意识的人民立场维度研究

陈新丽

党的十八大以来，以习近平同志为核心的党中央坚持与发展了中国特色社会主义民族理论，并就民族工作作出一系列重大决议与决策，推动我国民族事业取得了历史性发展。习近平总书记提出铸牢中华民族共同体意识的重要论断，是对马克思主义"人民群众是历史的创造者"这一基本原理的深切把握，是对我们党民族工作百年光辉历程和历史成就的最新总结，是实现中华民族伟大复兴的必然要求，是满足各族人民美好生活需要的重要保证。2021年中央民族工作会议指出："铸牢中华民族共同体意识是维护各民族根本利益的必然要求。国家统一是国家最高利益所在，也是各族人民根本利益所在。只有铸牢中华民族共同体意识，构建起维护国家统一和民族团结的坚固思想长城，各民族共同维护好国家安全和社会稳定，才能有效抵御各种极端、分裂思想的渗透颠覆，才能不断实现各族人民对美好生活的向往，才能实现好、维护好、发展好各民族根本利益。"[1]

习近平总书记提出铸牢中华民族共同体意识的重要论断，蕴含了深刻的"以人民为中心""人民至上"思想。其人民性体现在铸牢中华民族共同体

---

[1] 中共中央统一战线工作部国家民族事务局委员会.中央民族工作会议精神学习辅导读本[M].北京：民族出版社，2022：48.

意识的创造主体、实践主体，以及铸牢中华民族共同体意识的目的、价值旨归等方面。

一、问题的提出

2014年中央民族工作会议后，特别是党的十九大以后，铸牢中华民族共同体意识及相关议题成为学术研究的热点，也形成了一批有影响力的学术成果。一方面从理论上阐释了"中华民族"从词汇提出到发展、演变直至概念形成、内涵确立、中华民族走向自觉的整个过程，另一方面也从实践上就如何培育和铸牢中华民族共同体意识进行了有益的探索。对比学界有力回应了在实现中华民族伟大复兴的关键时刻对中华民族强大凝聚力和动员力的理论需要。

"人民""群众""人民群众"作为社会生活和社会运行中的绝大多数人，是科学社会主义、历史唯物主义包含的基本概念，也是《共产党宣言》所确立的共产主义运动的出发点和归宿点。关于人民和人民群众的理论，构成了马克思主义思想体系中的人民思想，也是历史唯物主义的重要内容。中国共产党人不断继承和发展马克思主义人民思想，党的十八大以来，以习近平同志为核心的党中央结合中国特色社会主义事业发展实际，进一步深化了马克思主义人民思想的理论与实践内涵。

习近平总书记在纪念马克思诞辰200周年大会上的讲话中指出，"马克思主义是人民的理论"，"学习马克思，就要学习和实践马克思主义关于坚守人民立场的思想"。[1]党的十八大以来，习近平总书记创新发展了我们党对于"人民""群众""人民群众"的深刻认知，对以人民为中心作出了一系列新论断，体现出马克思主义中国化时代化最新成果的理论光辉和

---

[1] 习近平.在纪念马克思诞辰200周年大会上的讲话[N].人民日报，2018-05-04.

中国特色社会主义本质的内在规定性。"坚持以人民为中心"是新时代坚持和发展中国特色社会主义基本方略的"十四个坚持"中的重要的一个"坚持"。

在习近平新时代中国特色社会主义思想中，以人民为中心的发展思想居于基础性的突出位置，贯穿于习近平新时代中国特色社会主义思想的各个方面，其相关研究也非常丰富。铸牢中华民族共同体意识研究，正被纳入"以人民为中心"的内容。研究主要探讨铸牢中华民族共同体意识与"以人民为中心""人民性"的内在的理论逻辑、历史逻辑，从"人民性""人民立场"维度，探究铸牢中华民族共同体意识的实践路径。陈智等认为铸牢中华民族共同体意识是实现伟大复兴过程的基础工程，人民性是其当然的价值立场，因而其价值必须也只能由各民族人民共同来创造，其目的和价值旨归也必须是实现、维护、发展各民族人民群众的根本利益（2021）[1]。刘姗、叶强的《铸牢中华民族共同体意识的人民性意蕴》（2022）[2]，围绕"以人民为中心的发展思想"，着重发掘铸牢中华民族共同体意识的人民性意蕴，在习近平新时代中国特色社会主义思想的整体视域下探讨其作为动力源泉的价值内涵与实践逻辑。曹静文的《铸牢中华民族共同体意识的三重逻辑——基于"人民群众是历史创造者"视角》（2022）[3]，围绕"人民群众是历史的创造者"的视角，从理论逻辑梳理了铸牢中华民族共同体意识这一科学论断所提出的哲学理论脉络，从历史逻辑中找到其历史根源和发展经脉，从实践逻辑使其扎根于人民群众的现实生活，并指导民族事业发展。何生海的《人本观视域下铸牢中华民族共同体意识的路径探索》（2023）[4]，阐述了铸牢

---

[1] 陈智,赵文铎.马克思主义价值论视域下铸牢中华民族共同体意识的学理基础[J].内蒙古社会科学,2022（3）：11.

[2] 刘姗,叶强.铸牢中华民族共同体意识的人民性意蕴[J].中南民族大学学报（人文社会科学版）,2022（3）：19-26.

[3] 曹静文.铸牢中华民族共同体意识的三重逻辑——基于"人民群众是历史创造者"视角[J].理论研究,2022（1）：56-65.

[4] 何生海.人本观视域下铸牢中华民族共同体意识的路径探索[J].前沿,2023(2)：23-31.

中华民族共同体意识人本观的深刻内涵、理论逻辑和实践路径。

对于铸牢中华民族共同体意识的人民立场维度体现的是铸牢中华民族共同体意识为了谁、依靠谁，由谁来铸牢的深刻内容和重要意义。本文结合前人的研究，拟从马克思主义人民主体性、我国的国家性质、执政党的性质宗旨等角度阐释铸牢中华民族共同体意识的人民立场、当前铸牢中华民族共同体意识的路径。

二、铸牢中华民族共同体意识，坚持人民立场的突出表现和意义

（一）铸牢中华民族共同体意识的主体是各族人民群众

铸牢中华民族共同体意识论断的形成具有深刻的历史根源和理论逻辑，是中华民族共同体发展的必然结果。各族人民群众是铸牢中华民族共同体意识的创造主体、实践主体。

首先，各族人民群众是中华民族共同体意识的创造主体。

中华民族共同体意识作为中华民族共同体的反映，是一个从萌芽、形成到不断发展的历史过程，也就是中华民族在交往交流交融中共同构建中华民族共同体的过程。中华民族共同体是由中华民族共同缔造的，每个民族对中华民族共同体的形成和发展都作出了独特的贡献。习近平总书记在2019年全国民族团结进步表彰大会上首次提出"四个共同"，即各民族共同开拓了辽阔疆域、共同书写了悠久历史、共同创造了灿烂文化、共同培育了伟大精神。习近平总书记的"四个共同"，深刻体现了各族人民是中华民族共同体的缔造者，也理应成为中华民族共同体意识的创造主体。

中华民族共同体意识作为社会意识形态的一部分，是由人民群众在长期的历史实践活动中逐渐认识、凝聚而来，并经历了从"自在"到"自觉"不断构筑中华民族共同体意识的过程。学术界一般认为，中国王朝国家的演

进逻辑曾几度被西方国家的入侵打断，进而使中华民族开始探索民族国家之路。1840年，随着西方列强的入侵，民族危机日益深重，激发了近代中国民族主义的兴起，同时强化了中华民族共同体意识。中国各族人民深刻认识到民族团结的巨大力量，真正感受到了中华民族是利益一致的命运共同体。费孝通认为"中华民族作为一个自觉的民族实体，是近百年来中国和西方列强对抗中出现的。"[1]在抵抗外国侵略者的过程中，中华民族逐渐由一个自在的民族实体成为一个有意识的中华民族共同体。在这一转变中，各民族人民团结起来一致对外的积极性、主动性得以充分地调动和激发，继而形成了自觉的中华民族共同体意识。

1945年，毛泽东同志在《论联合政府》中关于"必须帮助各少数民族的广大人民群众……争取他们在政治上、经济上、文化上的解放和发展"的论述，为开辟中国特色解决民族问题的正确道路奠定了基础。新中国成立后，确立了以民族平等、民族团结、民族区域自治、各民族共同繁荣为核心内容的民族理论和民族政策，开辟和发展了中国特色解决民族问题的正确道路。各民族不分人口多少、历史长短、社会发展程度高低一律平等。国家开展了民族识别工作并确定了56个民族，我国各民族人民积极参与国家社会主义建设，涌现出一大批积极献身于国家各项事业发展的先驱，表现出了强烈的团结统一信念、艰苦奋斗精神和爱国奉献情怀。

中华民族，历经近代民族危亡再到新中国成立，直至改革开放，各民族经过长期休戚与共的历史实践，早已形成关系紧密、相互依存的价值共同体。各兄弟民族都是中华民族的一员，中华民族是同呼吸、共命运、心连心，根本利益一致的共同体。随着国家治理和改革的不断深入，共享改革成果的效用更加明显，社会主义制度的优势更加明显，中华民族共同体的价值诉求将会在不断整合中实现长远利益与现实利益、国家根本利益与个人利益

---

[1] 费孝通.中华民族多元一体格局[M].北京：中央民族大学出版社，1989.

的一致性。

其次，各族人民群众是铸牢中华民族共同体意识的实践主体。

发展为了人民、发展依靠人民，发展成果由人民共享的"以人民为中心"的思想，不仅体现在经济建设、社会发展上，也体现在铸牢中华民族共同体意识的实践过程中。进入新时代，我国正处于实现中华民族伟大复兴的关键阶段，党的民族工作面临着新的形势和挑战。建设社会主义现代化强国、实现中华民族伟大复兴，离不开各民族人民的共同奋斗，需要继续铸牢中华民族共同体意识。当前，国内各民族交往交流交融的广度深度前所未有，民族分布格局正发生重大变化，影响民族关系的各种因素更加复杂。放眼国际，美国和一些西方反动势力不遗余力地利用民族话题以各种手段打压中国，干涉中国内政，妄图阻碍、遏制中华民族伟大复兴的进程。面对国际国内前所未有的风险挑战，56个民族构成的中华民族团结一心、同舟共济、众志成城，凝聚起攻坚克难的人民力量，这是新时代中国再创辉煌的最大确定性。各族人民群众是中国特色社会主义的主体力量，人民的创造性实践是中国进步的力量源泉，人民的支持是共产党执政的坚实基础，我们坚信依靠人民必将创造历史伟业。

习近平总书记指出，"人民是历史的创造者，是推进现代化最坚实的根基、最深厚的力量"[1]。铸牢中华民族共同体意识，就是要通过各种方式使各民族在思想上构建起坚固的维护国家统一、民族团结的长城，形成心往一处想、劲往一处使的强大合力，自觉维护祖国领土完整和社会稳定，积极致力于推动民族团结进步和各民族共同繁荣发展，主动参与国家现代化建设，生动擘画国家安全稳定和民族团结的美好图景，共同推动中华民族复兴伟业早日实现。中国式现代化是中华民族十五亿人民自己的事业，要靠人民去探索和造就。

---

[1] 王刚，贾支正. 以人民为中心推进中国式现代化[N]. 人民日报，2023-09-06.

（二）铸牢中华民族共同体意识的目的是维护各族人民群众的根本利益

中华民族共同体意识由各族人民共同孕育、铸就和发展而来，并最终上升为国家意识，成为解决新时代民族问题和挑战的践行指南。在2021年中央民族工作会议上习近平总书记指出，"做好新时代党的民族工作，要把铸牢中华民族共同体意识作为党的民族工作的主线"，而"铸牢中华民族共同体意识是新时代党的民族工作的'纲'，所有工作要向此聚焦"。铸牢中华民族共同体意识，推进中华民族共同体建设，是要凝聚各民族、发展各民族，更好满足各族人民日益增长的美好生活需要，让各族人民在实现共同富裕、迈向社会主义现代化的征程中同舟共济、携手并进，汇聚起实现中华民族伟大复兴的磅礴力量。实现中华民族伟大复兴，就是要实现国家富强、民族复兴、人民幸福。这个梦想凝聚了几代中国人的夙愿，体现了中华民族和中国人民的整体利益，是每一个中华儿女的共同期盼。中华民族共同体意识体现的是中华民族整体利益，实现中华民族伟大复兴、维护各民族根本利益是新时代党的民族工作的价值追求。

铸牢中华民族共同体意识作为新时代党的民族工作的主线，强调坚持以人民为中心，切实维护好包括各族人民在内的最广大人民群众的切身利益。习近平总书记指出，"引导各民族始终把中华民族利益放在首位，本民族意识要服从和服务于中华民族共同体意识，同时要在实现好中华民族共同体整体利益进程中实现好各民族具体利益"。[1]历史事实证明，国家统一、民族团结，则百业兴旺；国家分裂、民族纷争，则人民遭殃。只有维护好国家利益，维护好国家的统一和安全，各民族人民的利益才能得到切实有效的保障。每个人的前途命运都与国家和民族的前途命运紧密相连。国家好，民族好，大家才会好。国家统一、民族团结是实现中华民族整体利益的根本条

---

[1] 以铸牢中华民族共同体意识为主线 推动新时代党的民族工作高质量发展[N].人民日报，2021-08-29.

件,也是各族人民的最高利益所在,是实现好、维护好、发展好各民族根本利益的政治前提,是党治国理政的头等大事。中华民族共同体意识是国家统一之基、民族团结之本、精神力量之魂。

(三)人民立场是铸牢中华民族共同体意识的根本立场

人民性是马克思主义最鲜明的品格,人民立场是马克思主义政党的根本政治立场。铸牢中华民族共同体意识是对马克思主义的继承和发展,其根本立场和根本宗旨是与马克思主义相一致的,必须以人民群众为根本立场,以无产阶级谋求解放、实现每个人的自由而全面发展为根本宗旨。毛泽东同志指出,"为什么人的问题,是一个根本的问题,原则的问题"[1]。邓小平同志指出,"不发展生产力,不提高人民的生活水平,不能说是符合社会主义要求的"[2]。习近平总书记指出,"我们追求的发展是造福人民的发展,我们追求的富裕是全体人民共同富裕"[3],"要始终把满足人民对美好生活的新期待作为发展的出发点和落脚点"[4]。我们党自成立之日起,就把为中国人民谋幸福、为中华民族谋复兴作为自己的初心和使命,并为之不懈奋斗。党的十八大以来,我们党坚持以人民为中心的发展思想,以扎实的行动回应人民对更好的教育、更稳定的工作、更满意的收入、更可靠的社会保障、更高水平的医疗卫生服务、更舒适的居住条件、更优美的环境、更丰富的精神文化生活的期盼,使人民群众的获得感、幸福感、安全感更加充实、更有保障、更可持续。党的二十大擘画了全面建设社会主义现代化国家,以中国式现代化全面推进中华民族伟大复兴的宏伟蓝图,提出在前进道路上必须牢牢把握"坚持以人民为中心的发展思想"。我们要贯彻落实党的二十大精神,不断实现发展为了人民、发展依靠人民、发展成果由人民共享。

[1] 毛泽东选集:第3卷[M].北京:人民出版社,1991:857.
[2] 邓小平文选:第3卷[M].北京:人民出版社,1993:116.
[3] 中共中央召开党外人士座谈会习近平主持并发表重要讲话.新华网,2015-07-30.
[4] 习近平主持中央政治局第二十七次集体学习并讲话.新华社,2021-02-01.

铸牢中华民族共同体意识坚持人民立场，"以人民为中心"的工作导向也体现在经济、政治、文化、社会和生态等国家建设的方方面面。在经济建设上，不断满足人民对美好生活的需求，落实"创新、协调、绿色、开放、共享"的新发展理念；在政治建设上，坚持中国特色社会主义政治发展道路，巩固全体人民爱国统一战线；在文化建设上，牢牢掌握意识形态话语权，将各族人民扎牢在理想信念上；在社会建设上，保障各族人民最关心的利益问题，确保拥有更多、更直接的幸福感和获得感；在生态文明上，坚持建设良好生态环境造福人民，秉承生态惠民，生态利民，生态为民的理念。

三、坚持人民立场，铸牢中华民族共同体意识的路径

（一）铸牢中华民族共同体意识要坚持中国共产党的全面领导

始终同人民在一起，为人民利益而奋斗，是马克思主义政党同其他政党的根本区别。马克思在其"包含着新世界观的天才的萌芽的第一个文件"《关于费尔巴哈的提纲》第10条中明确指出，"旧唯物主义的立足点是市民社会，新唯物主义的立足点是人类社会或社会化了的人类"。中国共产党作为马克思主义政党，党性和人民性从来都是一致的、统一的。中国共产党是中国最广大人民根本利益的忠实代表，始终与人民休戚与共、生死相依，没有任何自己特殊的利益，从来不代表任何利益集团、任何权势团体、任何特权阶层的利益。中国共产党的党章规定，中国共产党是中国工人阶级的先锋队，同时是中国人民和中华民族的先锋队，代表中国最广大人民的根本利益。党以全心全意为人民服务为根本宗旨，党除了工人阶级和最广大人民群众的利益，没有自己特殊的利益。中国共产党的初心使命就是为中国人民谋幸福、为中华民族谋复兴。

中国共产党建党一百多年的历史进程表明，干革命、搞建设、抓改革，都是为人民谋利，让人民过上好日子。党领导人民打土豪、分田地，是为人民根本利益而斗争；领导人民开展抗日战争、赶走日本侵略者，是为人民根本利益而斗争；领导人民推翻三座大山、建立新中国，是为人民根本利益而斗争；领导人民开展社会主义革命和建设、改变一穷二白的国家面貌，是为人民根本利益而斗争；领导人民实行改革开放、推进社会主义现代化、实现中华民族伟大复兴，同样是为人民根本利益而斗争。从实现"两个一百年"奋斗目标和中华民族伟大复兴的战略高度和历史方位，提出以铸牢中华民族共同体意识为主线，推动新时代党的民族工作高质量发展的重大决策，仍然是为了维护各民族人民群众的根本利益。这就要求在新时代加强和改进民族工作的实践中，必须坚持中国共产党对民族工作的全面领导，引导各族人民群众增强对伟大祖国、中华民族、中华文化、中国共产党、中国特色社会主义的认同。

（二）加强各族人民的交往交流交融，铸牢中华民族共同体意识

马克思主义认为，人的本质是一切社会关系的总和。在历史发展过程中形成的各个民族随着时代的发展和变迁，为了生存和发展开始了相互交往交流交融，彼此建立关联。在中华民族五千多年的历史长河中，各民族交往范围不断扩大，交流层次不断提高，交融程度不断加深，推动着多元一体的中华民族共同体不断发展壮大。"一部中国史就是一部各民族交往交流交融、不断汇聚成多元一体中华民族的发展史，就是各民族共同缔造、发展、巩固统一的伟大祖国的历史。"[1]

新中国成立后所确立和巩固的社会主义新型民族关系，为各民族深化交往交流交融奠定了基础、创造了条件。改革开放特别是党的十八大以来，

---

[1]中共中央统一战线工作部国家民族事务局委员会.中央民族工作会议精神学习辅导读本[M].北京：民族出版社，2022：14.

我国进入了各民族跨区域大流动的活跃期，各民族在经济社会生活各领域交往交流交融更为频繁广泛，紧密联系的广度和深度前所未有，大散居、小聚居、交错杂居的民族人口分布格局不断深化，呈现出大流动、大融居的新特点。

"民族交往交流交融"是中国共产党人以马克思主义交往理论为指导，结合我国民族工作实践探索出来的科学理论。由于交往交流交融和铸牢中华民族共同体意识二者互为因果，而交往交流交融本身就是通过人的活动进而实现民族不断交融的过程，这不仅说明铸牢中华民族共同体意识正是在人民性的实践中才能得到发展，也说明了人民性和民族性不是彼此对立的关系。

加强各民族交往交流交融，促进各民族和睦相处、和衷共济、和谐发展，就必须牢固树立中华民族多元一体格局观，营造民族团结浓厚氛围。在全面建成社会主义现代化强国的新征程上，各族人民要心手相牵、团结奋进，在交往交流交融中彼此了解、彼此信任，汇聚起强大合力，共创中华民族伟大复兴。

（三）促进民族地区的经济社会发展，实现各族人民共同富裕

进入新时代后，虽然我国的综合国力取得了较大发展，但是各地区之间发展的不平衡性和差异性仍然存在。部分民族群体与国内其他地区尤其是东部发达地区相比，依然没有彻底改变相对落后的状况，且发展差距不断拉大。这种发展的不平衡性对各民族的共同繁荣产生了一定的不利影响。有可能还会影响到各族群众对党和国家的认同感。

习近平总书记多次强调，全面建成小康社会，一个少数民族也不能少，确保少数民族人民和少数民族聚集地与全国齐头并进、共同发展。中华民族之所以能够从新中国成立之初的积贫积弱，到建党百年之际成功实现建成小康目标，根本原因是党和国家始终关注少数民族和民族地区的经济社会发展、缩小和解决民族地区发展不平衡问题，并以此作为民族工作的重点。经济的

快速发展有助于满足各族人民群众的物质需要，从而增加其对中华民族共同体的认同；而中华民族共同体意识的铸牢又进一步促进了民族地区的经济发展。铸牢中华民族共同体意识是全民行为，具有社会整体目标性。推动共同富裕，最终是为了实现所有人的利益，实现会社会均衡普惠、殷实安康。只有各民族实现共同富裕，才能极大提振他们对国家的向心力与凝聚力。

在新时代全面建成现代化的新征程中，只有通过实现民族地区经济高质量发展，实现基本公共服务均等化，促进民族地区全面振兴，才能更好地促进共同富裕，更好地铸牢中华民族共同体意识。

作者：陈新丽，内蒙古自治区社会科学院社会学研究所副研究员

本文为2022年度内蒙古自治区社会科学院铸牢中华民族共同体意识研究基地课题成果

增强群众组织力，铸牢中华民族共同体意识

孟荣涛

随着时代发展目标、社会主要矛盾和群众利益诉求的发展变化，党的群众组织力建设的内容形式也已发生相应变化。始终贯穿党的发展、丝毫不动摇的根本原则是以人民为中心，动员群众、组织群众、依靠群众，这也是新时代铸牢中华民族共同体意识，开创党的伟大事业发展必须遵循的科学规律。

党的十九大报告指出："要以提升组织力为重点，突出政治功能，把企业、农村、机关、学校、科研院所、街道社区、社会组织等基层党组织建设成为宣传党的主张、贯彻党的决定、领导基层治理、团结动员群众、推动改革发展的坚强战斗堡垒。"新时代，必须不断增强群众组织力，有效开展群众教育引导工作，凝聚起中华民族强大合力，进行物质生产活动和精神文化活动，为早日实现中华民族伟大复兴中国梦提供强大动力。

一、夯实基层党组织，增强群众组织力

我们党的百年发展历史，始终同各族人民群众保持血肉联系，早已凝结成生死与共的命运共同体。在党的领导下，各族人民群众逐步实现了从站起

来、富起来到强起来的历史性飞跃，成绩斐然，举世瞩目。同时，我们必须深刻认知当今世界正处于百年未有之大变局，理性解析各类风险挑战，秉忧患意识、持审慎态度，在党的全面领导下，加强和夯实基层党组织建设，发挥党员应有作用，思想引领和教育引导为落脚点，深入贯彻党的方针政策，组织调动群众力量，保障基层党组织坚强有力，牢固党的执政之基，继续保持强大战斗力。

基层是国家治理的基石，是国家治理的最末端，更是服务群众的最前沿。而基层党组织是党在社会基层组织中的战斗堡垒，做好基层党组织工作，是党的建设新的伟大工程的长远之计和固本之策。正如习近平总书记所讲："基层党组织组织能力强不强，抓重大任务落实是试金石，也是磨刀石。"新时代，要全面贯彻党群服务中心建设要求，进一步完善市县乡村四级党群服务中心，形成全领域覆盖、全方位引领的工作模式。充分发挥党建引领作用，注重全面统筹、有效融合、整体推进，不断夯实基层党组织建设，建立跨领域、跨行业、跨层级、跨地域、跨产业的党建联合体，突出街道社区网格化管理优势，最大限度发挥党总揽全局、协调各方的作用，最大限度凝聚人民群众集体力量。

二、优化全方位服务，获得群众行动支持

随着社会发展进步，各民族交往交流交融日益密切，跨区域流动人口数量逐年上升，各族人民群众在空间、文化、经济、社会、心理等方面全方位的嵌入早已成为社会发展特点，更是发展必然结果。据2021年5月20日内蒙古自治区第七次全国人口普查主要数据结果，全区常住人口为24049155人，全区流动人口为9068444人。其中，跨自治区流入人口为1686420人，自治区内流动人口为7382024人。流动人口数量占全区常住人口总量的37.71%。与

2010年相比，总流动人口增长47.97%。

建立流动人口服务管理区域合作机制，加强和改进服务管理水平，势在必行。这些数据充分显示内蒙古流动人口呈不断加快趋势，针对流动人口跨区域、双向流动等特点，内蒙古自治区应与区外各省份建立流动人口服务管理区域合作长效机制，推进互嵌式社会结构和社区环境，为各族群众共居共学、共事共乐、共建共享创造社会条件。

扎实打牢民生基础工程，让群众得到看得见、摸得着的实惠。深入各族人民群众尤其是流动人口群体中，了解他们最关心、最迫切的民生需求，有效统筹整合各部门资源优势，充分调动发挥社会各界力量，全面做好住房、医疗、教育、就业等重大惠民生和稳民生工程，扩大服务范围和优化服务水平，凝民心、聚民力，让各族人民群众实实在在、共同享受改革发展成果，获得感、幸福感、安全感得到全面提升，从而自然在思想上坚定拥护党和国家，在行动上积极响应党中央号召，在情感上自觉认同中华民族共同体意识。

三、依托工会聚民心，做好精神引领工作

工人联合会（简称工会）作为群团组织，是党的群众组织力建设的重要组成部分。革命时期，工会是党联系人民群众进行工人运动的桥梁纽带，承担着聚集群众开展共产主义教育的时代任务。如今，工会的社会定位依然是组织群众的重要形式，联结各行各业，贯通四面八方。党的十九大以来，全国基层工会组织已超过280.9万个，全国工会会员总数达3.03亿人。其中，内蒙古自治区工会组织有6.6万个，会员总数达580.5万人，占全区总人口的24.14%。

随着中国特色社会主义进入新时代，我国社会主要矛盾已经转化为人民

日益增长的美好生活需要和不平衡不充分的发展之间的矛盾。始终关切人民群众利益一直是贯穿我们党群众组织力建设的主线，面对人民群众的基本需求已发生变化，党和国家因时制宜，出台多项政策，坚定实施民生兜底、脱贫攻坚、反腐倡廉、医疗卫生和教育体制改革等，取得可喜成绩，赢得群众满意。

与时俱进赓续工会传统，健全完善工会组织体系，抓好群众思想建设工作。在经济社会生活各方面扎实推进党的组织工作，培养工会领导干部的政治意识、大局意识、服务意识、群众意识、创新意识，进一步铸牢中华民族共同体意识。依托日臻完善的工会组织体系，真切关心群众生产生活需要，切实解决急难愁盼问题，开展送温暖送服务活动，引领倡导健康生活方式，举办职工文化教育、提升技能培训、文体娱乐展演、心理健康引导、法律咨询援助等活动，发动、鼓励和奖励小发明、小改造、小革新、小设计、小建议，调动人们的积极性和主人翁意识，把党建工作、工会工作、行政管理有效结合起来，全面做好精神引领和掌握思想动态工作，打造一个新时代党政需要、群众信赖的强大组织。

四、坚守网络新阵地，构建权威话语体系

信息迅速、海量传播的网络时代，互联网成为众多网络用户表达意愿、反映问题的首选平台。人人享有表达权利，使得网络空间呈现万花筒般炫目之彩，也从不乏个别人为了眼球效应、经济利益、政治目的制造传播各类虚假不良信息和颠覆性言论。尤其是，多年来国际上各类反华势力从未停止对我国意识形态领域的渗透，他们寄居网络散播各类思想病毒，抹黑攻击我们党和国家、诋毁诽谤党员干部、捏造假象迷惑群众。此类负面信息，往往传播范围更广、影响力度更深。

坚守网络空间新阵地，建构权威话语体系。我们必须始终坚持党对网络媒体的领导，坚守网络空间新阵地，在第一时间粉碎网络谣言，揭露澄清事件真相。正如习近平总书记所讲，"各级党委要高度重视信息化发展对党的建设的影响，做到网络发展到哪里党的工作就覆盖到哪里，充分运用信息技术改进党员教育管理、提高群众工作水平，加强网络舆论的正面引导"。立足网络发展现状，采取有效传播路径，坚定宣传习近平新时代中国特色社会主义思想，做好主流思想舆论导向，增强群众明辨大是大非能力，提高澄清思想迷雾能力，培养崇高精神道德素质，形成谣言自然破除、视听自觉净化的舆论生态。

"互联网＋政务"已是常态化工作机制，各级政府部门借助网络平台问政于民、问计于民，倾听百姓意见诉求，完善社会公共治理，推动政府决策部署。新时代，政务新媒体要进一步增强"四个意识"、坚定"四个自信"、做到"两个维护"，不断提高政治判断力、政治鉴别力，政治领悟力、政治执行力，引导网络舆论正确方向，全面贯彻落实党的各项政策，扩大主流舆论覆盖范围，以增强"五个认同"为着力点，深化民族团结进步教育，铸牢中华民族共同体意识，建构权威话语传播体系。

五、宣传工作接地气，铸牢坚固思想长城

宣传铸牢中华民族共同体意识，必须立足基层。在广袤基层大地，聚焦于广大群众身上，深入挖掘具有鼓舞和激励意义的身边人、身边事。并以企业、农村、机关、学校、科研院所、街道社区、社会组织等单位为切入点，充分展示各族群众邻里和睦之情、团结友爱之谊。通过图片展览、影片巡映、主题宣讲、文艺表演、惠民服务等活动，让群众深切感受国家今昔巨变和社会发展进步，引导人们正确认识"每个人的前途命运都与国家和民族的前途命运紧密相连。国家好，民族好，大家才会好"。引导人们深刻理解每个民族的前途命运都与中华民族的前途命运息息相关。中华民族好，各民族好，中华民族大家庭才会好。

在此基础上，要做好思想引导工作。引导人们树立"四个共同"的中华民族历史观，正确把握中华民族和各民族之间的关系，正确把握中华民族大家庭和个体成员之间的关系，正确把握中国梦和个人梦想之间的关系，关联耦合中国梦和小我梦，明晰个体努力方向，为实现目标不懈奋斗，凝聚起全社会团结奋进的强大力量。

创新改进宣传工作接地气、重实效。新时代，宣传媒介和舆论生态发生深刻变化，对宣传思想工作要求更高。是否采取科学有效的宣传方式和组织方法，直接关乎被组织群众凝聚力的大小，影响深远。要做好宣传工作，就必须化抽象概念为具体事例，化理论表述为通俗表达，化冗长篇幅为言简意赅，化机械灌输为寓教于乐，化晦涩难懂为生动有趣。只有采取让群众喜闻乐见和易于接受的宣传方式，才能有效避免流于"在纸上""挂墙上"的程式化工作作风，达成最广泛的思想共识，赢得最深厚的群众基础，构筑起一道中华民族坚固思想长城。

作者：孟荣涛，内蒙古自治区社会科学院铸牢中华民族共同体意识研究院副研究员

原文发表于《领导参阅》2021年11月4日第16期

第五编

中华优秀传统文化传承发展研究

让中华优秀传统文化滋养文艺创作

包银山

习近平总书记在十九届中共中央政治局第三十九次集体学习时强调："中华文明源远流长、博大精深，是中华民族独特的精神标识，是当代中国文化的根基，是维系全世界华人的精神纽带，也是中国文化创新的宝藏。"深入推进"两个打造"，创作推出更多具有中华文化底蕴、汲取各民族文化营养、融合现代文明的优秀文艺作品，同样需要从中华优秀传统文化中凝聚智慧和力量。

文艺是时代精神的号角，最能代表一个时代的风貌，最能引领一个时代的风气。文艺创作不仅要有当代生活的底蕴，还要有文化传统的血脉。铸牢中华民族共同体意识，构筑中华民族共有精神家园，增强对中华文化的高度认同感，文艺的作用不可替代，作家艺术家大有作为。而以博大精深的中华优秀传统文化滋养文艺创作，既是弘扬传承中华优秀传统文化的必然要求，也是作家艺术家拓展创作领域、推出优秀作品、实现人生价值的现实需要。

一、增强文化自觉　坚定文化自信

作家艺术家的文化自觉，体现在对中华文化的历史渊源、交流融合、发展演变、时代价值与世界意义等具有理性、全面、深刻的认知，因而能够主动承担起弘扬中华文化、构筑中华民族共有精神家园历史责任的一种觉悟和担当。中华优秀传统文化是我们文化自信的深厚根基，文化自信首先来自对中华优秀传统文化的自信。创作出具有鲜明民族特点和个性的优秀作品，要对博大精深的中华文化有深刻的理解，更要有高度的文化自信。没有文化自信，不可能写出有骨气、有个性、有神采的作品。作家艺术家要保持对中华文化理想、文化价值的高度信心，保持对中华文化生命力、创造力的高度信心，通过精彩的故事、鲜活的语言、丰满的形象，使中华优秀传统文化生动活泼、活灵活现地体现在文艺作品中，充分发挥优秀文艺作品启迪思想、温润心灵、陶冶人生的作用，潜移默化滋养人心，让人们在润物细无声中喜爱和认同中华文化，激励各族人民守望相助、团结奋斗、不断前行。

二、坚守中华文化立场 把握中华文化精髓

"中华优秀传统文化是中华文明的智慧结晶和精华所在，是中华民族的根和魂，是我们在世界文化激荡中站稳脚跟的根基。"文化立场是作家艺术家进行创作的根本态度，关乎其作品的性质定位和价值取向，只有站稳、坚守中华文化立场才能创作出具有鲜明中华文化底蕴的优秀文艺作品。中华文化精髓是中华文化在几千年交融发展历程中形成的最具代表性内涵和时代价值的思想理念、传统美德和人文精神。坚守中华文化立场，就要深刻认识中华优秀传统文化是中华民族的根和魂，是涵养社会主义核心价值观的重要源泉，也是中华民族在世界文化激荡中站稳脚跟的坚实根基，努力成为弘扬中华文化的坚定支持者和积极践行者。要把中华民族在长期实践中培育和形成的如崇仁爱、重民本、守诚信、讲辩证、尚和合、求大同等思想，自强不息、敬业乐群、扶正扬善、扶危济困、见义勇为、孝老爱亲等传统美德体现在作

品中，展现托物言志、寓理于情、言简意赅、凝练节制、形神兼备、意境深远等中华美学精神，使我们的文艺作品以鲜明的中国特色、中国风格、中国气派屹立于世。

三、发扬历史主动精神　讲好中华优秀传统文化故事

在人类发展的每一个重大历史关头，文艺都能发时代之先声、开社会之先风、启智慧之先河，成为时代变迁和社会变革的先导。我们党历来用历史唯物主义的立场观点方法看待中华民族历史，继承和弘扬中华优秀传统文化。没有历史感，文学家、艺术家就很难有丰富的灵感和深刻的思想。作家艺术家的历史主动精神就是一种高度的历史自觉和强烈的历史担当精神，面对铸牢中华民族共同体意识、构筑中华民族共有精神家园的新使命新要求，作家艺术家要以更加自觉的历史主动精神讲好中华文化故事。要善于从中华民族远古传说、经典故事、历史文化、非物质文化遗产、伟大历史人物等中华优秀传统文化遗产中，从各族人民日常生活中普遍接受、百姓日用而不知的文化符号和标识元素中，从作为各民族集体意识和情感纽带的重要传统节日中提炼题材、获取灵感、汲取养分，把中华优秀传统文化的有益思想、艺术价值与时代特点和要求相结合，运用丰富多样的艺术形式进行当代表达，推出一大批底蕴深厚、涵育人心的优秀文艺作品，创作更多具有中华文化底色、鲜明中国精神的文艺作品。

四、挖掘时代价值　坚持创造性转化创新性发展

以中华优秀传统文化滋养文艺创作、进行艺术转化绝不是历史与文化的照搬解读，而是按照艺术规律创作的艺术创造活动。历史题材文艺创作，是

以优秀文艺作品告诉人们中华民族真实的历史，告诉人们历史中最具有价值的东西。只有树立正确的历史观，尊重历史、按照艺术规律呈现的艺术化的历史，才能经得起历史的检验，才能立之当世、传之后人。这要求我们在进行中华优秀传统文化的艺术转化时既要坚持历史的真实性和创作的艺术性，更要注重艺术转化的时代性，充分挖掘传统文化中的时代价值，把艺术创造力和中华文化价值融合起来，把中华美学精神和当代审美追求结合起来。作家艺术家要对传统文化秉持客观、科学、礼敬的态度，取其精华、去其糟粕，扬弃继承、转化创新，不复古泥古，不简单否定，不断赋予新的时代内涵和现代表达形式，不断补充、拓展、完善，真正让中华优秀传统文化创造性转化、创新性发展。

五、增强创新意识　提升创意能力

中华优秀传统文化的艺术转化是一项系统工程，涉及收集整理、主题提炼、创意策划、艺术构思、创作生产、宣传推介等一系列既相互联系又各有侧重的具体步骤，是否具备创新策划能力，是把中华优秀传统文化转化为高质量艺术作品的最关键环节。从讲述在故宫修复书画、青铜器、宫廷织绣等稀世珍奇文物的《我在故宫修文物》，以赏中华诗词、寻文化基因、品生活之美为宗旨的《中国诗词大会》等文化类电视综艺，到将国粹戏曲元素定为主基调的《上元千灯会》、高科技画中游的《忆江南》，以及被誉为在文博、舞蹈、音乐、文学和非遗传承中探寻和提炼当代审美精髓的舞蹈诗剧《只此青绿》等的成功，无不彰显着高超的创新意识和创意能力，只有具备这样的能力才能使传统文化的艺术转化出奇制胜，创造出新颖独特的艺术作品。而要提升创新创意能力，就必须系统深入学习了解中华文化精华，深刻领会诸子百家思想和学说，把握其基本价值体系与方法论，发掘具有现实意义的内涵，才能够使之转化为适应现代生活和当代文化发展需要、符合"两个打造"要求的优秀文化作品。

作者：包银山，内蒙古自治区社会科学院院长，研究员

原文发表于《内蒙古日报》2022年7月26日第4版

/内蒙古自治区社会科学院铸牢中华民族共同体意识研究基地成果集/

以长城文化符号凝聚民族力量

翟 禹

习近平总书记在2019年全国民族团结进步表彰大会上提出，树立和突出各民族共享的中华文化符号和中华民族形象。这一重要论断，对于集中阐释和弘扬中华优秀传统文化，展示中国形象、讲好中国故事、传播中国声音，具有重要的理论指导意义和实践意义。我们要坚持以社会主义核心价值观为引领，以中华文化为根基，充分运用现代化手段，把各民族共享的中华文化符号和中华民族形象树立起来。要深入推进"两个打造"，努力打造更多政治性强、内涵丰富、意蕴厚重、接受度高的中华文化符号和中华民族形象，打造一批具有中华文化底蕴、汲取各民族文化营养、融合现代文明的书籍、舞台艺术作品、影视作品、美术作品。

长城是中华民族的重要象征，是中华民族精神的重要标志。内蒙古境内长城资源丰富，长城所承载的爱国精神、民族精神和时代精神，对深化文化认同、凝聚民族力量、铸牢中华民族共同体意识具有独特作用。展现内蒙古长城风貌、普及长城知识、讲述长城故事、宣传长城文化，让长城这一大众普遍认可的中华文化符号和中华民族形象更加深入人心，对于深入推进"两个打造"具有重要意义。

一、长城是中华文明的重要象征

2019年8月20日,习近平总书记在考察甘肃嘉峪关关城时指出:"当今世界,人们提起中国,就会想起万里长城;提起中华文明,也会想起万里长城。长城、长江、黄河等都是中华民族的重要象征,是中华民族精神的重要标志。我们一定要重视历史文化保护传承,保护好中华民族精神生生不息的根脉。"党和国家历来高度重视长城这一伟大的世界文化遗产,也体现了长城在中华文明中的重要地位。

各民族共有共享的中华文化符号和形象,是铸牢中华民族共同体意识的重要资源。突出各民族共有共享的中华文化符号和形象,就要将中华文化特征、中华民族精神、中国国家形象,通过特定的、具有广泛认同的符号和通俗易懂、雅俗共赏的形象展示出来。长城文化就是一处非常典型的中华文化符号和中华民族形象的代表。中华优秀传统文化是中华民族的精神命脉,是涵养社会主义核心价值观的重要源泉,也是我们在世界文化激荡中站稳脚跟的坚实根基,而长城凝聚了中华民族自强不息的奋斗精神和众志成城、坚韧不屈的爱国情怀,已经成为中华民族的代表性符号和中华文明的重要象征。

二、长城文化是对中华优秀传统文化的生动诠释

中国长城历史悠久,知名度享誉国内外。长城从最早的先秦时期诞生至今,历经两千多年的时间,逐步发展、完善和变迁,最终形成了一个复杂而庞大的体系。中国历史上的历代长城,最初是一项军事防御工程,这是长城作为历史产物的基本功能。作为军事功能的长城也并非仅仅是一道墙体,而是以墙体及相关设施组成的一整套防御体系,包括墙体本身及墙体上附属设

施（敌台、马面、城楼），墙体外设施（烽火台、挡马墙、壕沟、居住址）以及沿线的关隘、城堡等。此外，又不断衍生出管理、使用以及围绕各类军事、政治和社会活动所形成的多种历史文化信息，使得留存至今的有关长城的各类文化遗存呈现出非常复杂的局面。对于长城的研究，也不仅仅是对长城实体建筑的考证，还涉及军事、政治、经济、文化、地理等多个方面。作为一条以线性墙体为主线的东西延伸的狭长地带，长城地带是一块迥异于农耕文化区和游牧文化区的地带，在漫长的民族交往、文化融合、商贸往来等活动的综合作用之下发展到今天，留给我们的历史文化遗产独具特色。

从中华民族、中华文化交往交流交融的历史视角来认识长城的历史文化，可以看到历代长城具有鲜明的军事防御、经济交往、文化交流、民族交融等历史特征。长城的历史是一部以长城墙体为核心的区域社会史，是农牧文化交融史，更是一部各民族交融汇聚成多元一体格局的辉煌历史。相对于整个中国历史来说，长城历史是地方史，因此它是构成中国历史的重要组成部分。正因为有了这样一部"长城史"，才使得中华民族的历史多姿多彩、内涵丰富、文化多元却又具有极强的凝聚力、向心力，典型地展现了中华民族共同体多元一体、共生共荣的深刻内涵。

从文化遗产的视角来认识，长城文化具有鲜明的农耕文化与游牧文化交流碰撞、高度融合的特征，是中华文化的重要组成部分，具有丰富的历史文化价值，其内涵、种类、构成和融合都非常丰富、深入，可以说，长城文化是对中华优秀传统文化的生动诠释。

认识和理解长城文化符号，要从以下几个层次来把握：一是作为宝贵文化遗产的长城文化，这是其最基础、最具体的文化内涵，也是长城文化其他层次内涵赖以存在的基础。具体包括与长城有关的考古遗迹遗存、非遗、民俗文化、传统村落文化、民间信仰等，这些文化遗产是民族融合与文化交汇的历史见证。二是文学、文化意象中的长城文化，历史上留下了许多与长城主题有关的诗文、故事等名篇佳作,例如民间传说故事《孟姜女哭长城》、汉乐府诗歌《饮马长城窟行》以及唐代以长城及其相关意向为主题的大量边塞诗等等。三是在近现代形成的,以抵御外侮、寻求民族独立解放为主题的近现代长城文化,其主体内涵是保家卫国、众志成城。著名的长城抗战可歌可泣、永载史册,是中华各族人民共同抗击日本侵略者的伟大壮举。这一时期产生的《义勇军进行曲》,后来成为中华人民共和国国歌,传唱至今,其中一句"把我们的血肉,筑成我们新的长城",就鲜明地体现了保家卫国、众志成城的长城文化。在流行歌曲中,产生了《长城谣》《万里长城永不倒》《长城长》等以"长城"为主题的歌曲,"万里长城万里长,长城外面是故乡""都说长城两边是故乡,你知道长城有多长""万里长城永不倒,千里黄河水滔滔"等歌词名句脍炙人口、流传甚广,无一不将长城文化作为中华民族精神的象征,展现着中国人民的家国情怀,鼓舞着中华民族奋勇向前。四是以长城命名文化地标、文化品牌。新中国成立以来,特别是改革开放以来,经济发展、文化繁荣、社会进步,改善人民生活水平成为时代主题,由此产生了许多以长城命名的文化地标、文化品牌,长城所承载的伟大精神也深深融入中华民族的血脉之中,成为实现中华民族伟大复兴的强大精神力量。

三、让长城文化在新时代熠熠生辉

我们今天弘扬长城文化,要抓住长城精神的实质。既不能局限在狭隘的概念之中,也不能将特定时空条件下的概念与今天的同一概念混淆。"众志成城"是长城精神的新内涵。时代和社会的变迁会让文化遗产有不同内涵,因此要辩证地、联系地、发展地看待问题。只有从实现中华民族伟大复兴的最高目标来认识长城历史与文化在中华文明中的地位和作用,才能够正确阐释长城的历史价值、文化价值和当代价值。

经过不同时代，不断地赋予长城以新的内涵、新的精神和新的阐释。要对符号和形象的基本内涵进行科学、准确、精炼的阐释。要把中国历代长城的修筑历史、分布范围、基本形制及其文化内涵讲清楚，用高度概括和凝练的语言表述出来。内涵的表述要符合学术研究、公共认知和历史文化传统，能够经受住时间的考验，使其成为中华优秀传统文化和中华民族的最佳代表者和传承者。

长城文化内涵具有复杂性、多层次性，并随着时代的变迁而不断发生变化。我们要做好长城文化价值发掘和文物遗产传承保护工作，弘扬民族精神，为实现中华民族伟大复兴的中国梦凝聚磅礴力量。要积极推进文物保护利用和文化遗产保护传承，挖掘文物和文化遗产的多重价值，传播更多承载中华文化、中国精神的价值符号和文化产品。长城文化是展现中华文化、中国精神典型的价值符号和文化产品，应该予以大力弘扬，把长城文化符号作为推进"两个打造"的重要举措、典型示范和成功案例，不断挖掘弘扬长城文化，守护传承精神根脉，让长城文化在新时代熠熠生辉。

作者：翟禹，内蒙古自治区社会科学院历史研究所副所长，研究员，北疆文化研究中心副主任

原文发表于《内蒙古日报》2022年8月29日第5版

本文为内蒙古自治区哲学社会科学规划项目《"两个打造"理论与实践研究》阶段性成果

中华文化认同视角下内蒙古民族优秀传统文化与中华文化的层次自相似性释析

德红英

学界探讨内蒙古民族优秀传统文化同中华文化层次自相似性这个论题时，首要前提是正确把握中华文化和各民族文化之间的关系。中华文化是各民族文化的统一体，这个统一体并不是指各民族文化局域放大一定倍数以后简单地和整体完全重合，也不是简单地堆砌相加而形成，而是经过不断的交流、融合、兼容并蓄、共生共荣发展起来的文化共同体。中华文化同各民族文化并非此消彼长、非此即彼的关系，而是相辅相成、相互依存的关系。

混沌学层次自相似性理论认为，"部分"呈现出与"整体"相同或者相近的结构特征，系统的不同层次也存在与系统整体相同或者相近的结构特征，"部分"包含着"整体"的若干特性，这就是"部分"和"整体"之间的层次自相似性，即系统特征蕴含在系统的不同层次之中。内蒙古民族文化作为中华文化不可分割的一部分，存在与中华文化相同或者相似的特性。中华文化的理念和思想价值往往蕴含在各民族文化中。

本文主要从民本思想、和谐思想、守望相助理念、爱国主义思想、包容性精神这些方面着手，深入分析和挖掘内蒙古民族优秀传统文化与中华文化之间的层次自相似性，从而保持对中华文化理想和价值、生命力和创造力的高度信心,增强对中华文化的认同,不断推进中华民族共同体建设。

一、民本思想

中华优秀传统文化蕴含着丰富的民本思想。《尚书·五子之歌》有言:"民惟邦本,本固邦宁。"[1]百姓是国家的根基,只有百姓稳固,国家才能稳定。随着时代的变迁和发展,民本思想也得到了不断的传承和升华。民本思想在新时代实现了新的升华,即"以人民为中心"的思想。中国共产党第十九次全国代表大会报告明确指出:"必须坚持人民主体地位,坚持立党为公、执政为民,践行全心全意为人民服务的根本宗旨,把党的群众路线贯彻到治国理政全部活动之中,把人民对美好生活的向往作为奋斗目标,依靠人民创造历史伟业"。中国共产党第二十次全国代表大会报告再次强调:"江山就是人民,人民就是江山。中国共产党领导人民打江山、守江山,守的是人民的心。治国有常,利民为本。为民造福是立党为公、执政为民的本质要求。必须坚持在发展中保障和改善民生,鼓励共同奋斗创造美好生活,不断实现人民对美好生活的向往。"新时代以习近平同志为核心的党中央明确全心全意为人民服务,是党一切行动的根本出发点和落脚点。始终把人民放在心中的最高位置,始终将人民利益放在第一位,重民爱民的民本思想在新时代的中国再一次被发扬光大。

内蒙古民族优秀传统文化也有许多同民本思想相契合的理念,例如对社会主义核心价值观中"富强"的追求。社会主义核心价值观倡导的"富强"要求一切以人民群众的根本利益为中心,时时刻刻想人民所想,急人民所急,唯有民生得到保障和改善,民生福祉得到增进和提高,国家才能稳固富强,这充分体现了社会主义核心价值观对民本思想的传承和升华。传统意义

---

[1] 王世舜,王翠叶.译注.尚书[M].北京:中华书局,2012:367.

上的生活富裕是指五谷丰登、产收两旺。各民族传统文化的节日民俗同生产具有密不可分的关系，很多节庆活动包含着免除虫兽灾害、防止干旱水涝的祈祷以及家畜兴旺、粮食丰产、牛羊肥壮、渔猎丰收等的美好愿望。达斡尔族民众有斡包节，他们在每年的春季和秋季都举行盛大的祭奠仪式，祭祀天地、山川、神灵，祈求风调雨顺、国泰民安，表达人们对农牧兴旺的美好愿望。鄂伦春族民众在篝火节这一天祭拜火，表示对火的尊敬，祈盼火神保佑人畜平安，恩赐更多的食物。鄂温克族在瑟宾节安排祭祀山神、民族歌舞表演、传统竞技、篝火晚会等环节，向山神供奉鹿、牛、羊、马奶酒等祭品，以祈求风调雨顺、人畜兴旺、四季平安。这些传统节日虽然形式和内容各异，但是都表达了各族人民对美好生活愿望的向往和追求。

富裕和勤俭密不可分，勤劳和节约是人们积累财富的两个法宝。各民族流传着很多关于勤劳致富的谚语："不经苦和累，哪得丰收年"（达斡尔族）、"生活想致富，靠勤俭持家"（达斡尔族）、"明天推明天，永远难实现"（鄂温克族）、"不劳动就没有快乐"（鄂温克族）、"马勤快在腿上，狗勤快在嘴上，鸟勤快在翅上，人勤快在手上"（鄂伦春族）、"狩猎才能得到禽兽，勤劳才能有吃穿"（鄂伦春族）[1]等，这些谚语提醒人们要勤俭生活，勤劳才会有收获。各民族的民间文学作品也都记录了勤劳致富、艰苦射猎、汗洒田禾的故事和传说。在各民族民间文学作品中，英雄舍己为民、英勇无畏，战胜象征自然力的妖魔鬼怪以及人间恶势力等的故事，表达了对族群强大和对国家强盛保护民众的强烈愿望，例如蒙古族的《江格尔》、鄂伦春族的《英雄格帕欠》等。

事实上，国家繁荣昌盛、人民幸福安康是各民族世世代代孜孜以求的目标和心声。

---

[1] 李树新.达斡尔族、鄂温克族鄂伦春族谚语文化研究[M].北京：商务印书馆，2019.

二、和谐思想

中华文化崇尚和谐,强调"天人合一""神形合一""和为贵""协和万邦"等理念。在人与自然的关系上,中国传统思想主张"天人合一",强调人类活动应当顺应自然规律,保护自然、尊重自然,实现人与自然的和谐相处。中国古代将人与自身的和谐称为"神形合一",主要是指保持平和、恬淡的心态,具有良好的道德修养和人格,以实现个人身心和谐。在人与人的关系上,中国传统和谐思想主张"和为贵",通过宽和处世创造人际和谐的社会环境。在处理民族与民族、国家与国家之间的关系上,中国传统和谐思想主张"协和"而非"征服",即在平等基础上和平共处、亲善和睦。

随着时代的发展,和谐思想的内涵在不断变化中得到丰富和升华。中国共产党第十六届中央委员会第四次全体会议正式提出了"构建社会主义和谐社会"的概念,中国共产党第十六届中央委员会第六次全体会议提出按照民主法治、公平正义、诚信友爱、充满活力、安定有序、人与自然和谐相处的总要求构建社会主义和谐社会,中国共产党第十八次全国代表大会把"和谐"作为培育和践行社会主义核心价值观国家层面的基本范畴。习近平总书记多次强调要努力建设人与自然和谐共生的美丽中国,我们要建设的现代化是人与自然和谐共生的现代化。2020年,在联合国生物多样性峰会上,习近平总书记首次提出"万物和谐"、共建"万物和谐的美丽世界"的倡议,不但体现了物种与物种的和谐、人与自然的和谐,而且体现了不同国家、不同民族、不同文明之间的和谐,传递了对人类社会未来走向的深邃思考,展现了构建人类命运共同体的美好前景。

内蒙古民族优秀传统文化也有许多同和谐思想相契合的理念,主要体现在以下几方面。

（一）人与自然的和谐

内蒙古各民族在生活和生产中形成了爱护大自然，与大自然和谐相处的习惯，并且在各民族的习惯法、禁忌、口头文学等方面反映了人与自然的和谐，同中华文化的和谐思想具有一致性。蒙古族认为"万物皆有生命也有神灵"，很早就意识到万物共存的道理，并且在日常行为中保留或者保护着它们的生命和生存环境。蒙古族民众采割柳条时，有不能成片连根割尽的习俗；蒙古族还有限制家畜的数量，防止家畜与野生食草动物争夺食物的习俗；蒙古族民众保护野生动物，禁杀孕兽。《元史·刑法志》记载："诸每月朔望二弦，凡有生之物，杀者禁之。诸郡县正月五月，各禁杀十日，其饥馑去处，自朔日为始，禁杀三日。"[1]很多民族在生产生活中形成并且遵从一定的禁忌。这些禁忌对人们的语言、行为、思想、道德产生一定的约束力，进而使人们进行某些调整和规范。鄂伦春族猎人外出打猎时，不得随便猎杀动物，如有违背，猎人会在狩猎期间诸事不顺、空手而归。这些观念虽然具有浓厚的自然崇拜色彩，但是包含了人与自然和谐相处的朴素的生态观念，在客观上发挥了保护自然界的作用，对当今的生态环境建设也具有一定的借鉴意义。

（二）人与社会的和谐

社会和谐是民族优秀传统文化的普遍价值取向。传统社会的习惯法、家族法、乡规民约约束和教育社会成员，进而维护社会良好秩序，有些民族通过习惯法调节和约束人们的行为。《成吉思汗法典》规定，对贫困的民众、医生、有学问的人免征税收。传统的习惯法在一定程度上发挥了维护人与人之间的公平正义、维持村寨和谐安宁的法治作用。相对而言，汉族更为注重家族法。家族法主要用来维系一个家族内部的关系，对其他家族没有约束力和强制性；不同的家族，家族法也各不相同。此外，很多民族注重通过乡

---

[1]〔明〕宋濂.元史.刑法志·卷一〇五[M].北京：中华书局，2018：2683.

规民约来协调社会关系，这是人们日常社会生活和交往中最主要的规则。与习惯法和家族法相比，乡规民约更加成熟、更加严密，在形式上更具有严肃性，在范围上更具有公开性，在制定上更具有自觉性。

和谐思想在各民族的文学作品、谚语、生活习俗中也有所体现。蒙古族史诗《江格尔》表现了人民对建立丰衣足食，人们相亲相爱，没有战乱、孤寡的美好社会的向往。古代民众总结了"入乡问俗""入乡随俗"等生活交往的经验，习惯法、家族法、乡规民约的合理成分起到了协调人与人之间的关系，约束人们的不当行为和言论的作用，使社会关系更加和谐团结。

社会和谐表现在尊老爱幼方面，"孝敬父母的思想品德，更是我国各族人民的传统美德。这是千百年来维系我国家庭这一社会生活组织形式的重要伦理道德准则"[1]。达斡尔族、鄂温克族、鄂伦春族要求晚辈尊敬长辈、孝顺父母，认为"恭谨乃道德之本"。传统仪式、生活习俗、民间文学作品也体现了尊敬老人、孝顺礼让的思想美德。这些民族的老人讲话有威信，在各种场合都能够得到优待和敬重。"晚辈人见到长辈要请安礼，平辈人见面也要互致请安礼问候。磕头礼在祈神祭祖、婚丧、节庆等庄重场合施行。"[2] 各民族的大量谚语也体现了子女对父母的感恩之心，父母长辈对子女后代的惦念和眷顾，人们对兄嫂、儿媳等女性的赞美，例如"你赡养父母，你的孩子才赡养你"（达斡尔族）、"大雁飞走不忘讲述山林，孝子远行不忘讲述母亲"（鄂伦春族）、"慈善之母的暖心牵挂在儿身上，不孝之子的寒心远游在江海边"[3]等等。

社会和谐体现在平等思想方面，各民族的优秀传统文化体现了人们相互尊重、和睦相处的平等思想。平等思想表现在办事公平上，公平允正的观念

---

[1] 佟锦华.藏族文学研究[M].北京：中国藏学出版社，2002：24.
[2] 中国少数民族修订编辑委员会.中国少数民族[M].北京：民族出版社，2009：127.
[3] 李树新.达斡尔族、鄂温克族、鄂伦春族谚语文化研究[M].北京：商务印书馆，2019：236.

体现在日常生活生产的点滴之中。公平是早期各氏族赖以生存发展的基础。达斡尔族流行着"物虽少要分均"等谚语,体现了生产活动再分配的公平;蒙古族搏克比赛规则规定参加者不区分年龄、不区分体重、不区分身份地位、不区分贫富贵贱、不区分地域,体现了蒙古族搏克比赛的平等原则,被人们称为"搏克精神"。平等思想还表现在以平等地位为基础的个体交往关系方面。《成吉思汗法典》规定:"每个人不论贫富与贵贱都平等劳动,强调在劳动的义务上每个人都必须履行,不能因为地处高位或拥有财富而免于工作。"[1]古代蒙古族有结拜安达(结拜兄弟)的传统习俗,结拜安达构建了人与人之间以自由、平等为基础的相识、往来关系。

人与自然和谐共生,个体之间和而不同,民族之间平等团结,是各民族优秀传统文化的普遍价值取向,体现了尊重差异、在差异中求同的观念。

三、守望相助理念

《孟子·公孙丑上》有言:"取诸人以为善,是与人为善者也。故君子莫大乎与人为善",意思是指要待人善良、乐于助人;《孟子·滕文公上》有言:"出入相友,守望相助",这里的"守望相助",最初是指为了对付来犯的盗贼或者意外的灾祸,邻近各村落和邻里之间的互相援助,后引申为邻里和睦、同舟共济、共同应对挑战、互相关爱和帮助之意。

守望相助是各族人民共同的理念和追求。各民族在长期劳动生活中,对团结互助合作精神有深刻认识。人们宰杀牲畜时把一些兽肉赠给邻居和亲友,与他们分享食物;渔民打鱼途中遇到路人,无论认识与否,都要赠予一部分鱼;猎人获得猎物时,会分享给相遇的人,这几乎是早期狩猎民族都必

---

[1] 内蒙古典章法学与社会学研究所.成吉思汗法典及原论[M].北京:商务印书馆,2007.

须恪守的伦理准则和道德要求。"团结友爱、以诚待人"是蒙古族自古崇尚的基本理念。《蒙古秘史》记载,成吉思汗的第十一代女祖阿阑豁阿用绑在一起难以折断的五支箭教育族人团结和睦,即蒙古族历史上"阿阑豁阿五箭训子"的故事。各民族的民间谚语也体现了守望相助理念,例如"团结协作是放排人的命根子,舵手是放排人的主心骨"(达斡尔族)、"猎物打多了、理应分给大伙儿;一家有难,理应十家帮助"(鄂温克族)、"歌子齐唱声势大猎户齐心力量大"(鄂伦春族)[1]等等,充分体现了各民族对团结互助重要性的认识和推崇。

四、爱国主义思想

《周易·乾》有言:"天行健,君子以自强不息",意思是君子应当勤奋、拼搏。明末清初思想家顾炎武《日知录》中提出"保国者,其君其臣肉食者谋之;保天下者,匹夫之贱与有责焉耳矣",意思是国家的兴衰每个人都有密切的关系,关乎所有人的利益,每一个百姓都有义不容辞的责任。

爱国主义思想既是中华文化的精华,也是各民族优秀传统文化的基本精神,得到了不断的弘扬和传承。各民族在历史上无论是促进和维护祖国统一还是抵御外来侵略都表现出强烈的爱国主义精神。蒙古族《祝灭寇班师还》《太平颂》《江格尔》等作品反映了蒙古族民众同形形色色的掠夺者和奴役者进行英勇顽强斗争、保家卫国的英雄气概。达斡尔族民众在沙俄入侵黑龙江流域时奋起反抗,英勇不屈,多次击退沙俄侵略者的入侵,表现了爱国主义精神和思想觉悟。达斡尔族《思乡诗》《驻守边卡》《巡察额尔古纳、

---

[1] 李树新.达斡尔族、鄂温克族、鄂伦春族谚语文化研究[M].北京:商务印书馆,2019:201.

格萨尔毕齐河》等[1]叙事诗表达了忠于国家、恪尽职守、身先士卒、不畏艰险的爱国主义精神。各民族的谚语也充分展示了爱国主义传统和民族品格："为国家全力以赴，乃明智人的行为"（达斡尔族）、"骏马爱草，牧民爱祖国"（鄂温克族）、"人民爱国家，国家才安定"（达斡尔族、鄂温克族、鄂伦春族）"骏马的蹄力有限，人民的智慧无穷"（蒙古族）[2]等，是各民族的爱国精神的真实写照。

五、包容性精神

中华文明是一个"求同"而非"排异"的文明，之所以源远流长，是因为文明体系的包容性。习近平总书记在"一带一路"高峰论坛上指出："古丝绸之路绵亘万里，延续千年，积淀了以和平合作、开放包容、互学互鉴、互利共赢为核心的丝路精神。这是人类文明的宝贵遗产。"尊重文化多样性不仅是中华文化的基本特性，也成为人类共识。长久以来，内蒙古各民族在共同生活居住、共同学习交往等活动中，形成了相互尊重、包容多样，你中有我、我中有你的和谐发展局面。据不完全统计，内蒙古自治区平均每八个家庭中就有一个家庭是多民族融合家庭。人们相互包容、相互学习、相互欣赏，不仅和和美美欢度中华民族传统佳节，也其乐融融共度民族节日。蒙古族图案中不仅有蓝天白云，草原牛羊，而且出现象征爱情的鸳鸯、寓意多子多福的石榴以及牡丹等花卉，这些源自于北方农耕地区的图案艺术，被蒙古族沿用并且流传至今，充分体现了蒙古族文化的包容性以及同各民族相互学习和交往交流交融的事实。内蒙古的饮食文化也体现了包容性，茶就是各民

---

[1] 奥登挂，呼思乐.译.达斡尔族传统诗歌选译[M].呼和浩特：内蒙古人民出版社，1991：72-79.
[2] 李树新.达斡尔族、鄂温克族、鄂伦春族谚语文化研究[M].北京：商务印书馆，2019：229-231.

族互相学习，不断交往交流交融的典型例证。达斡尔族诗人敖拉·昌兴的诗歌作品中反映了各民族交往交流交融的历史事实，例如《百花诗》中六十四种花名结合中国十六位古代人物的故事典故，表现了他们的兴趣爱好[1]。诗里的花卉和历史名人的爱国主义思想既是中华文化的精华，也使各民族优秀传统文化的基本精神得到弘扬。"梅花开放，木兰花蓓蕾，木蟹花坚实，木槿花娇脆，孟浩然这时节踏雪寻花卉。"为了让达斡尔族乡亲们开阔眼界、增长知识，敖拉·昌兴把梅花、木兰花、木蟹花、木槿花的特点同孟浩然的典故巧妙结合，不仅呈现了各色花卉，也让达斡尔族乡亲了解了唐代诗人孟浩然。

可见，各民族文化的交往交流交融既要传播各民族文化的知识性内容，也要传播中华文化的包容性精神，要树立相互包容、相互欣赏、互相借鉴、共同繁荣发展的意识，虚心学习、积极借鉴各民族思想文化的益处和精华，推动各民族优秀传统文化创造性发展和创新性转化，为中华文化的发展保持活水源头。

各民族文化同中华文化的自相似性既体现了中华文化的博大精深、兼收并蓄和强大的民族凝聚力，也体现了各族民众对共同拥有的中华文化的认同感和归属感。我们要深入挖掘各民族文化同中华民族文化相契合的时代精神和思想价值，为推进中华民族共有精神家园建设、铸牢中华民族共同体意识奠定思想之基。

作者：德红英，内蒙古自治区社会科学院民族研究所副所，研究员
原文发表于《内蒙古民族大学学报》（社会科学版）2022年第6期

---

[1]奥登挂,呼思乐.译.达斡尔族传统诗歌选译[M].呼和浩特:内蒙古人民出版社,1991.

中华优秀传统文化与马克思主义的内在契合性研究

其乐木格

坚持和发展马克思主义，必须同中华优秀传统文化相结合。只有植根本国、本民族历史文化沃土，马克思主义真理之树才能根深叶茂。习近平总书记在文化传承发展座谈会上强调："在五千多年中华文明深厚基础上开辟和发展中国特色社会主义，把马克思主义基本原理同中国具体实际、同中华优秀传统文化相结合是必由之路。这是我们在探索中国特色社会主义道路中得出的规律性的认识，是我们取得成功的最大法宝……'结合'的前提是彼此契合。马克思主义和中华优秀传统文化来源不同，但彼此存在高度的契合性。相互契合才能有机结合。"[1]习近平新时代中国特色社会主义思想之必须坚持人民至上、必须坚持自信自立、必须坚持守正创新、必须坚持问题导向、必须坚持系统观念、必须坚持胸怀天下的世界观和方法论与中华优秀传统文化之天下为公、民为邦本、为政以德、革故鼎新、任人唯贤、天人合一、自强不息、厚德载物、讲信修睦、亲仁善邻等宇宙观、天下观、社会观、道德观有着高度的契合之处，因此，已然成为延续中华文明的思想脉，

---

[1]习近平在文化传承发展座谈会上强调 担负起文化使命 努力建设中华民族现代文明[N].人民日报，2023-6-3.

成为我国重要的治国之道。因此，我们有必要深入研究中华五千年文明中的思想精华，探求其中蕴含的世界观、价值观、方法论等哲学思想，以其深邃的思想内涵不断丰富发展新时代中国特色社会主义思想，推进理论创新；同时传承弘扬中华优秀传统文化，使其在新时代得到创新性发展与创造性转化，为实现中华民族伟大复兴提供重要的理论支撑。

"中华优秀传统文化与马克思主义的契合性"是一个内容广泛的研究课题。因此，本文主要从"方法论"视角入手，研究阐释中华优秀传统文化思想方法论与马克思主义思想方法论的内在契合性。

一、中华优秀传统文化大道之行、天下为公的世界观与马克思主义对共产主义社会的追求具有高度契合性

中华优秀传统文化"大道之行也，天下为公"（戴圣《礼记·礼运篇》）、"修身齐家治国平天下"（《礼记·大学》）等价值理念都曾强调"天下"，即倡导创造和平稳定、和谐发展的社会环境。"天下"的观念，寄托了中国思想家和政治家崇高而博大的政治理想、道德情怀和价值信仰，成为提高个人修养以及国家领导者心系普天下黎民百姓安居乐业的博大胸怀。儒家的社会梦想是从小康到大同，并描写了和睦的大同社会，那是理想而崇高的政治目标。孔子"祖述尧舜，宪章文武"（《礼记·中庸》），提出理想的社会应是"老者安之，朋友信之，少者怀之"（《论语·公冶长》）。孟子曰："尧舜之道，不以仁政，不能平治天下。"《礼记·礼运》讲道："大道之行也，天下为公，选贤与能，讲信修睦。故人不独亲其亲，不独子其子，使老有所终，壮有所用，幼有所长，鳏寡孤独废疾者皆有所养。男有分，女有归。货恶其弃于地也，不必藏于己；力恶其不出于身也，不必为己。是故谋闭而不兴，盗窃乱贼而不作，故外户而不闭。是谓大

同。"[1]《礼记·礼运》在孔子、孟子论述的基础上，提出"大同"的社会梦想和政治目标，把"天下为家"的夏、商、周三代称为小康，而以"天下为公"为大同社会的本质特征。近代康有为在《大同书》中具体描写了"大同之世，天下为公，无有阶级，一切平等"的人类社会远景，揭露了人世间由于不平等而产生的种种苦难，提出"去九界"以达人类"大同"，把"大同"作为人类共同的太平理想。孙中山提出"世界大同主义"，以"天下为公"为目标，以三民主义为途径。可以看出，中华传统思想文化之"大同"是社会最高理想。

中华优秀传统文化中的天下观与马克思主义人的全面发展和全人类解放的终极目标有着高度的契合性。实现个人的自由全面发展、全人类的解放是贯穿于马克思全部理论的主题、根本思想和始终如一的目标。马克思在《1844年经济学哲学手稿》中指出："共产主义是对私有财产即人的自我异化的积极的扬弃，因而是通过人并且为了人而对人的本质的真正占有；因此，它是人向自身、也就是向社会的即合乎人性的人的复归。"[2]《德意志意识形态》中讲道："个人的全面发展，只有到了外部世界对个人才能的实际发展所起的推动作用为个人本身所驾驭的时候，才不再只是作为理想、作为职责等等存在于想象之中，而这也是共产主义者所向往的。"[3]在《共产党宣言》中说："代替那存在着阶级和阶级对立的资产阶级旧社会的，将是这样一个联合体，在那里，每个人的自由发展是一切人的自由发展的条件。"[4]《政治经济学批判（1857—1858年手稿）》中将人的发展分为三个阶段，其中建立在个人全面发展和他们共同的、社会的生产能力成为从属于他们的社会财富这一基础上的自由个性，是第三个阶段。《资本论》（第一

---

[1] 胡平生，陈美兰.译注.礼记孝经[M].北京：中华书局，2007：110.
[2] 马克思.1844年经济学哲学手稿[M].北京：北京人民出版社，2018：230-231.
[3] 马克思恩格斯全集：第三卷.1956：330.
[4] 马克思恩格斯选集：第一卷.2012：422.

卷）中将"自由"和"全面"联系起来，形成对未来共产主义社会的新判断，认为共产主义社会是每一个人的全面而自由的发展为基本原则的社会形式。马克思主义的最终目标就是全人类的解放和人的全面、自由的发展，即人类从必然王国走向自由王国的过渡。在马克思看来，只有在共产主义社会，人们才能从必然王国过渡到自由王国，人们才能得到全面、自由的发展。中国共产党正是坚持发展马克思主义人的全面发展与全人类的解放理论，同中华优秀传统文化中的"大道之行也，天下为公"的思想命题和"大同"理念相结合，创新提出"胸怀天下"的世界观和方法论。要求拓展世界眼光，深刻洞察人类发展进步潮流，积极回应各国人民普遍关切，为解决人类面临的共同问题作出贡献，以海纳百川的宽阔胸襟借鉴吸收人类一切优秀文明成果，推动建设更加美好的世界。这不仅彰显了中国共产党博大的世界情怀和坚定的大国担当，为解决国内国际问题提供了行动指南和基本遵循，也充分讲明了中华优秀传统文化"和谐""大同"思想理念的价值地位。

二、中华优秀传统文化的民本思想与马克思主义人民是历史创造者的历史唯物主义思想具有高度契合性

民本思想是中国自古以来倡导的根本从政价值理念，是中国传统文化中极其重要的思想资源，主要表现为重民、贵民、安民、恤民、爱民等。《尚书·五子之歌》记载了古代最早的民本思想："皇祖有训，民可近不可下，民惟邦本，本固邦宁。"[1]主张统治者要以百姓为国家的根本，以此作为治国之道。先秦儒学代表人物孔子，继承三代重民之传统，反复强调治国要以民为本。他提出"为政以德"[2]的为政思想，强调道德对政治生活的

---

[1] 慕平.译注.尚书[M].北京：中华书局，2009.
[2] 万丽华，蓝旭.译注.孟子[M].北京：中华书局，2007：324.

决定作用，主张以道德教化为治国的原则。他认为一个国家能否长治久安在于普通人民群众是否真心地臣服于君主。之后，孟子在继承孔子的基础上提出"民为贵，社稷次之，君为轻"的著名观点。荀子发展前人的思想，提出"君舟民水"，意识到人民的力量及其重要性，并重视利民富民问题，认为君主越利民，自己越强；反之则亡。儒家的民本思想主张"执政者先要给民众以必要的土地（有恒产）和劳作时间（使民以时），使民众生活有保障；然后倾听百姓的心声，与民同乐，选贤任能要符合国人意愿，并采风纳谏，了解民众的怨诉，做到政通人和"。[1]唐宋时期民本思想，得到重要发展，唐太宗对荀子的观点十分欣赏，在与君臣讨论国家的治理问题时多次引用，在《贞观政要·论政体》一文中说："君，舟也；人，水也。水能载舟，亦能覆舟。"[2]由此可见，我国传统民本思想已经充分认识到人民对于国家、对于统治的重要性。治国安邦是我国自古以来所提倡的治国之道。例如，"政之所兴，在顺民心；政之所废，在逆民心"[3]的关乎政策推行是否顺乎民心的思想观念是几千年来根植于中国人的血脉中的重要价值取向，是治国安邦的重要因素。

中华优秀传统文化"民为邦本""以政为德""民贵君轻"的民本思想与马克思主义关于"人民是推动历史前进的主体，是社会历史的创造者"这一理论具有高度的契合性。二者都重视人民群众创造历史的作用和地位。历史唯物主义认为，社会历史首先就是物质资料生产者的历史、劳动群众的历史；人民群众是社会物质财富的创造者、精神财富的创造者，是社会变革的决定性力量；人民群众是历史的创造者和推动社会前进的决定力量。中国共产党自执政以来，继承和弘扬"民本思想"，将马克思主义基本原理同中国实际和中华优秀传统文化的民本思想结合起来，进行理论创新，提出"群众

---

[1] 牟钟鉴.儒道佛三教关系简明通史[M].北京：人民出版社，2018：10.
[2] 骈宇骞，齐立洁，李欣.译注.贞观政要[M].北京：中华书局，2012：22.
[3] 李山.译注.管子[M].北京：中华书局，2009：5.

路线""以人为本""坚持以人民为中心"等重要思想,并将其作为党的生命线和根本工作路线。在中国革命、建设和改革的具体实践中,始终坚持、贯彻马克思主义人民立场观点和方法,坚持一切为了群众、一切相信群众、一切依靠群众,以全心全意为人民服务作为中国共产党的初心和使命。习近平新时代中国特色社会主义思想继承发展中华优秀传统文化中的民本思想,提出"坚持人民至上"的方法论,倡导"江山就是人民,人民就是江山"理念,将为民造福事业视为立党为公、执政为民的本质要求。习近平在纪念红军长征胜利80周年大会上发表重要讲话,告诫全党必须牢记"水能载舟,亦能覆舟"的道理,认为"忘记了人民,脱离了人民,我们就会成为无源之水、无本之木,就会一事无成"。"坚持人民至上"是习近平新时代中国特色社会主义思想最根本的理念,提倡党员干部要始终与人民同呼吸、共命运、心连心,团结带领人民续写改革新篇章,确保改革取得成功正是这一理念的充分体现。

三、中华优秀传统文化知行合一的实践观与马克思主义实践观具有契合性

中华优秀传统文化中儒家以"仁义礼智信"为价值准则,用来规范人的行为,强调修身、做人,从而调和人与社会的关系,以为社会实践服务为目的。中国传统哲学思想虽然是以提高心灵境界为出发点,但它提倡人们获得一种新的看待世界的方式方法,从而为社会实践服务找到了精神指引。它与西方哲学思想中通过概念逻辑演义追求真理性理念有着根本的区别,具有关切社会现实问题的针对性,以实践智慧的态度关注如何让人的生活世界与天道保持一致。儒家在理论(思辨)与实践之间,更注重发展实践智慧,而不是理论智慧。在儒家看来,内心境界要通向现实世界,就必须由实践来完

成，实践的智慧必须化为实践的行动。儒学从《尚书》起就讨论了"知"和"行"关系，认为"非知之艰，行之惟艰"。《中庸》提出"博学慎思明辨笃行"，其中就包括"笃行"，这是《中庸》实践智慧的重要方面。因此，儒家思想强调实践智慧必须化为实践的行动，达到知行合一的境界。孔子主张德行合一，而不主张把德仅仅看作内在的品质，强调要同时注重外在的行为，可见儒家的实践智慧强调践行的意义。同时"知"不是仅仅做选择、做判断，或进行推理，"知"必须关注行，联结到行，落实到行。明代王阳明提出"知行合一"，强调"知"和"行"的统一，认为"真知即所以为行，不行不足谓之知"，"知之真切笃实处即是行，行之明觉精察处即是知"[1]，重视"知行合一"。由此看出，"实践性"是儒家思想的主要特征之一。对此，陈来先生曾指出，"中国哲学的传统非常重视实践智慧，可以说，实践智慧一直是中国哲学的主体和核心"。[2]

中国哲学思想中的"知行合一"观点与马克思主义的"实践"观具有契合之处。"实践"是马克思主义理论核心观点。马克思主义提出"实践"概念，并在实践基础上建立了辩证唯物主义和历史唯物主义理论体系，超越了西方哲学以解释世界为主要目的的传统形而上学理论体系。马克思主义关注的不仅是如何解释世界的问题，而更关注如何用理论来指导实践，改变世界的问题。马克思主义之所以产生，就在于它深刻地分析了资本主义社会的内在矛盾，创造了无产阶级的革命理论。但是，革命的理论如果要"改变世界"，就一定要见之于实践。中国古代哲学也主张实践，不仅强调修身、做人，更强调"经世致用"，要求做学问要关注现实需要，要有益于国计民生。随着马克思主义哲学传入中国，毛泽东、邓小平等中国共产党领导人在继承传统哲学"经世致用"思想主张的基础上，将马克思主义哲学的基本理

---

[1]王阳明,传习录,114节.
[2]陈来.论儒家的实践智慧[J],哲学研究,2014(8).

论和方法应用于现实的中国社会，用马克思主义科学的世界观与方法论来指导中国革命与建设实践，在科学分析中国社会现状的基础上制定正确的路线方针政策。习近平总书记在《辩证唯物主义是中国共产党人的世界观和方法论》中强调，"实践决定认识，是认识的源泉和动力，也是认识的目的和归宿。我国古人关于知行合一的论述，强调的也是认识和实践的关系。"[1]充分体现了中华优秀传统文化"知行合一""经世致用"思想理念与马克思主义"实践观"之间的内在契合性。当前，世界处于百年未有之大变局，机遇与挑战并存的情况下，若想赢得主动，就得重视实践，深入实践，做到知行合一。

四、中华优秀传统文化"阴阳观"与马克思主义矛盾分析法具有契合性

中华传统文化中蕴含着丰富的辩证法思想，主要体现在事物矛盾及发展变化的规律性的认识与掌握中。其中，"阴阳"是中华传统文化中一对至关重要的矛盾概念。《周易》《易经》是中国传统哲学辩证法思想的主要代表作。《系辞》中"一阴一阳之谓道"[2]的哲学命题，说明一切事物构成和发展的总规律，认为一切事物都有对立的两个方面、两种力量，相反相成，相互推移，不可偏废，构成事物的本性及其运动的法则。中华传统文化的"阴阳观"认为，由于事物自身包括对立面的统一，所以事物内在才有变化。此外，老子哲学思想也体现着丰富的辩证法思想，为治国理政提供了重要依据。比如，《道德经》："知常曰明。"认为，知道事物变化的常理，人的思想就明智、全面，才能达到胸怀广阔，才能立于不败之地。《道德经》："有无相生，难易相成，长短相形，高下相倾，声音相和，前后相

---

[1] 习近平. 辩证唯物主义是中国共产党人的世界观和方法论[J], 求是, 2019(01).
[2] 郭彧. 译注, 周易[M], 北京：中华书局, 2006: 360.

随。"[1]认为,要辩证看待一切。同时,进一步提出物极必反的观点。"祸兮,福之所倚;福兮,祸之所伏。"[2]说明事物的发展是普遍联系的,要顺应它的客观规律性,要相对看待。直至今天,老子分析事物矛盾的辩证思想仍是人们推崇并遵循的重要原则,对人们的思想和行为产生了积极的影响。这些思想理念不仅深刻影响了人们日常生活中对待各种事物、处理社会关系的主要方式方法,也成为历代政治思想家的治国之道,具有重要的价值。

马克思主义哲学的矛盾思想与儒家哲学的阴阳之道,道家哲学的"有无、难易、祸福"之辩以及兵家关于存亡、死生的论述存在相通之处。辩证唯物主义矛盾原理认为,世界上的任何事物都是矛盾的统一体。事物内部或事物之间既相互联结、相互依存、相互渗透,又有相互排斥、相互对立、相互否定的一面。对立统一是辩证法的实质和核心。矛盾运动的基本原理要求我们必须坚持具体问题具体分析,用一分为二的观点、全面的观点看问题,坚持两分法、两点论。要善于从事物的个性中概括出事物的共性,要坚持共性和个性的具体的历史的统一。马克思在《资本论》中从商品这个资本主义社会的"细胞"入手,运用矛盾分析的方法,揭示了资本主义社会矛盾发展的全过程。列宁指出这种方法是辩证法的研究方法。列宁对帝国主义的分析、毛泽东对中国革命问题的分析等,都是运用矛盾分析方法的范例。习近平总书记重视运用矛盾分析方法,强调坚持问题导向。问题是事物矛盾的表现形式,我们强调增强问题意识、坚持问题导向,就是承认矛盾的普遍性、客观性,就是要善于把认识和化解矛盾作为打开工作局面的突破口。习近平总书记在《辩证唯物主义是中国共产党人的世界观和方法论》中指出,"中国人早就知道矛盾的概念,所谓'一阴一阳之谓道'。矛盾是普遍存在的,矛盾是事物联系的实质内容和事物发展的根本动力,人的认识活动和实践活

---

[1] 饶尚宽.译注,老子[M],北京:中华书局,2007:5.
[2] 饶尚宽.译注,老子[M],北京:中华书局,2007:140.

动,从根本上说就是不断认识矛盾、不断解决矛盾的过程".[1]明确说明马克思主义辩证唯物主义矛盾观与中华优秀传统文化"阴阳观"之间的某种契合之处。这一思想理念,自古以来一直是人们认识世界、改变世界的思想引导,并在与马克思主义矛盾观的结合中,得到创造性转化创新性发展,以独特内涵丰富了当代中国马克思主义思想方法论。

五、中华优秀传统文化整体关联思想观念与马克思主义哲学事物普遍联系观有着高度契合性

整体关联性地看问题是中国哲学思想的重要特征。楼宇烈先生一直认为整体联动、动态平衡、自然合理是中国传统哲学的三大思维底蕴。其中,整体性、系统性看待问题是中国哲学思想区别于传统西方哲学的重要特征所在。宇宙万物都不是孤立的,而是关联在一起。只有把部分放到整体中去,才能正确认识它。部分在整体里的任何变化,都会直接影响到整体,整体的变化也同样会影响到各部分。正因为如此,中国的思维方式不是简单的非此即彼,而是强调此离不开彼、彼离不开此,相互转化。这种整体关联性也体现在"天人合一"思想和"身心合一"思想之中。诸如"天人合一""心物一体""体用一如"等,都是整体、系统观念的主要体现。首先,天人合一体现了中国哲学的系统观。中华文化历来崇尚天人合一、道法自然,追求人与自然的和谐共生。这种方式就是把人类与大自然看作是一个生命整体。庄子讲"天地与我并生,万物与我为一",认为人与自然万物有着共同的本源,并遵循共同的法则,因而能构成相互联系的系统整体。北宋张载提出"天人合一"的概念以及"民吾同胞,物吾与也"的思想;强调包括人在内的天地万物的内在统一性。西方哲学在天人关系上主张天人二分、主客对

---

[1]习近平.辩证唯物主义是中国共产党人的世界观和方法论[J],求是,2019(01).

立，中国哲学在天人关系上则主张大化流行、生生不息、天人贯通、天人合一。其次，身心合一的生命观体现了中国哲学的系统观。中医学认为，人与自然、人与社会是一个相互联系、不可分割的统一体，人体本身也是一个有机的整体。中医学就把人的五脏六腑与五行结构相贯通，来解析人体生理与病理的关系，整体医治，而不是简单地"头痛医头，脚痛医脚"。这一思想在梁漱溟《东西文化及其哲学》中也有着重体现，认为这种整体性思维方法是与传统西方哲学思想方法完全不同的。因此，中国哲学的整体性观念是其看问题、解决问题的主要思维方法。

马克思主义特别强调事物普遍联系的思想方法，认为万事万物是相互联系、相互依存的，只有用普遍联系的、全面系统的、发展变化的观点观察事物，才能把握事物发展规律。中国共产党人高度重视运用马克思主义矛盾分析法，坚持用联系的观点观察和对待客观事物把握好事物的直接联系和间接联系，透过现象看清事物的本质。联系的系统性要求人们善于处理局部和全局、当前和长远、重点和非重点的关系，在权衡利弊中趋利避害，作出战略抉择。毛泽东同志先后提出"弹钢琴""统筹兼顾、适当安排"等协调发展思想；邓小平提出"现代化建设的任务是多方面的，各个方面需要综合平衡，不能单打一""两手抓"等协调发展思想；江泽民同志提出在推进社会主义现代化建设过程中必须处理好12个带有全局性的重大关系；胡锦涛同志提出全面协调可持续发展。党的十八大以来，以习近平同志为核心的党中央对协调发展的认识不断深化，提出"五位一体"总体布局、"四个全面"战略布局，强调重视事物的系统性、整体性与协同性。并且在党的二十大报告中特别强调，要坚持系统观念来分析解决问题。认为，在推进改革发展实践中要善于通过历史看现实、透过现象看本质，把握好全局和局部、当前和长远、宏观和微观、主要矛盾和次要矛盾、特殊和一般的关系，不断提高战略思维、历史思维、辩证思维、系统思维、创新思维、法治思维、底线思维能力，为前瞻性思考、全局谋划、整体推进党和国家各项事业提供科学思想方法。

中华优秀传统文化作为一种极其深厚的历史文化积淀，已经成为人民群众日用而不觉的共同价值观念。只有将马克思主义同中华优秀传统文化结合，才使中国特色社会主义理论彰显出"中国特色"。因此，我们要特别重视挖掘中华五千年文明史的精华，传承弘扬优秀传统文化，把其中的精华同马克思主义立场观点方法结合起来，坚定不移走中国特色社会主义道路，不断推进马克思主义中国化。

作者：其乐木格，内蒙古自治区社会科学院哲学与宗教研究所副所长，研究员

本文为2022年度内蒙古自治区社会科学院铸牢中华民族共同体意识研究基地课题成果

民族地区培育和践行社会主义核心价值观的几点思考

德红英

在民族地区，我们如何培育和践行社会主义核心价值观，以社会主义核心价值观为引领，铸牢中华民族共同体意识？其中一个最基本的原则就是要立足民族优秀传统文化。同时，我们还要将社会主义核心价值观以通俗化、日常化、新颖化的方式融入社会生活中，使民众乐于接受，化于心田，付诸行动，避免社会主义核心价值观的培育和践行停留于标签化和肤浅化层面。

一、立足民族优秀传统文化，把社会主义核心价值观融入教育中

社会主义核心价值观的培育和践行要重视教育手段的运用，要通过民族文化创新性发展与教育转化相统一来实现社会主义核心价值观在民族地区的培育和践行。

（一）借助学校教育融入

在学校教育中，将社会主义核心价值观生动具体地融入学生学习成长的全过程，积极营造培育和践行社会主义核心价值观的氛围，使学生牢固树立社会主义核心价值观。

一是与课堂教学紧密结合起来。学校应充分发挥课堂主阵地、主渠道作用，将社会主义核心价值观与语文、历史、音美等学科有机结合、渗透，将学习知识与学习做人做事紧密结合，引导学生形成正确的世界观、价值观和人生观。如，在语文课堂的诗歌阅读教学中，挖掘整理语文课本教育素材，可以选取以爱国主义为题材的诗词，通过鉴赏诗歌的语言和人物形象，引导学生体会英雄人物的爱国精神和报国情怀。二是与校园文化活动紧密结合起来。学校应充分发挥校园文化的熏陶作用，把丰富多彩的校园文化活动作为进行社会主义核心价值观教育的有效载体，使学生在喜闻乐见的校园文化氛围中全面树立社会主义核心价值观。如，召开"我与雷锋精神同行""培养良好的行为"等主题班会，培养学生要有优良的道德、诚实、守信、谦虚和礼让的精神；开展"从我做起，从小事做起"践行社会主义核心价值观讲故事大赛，讲述自己了解的先进人物，学习和践行社会主义核心价值观的事迹，畅谈自己对"践行社会主义核心价值观"的认识和体会；开学之时，利用升旗仪式、红领巾广播站、中队黑板报等多种形式宣传社会主义核心价值观内容；开展家校互动、共享传统文化、观看红色电影等活动，让学生在轻松愉悦的活动中受到熏陶和滋养。三是与课外资源紧密结合起来。走出课堂，每一处历史文化自然景观都是对学生进行审美价值观教育的丰富资源，都蕴藏着开展社会主义核心价值观教育的良好契机。挖掘本土资源，带领学生进行实地参观考察，会使学生受到身临其境的革命历史主义、爱国主义教育的洗礼。

（二）借助家庭教育融入

"家庭是社会的基本细胞，是人生的第一所学校。不论时代发生多大变化，不论生活格局发生多大变化，我们都要重视家庭建设，注重家庭、注重家教、注重家风"。家庭教育要以培育和践行社会主义核心价值观为根本，以建设文明家庭、实施科学家教、传承优良家风为重点，突出少年儿童品德教育，积极传播中华民族传统美德，汇聚起实现中国梦的强大动力。

在家庭教育过程中，通过长辈示范引领、通过代与代之间的互动交流，以民族优秀传统文化为源头，讲述并传唱具有爱国敬业、诚实守信、文明有礼、公正守法、感恩孝道等中华民族传统美德的故事和歌曲，引导家庭成员特别是下一代热爱党、热爱祖国、热爱人民、热爱中华民族，使社会主义核心价值观之花在家庭中生根、在亲情中升华。

（三）借助社会教育融入

培育和践行社会主义核心价值观，铸牢中华民族共同体意识是一个系统工程，涉及方方面面，需要全社会参与，要形成学校教育、家庭教育和社会教育多位一体的育人平台。

民族地区的社会主义核心价值观的培育和践行同样离不开社会教育这一重要路径。切实做好民族地区的社会教育，必须充分发挥当地的基地（红色教育基地、德育基地、铸牢中华民族共同体意识基地等）、文化设施（公共场所文化建设、文化娱乐场所、民俗博物馆、科技馆、图书馆、展览馆等）和融媒体的作用。积极营造各民族共事共乐共居共学的社会环境和社会结构，大力开展富有特色、贴近生活的交往交流活动，促进各民族在理想、信念、情感、文化上的团结统一，守望相助、手足情深。要积极推动社区公民道德教育和精神文明创建工作。在社区治理中，通过定期推选善行义举典型人物并进行展板；举办以"社会主义核心价值观"为主题的实践活动，如帮助弱势群体、关爱老人、义卖、志愿服务等活动，为社区群众树立弘扬中华优秀传统文化、践行社会主义核心价值观方面的良好榜样。

二、立足民族优秀传统文化，把社会主义核心价值观融入节日文化中

民族地区培育和践行社会主义核心价值观不单单要以单一民族性节日文

化为依托，还要以全民性节日和区域性节日文化为依托，为培育和践行社会主义核心价值观夯实群众基础。

一是借助节日活动融入。节日活动与人们日常生活紧密相连，与人民群众心理相吻合，组织开展丰富多彩的群众性节日活动，往往比单纯的道德说教更生动、更广泛、更有效。把社会主义核心价值观融入其中，培育和践行社会主义核心价值观就接了地气、有了基础。如，蒙古族的那达慕大会不仅是民族喜庆集会，也传承了团结、友爱与互助的精神和道德行为。在开幕式中奏国歌、升国旗，在入场仪式中展示新科技产品和优良品种，在节日期间开展党的民族政策和科学思想宣传活动、表彰劳动模范、集体祝寿、集体婚礼等。这些活动内容都能让民众在轻松愉悦的氛围中切实感知爱国主义、崇尚科学、勇于创新、诚实守信、尊老爱幼、勤俭节约等美德。再如，清明节是我国传统的全民性节日，可以立足本土红色资源，组织开展"缅怀革命先烈、传承红色基因"等系列主题活动，讲述革命先辈光荣事迹，进行爱国主义教育、党史国情教育，激发民众对革命先烈们的深深崇敬和怀念之情，增强中华民族意识和民族凝聚力。二是借助节日符号融入。节日符号蕴含着喜庆吉祥等美好的寓意，易于被民众接受和认可，将社会主义核心价值观融入这些符号元素中，再以电影、电视、小说、游艺、动画片以及饮食、服饰、广告、文创产品、艺术作品等可感可视的形式呈现出来，融入消费休闲娱乐等过程中，便使社会主义核心价值观鲜活起来，进而润物细无声地影响大众的价值取向。如，呼伦贝尔冰雪节是呼伦贝尔市的文化节日，是区域性节日的代表，冰灯、冰雕、冰画便是其典型的符号元素，以此为依托，将社会主义核心价值观融入其中，人们在领略冰雪文化的同时也能感悟英勇拼搏、团结奋斗的精神。

三、立足中华优秀传统文化，把社会主义核心价值观融入公共景观建设中

公园、广场、街道也是与人们日常生活息息相关的场所，因此，这些场所也是社会主义核心价值观宣传教育的主要阵地。我们要立足只华优秀传统文化，通过音乐、雕塑、书画、动漫、生态、科普、运动等不拘一格的表现形式，融入公园、广场、街道的主题雕塑、碑林铭文、园林景观中，让社会主义核心价值观入园、入景、入心。如，在公园或广场，借助具有民族文化符号象征的雕塑，将社会主义核心价值观的24字镶嵌在其中，既美观、醒目又亲切、生动。

培育和践行社会主义核心价值观并不能仅停留在简单的记忆层面，要让老百姓真正在生活中感受到社会主义核心价值观的存在才是最好的，才能促进社会主义核心价值观从"理论形态"向"生活形态"回归，才能增进人与人、人与家庭、人与社会、人与自然之间的深厚情感，进而形成良好的社会风尚，铸牢中华民族共同体意识的思想之基。

作者：德红英，内蒙古自治区社会科学院民族研究所副所长，研究员
原文发表于《领导参阅》2022年03月29日第12期

合理有序推动"两个打造"嵌入实践

德红英

习近平总书记指出,"一种价值观要真正发挥作用,必须融入社会生活,让人们在实践中感知它、领悟它。要注意把我们所提倡的与人们日常生活紧密联系起来,在落细、落小、落实上下功夫"。要真正地打造出更多的各民族共有共享的中华文化符号和中华民族形象,打造出具有中华文化意蕴、充分汲取各民族文化营养、融合现代文明的文化文艺作品、产品,就要嵌入社会生活中,在实践中做到有形、有感、有效。

在谈到如何推动"两个打造"嵌入实践的问题时,我们要注意把握好嵌入的三个层次,即全方位嵌入、深度性嵌入、精准性嵌入。只有把握好这三个层次,才能合理有序、有针对性地推动"两个打造"嵌入实践中,才能将作为铸牢中华民族共同体意识和推进中华民族共有精神家园建设的最有力抓手和最有效载体的作用真正挖掘和发挥出来。

一、全方位嵌入

符号和形象首先具有视觉表征性,视觉表征所呈现的文化观念,是最直观、最先被捕捉、最先被感知的文化意象。我们首先要将符号和形象的视觉表征性嵌入实践中。注重中华文化符号和中华民族形象在日常生活中的展示，打造人们广泛认同的文化标识，在视觉上增强对中华文化符号和中华民族形象的印象。

从嵌入的领域看，无论是符号、形象还是产品、作品的传递，关键在于宣传教育，达到以文化人、以文育人的效果，这就需要将其嵌入各族群众的生产生活中，体现在人们日常的点点滴滴、方方面面中。要推动"两个打造"进机关、进部队、进校园、进社区、进农村牧区、进街区、进景区；要推动"两个打造"合理有序嵌入宣传教育、学术研究、公共景观建设、旅游景区建设、艺术表演、各类参观展览、文化文艺作品创作中。要广泛宣传，凝聚共识。对人们广为接受的标识符号，要在全国各地进行广泛深入宣传，进一步引导各族群众增强中华民族自豪感，牢固树立正确的祖国观、民族观、文化观、历史观。

从嵌入的方式看，树立和突出各民族共享的中华文化符号和中华民族形象，就是通过构建完整系统的视觉表达体系，将中华文化特征、中华民族精神、中国国家形象，采取形、声、像、意等多种手段进行全面展现。通过建筑、美术、标识、影视、艺术表演等形式深刻形象地表达出来，广泛嵌入百姓的生产生活中，使之成为铸牢中华民族共同体意识的重要载体。

在表达内容上，要广泛采集日常生活中各族群众普遍接受的文化符号和标识元素，如中国结、中国茶、中国功夫、大熊猫、梅兰竹菊、筷子等蕴含中华特色的形象素材。要从各民族重要传统节日民俗文化，以及元旦、三八国际劳动妇女节、五一国际劳动节、六一国际儿童节等节日新民俗新风尚中，挖掘提炼文化符号和视觉形象，如春联、年画、年糕、饺子、元宵、粽子、红灯笼、春晚等文化元素。

在表达跨度上，要具有历时性，要注意传统与时代相结合。文化符号不仅是民族、国家的历史文化，也是现当代文化生活。在研究、挖掘中华文符号和中华民族形象的过程中,我们既不能将传统抛弃,也需要认真对待当代的中华文化符号,关注与中国当代的生活、文化环境息息相关的能体现现代中国人文化、精神的文化符号,构建一种既有传统的文化符号又有新时代的文化符号的体系,如水立方、鸟巢、神舟飞船、冬奥会会徽、冬奥会吉祥物等。

二、深度性嵌入

嵌入不仅要有广度,更要有深度。深度嵌入主要体现在两个方面:一是内涵和价值的嵌入;二是学术研究的嵌入。

文化符号和形象不仅是视觉表征的嵌入,还是其内涵和价值的嵌入。文化符号和形象之所以能促进心灵相通、凝心聚力,主要在于它所包含的意义、内涵,特别是精神价值。在表达内容上,树立和突出各民族共享的中华文化符号和中华民族形象,要深刻体现厚重意蕴,要深入挖掘中华文化符号和形象的内涵,进而凸显中华文化的丰富内涵。从伟大杰出人物、英雄模范中华提炼中华文化符号和中华民族形象,集中展现中华儿女在各个历史时期形成的伟大民族精神。如在思想领域,儒、释、道、墨等各家学说纵横捭阖,涌现出老子、孔子、庄子、孟子等一大批古代思想家,留下了浩如烟海的文化遗产。当然,我们要侧重挖掘其在当代的时代价值和精神内涵,从而推动中华优秀传统文化实现创造性转化和创新性发展。

将"两个打造"嵌入学术研究中,要加强理论研究,尤其是中华民族共同体重大基础性问题研究,加强中华民族史研究,为"两个打造"打好理论基础。要以习近平总书记关于加强和改进民族工作的重要思想为指导,结合中华优秀传统文化传承发展工程和中华文化基因研究项目实施,把理论研究作为"两个打造"的基础性工程。加大对国旗、国歌、国徽、国庆等国家象征标识，天安门、故宫、长城等国家建筑标识，长江、黄河、泰山等国家地理标识，春节、清明、端午等国家民俗标识以及中华民族精神的研究，力求全面科学揭示各民族共享的中华文化符号和中华民族形象的精神实质、内涵意义和核心特质，探索树立和突出重要中华文化符号和中华民族形象的具体路径，为规划建设中华民族视觉形象工程项目、繁荣文化艺术产品创作生产提供基础支撑。

三、精准性嵌入

从各民族共有共享的中华文化符号和中华民族形象的提炼与挖掘看，其标准和原则要精准聚焦。中华文化符号和中华民族形象要起到引领、校准、规范、教化等重要的政治和社会作用，必须以习近平新时代中国特色社会主义思想为指导，以社会主义核心价值观为引领，从革命文化和社会主义先进文化中提炼中华文化符号和中华民族形象。比如，国旗、国歌、国徽、党和国家领袖画像等国家象征标识，天安门、故宫、长城等国家建筑标识，长征、抗日战争、解放战争、抗美援朝等重大事件，一大会址、南湖红船、井冈山、延安等革命圣地，伟大建党精神、抗震救灾精神等伟大精神。在城乡建设规划，特别是在设计和命名民族地区的车站、码头、机场、博物馆、图书馆等公共设施建筑时，要注重呈现中华文化符号和中华民族形象。在各类庆典和外事活动中，也要注重展示中华文化符号和中华民族形象，突出彰显中国气象、中国气派和中华风采。

从文艺作品的创作看，要围绕中华民族交往交流交融的重要历史人物和事件，聚焦伟大建党精神及中国共产党人精神谱系，孵化、创作、复排、提升一批具有中华文化底蕴、汲取各民族文化营养、融合现代文明的舞台艺术作品。通过严把导向关、内容关、质量关，创作推出一批彰显中华文化魅力和蕴含当代精神气韵的优秀文艺作品，不断增进人民群众的文化认同感，积极构筑中华民族共有精神家园。要将国家主导和民间创作相结合，重视艺术设计、电视动漫等方面人才的挖掘和培养，既要保证中华文化符号和中华民族形象提炼工作的正确方向，又要调动基层文艺创作者的积极性，充分发挥劳动人民的聪明才智，畅通收集、反馈的渠道，广聚天下智慧。

从受众群体看，"两个打造"要有精准性、有针对性嵌入。对于不同的受众群体，要考虑受众群体的认知程度、理解与接受能力等因素，对受众群体开展对象化、分众化宣传教育，做到"精准滴灌"式嵌入。

这三个层次的嵌入不是彼此分割、互不相通的，而是互相渗透、彼此交织的。全方位嵌入包含着精准性嵌入，也包含着深度性嵌入；深度性嵌入是全方位中的深度，也是精准性的深度；精准性嵌入是有深度性的精准，也是全方位中的精准。"两个打造"可谓一项系统工程，等不得，更急不得，我们要依据三个层次的嵌入理念合理有序地推进"两个打造"，使其真正达到"随风潜入夜""润物细无声"的效果。

作者：德红英，内蒙古自治区社会科学院民族研究所副所长，研究员

原文发表于《内蒙古日报》2022年07月26日第04版

推进重大主题文艺实践　提升作品精神能量

郭晶晶

习近平总书记在党的二十大报告中明确提出，"从现在起，中国共产党的中心任务就是团结带领全国各族人民全面建成社会主义现代化强国、实现第二个百年奋斗目标，以中国式现代化全面推进中华民族伟大复兴"。这一庄重宣誓吹响了全面建成社会主义现代化强国的集结号。中国式现代化，是贯穿党的二十大报告全篇的一个关键词。党的二十大报告中系统论述的中国式现代化的五个特征和建设目标，为新时代内蒙古文艺事业的实践指明了发展方向，开辟了新的发展空间。伴随中国式现代化建设的步伐，中国文艺也必然会被赋予中国式现代化的韵律、色调。在中国式现代化建设进程中，不断繁荣发展内蒙古文艺事业，使文艺成为推进中国式现代化建设的精神引领和助推力量，为中国式现代化进程贡献文艺力量，这是内蒙古文艺"十四五"时期乃至更长历史时期需要面临的时代命题。

一、增强文化自信自强，凝聚中国式现代化建设的精神力量

文化是一个国家、一个民族的灵魂，只有文化自信、自强，才能凝聚起强大的精神力量，为建设中国式现代化、全面推进中华民族伟大复兴提供不

竭的精神动力。习近平总书记强调，"中国式现代化是物质文明和精神文明相协调的现代化"，这是中国式现代化的特征之一，也是中华民族伟大复兴的必由之路。

精神文明是彰显文化自信自强的精神文明。正如党的二十大报告指出的那样，要在"增强文化自信"的基础上"增强人民精神力量"，努力让文艺真正成为增强人民群众文化自信心和文化自强力的精神力量，进而让文艺成为广大民众投身于"全面建成社会主义现代化强国""以中国式现代化全面推进中华民族伟大复兴"进程的精神力量。诚然，一部部有温度且又能打动人心的文艺作品，可以为那些正在历史洪流中前进的人们供给心灵甘露，使其产生自信心，是激发其自强不息的动力源泉。

作为一种文化符号，这些作品可以成为一种精神力量，介入并影响历史进程，而这一精神力量又将通过影响人的精神状态而转化为影响历史进程的物质力量。

党的十八大以来，内蒙古文化艺术界坚持以习近平新时代中国特色社会主义思想为指导，紧紧围绕"举旗帜、聚民心、育新人、兴文化、展形象"的使命任务，坚持铸牢中华民族共同体意识主线，牢记使命，勇于担当，"把文艺创作写到民族复兴的历史上、写在人民奋斗的征程中。"

为更好地担负起新时代文化使命，自治区制定了《内蒙古自治区重大主题文艺精品创作指导意见》《内蒙古自治区乌兰牧骑条例》（2018–2022）等一系列指导文艺创作和提升文艺作品质量的重大方针政策。广大文艺工作者创作了大量"坚持与时代同步伐，用心用情用功书写伟大时代"主题的一批批文艺力作，民族歌剧《爱在胡杨》、话剧《红手印》、歌舞剧《我的乌兰牧骑》、话剧《国家的孩子》、舞剧《骑兵》、舞剧《草原英雄小姐妹》、电影《海的尽头是草原》等一大批艺术精品力作的不断涌现，不仅丰富了人民群众的精神文化世界，提升了精神境界，提振了文化自信自强，还凝聚起时代精神,在增强人民幸福感和获得感的同时,进一步激发了人民砥砺奋斗的精神动力,实现了满足人民文化需求和凝聚人民精神力量相统一。

中国式现代化进程,为内蒙古文学艺术的繁荣发展提供了前所未有的广阔舞台。广大文艺工作者要从中华民族伟大复兴的历史高度认识内蒙古文艺事业发展,创作出更多感动人心的艺术经典,创作出更多可以获得坚定的自信心和深厚的自强力的艺术佳作,并且自觉地携带着它们,以更加坚定的信念、更无畏的精神,意气风发地行进在中国式现代化的征程中。

二、坚持以文艺弘扬社会主义核心价值观,引领全社会提升人文修养和社会风尚

文艺是时代前进的号角,最能代表一个时代的风貌,最能引领一个时代的风气。习近平总书记指出,"文艺是铸造灵魂的工程,承担着以文化人、以文育人的职责,应该用独到的思想启迪、润物无声的艺术熏陶启迪人的心灵、传递向善向上的价值观"。以文艺的形式弘扬社会主义核心价值观的着眼点应该放在审美的力量上,以此来丰富人的精神世界,增强人的精神力量。中国式现代化建设,归根结底就是实现人的现代化,推进全体人民实现全面发展,人的现代化就是要塑造人们的精神筋骨、文明素质。

党的十八大以来,内蒙古文艺事业坚持以习近平新时代中国特色社会主义思想为指导,大力弘扬中华优秀传统文化、革命文化、社会主义先进文化,有力促进内蒙古各族人民守望相助、团结奋斗,为打造祖国北疆亮丽风景线作出了重要贡献。广大文艺工作者借助文艺这一载体,发挥内蒙古文艺弘扬社会主义核心价值观的独特作用,坚持以精品奉献人民,用明德引领风尚,创作了一大批具有强大感召力、足以凝聚广大人民的、具有内蒙古特色和彰显中国精神的优秀作品。优秀的文艺作品是生命力、持续力和价值力

的呈现，通过被广大人民群众所接受、传播和发展，达到陶冶情操、启迪心智、引领风尚的作用，从而提升人文修养，持续提高社会道德水平。

新时代新征程，内蒙古文艺事业的繁荣发展，应充分发挥社会主义核心价值观在艺术创作生产传播中的引领作用。文艺工作者必须把社会主义核心价值观生动活泼、活灵活现地体现在文艺创作之中，引导人民树立和坚持正确的历史观、民族观、国家观、文化观，坚持以文艺弘扬社会主义核心价值观，引领全社会提升人文修养和社会风尚。这既是开展文化艺术作品生产创作的根本遵循，也是繁荣文学艺术生产的重要保证。传承历史文化、弘扬现代文明，坚持用社会主义核心价值观引领文学艺术作品创作和生产，以领跑内蒙古文化高地建设，助推中国式现代化中内蒙古的战略目标的实现，努力为内蒙古文明建设贡献文艺力量。

三、坚持以人民为中心的创作导向，努力为人民提供优秀的精神食粮

文艺要反映好人民的心声，就要坚持为人民服务、为社会主义服务这个根本方向。习近平总书记指出，"社会主义文艺，从本质上讲，就是人民的文艺"。习近平总书记对文艺人民性的深刻洞见，对内蒙古文艺工作者提出了更高的要求，也为继承发扬内蒙古优秀文化传统、拓宽文化艺术视野指明了道路。以乌兰牧骑来说，乌兰牧骑始终坚持"扎根生活沃土，服务于人民"宗旨，根植于民间，从人民群众的生动实践中汲取创作养分，创作了一个又一个为广大人民所喜爱的文艺节目。这些从民间汲取营养的文艺作品，经过乌兰牧骑编创人员的整理、加工、编创，使传统文化登上专业舞台，反哺给民间，走进广大农牧民生活中，充分展示了文艺人民性的当代价值。

新时代新征程，内蒙古广大文艺工作者面临新的使命，这就是在文化自信基础上锐意推进文化自强。我们要在党的二十大精神指引下，深入内蒙

古文学艺术内核，挖掘地域文化精髓，把握文艺的人民性，传承民族艺术优秀内涵，充分认识和发挥它的价值，用高质量的文艺成果丰富人民的精神世界，增强人民的精神力量。

四、坚持文艺发展的中华文化立场，在文明交流互鉴中彰显文化自信自强的价值

文艺是国民精神前行的灯火，是为国家立心、为民族立魂的必要手段，是建设中国式现代化，推进中华民族伟大复兴的必然要求。随着我国经济社会的发展，我国文化软实力也得到了极大提升。文艺作为社会主义文化的重要组成部分，正滋养着民众精神生活、凝聚着精神力量，在人民群众的文化创造中不断增强民族自信心、民族自豪感和民族凝聚力，承担着描绘新征程、讲好中国故事、弘扬真善美的责任。党的二十大报告指出，要"增强中华文明传播力影响力""坚守中华文化立场，提炼展示中华文明的精神标识和文化精髓，加快构建中国话语和中国叙事体系，讲好中国故事、传播好中国声音，展现可信、可爱、可敬的中国形象"。文艺作为文化对外交流与传播的桥梁，是讲好中国故事的关键途径，对于树立并坚定文化自信具有重要意义。

近年来，内蒙古文艺家立足本土，深入挖掘自治区丰富的地域精神文化资源，在"一带一路"背景下，与世界多个国家和地区开展了文化交流与互动，用内蒙古文艺讲述内蒙古故事，讲述中国故事。其中，"纳荷芽"中蒙出版交流工程、"丝绸之路影视桥"工程、"中俄蒙文化走廊"等项目，让内蒙古文化"走出去"，促进了内蒙古与世界的交流与对话，使得国外民众对内蒙古文艺、对中华文化有了了解。同时，增进了与各国各地人民之间的友谊，并为内蒙古经济发展助力加油。内蒙古以文艺"走出去"，推动自治区经济、社会、文化繁荣发展；以文艺"走出去"，生动展现自治区人民新作为、新担当，塑造自治区良好形象；以文艺"走出去"，促使内蒙古的文艺发展成果有更远的传播、更广的影响、更多元的价值。

新时代新征程，内蒙古文艺工作者要始终坚守中华文化立场，传承和弘扬中华优秀传统文化，发展民族民间文化艺术，从中华文化宝库中萃取精华、汲取能量，推动中华优秀传统文化创造性转化、创新性发展。一方面，文艺的创作与传播既要扎根本土、做好传承、推进创新，另一方面也要扎根博大精深的中华文明，以文艺的方式，增强与世界的沟通和融合。用文艺的形式，满怀信心地书写内蒙古故事，创作更多讲述中国故事的原创佳作，提升中华民族文学艺术的国际影响力，为构建更加紧密的人类命运共同体的精神纽带作出贡献。

全面建设社会主义现代化强国的征程上，文艺正以它独特方式推动人类文明进步，促进人的全面发展，凝心聚力铸就社会主义文艺新辉煌，为全面建设社会主义现代化国家提供更为生动、更为强大的精神力量，为不断推进和拓展中国式现代化道路作出新贡献。内蒙古广大文艺工作者应当深刻领悟以中国式现代化实现民族复兴的战略安排，把民族复兴的时代主题贯通融汇到创作生产全过程，把提高质量作为文艺作品的生命线，深入推进重大主题文艺实践，加大现实题材作品创作力度，不断提升作品的精神能量和艺术价值，用选题准、立意高、内容好、制作精的优秀作品，热忱描绘新时代新征程的恢宏气象，激情唱响昂扬向上的时代主旋律。

作者：郭晶晶，内蒙古自治区社会科学院文学研究所副研究员

原文发表于《内蒙古日报》2022年12月15日10版

本文为2022年度内蒙古自治区哲学社会科学规划项目"民族互嵌视域下内蒙古各民族音乐文化的交往交流交融研究（2022NDC164）"研究成果

为全方位建设"模范自治区"贡献文艺力量

郭晶晶　王海梅

习近平总书记2023年在内蒙古考察时的重要指示重要讲话精神，是指导包括内蒙古文艺事业在内的、全区各项事业高质量发展的根本遵循，这也对内蒙古文艺界在新时代为全方位建设"模范自治区"做什么、怎么做，提供了明确指导。内蒙古文艺界将按照习近平总书记的要求指示，在中国式现代化建设进程中，不断繁荣发展内蒙古文艺事业，以文艺之光铸牢团结奋斗精神之基，以充满正能量的文艺精品展示内蒙古文艺新气象，进一步提升内蒙古的正面形象和影响力，为助力全方位建设"模范自治区"贡献文艺力量。

一、听党话，坚定贯彻党的文艺方针政策

内蒙古作为"模范自治区"，模范就模范在听党的话上。内蒙古文艺事业始终模范践行党的文艺路线，集中体现了党的文艺工作为人民、为社会主义事业的根本性质。内蒙古文艺的繁荣发展，其根本保证是坚持党的领导。以内蒙古文联为例，作为党和政府联系文艺界的桥梁和纽带，内蒙古文联是繁荣发展社会主义文艺事业、建设社会主义文化强国的重要力量。其始终坚持党的全面领导，贯彻党的文艺方针，紧紧围绕中央和自治区党委各项重大

部署，团结引领自治区广大文艺工作者感党恩、听党话、跟党走，为繁荣内蒙古文艺事业作出了重要贡献。又如，1957年，内蒙古自治区率先成立了深入牧区、服务牧民文化生活，以内蒙古优秀民族艺术讴歌党、讴歌新时代的"红色文艺轻骑兵"乌兰牧骑，是贯彻落实党的民族政策和文艺方针的实践典范。党的十八大以来，以习近平同志为核心的党中央更加关心支持内蒙古文艺的发展。习近平总书记给内蒙古苏尼特右旗乌兰牧骑队员们回信；习近平总书记在内蒙古考察期间，同格萨（斯）尔非物质文化遗产传承人亲切交谈，并指出要重视少数民族文化保护和传承。习近平总书记提出的一系列指导内蒙古文艺事业的重要思想观点，为内蒙古文艺事业发展指明了道路和方向，指引和推动自治区文艺事业健康发展。

内蒙古文艺事业70多年历史与实践充分证明，正是有了中国共产党对文艺工作坚强领导和有力支持，内蒙古的文艺事业才有了今天的繁荣和发展。在党的领导下，一代代文学艺术家不忘初心、牢记使命，投身建设祖国的伟大实践，创作了大量与时代同步伐，与人民同呼吸、共命运、心连心的经典文艺作品，推动形成内蒙古文艺繁荣发展的局面，展现了内蒙古文艺工作者的使命担当，为社会主义文艺事业的繁荣发展谱写了辉煌篇章。坚持深入学习习近平总书记关于新时代文艺工作重要论述，是新时代内蒙古文艺的重大使命。通过文艺有形、有感、有效做好铸牢中华民族共同体意识是内蒙古文艺的重要职责。我们要立足新时代中国特色社会主义文艺的发展现状，深入贯彻落实习近平新时代文艺工作重要论述，把握内蒙古文艺事业发展的大方向，教育引导全区广大文艺工作者感党恩、听党话、跟党走，切实把习近平总书记关于新时代文艺工作的重要讲话精神转化为"助力全方位建设"模范自治区、推动内蒙古文化事业高质量发展、打造祖国北疆文化繁荣亮丽风景线的生动实践。

二、担当起新时代文艺使命，推进文化自信自强

"模范自治区"带给内蒙古的不仅是荣誉，更是一份责任和使命。内蒙古文艺事业的繁荣发展面临新的使命，这就是在文化自信基础上锐意推进文化自强。党的二十大报告对"推进文化自信自强，铸就社会主义文化新辉煌"的部署，为我们进一步实现内蒙古文艺工作高质量发展指明了前进方向、提供了根本遵循。内蒙古人文历史悠久、文化底蕴丰厚，多元多姿的区域特色文化，铸就了内蒙古人民坚定的文化自信和文化自觉。党的十八大以来，习近平总书记高度重视弘扬中华优秀传统文化，鲜明提出创造性转化、创新性发展的方针。内蒙古广大文艺工作者牢记使命，扛起推进文化自信自强的使命担当，肩负聚焦举旗帜、聚民心、育新人、兴文化、展形象的使命任务。围绕中心、服务大局，引导自治区广大文艺工作者主动在大力弘扬中华优秀传统文化中汲取营养、开展创作，自觉遵循以人民为中心的创作导向，为坚定观众的文化自信而创作，以强烈的使命担当推动文艺事业繁荣发展，彰显内蒙古文艺工作新担当。

习近平总书记在文化传承发展座谈会重要讲话中深刻指出，把马克思主义基本原理同中国具体实际相结合、同中华优秀传统文化相结合，是我们取得成功的最大法宝，并且明确地告诉我们，"第二个结合"是又一次的思想解放。这将激励我们每一位文艺工作者从历史自信和文化自信的新高度努力为中华民族现代文明建设多做贡献。新时代新征程，我们要在习近平总书记重要讲话精神的指引和鼓励下，深刻认识新时代文化建设和中华民族现代文明发展在中国式现代化进程中的重要作用，深入挖掘内蒙古地域文化精髓，把握文艺人民性。要以深刻反映我们这个伟大时代精神的为数众多的优秀作品来提高中华民族的文化影响力。在新的历史起点上，要从中华民族伟大复

兴的历史高度认识内蒙古文艺事业发展，坚定文化自信，以守正创新的正气和锐气，赓续历史文脉，创作出更多可以获得坚定自信心的艺术佳作，并且自觉的携带着它们，以更加坚定的信念，更无畏的精神，意气风发地行进在中国式现代化的征程中。要用高质量的文艺成果丰富人民精神世界、增强人民精神力量，促进人的全面发展。要不断增强文化自觉、坚定文化自信，用更多精品展示内蒙古文艺新气象，以文艺担当助推全方位建设"模范自治区"的全面发展，铸就中华文化新辉煌。

三、以文艺创精品，提振民族团结进步精气神

文艺是民族的精神命脉，也是党的民族团结进步事业的重要组成部分。"模范自治区"要在促进各民族团结进步上走在前列。内蒙古广大文艺工作者在文艺导向和创作上，坚持尊重、继承和弘扬优秀传统文化，促进各民族文化交融、创新，积极构筑共建共有共享的中华民族精神家园，以众多优秀文艺作品凝聚民族团结的根和魂，为内蒙古文艺界进一步构筑中华民族共有精神家园树立了典范。在文学艺术界，有纳·赛音朝克图的《狂欢之歌》、玛拉沁夫的《命名》、敖德斯尔的《老班长的故事》、巴·布林贝赫的《团结》《北海公园的两个海》等老一辈作家创作的众多体现民族团结主题的经典文学作品；有大量艺术家以"三千孤儿入内蒙""齐心协力建包钢"等民族团结进步的典型事迹为素材，创作的广播剧《国家的孩子》、漫瀚剧《都贵玛》、电影《海的尽头是草原》、长篇小说《摇篮旁的额吉》、歌曲《草原晨曲》、电视剧《钢的城》、长篇报告文学《我们像双翼神马》等。内蒙古广大文艺工作者以丰富的文艺形式，弘扬民族团结，满腔热忱地描绘内蒙古民族团结进步的和谐景象，饱含激情地刻画繁荣稳定的边疆画卷。

构筑中华民族共有精神家园，就是要传承好中华民族伟大精神，增强中

华文化认同。新时代新征程，我们要充分认识构筑中华民族共有精神家园的特殊重要性，坚持以构筑中华民族共有精神家园为己任，深入生活、扎根人民、传承文化、弘扬时代，真正将铸牢中华民族共同体意识融入文艺创作全过程，将"石榴籽心连心"体现在文艺作品中。要创作更多歌颂各民族守望相助、亲如一家的优秀文艺作品，创作具有文化底蕴、汲取各民族文化营养、融合现代文明的文艺作品。深入学习贯彻党的二十大精神，实施内蒙古文艺界思想引领"培根铸魂"工程。用文艺的力量凝聚共识，以团结奋进的强大精神纽带，彰显新时代自治区文艺工作者的使命和担当。要倍加珍惜、继续坚持民族团结光荣传统，巩固发展民族团结大局，以优秀文艺作品构筑中华民族共有精神家园，为助力全方位建设"模范自治区"贡献文艺力量。

四、以文艺凝聚中国式现代化建设的精神力量

全方位建设"模范自治区"是一项长期工程，这就要求我们深入学习习近平总书记对内蒙古的重要指示精神，呵护好"模范自治区"的崇高荣誉。文艺事业是党和人民的重要事业，是社会主义现代化建设中的重要组成部分。党的十八大以来，习近平总书记多次阐述了文艺事业在建设社会主义文化强国、全面建设社会主义现代化国家新征程中的重要地位和作用。内蒙古广大文艺工作者深入学习习近平总书记重要讲话精神，感悟思想伟力，立足内蒙古丰富的文化资源，坚持把提高质量作为文艺创作的生命线。随着乡村振兴战略的深入实施，广大文艺工作者积极走向乡村牧区，从开展的文化村长助力乡村文化振兴行动，到《草原》杂志组织艺术家深入乡村开展的自然写作营活动，再到围绕脱贫攻坚、全面建成小康社会和乡村振兴主题，推出的长篇报告文学《春风染绿红山下》《让世界看见》《大漠流金：中国库布齐精准扶贫纪实》、长篇小说《最后一任扶贫队长》《阳光下的风景》作品集、

短篇小说《请喝一碗哈图布其的酒》等，文艺工作者正用实际行动为乡村贡献着文艺力量。这些优秀的文艺作品，聚焦新时代的鲜明主题，充满了时代气息。这些增强人民群众精神力量、彰显新时代的思想和价值观的精品力作，记录内蒙古农村牧区发展成就，展现内蒙古农村牧区社会风貌，推动人民精神生活共同富裕。

新时代新征程，我们要贯彻落实好党的二十大精神，切实把党的二十大精神转化为推进内蒙古文艺事业高质量发展的生动实践。要紧紧围绕习近平总书记交给内蒙古的五大任务，以文艺凝聚向上向善的力量，以文艺引领幸福美好的生活，更加豪情满怀地投身社会主义文化建设。以文艺之魂鼓舞广大人民群众更加奋发有为地投身全面建设社会主义现代化，以文艺之力激发中国式现代化建设的磅礴伟力，以文艺之光照亮中国式现代化建设的前进之路。广大文艺工作者要牢记习近平总书记的殷殷嘱托，团结奋斗，共同续写"模范自治区"新篇章，为实现中华民族伟大复兴，为全面建设社会主义现代化国家贡献内蒙古的文艺力量。

作者：郭晶晶，内蒙古自治区社会科学院文学研究所副研究员
　　　王海梅，内蒙古自治区社会科学院文学研究所研究员
原文发表于《内蒙古日报》2023年06月29日10版
本文为2023年度内蒙古文艺创作基金项目文艺评论专项"内蒙古文艺创作与中华民族文化共同体建设研究（项目编号：WCJJ-2023-YJ47）"研究成果

第六编

各民族交往交流交融史研究

明后期长城沿线民间贸易与各民族的交往交流交融

于默颖

隆庆五年（1571年）俺答封贡后，明朝与蒙古各部广泛开展互市贸易，在长城沿线地区不仅开设大型定期的马市，也开放了一系列小型不定期的小市。民间贸易的繁兴，不但实现了长城南北物资上的互通有无，而且密切了各族人民的互动交往，增进了各族人民文化习俗的学习交流，满足了各族民众的生产生活需求，凝结了各民族间的友好情谊，促进了各民族的交往交流交融。明末，明朝与蒙古各部的官方互市贸易中断，但民间私市贸易仍然兴盛，长城内外各族人民的交往交流交融仍然在继续发展。

一、明后期长城沿线的民间贸易市场

隆庆五年（1571年），以把汉那吉降明事件[1]为契机，明朝与以俺答汗为首的漠南蒙古右翼各部达成和议，化干戈为玉帛，实现了明代民族关系史上划时代的"俺答封贡"，双方全面建立起封贡互市关系。明朝册封蒙古土默特部首领俺答汗为顺义王，并封授其兄弟子侄等各部首领及部下头目为都

---

[1] 薄音湖.把汉那吉的家庭纠纷[J].内蒙古大学学报（人文社会科学版），2001(3).

督、指挥、千百户等官职，蒙古各部向明朝贡马；同时，明朝在长城沿线地区开辟市场与右翼蒙古各部进行互市贸易，长城沿线的民间贸易由此全面展开。

"俺答封贡"后，按照双方达成的协议，明朝陆续在宣府、大同、山西、宁夏、延绥、甘肃等中西部边镇的长城沿线边堡开设了一系列互市市场[1]。这些市场又分为大型马市和小型月市或小市。"大市，是经中央批准，由各镇主持，一年一度的大型马市。小市设于沿边冲口，一般一月一次，由蒙汉双方民间以物易物。"[2]其中宣府、大同、山西三镇共设有五处大市场，即大同镇羌、新平、守口三堡，宣府张家口堡，山西水泉营堡。

在总督王崇古与宣大山西三镇镇巡等官讨论后上陈的关于封贡事宜的奏疏中，原本拟定是在三镇各设一个市场，"其各镇市场，除陕西三边有先年原立场堡，听各镇督抚衙门详定议请外，其大同应于左卫迤北威虏堡边外，听协守副总兵、该城兵备道经理，宣府应于万全右卫张家口边外，听上西路参将、分守口北道经理，山西应于水泉营边外，听老营副总兵、岢岚兵备道经理"[3]。但是，隆庆五年开市时，因威虏堡缺水，俺答汗要求改到得胜堡互市，同时由于俺答汗长子黄台吉与其父矛盾较深，要求另辟市场，于是明朝在大同开设了得胜堡（实在镇羌堡）、新平堡两个市场，其中新平堡市场是专门针对黄台吉所部的。冯时可《俺答后志》载："是年九

---

[1]关于明代长城沿线贸易市场，学界多有关注，如日本学者和田清《明代蒙古史论集》（下）（商务印书馆1984年，第643页）、札奇斯钦《北亚游牧民族与中原农业民族间的和平战争与贸易之关系》第6章第4节《明代的马市》（台湾正中书局印行，政治大学丛书）、侯仁之《明代宣大山西三镇马市考》（《燕京学报》，1938年第23期）、余同元《明代马市市场考》（《民族研究》1998年第1期）、曹永年《〈明后期长城沿线的民族贸易市场〉考误》（《历史研究》1996年第3期）、姚继荣《明代宣大马市与民族关系》（《河北学刊》1997年第6期）、师悦菊《明代大同镇长城的马市遗迹》（《文物世界》2003年第1期）、王苗苗《明代蒙汉互市贸易的建立及发展演变——以市口变化为中心》（《中国边疆民族研究》第四辑，中央民族大学出版社，2011年）、金星《隆庆、万历年间明朝与蒙古右翼的互市市场》（《内蒙古大学学报》2011年第5期）.

[2]曹永年.明后期长城沿线的民族贸易市场考误[J].历史研究，1996（3）.

[3]王崇古.确议封贡事宜疏//陈子龙.明经世文编[M].北京：中华书局，1962.

月，互市成，俺答以威虏无水，改市得胜。黄酋与父不相能，欲自别异，改市新平堡。"[1]此处威虏即威虏堡[2]。瞿九思《万历武功录》亦载："先是，以威虏市山高乏水，请解得胜堡，以堡故旧市所也。黄台吉亦以与父有隙，请异市。议者以平远不便，竟开新平。分东西市市，皆遵台御史刘应箕议。"[3]平远即平远堡[4]。刘应箕于隆庆四年（1570年）十二月代方逢时任大同巡抚，至万历元年七月回籍听勘，其间与王崇古共同处理俺答封贡事宜，在得胜堡市之外为黄台吉另外开设新平堡市场，正是其直接经手的。所谓"分东西市市"，指黄台吉与其父俺答汗分别在新平堡市（东市）和得胜堡市（西市）两市场互市。而得胜堡市实际开设于距离其仅两里的镇羌堡。镇羌堡是嘉靖三十年（1551年）大同马市市口所在[5]，因镇羌堡大市由驻扎得胜堡的大同北东路参将（也称得胜堡参将）具体负责，故习惯称为得胜市。隆庆六年（1572年），黄台吉长子扯力克台吉又与其父发生矛盾，于是"其六年三月……而扯力（银）[艮]台吉九合摆腰、兀慎，与其父黄台吉争部落，请异市守口堡"[6]。这样，隆庆六年（1572年）互市时，明朝应俺答汗之孙扯力克的要求，在得胜、新平两市外，又开设了守口堡市场。至此，大同一镇共开设了三处大市市场。宣府则如议开设了张家口堡市场，同老把都

---

[1] 冯时可.俺答后志//薄音湖，王雄.明代蒙古汉籍史料汇编[M].呼和浩特：内蒙古大学出版社，2006（2）：134-135.

[2]《宣大山西三镇图说》"威虏堡图说"："本堡设自嘉靖二十一年，万历元年砖包，周二里二分，高三丈五尺。原设守备官一员……分管边墙沿长一十一里九分，边墩一十六座，火路墩八座。本堡设在极边，西南距左卫五十里，足为一障。顾地势平旷，戎马易驰，双井、双沟等处俱极冲，通大虏……"（薄音湖.明代蒙古汉籍史料汇编：第十二辑[M].呼和浩特：内蒙古大学出版社，2015：142.）

[3] 瞿九思.万历武功录：卷8：中三边二俺答列传下//薄音湖.明代蒙古汉籍史料汇编：第四辑，呼和浩特：内蒙古大学出版社，2007：95.

[4]《宣大山西三镇图说》"平远堡图说"："本堡土筑于嘉靖二十五年，隆庆六年复议砖包。高三丈五尺，周二里八分。设守备官一员……分边沿长一十二里零，边墩二十座，火路墩一十三座，内大红花林极冲，通大虏……本堡小而冲，嘉靖间虏由此入犯宣镇柴沟等处，侦探稍疏，鸣镝突至，盖东路一要地也。虽东北有西阳河，西北有新平堡，声势相倚，左右颇可应援，而防御自卫之计更宜加慎焉。"（第122页）"平远堡图"标有"旧马市"一处（图第405页）。

[5] 瞿九思.万历武功录：卷7：中三边一·俺答列传上：57-58.

[6] 瞿九思.万历武功录：卷8：中三边二·俺答列传下：96.

及永邵卜大成部互市，山西则在水泉营开设市场，同俺答汗部及多罗土蛮、委兀慎诸部互市。

万历中由宣大总督杨时宁组织三镇巡抚等官纂修的《宣大山西三镇图说》中对三镇大市所在边堡均有详细记载。如大同镇羌堡："本堡边塞首冲之地，阛镇大市集焉。设自嘉靖二十四年，万历二年砖包，周一里七分，高三丈八尺……分边沿长二十二里一分，边墩二十八座，马市一处，砖楼一座……"新平堡："本堡该路将驻扎处也，设自嘉靖二十五年，隆庆六年砖包，高三丈五尺，周三里六分……分边沿长一十八里，市口一处，边墩二十六座，火路墩一十六座……"守口堡："本堡在阳和城西北，相去仅十五里，摆腰、兀慎等酋三市集焉。堡筑于嘉靖二十五年，隆庆六年砖包。高三丈五尺，周一里一百二十步……市口一处，分边沿长一十二里二分，边墩二十三座，火路墩四座……"宣府张家口堡："本堡筑于宣德四年，嘉靖间展修之，万历二年始包以砖。周四里，高三丈五尺……分边沿长三十一里有奇，砖石包砌过半，高二丈。边墩五十八座，火路墩三十一座……本堡乃全镇互市之所，堡离边稍远，恐互市不便，乃砖垣于其口，每遇开市，朝往夕还。楼台高耸，关防严密，巍然一巨观焉。堡人习与虏市，远商辐辏其间。"山西水泉营堡："本堡土筑于宣德九年，万历三年砖包，周二里零一百二十步，高三丈五尺。二十四年创筑附堡一座……红门隘口一处，市堡一座。万历四年更添防守官一员，领旗军一百四十名守之，重市事也。守备分边沿长三十六里零八步，边墩二十六座，火路墩九座……款后建市场于红门隘口，外设闸口三处以通虏酋出入，内设闸口一处以定华夷界限……"[1]山万历末年，山西巡抚王士琦纂辑的《三云筹俎考》中也有大同市场的记载，与《宣大山西三镇图说》大体相同。从上述记载来看，张家口堡市场规模最大，但离边稍远，"乃砖垣于其口"，在关口用砖墙围出专门

---

[1] 杨时宁.宣大山西三镇图说.112, 122, 118, 68, 167-168.

的互市场所，水泉营市场设施最严整，有内外闸口，有市堡。

宁夏、延绥、甘肃诸镇大市市场共有五处。宁夏、延绥最初由三边总督和各镇巡抚等官议定在原来旧马市厂开设，宁夏设在清水营旧厂，延绥设在红山边墙暗门之外[1]，后来宁夏又增设中卫、平房二市场，甘肃则在洪水堡扁都口开设市场[2]。上述陕西诸镇市场是与驻牧活动在河套及陕甘边外的鄂尔多斯各部落及部分土默特部落互市。

小市是明朝应蒙古部落要求，为满足广大牧民的交易需求而在长城沿线边口设立的一系列市场。如大同镇有助马堡、宁虏堡、杀胡堡、云石堡、迎恩堡、灭胡堡等小市市场，甘肃有高沟寨与铧尖墩小市市场。小市设立后，很快成为民间互市贸易的重要组成部分。

辽东开原、广宁的马市自成化十四年（1478年）恢复后一直延续下来。"广宁设一关一市以待朵颜泰宁等夷，开原设三关三市以待福余西北等夷，开原迤东至抚顺设一关市待建州等夷，事属羁縻，势成藩屏，数十年来，积套成弊……查该镇三关三市，王台由广顺关入市东果园，离镇城十五里，逞家奴等由镇北关入马市堡，离镇城二十里，福余等夷由新安关入市庆云堡，离镇城四十里。"[3]除马市外，辽东地区还开设了多处木市。辽河以西汉族聚居区历来缺乏木材，而毗邻的蒙古族驻牧地区却有着丰富的森林资源，以往由于没有交易的市场，辽河以西地区不能就近得到木材，只能依靠河东地区供应，因路途遥远，交通不便，故"河西之材木贵于玉"[4]。早在嘉靖三十年，朵颜首领柏哥就曾获准在义州城外进行木材交易，当时"准令军民人等各驮米粮，与柏哥止换木植二三次，原无设立关口市圈，亦无请动官

---

[1] 明穆宗实录：卷60，隆庆五年八月癸卯，卷61，九月癸未．台北"中研院"历史语言研究所校勘本，1962年．下引《明实录》版本相同，不再说明．
[2] 明神宗实录：卷43，万历三年十月壬申，卷43，万历三年十月壬申，卷166，十三年闰九月戊午．
[3] 明神宗实录：卷46，万历四年正月丁未．
[4] 李化龙．议义州木市疏//陈子龙．明经世文编：卷422：4601．

钱"，不久即罢。[1]万历二十三年（1595年），朵颜首领小歹青向明朝辽东巡抚李化龙再次提出开设义州木市要求。李化龙在征求文武将吏和当地人士的意见后，报请明廷批准，于当年开设了义州木市。之后，又于广宁镇夷堡、锦州大福堡、宁远兴水县堡、宁远中后所高台堡、辽阳长安堡等地开设了木市。辽东马市、木市全部为民间贸易，市场上草原牧民与内地商民直接交换，明朝官方并不直接参与交易。而是负责管理市场，抚赏入关互市的牧民，并对交易货物进行"抽分"，即收取商品交易税，抚赏本金也主要来自"抽分"。

综上，明后期长城沿线开设了数量众多、层次不同、分布广泛的民间贸易市场，这既为民间互市贸易的广泛开展提供了场所，也是明后期民间贸易发展繁荣的体现之一。

二、明后期长城沿线贸易市场互市时间和贸易规模

明后期长城沿线互市贸易形式主要为大市和小市。大、小市交易时间不同，贸易规模均比较可观。

（一）市场交易时间

大市一般每年开市一次，分官市和民市，所谓"官市毕听民私市"。关于大市的交易时间，《明会典》记载十一处市场，"岁以为常。市各二日，每月又有小市"[2]。王崇古拟定的封贡互市方案中确定的是二月入贡，五月互市，为期一月，"交易日期，大率以一月为期，听挨次分日而至，虏执畜物先赴夷酋验明，送赴市场估值定易，实时遣出，一起完又送一起，一枝完方许别枝，如以不堪老瘦牲畜及不值价不堪用之物交易者，发回夷营，不准

---

[1] 李化龙. 议义州木市疏//陈子龙. 明经世文编：卷422：4599.
[2] 申时行. 明会典：卷107：朝贡. 所记十一处市场中包括高沟寨小市，记载有误。北京：中华书局，1989.

入市。……每场互市完,将各客商发卖过货物及得获夷价银物,各道委官逐日查明造册缴报抚镇查考"。[1]《明会典》称"市各二日",王崇古说"以一月为期",而在相关成果的论述中通常也笼统称互市时间一月。那么各市场实际的开市和交易时间究竟如何,值得进一步讨论。隆庆五年(1571年)宣大山西各市场互市结束后,王崇古上报了具体贸易情况,其中有各个市场的开市交易时间。《明实录》隆庆五年九月癸未条记载:"宣大总督王崇古报北房互市事竣。大同得胜堡,自五月二十八至六月十四日……新平堡,七月初三至十四日……宣府张家口堡,六月十三至二十六日……山西水泉营,八月初四日至十九日……"[2]五月为农历小月,只有29天,据此推算,得胜堡(实为镇羌堡)开市交易时间为16天,新平开市交易12天,张家口开市交易14天,水泉营开市交易16天。也就是说,得胜市、张家口、新平、水泉营陆续在五月末六月中上旬、六月中下旬、七月中上旬和八月中上旬开市,新平市交易时间最短,得胜、水泉营两市则均为16天。隆庆五年互市为俺答封贡后首次开市,双方都非常重视,明朝做了周密的安排,蒙古各部落积极配合,这次互市贸易非常成功。从王崇古的报告来看,隆庆五年互市并未能在一个月内完成,三镇各市场逐月开市,从五月末一直迁延至八月中旬,每个市场的交易时间在半个月左右。这与《明会典》所称"市各二日"及王崇古所说"以一月为期"均不相符。这应该是明朝在落实互市协议时根据蒙古各部实际情况调整互市时间的结果。

《万历武功录》中还记载了另外几年宣大山西各市场的互市时间:

(隆庆六年四月)其二十九日,俺答、多罗土蛮、委兀慎等先赴水泉市,至五月初九日毕。……其六月,上新即位,黄台吉亦赴新平市。……其

---

[1] 王崇古.确议封贡事宜疏//陈子龙.明经世文编:卷318,北京:中华书局,1962.
[2] 明穆宗实录:卷61,隆庆五年九月癸未.

七月，扯力艮台吉、摆腰台吉、兀慎台吉赴守口市……其八月，（俺答）始赴得胜市。自二十九日至九月初九日市毕……[1]。

（万历二年）其二年五月二十八日，黄台吉妻五兰比妓及其子松木儿台吉赴新平市。二十九日，兀慎、摆腰赴守口市。我兵备保平、瓦窑口，然至次月初九日，幸告成。其七月初四日，永邵卜大成台吉赴张家口市。其八月十四，青把都亦至，至二十六幸告成。其九月十三日，俺答自青山营偕多罗土蛮、委兀儿慎赴水泉市。我兵备老营，然至十七日幸告成。其十月初一，俺答又赴得胜市，我兵备弘赐堡。[2]

隆庆六年（1572年），水泉营市四月二十九至五月初九，四月为小月，据此可推算出其交易时间为10天，得胜市，自八月二十九日至九月初九日，八月为大月，交易时间为11天。另据《明实录》记载，黄台吉约六月六日在新平堡互市，但被其子扯力克台吉等将人马牛羊抢夺西去，"今惟携其爱妾少子住牧大白海子地方，恐失信中国，故遣我每赶马到市，又报自六月六日至九日，共易过夷马四百一十匹"。[3]新平市交易时间仅仅4天，很可能与黄台吉互市马匹牛羊被抢、数量有限有关。前述，因扯力克与其父发生矛盾要求"异市守口堡"[4]，明朝答应了其要求，于是七月至守口堡入市交易。万历二年（1574年），新平市五月二十八至六月初九，五月为大月，因此交易时间共12天，守口市五月二十九至六月初九，共11天；张家口市较为特殊，开了两次，七月初四日，永邵卜大成台吉赴市，结束时间未载，八月十四至二十六日青把都赴市，共13天；水泉营市九月十三至十七日，共4天，得胜市十月初一开市，结束时间未载。

---

[1] 瞿九思.万历武功录：卷8.俺答列传下：98-100.
[2] 瞿九思.万历武功录：卷8.俺答列传下：104.
[3] 明神宗实录：卷3.隆庆六年七月甲午.
[4] 瞿九思.万历武功录：卷8.俺答列传下：122.

《万历武功录》还记载了万历三年至八年宣大山西三镇五大市场开放的时间，大致是在五月至十月间。万历三年（1575年），六月新平、守口，七月张家口，九月水泉营，十月得胜市；四年（1576年），七月至八月，"新平、守口、水泉、得胜市如故"；五年（1577年），"其五月各市成，独张家口则满五素及其妻太松阿不害等亦初至，它一切如故。……其六月，俺答至得胜市……其八月，至水泉市……"；六年（1578年），"皆如初"；七年（1579年），"其五月……是时哈剌慎青把都台吉……后先赴张家口、得胜、守口、新平、水泉市"；八年（1580年），"其五月，俺答、黄台吉及套虏卜失兔阿不害等入贡如初。是月开市，至十月抄告罢"，即前述五大市场自五月开始轮流开市，至十月结束。[1]

　　郑洛《抚夷纪略》中记载："有开马市一事从得胜至水泉。每月止许一处，十一月初一从得胜起，十二月助马堡，万历六年正月施家口，二月杀胡，三月云石，四月迎恩，五月乃河，六月白阳林，七月水泉，八月灰沟营，完日仍从得胜，周而复始，再不许混开。其每月开市之日，南北各要好头目二名监理，如无好人，不准开市。"[2]此处提到的均是俺答汗所部的互市市场，既有大市市场也有小市市场。这说明当时小市也是逐月轮流开放的。

　　总之，宣大山西三镇长城沿线的各个市场并不同时开市，大多是自五月开始，逐月轮流开市，至十月结束，有时甚至在冬春季节也开放。各市场具体开放时间往往根据市场上贸易的蒙古部落的实际情况决定。各市场交易时间多则半月左右，少则亦有三四天。

　　再看延宁市场的情况。《万历武功录》记载："明年乙亥，隐布台吉六月至……已，硒开市，请自六月二十九至七月初三，又自七月二十五至八月

---

[1] 瞿九思.万历武功录：卷8.俺答列传下，104-109.
[2] 郑洛.抚夷纪略·云中记."虏王西牧申明约法"//薄音湖，王雄.明代蒙古汉籍史料汇编：第二辑（2）.呼和浩特：内蒙古大学出版社，2006：151-152.

初三。延宁马价金凡一千九百两，今延绥市马牛羊可八千一百九十有七头。敬犒劳如礼，其后岁以为率。""明年乙亥春三月，清水营法当开市，抚臣朱笈使使者召切尽，切尽令部夷我著太等并指挥金事或收气黄台吉赴市，而又以马弱，延引至六月。自二十九至次月初三，又自七月二十五至次月初三，市毕，秋毫无犯，抚臣罗凤翔因制置使以闻。"[1]乙亥年即万历三年，1575年。据此，该年延绥红山市、宁夏清水营市均开市贸易两次，交易时间相同，六月二十九至七月初三一次，七月二十五至八月初三一次。当年农历六月、七月均为小月，因而两市第一次开市交易时间为4天，第二次为8天，共12天。另据《万历武功录》记载："打正台吉，清水市夷也，授我指挥金事。万历甲戌，与切尽黄台吉同市，自是岁春秋率以为常。延引至丙戌……是年，同切尽黄台吉妻妣（曰）[吉]并琴赛台吉等市清水营，自十二月初十至十九日毕，赏赉金币有差。丁亥亦如之。"[2]万历甲戌，即万历二年，1574年，丙戌即万历十四年，1586年，丁亥即万历十五年，1587年。打正台吉万历二年开始，与切尽黄台吉一起在清水营互市，万历十四年互市时间为十二月初十至十九日，共10天，十五年"亦如之"。据此来看，延、宁大市场交易时间大体与宣大山西一致，多为十余天。不过，万历中后期，因鄂尔多斯部落出入青海和西北地区活动，与明朝关系波折不断，明朝停革市赏，因而甘肃延宁市场的互市贸易很长时间未能正常进行。

辽东各市场，明后期已突破一月一次或两次的限制，随时开放，这从明代辽东档案有关马市的记载中，可以明确看出。

至于小市开放时间，据《明实录》万历元年正月庚寅条载："兵部奏，九边丑虏，宣大山西有俺答诸部，陕西三边有吉能诸部，蓟辽有土蛮诸部及黄台吉支党。今西虏虽称款塞，而犬羊变诈是不可测，况今边冲口每月望

---

[1] 瞿九思.万历武功录：卷14：西三边·隐布台吉传//西三边·切尽黄台吉传，354，372.

[2] 瞿九思.万历武功录：卷14：西三边·打正台吉传：376.

后俱有小市，虽以抚安穷夷，尤当严加防范。"[1]《万历武功录》中记载："崇古请比开（元）[原]、海西月市事，月令巡边夷同欲市夷，各以牛羊皮张，具告参将，听赴暗门外，军民得以布货变易，汉因税其物以充抚赏，间不过一二日而止，而必以参将临之。"[2]可见，小市一般每月十五日后开放，交易时间一两天。

（二）民间贸易的规模

明后期长城沿线的民间贸易主要包括大市中的民市和小市，当然还有小部分违反明朝禁令的私市。囿于目前史料所限，这里仅以民市为例来展开讨论。

每年各镇大市开市后，先进行官市，由明朝官方收购大部分马匹，官市结束后，牧民与边内商民、官兵等直接贸易，称为民市。在民市贸易中，牧民拿来交换的主要有马、骡、牛、羊牲畜及皮张、马尾、毛毡等畜产品，中原出产的货物除兵刃、硝黄、蟒缎、铁器等违禁物外，粮食、布匹、铁锅以及其他日用手工业品均可出售。当时各镇"广召商贩，听令贸易。布帛、菽粟、皮革远自江、淮、湖广，辐转塞下"[3]，贸易非常活跃，规模可观。据《明实录》隆庆五年九月癸未条记载："宣大总督王崇古报北虏互市事竣。大同得胜堡……官市顺义王俺答部马千三百七十四，价万五百四十五两，私市马骡驴牛羊六千，抚赏费九百八十一两；新平堡……官市黄台吉、摆腰、兀慎部马七百二十六匹，价四千二百五十三两，私市马骡牛羊三千，抚赏费五百六十一两；宣府张家口堡……官市昆都力哈、永邵卜大成部马千九百九十三匹，价五千二百七十七两，私市马骡牛羊九千，抚赏费八百两；山西水泉营……官市俺答、多罗土蛮、委兀慎部马二千九百四十一匹，价二万六千四百两，私市马骡牛羊四千，抚赏费千五百两。"《万历武功

---

[1] 明神宗实录：卷9[M].万历元年正月庚寅条.
[2] 瞿九思.万历武功录：卷8.俺答列传下：96.
[3] 张廷玉.明史：卷222[M].王崇古传.北京：中华书局，1974.

录》中记载得更为详细：

（隆庆五年）崇古以为宜及今开市。得胜堡……官易俺答马可一千三百七十四，贾万五百四十有奇。而以九百八十九匹给马军，余三百八十一匹属贾人，得贾直三千四百六十六两三钱。偏裨及商人易马骡驴牛羊可六千七百八十四头，大率八千一百五十有奇。我于是诸酋有燕赏，酋长监市有抚赏，效功劳汉官亦有犒赏。凡一切段布花红牛酒费，悉仰给本塞抚赏金，亡虑九百八十一两。新平市……官易马可七百二十六匹，贾凡四千二百五十三两有三钱一分，而以七百二十匹给官军，以六匹属贾人，得贾直凡五十五两六钱五分。偏裨及商民易马骡牛羊可三千二百三十三匹，大率三千五百五十九头。费抚赏金亡虑五百六十一两一钱二分。张家口市……官易昆都力哈及永邵卜大成马可一千九百九十三匹，贾万五千二百七十七两八钱，而以一千一百七十六匹给马军，以四百七十二匹属贾人，得贾直四千五百七十两有五钱。以三百四十五匹代各卫奉，得奉金三千二百九十八两五钱。官易屯主牛七十二头，官军易骑操马七百七十二匹，商民易马骡牛羊六千九百一十二头，大率马骡牛羊九千七百四十九头。费抚赏金八百有一两。水泉营市……官易马二千九百四十一匹，贾二万六千四百两，尽给马军。商民易马骡牛羊四千四百五十一匹，大率七千三百九十一头，费凡一千五百有奇。是后，昆都力哈、黄台吉皆以市最后，请续市独石，月晕，以牛马易布物。按臣以独石孤悬不便，许赴原市市马，凡七百余匹。[1]

从引文可见，隆庆五年互市，得胜市官易马1370匹，其中381匹转卖商人，商民易马骡驴牛羊6784头只；新平市官易马726匹，6匹转卖商人，商民易马骡驴牛羊3233头只；张家口市官易1993匹，官易屯主牛72头，官军易马

---

[1] 瞿九思.万历武功录：卷8[M].中三边二·俺答列传下：93-94.

772匹，商民易马骡牛羊6912头；水泉营市官易马2941匹，商民易马骡牛羊4451头只。可见，三镇各市场民市交易的马骡驴牛羊数量均远超过官市交易的马匹数量，而且有时官易马匹还会转卖给商人。据学者推算，民市交易以牛羊为主，其价值不及马匹，再加上皮张、马尾，其交易额至少为官市马价银的一半。如万历四十年（1612年），宣大山西三镇的官市贸易总额41万，则民市贸易额不下20万两，两项相加，则当年宣大山西三镇马市贸易总额约为60万两。[1]"这是很可观的数字。这仅是大市中的民市部分，如果再加上小市交易，则民间贸易的规模和占比要更大一些。

万历三年十二月陕西总督石茂华奏报延宁市场的互市情况，"共官易马二千一百四匹牛羊五十八只，民易过马骡牛羊共二万二千有余"[2]，其中民市交易牲畜的数量也远远多于官市。随着互市的开展，还出现了民市马匹好于官市马匹的情况。延绥巡抚孙维城上陈的"套虏善后之策"中就提到："一、互市夷以马汉以财，后缘夷猾，混马价为抚赏，于是于民易犹多膘壮，官易渐次不堪，又苦其来多，任其牵卖，用示羁縻。"[3]

除马骡驴牛羊等牲畜外，民市交易中还有大量的皮衣、皮张、马尾等。而参与民市的主要是广大牧民和长城沿线的军民和商人，他们在马市参与者中占大多数。

至于辽东市场，则全部是民间贸易，市场上物品非常丰富，各市场随时交易，其规模无确切统计数字，不过从抽分银钱数额可以大略窥见一般。《明代辽东档案汇编》中辑录了不少有关明代辽东马市的残档，记录了入边人数、货品及抽分银钱数额以及抚赏银物。在此赘录《万历十二年三月马市抽分与抚赏"夷人"用银物清册》中的部分内容：

---

[1] 曹永年.蒙古民族通史：第三卷[M].呼和浩特：内蒙古大学出版社，2002：342.
[2] 明神宗实录：卷45，万历三年十二月丙子.
[3] 明神宗实录：卷369，万历三十年闰二月己酉.

一九四、马市抽分与抚赏"夷人"用银物清册

万历十二年三月

……月分共抽银二百五两九钱三分八厘。

初八日一起，新安关进入夷人把打柰等五十五名，到市与买卖人杨景时等易口抽银八分。

一、入市布。

一、易换羊四只，抽银八分。

初九日一起，广顺关进入夷人都督猛骨孛罗等六百五十名，到市与买卖人孔保等易……张等物，共抽银一十八两八钱八分九厘。

一、入市货物抽银一十二两九分五厘。

袄子三件，抽银四钱五分；铧子二百八十三件，抽银一两四钱一分五厘；锅七口，抽银二钱一分；水靴九双，抽银一钱八分，牛三十六……十二双，抽银八钱四分。

……页……

□十一匹，抽银一两一钱；袄子十五件，抽银二两二钱五分；牛三只，抽银七钱五分；羊七只，抽银一钱四分。

一、易换货物抽银一十两六钱七分六厘。

貂皮三百二十一张，抽银八两二分五厘；蘑菇四十五斤，抽银三分；鹿皮三张半，抽银七分；狐皮三十五张，抽银三钱五分；貆皮六张，抽银六……参一百一十二斤半，抽银一两一钱二分五厘；狍皮十六张，抽银八分；羊皮一百一十八张，抽银二钱三分六厘；马一匹，抽银七钱。

十四日一起，新安关进入夷人阿不当伯言儿等一十五名，到市与买卖人郑宇等易□共抽银六钱。

一、入市布。

一、易换牛二只,抽银六钱。……页……

□□日一起,新安关进入夷人慌忽太营草……匹共抽银八钱五分。

一、入市布。

一、易换马一匹,抽银八钱五分。

……[1]

以上记录的是万历十二年(1584年)三月开原新安关和广顺关市场的贸易情况。从档案可见,贸易货品种类丰富,有马牛羊、各种皮张,有蘑菇、人参等土产,还有袄子、铧子、水靴、锅等穿着和日用品,入市贸易的牧民少的一次是15人,多的高达650人,交换货品均要抽分,三月份共抽银205两,从抽银比例来看,所抽货物数量不小。考虑到辽东马市市场较多,且随来随市,交易十分频繁,再加上木市,则总体贸易的规模还是比较可观的。

总之,不论从牲畜数量还是货物种类,乃至交易主体来看,民间贸易已成为贸易的主要部分。这是明后期马市与俺答封贡之前马市的最大不同,也是明后期长城沿线马市能够长期活跃的重要因素之一。

三、长城南北各族人民的交往交流交融

明后期长城沿线的互市贸易市场不但成为中原和北疆地区经济交流的主要通道,而且成为中原内地和北疆地区各族人民友好交往的主要平台,也是中原农耕文化和北方草原文化交融汇聚的前沿地带。长城南北各族人民围绕沿线贸易进行着广泛而深入的交往交流交融。

(一)南北物资互通有无,市场辐射空间广阔

明后期,长城沿线的互市贸易既为草原上的马骡牛羊及皮毛、马尾等畜

---

[1] 明代辽东档案汇编:下册[M].沈阳:辽沈书社,1985:816-817.

产品提供了销售渠道,也为中原地区的粮食及纺织品及各种手工业产品提供了广阔市场,同时皮毛等畜产品又为内地手工业生产提供了丰富原料,使内地和北疆形成广泛而紧密的联系,在经济上逐渐连接成为一个整体。

通过长城沿线贸易市场,中原内地的粮食、糖茶、布帛、皮革及其他手工业产品,源源不断地进入北疆地区。隆庆五年(1571年)马市初开时,王崇古"乃广召商贩,听令贸易。布帛、菽粟、皮革远自江、淮、湖广,辐奏塞下"[1];隆庆六年(1572年),"云中遣指挥使偕商往临清、张家湾、河西务易缯布、水獭皮、羊皮金诸货"[2],为筹备马市交易所需的货物,大同镇专门派遣官员和商人前往当时的重要商贸集散地临清、张家湾、河西务等地进行采购。丝棉织品是明代马市贸易中的传统商品。其中梭布(即土布)产量大、价格低,受到牧民欢迎,销量很大。《三云筹俎考》记载大同镇"每年互市额马一万四千五百匹。其款有八。曰银,马自六两至十两共四等。曰蟒獭,马每匹蟒段一疋,水獭皮自六张至一十张共五等。曰金段,马每匹金段一疋,水獭皮自十张至十五张共二等。曰虎皮,马每匹四张。曰豹皮,马每匹豹皮自三张至六张共三等。曰梭布,马每匹梭布四疋,有青布者,有无青布者,共二等。曰官货,马每匹真远钱羽分段、中潞绸各一疋,青梭布一疋,蓝白梭布十疋。自顺义王而下多寡有差"[3]。此处所谓"八款",是指官市上用银货购买马匹的八种比价,其中,以"银""梭布""官货"成交额为最多。所谓"银",也并非完全用银两支付,仍有相当部分以布缎折价。王崇古说,"马价以布缯兼予,上马十二两,实得金九两;中马十两,实七两五钱;下马八两,实六两四钱"[4],而且多付梭布。所谓"官货"包括绸缎、梭布。梭布有青梭布、蓝白梭布等。民市贸易中

---

[1] 张廷玉.明史:卷222[M].王崇古传.
[2] 瞿九思.万历武功录:卷8[M].俺答列传下,95,96.
[3] 王士琦.三云筹俎考:卷2[M].封贡考//薄音湖,王雄.《明代蒙古汉籍史料汇编》第二辑,呼和浩特:内蒙古大学出版社,2006(2):416.
[4] 瞿九思.万历武功录:卷8[M].俺答列传下,95.

大量货换梭布。此外梭布还用于换购铁锅。当时，由于明朝严禁铁器出边，牧民十分缺锅。隆庆五年开始互市后，俺答汗提出买锅的要求，明朝经过一番讨论后予以答应。"其十一月，俺答进表及贡马，则请铁锅、农器甚坚。先是，三卫、哈密每入贡，得在途贸铁锅。制置使方逢时知俺答春秋高，厌兵，硒比故事，与之约，约以锅折马直，大者，口细一疋，中，梭布四疋，小，梭布二疋。于是，水泉、得胜市多受布用，大率三百口。因著为令，锅勿得过五百口，禁予农器如初。"[1]马市上大量的梭布均来自松江府。除了松江梭布，苏州、杭州、嘉兴、湖州以及扬州、应天府等地出产的缎、绸、纱等丝棉织品，山东的棉布，湖广的皮革，江西景德镇的瓷器，博山的香炉，等等，也都在长城沿线贸易市场中受到欢迎。如宣府张家口市场，"贾店鳞比，各有名称"，有南京罗缎铺、苏杭绸缎铺、潞州绸铺、泽州帕铺，以及临清布帛铺、绒线铺、杂货铺等，开市时"各行交易铺长四五里许，贾皆争居之"。[2]可见，长城沿线互市贸易在一定的程度上把江南、塞北的经济紧密地联系了起来。

通过长城沿线的民间贸易，大量畜产品进入中原内地。仅举马鬃、马尾为例，其物微价廉，却给内地人民的日常生活带来了不小的变化。嘉靖中叶，江南地区用马鬃、马尾编织的帽子、罗巾、网巾等很受市场欢迎，当时其原料主要来自河南、山东、湖广、南直隶等编民养马地区，由于原料供应不足，鬃尾制品产量少，价格昂贵，市场对鬃尾的需求量日益增加。江南市场出现的这个商情很快反映到长城沿线的私市贸易中，大同、山西等镇甚至出现军民结伙私下贩运马鬃、马尾的现象[3]。隆庆五年长城沿线贸易市场设立后，塞北出产的鬃尾被商民源源不断地输入江南市场，直接促进了江南鬃

---

[1] 瞿九思.万历武功录：卷8[M].俺答列传下，104.
[2] 万历宣府镇志：卷20.
[3] 于默颖.明蒙私市贸易述论//朔方论丛：第四辑[M].呼和浩特：内蒙古大学出版社，2014.

尾编制业的发展，鬃尾制品产量剧增，价格大幅下降。万历年间，鬃尾制品在松江及临近的苏、杭、嘉、湖、扬等地人民的日常生活中被大量使用，已成为寻常之物。

自隆庆封贡以后，明朝在宣大山西直至延宁甘肃一线边关开设市场，蒙古右翼诸部得以长期稳定地与中原地区开展互市贸易。而左翼察哈尔、喀尔喀两部一方面在控制朵颜，吞并泰宁、福余后，以三卫名义获贡赏和互市的权利，另一方面通过土默特部左右两哨领赏卖马，直接或间接地与中原交换物资。地处西北的瓦剌部也同样与中原进行着经济交流。可以说，蒙古高原各部都在与中原地区进行着比较密切的经济交往交流。[1]可见，长城沿线民间贸易市场辐射空间十分广阔，甚至远及漠北、漠西地区。

长城南北物资上的互通有无、经济上的广泛交流，推动民族关系朝着和平友好的方向发展，促进了各族人民的交往交流交融。

（二）各族人民的互动交往

长城沿线民间贸易的繁荣发展促进了各族人民的友好交往、密切互动，增进了民族间的友好情谊。正德以来，在一段时间内，明朝统治者同蒙古封建主的关系日趋紧张，彼此敌视，冲突不断，长城南北正常的经济往来被禁止，从而影响了民族关系，民族矛盾一度激化。但统治者的禁令并不能限制民间的友好交往，各族劳动人民仍然冲破阻隔，通过长城沿线的私市贸易相互往来，建立起密切的关系。如长城沿线的墩兵日久天长与牧民间往来惯熟，结下了深厚友谊。大同总兵仇鸾曾说：“我之墩军、夜不收往往出入虏中与之交易，久遂结为腹心。虏酋俺答、脱脱、辛爱、兀慎四大贼营，至将我大边墩台割据分营，虏代墩军瞭望，军代达虏牧马”。[2]在这里，墩兵和

---

[1] 曹永年.蒙古民族通史：第三卷[M].呼和浩特：内蒙古大学出版社，2002：374.//达力扎布.明代漠南蒙古历史研究[M].呼伦贝尔：内蒙古文化出版社，1997：247-250.

[2] 明世宗实录：卷364，嘉靖二十九年八月丁丑.

牧民彼此不怀戒意，真正成为"胡越一家"了。这个典型例子生动地证明，中原和北疆的经济联系、各族人民之间的交往交流是无法阻断的。"俺答封贡"顺应了人民的呼声和历史发展的趋势，实现了民族友好、和平往来，随着沿线互市贸易的广泛开展，长城南北的各族人民，上至官员贵族，下至普通商人牧民，彼此间的交往交流广泛而深入。

1.明朝边镇官员和蒙古各部首领之间的交往交流

早在讨论封贡互市事情的过程中，宣大督抚王崇古等人，便与俺答汗频繁遣使往来递书，"是时，督抚称俺答为老官人，而俺答亦称督抚为大贤德，往往如汉昆邪例"[1]。郑洛担任大同巡抚和宣大总督时，也与俺答汗频繁书信往来，协商处理封贡互市的相关事宜，《抚夷纪略》中记载，俺答汗致书郑洛时称"郑老大人"，郑洛回书时称俺答汗"顺义贤王"，而黄台吉致书郑洛时则"向来称军门老爷，无敢称老大人事"[2]。俺答汗夫人三娘子曾辅佐俺答汗与明朝建立通贡互市关系，俺答汗去世后，她依俗继嫁顺义王的继承人黄台吉、扯力克、卜石兔，是蒙古右翼诸部中最有影响力的人物之一。三娘子始终积极维护与明朝的和平友好关系，在右翼各部与明朝的友好交往中发挥了重要作用。吴振元《三娘子传》记载山西岢岚兵备蔡可贤也与三娘子交好，"红门互市时，岢岚兵备蔡可贤者，单舆绛袍，驰房帐中，颇与虏相狎。三娘子贻公酒，公亦贻之金币交好之"[3]。所谓"红门互市"，指的是山西水泉营市场的互市，水泉营市场由驻守老营的副总兵和岢岚兵备道共同管理，因而担任岢岚兵备的蔡可贤自然经常和三娘子打交道，彼此成了老朋友。三娘子与曾任职宣大的吴兑、郑洛等人亦交往甚厚。"及方后吴又代为总督，则北虏贡市无失期，而三娘子切切慕华，不时款塞，常亲诣见吴公。吴公儿女畜之，三娘子亦事吴如父，情甚昵。三娘子亲笔书索金珠

---

[1] 瞿九思.万历武功录：卷8[M].中三边二·俺答列传下：89.
[2] 郑洛.抚夷纪略[M].149, 151, 153, 163.
[3] 吴振元.三娘子传//薄音湖，王雄.明代蒙古汉籍史料汇编：第二辑：208.

翠钿，公随市给与，以敦和好。"[1]万历十八年（1590年），已经升任兵部尚书的郑洛以经略陕西、延绥、宁夏、甘肃、山西、大同、宣府之全权，处理洮、河事件，郑洛通过三娘子说服蒙古部落陆续回故地驻牧，事件平息。三娘子于其东归途中致书郑洛，陈说其处境，并让郑洛为她购买一些所需之物，"今备丝银十两，万望老大人神力转买梭布八十疋，茶八篦，白绫汗巾五十方，硼砂贰两，硫黄焰硝四两，小沙锅十个，凉扇十柄，书柬纸一百张。若肯赐发，我世代不敢有忘。谨此具启，再拜。又银六两，买梭布十疋，余买茶"[2]。该信既反映了三娘子对明蒙和平交往的矢志不渝，也体现了她与郑洛之间的友好感情。

甘肃延宁的官员与鄂尔多斯部首领也有着交往。如，隆庆六年春，鄂尔多斯部切尽黄台吉西行，巡抚廖逢节派偏将怀周芝前往镇番犒劳，实有防范之意。双方见面后，切尽黄台吉热情接待了周怀芝，"切尽既至，乃迎芝入伊母帐中，揖让登上坐，俨如汉宾。母硒椎羊煮酒，相得甚欢毋餍。已，硒援笔为书，幸为我多谢抚臣，且妄请，请加封侯伯……皆番文汉字，书多不载"[3]。万历十三年（1585年），巡抚梅友松至定边营时，鄂尔多斯部遣使郊迎，表示祝贺，"十月，抚臣梅友松新到官，行至定边营，哈汉与卜失兔敬使使者郊迎且贺，悉如汉官仪。"[4]卜失兔即右翼济农、鄂尔多斯部首领卜失兔，哈汉即歹成台吉子、秃退台吉之弟，鄂尔多斯部台吉之一。

明朝一些边堡驻守官员长期与蒙古部落酋首直接打交道，双方结下了深厚友谊。郑洛《抚夷纪略》中有《谕恰台吉与何山无失欢》一条，记载了杀胡堡守备与俺答汗义子恰台吉的事情。"戊寅四月，大酋恰台吉使中军持书来，大意谓杀胡堡守备何山凌辱恰，谩昧进边人口，却令恰说誓，恰不堪，

---

[1] 诸葛元声.两朝平攘录：卷一[M].顺义王附三娘子//薄音湖，王雄.明代蒙古汉籍史料汇编：第二辑.
[2] 薄音湖，王雄.明代蒙古汉籍史料汇编：第二辑[M].
[3] 瞿九思.万历武功录：卷14：西三边·切尽黄台吉传：370.
[4] 瞿九思.万历武功录：卷14：西三边·哈汉把都儿台吉传：366.

乞将何山更换，恰乃安。……余云：'尔恰是顺义一公直好头目，何山是你邻边好守备。数年来恰与守备彼此共称好，我因此敬恰敬守备。……何守备抚你久，他已升去，我为你留在堡……恰酋者顺义中军，甚亲信，且秉公直有力气，为群酋所服，于贡市独有裨，惟何山粗豪有机智，好施予，为恰酋莫逆。其夷使至边无状者，山能笞之是事实。何山过操切，故因其失欢。谕之，复欢如故，边境乃安。"[1]戊寅年即万历六年，1578年。恰台吉为俺答汗义子，是土默特部重要执事首领，他不仅协助俺答汗与明朝达成封贡互市协议，并在俺答汗西行期间负责管理顺义王与明朝的封贡互市事宜，"于贡市独有裨"，还参与了土默特部其他许多重要军政事务[2]。杀胡堡守备何山，于隆庆六年十二月由平阳卫千户擢升，"以都指挥体统行事"守备杀胡堡[3]；万历五年二月，何山由杀胡堡守备充大同入卫游击[4]；万历十一年闰二月"改大同参将管杀胡堡守备事何山为大同北东路参将"[5]。从隆庆六年十二月至万历十一年闰二月，何山担任杀胡堡守备长达11年，一直负责杀胡堡的关防和贸易事宜，在长期交往中，与恰台吉成为莫逆。何山与恰台吉的故事，为我们留下了民族友好交往交流的生动事例。

2.蒙古使臣入边与明朝通官出边的活动

俺答封贡后，蒙古部落派往明朝进贡和讲事、递书的使臣不断进入长城沿线特别是大同、山西两镇边堡。如郑洛《抚夷纪略》记载，万历八年，"顺义各部马已贡，夷使羁馆中，云中、阳和、偏关不下百数十"[6]，这百数十人还仅仅是顺义王所部的使臣。《三云筹俎考·封贡考》中载有"市法

---

[1]郑洛.抚夷纪略·云中记，"谕恰台吉与何山无失欢"//薄音湖，王雄.明代蒙古汉籍史料汇编第二辑：第2版：152-153.
[2]于默颖.阿勒坦汗义子恰台吉事迹考述[J].内蒙古社会科学，2017（6）.
[3]明神宗实录：卷8，隆庆六年十二月戊辰.
[4]明神宗实录：卷59，万历五年二月乙丑.
[5]明神宗实录：卷134，万历十一年闰二月己未.
[6]郑洛.抚夷纪略·阳和记."制黄酋"//薄音湖，王雄.明代蒙古汉籍史料汇编第二辑：第2版.

五款",第五款便是关于使臣问题的,"五曰,初款虏使入口有时有数,今纵意出入"[1]山,这反映出入边的蒙古使臣已经突破明朝有关出入时间和使臣数量的限制。这些为数众多的蒙古使臣进入长城沿线边堡后,除进贡、讲事、递书等一系列官方正式活动外,还与当地居民私下贸易,接触交往,"虏使多舍民居僧寺,往往略铁鍪马蹬,民间或阑出铁私易"[2]。一些使臣入边后,"甚有已至城堡,复又遨游街市,或骑赴讨赏衙门"[3]。万历年间,杀胡堡"乃地当孔道,虏使往来境上必假道于此,且市场应酬繁剧,抚防两艰"[4],偏头关"款后讲事进马夷人络绎不绝,奸民射利潜通,凡我一切虚实虏备知之。其生齿稠密,商贩辐辏,尤虏所垂涎者"[5]。蒙古使臣入边后的官方活动和私下往来,不仅促进了蒙古各部上层与明朝官方的沟通了解,也增进了其与长城沿线居民的交流交往。

明朝也经常派遣通事官员前往蒙古部。《抚夷纪略》中记载郑洛担任大同巡抚和宣大总督时,经常派遣通官致书俺答汗,处理封贡互市的相关事宜。《三云筹俎考》中记载了蒙古有关封贡互市的法规,这些法规均是在明朝通官的见证下宣立的。如万历五年,俺答汗西行前夕宣立规矩条约,明朝派遣旗牌詹天福、通官龚喜、杨亮前往。万历十五年,扯力克嗣封顺义王,申明之前所立条约法度,明朝派去的各衙门通官有詹天福、王志宝、安天爵、王国镇、袭喜炭、天福、常孝、麻承训、卞福、王汉登、张安等人。万历三十一年,顺义王扯力克"从新叫说法度",明朝各衙门通官有弋陶、高景亨、史惟臣、张安、陈敖八、郑功、卞福、侯镇邦等人参加。明朝通事官员出边活动,无疑增进了其与蒙古首领们的沟通交流,与广大牧民的接触交

---

[1] 王士琦.三云筹俎考:卷二:封贡考//薄音湖,王雄.明代蒙古汉籍史料汇编第二辑:第2版.
[2] 瞿九思.万历武功录:卷8:中三边二·俺答列传下:101-102.
[3] 王士琦.三云筹俎考:卷二:封贡考//薄音湖,王雄.明代蒙古汉籍史料汇编第二辑:第2版.
[4] 杨时宁.宣大山西三镇图说//薄音湖.明代蒙古汉籍史料汇编:第十二辑.
[5] 杨时宁.宣大山西三镇图说//薄音湖.明代蒙古汉籍史料汇编:第十二辑.

往。

3.蒙古族牧民与明朝军民之间的交流交往

随着明后期长城沿线民间贸易的广泛开展，蒙古族牧民与长城沿线军民之间的交流交往不断深入。在开市贸易期间，牧民纷纷进入市场所在的边堡中。《万历武功录》记载："或收气黄台吉，清水市夷也，授指挥金事。每一临市，或以母，或以女，或以母舅速把舍，或以男莽孩舍吉、俺得筒舍吉，或以部酋撒木袋反土明，提携老小，褓负而至。"[1]这里描述了蒙古部落扶老携幼进入清水营市场的热闹场景，也反映出广大牧民积极参与互市贸易的热情。《宣大山西三镇图说》中记载了三镇各市场开市时的盛况，如镇羌堡作为大同镇"阖镇大市"，"乃每遇互市，东西名王率数万众蚁聚城下"；山西水泉营市"每遇开市，群夷毕集"；宣府张家口堡市"堡人习与虏市，远商辐转其间。每市，万虏蚁集，纷纭杂错"；甚至与张家口紧邻接壤的羊房堡"每互市，群酋经月蚁聚墙下"。[2]大市之外，进入小市市场交易的人也很多，如助马堡"乃每市群酋蚁聚，情形叵测"，宁房堡"乃夷人往来贸易，汉夷杂集"；[3]杀胡堡"汉夷贸迁，蚁聚城市，日不下五六百骑，甚至有杯酒流连、喧嚣讧殴者"[4]，"夷人入市，每日蜂聚堡城，任意流连，信宿不去"[5]。万历四十一年卜石兔嗣封顺义王时"讲添事件"中提到："一、夷人抚赏，原立款约，俱有定规……亦有不遵市期，陆续遣使零卖，扰乱内地……一、先年互市夷人不许身带兵刃，今则佩刀。且市完却来接取零货，络绎入关，骑坐营马，遍游街市，致率多饿损。或交通歇家，暗

---

[1] 瞿九思.万历武功录：卷14：西三边·或收气黄台吉传：385.
[2] 杨时宁.宣大山西三镇图说//薄音湖.明代蒙古汉籍史料汇编：第十二辑：112，167，68，90.
[3] 杨时宁.宣大山西三镇图说//薄音湖.明代蒙古汉籍史料汇：第十二辑：140，142.
[4] 明神宗实录：卷558，万历四十五年六月丙申.
[5] 大同右玉县志办公室.旧志辑录[M].太原：山西人民出版社，1999：261.

卖禁器,玩法为奸。"[1]所谓"不遵市期,陆续遣使零卖","市完却来接取零货,络绎入关","遍游街市","交通歇家,暗卖禁器",这些明朝要求禁约的各类事项,恰恰反映出广大牧民与长城沿线军民广泛而深入的交往交流。

在牧民进入长城边堡互市贸易的同时,长城沿线军民也经常出边活动。如万历五年俺答汗与明朝订立的规矩条约中就有一条:"一、各城堡采打木植者,或上一百出口者,许守口夷人引领采打,回边完日,赏段二疋,梭布六疋。"[2]这里规定边堡军民前往边外采打木植,或出边人数众多时,由"守口夷人"引领。军民出边打草采木,无疑亦增加了彼此的接触交往。

(三)文化习俗的交流交融

俺答封贡后,明朝应俺答汗要求,派送汉、藏、蒙古文佛经和忠孝经等儒家著作,并从僧录司选派星吉藏卜、坚参扎巴等番汉僧人,前往土默特地区宣讲佛教经典。他们到达土默特后,与西藏来的几位喇嘛查对经文、互相传诵,传经布教取得了很好的效果,"续据各僧备将虏王尊崇佛教,夫妇子孙日夕参拜佛像,传习经旨,各部落万众,分起陆续前来参礼"[3]。后来他们又数次应俺答汗之邀,奉旨前往土默特地区宣讲佛教经典。明朝还选派译字官前往土默特地区,教授汉蒙文字。如通晓汉蒙藏三种文字的译字官原哈密卫土官指挥马你卜刺曾随带蒙古文孔夫子讲书经、文殊菩萨经、北斗七星经等经卷前往土默特地区,在俺答汗营帐宣讲经典,待了近三个月后才返回明朝。[4]其后,俺答汗令人翻译了《金刚明经》,佛教经典的蒙古文翻译工作由此肇端。译字官崇文光携带蒙古文忠孝经赴土默特地区传授汉蒙文,受

---

[1]王士琦.三云筹俎考:卷二:封贡考//薄音湖,王雄.明代蒙古汉籍史料汇编第二辑:第2版:414.

[2]王士琦.三云筹俎考:卷二:封贡考//薄音湖,王雄.明代蒙古汉籍史料汇编第二辑:第2版:413.

[3]王崇古.少保鉴川王公督抚奏议:卷8,明万历二年刊本.

[4]王崇古.少保鉴川王公督抚奏议:卷8.

到俺答汗及其他一些贵族首领的欢迎，"而文光乃日与诸虏传受番文，较对字意，讲忠孝大义，令那吉、摆腰习字。居月余，虏王报以上马，遣归。适东西虏公实、大都等闻风慕义，尊文光以师礼迺拜，因赍番文以求印正。文光皆为译弁，人人各自为亲己，低徊者八月得还"[1]。此后，崇文光和隆庆五年奉命帮助俺答汗撰写进贡表文的译字官马继志，轮流前往土默特地区，帮助顺义王撰写表文，教授汉蒙文。僧人和译字官的派遣促进了各族文化的交流，推动了土默特地区宗教文化事业的发展。《北虏风俗》记载："往者各部落中榜什不过数人，近以奉贡迎佛，榜什颇为殷众。往者书用板，或以皮，近款贡来，每给以纸笔之具。但纸以供表章，至学书者仍以板。"

明朝少数边镇官员由于直接管理贡市事宜，与牧民面对面打交道，因而在长期交流交往中，熟悉了蒙古语和蒙古族习俗。如房山县令俞方策，"时，房山故令俞方策以久任宁夏，习知胡音，且驯夷性，歹青每至义州求贡，辄与亲盟，译者不能设诈。方策抚以私恩，慑以汉法，虏亲畏之，称俞那颜，称俞太师，进止惟命，当道听为指南。"[2]在频繁的交往交流中，长城沿线居住的各族人民的生活习俗日益接近。隆庆时负责蓟镇防务的名将戚继光就说"边人大都五分类夷"了[3]，而草原牧民因沿边驻牧日久，亦渐习华风，"沿边关塞，驻牧达子叩关索乞盐米，而架炮夜不收反出其外。驻牧日久，渐有华风"[4]。随着互市贸易的持续开展，中原的衣着服用在草原逐渐受到欢迎和追捧，不仅贵族首领穿着金段文绮，普通牧民有的也衣锦服绣。《万历武功录》记载："是时，胡中久布衣谷食，其酋长皆以锦绣相高，用以夸贫虏，贫虏亦自以不得汉金缯，

---

[1] 瞿九思.万历武功录：卷8：中三边二·俺答列传下：100.
[2] 瞿九思.万历武功录：卷10：东三边一小歹青传：231.
[3] 戚继光.陈边情及守操战车//陈子龙.明经世文编：卷350.戚少保文集五：3764.
[4] 明武宗实录：卷125，正德十年五月己酉.

诚羞渐。于是，开原、广宁市益不可闭。"[1]《北虏风俗》也记载："近奉贡惟谨，我恒赐之金段文绮，故其部夷亦或有衣锦服绣者，其酋首愈以为荣也。"[2]甚至漠北的喀尔喀蒙古部的民众也喜欢中原产的五彩锦缎，"唯是哈性穿着最爱五色斑烂"[3]。耕种食用方面，谷物之外，牧民饮食中增加了多种蔬菜，"今观诸夷耕种，与我塞下不甚相远。其耕具有牛，有犁；其种子有麦，有谷，有豆，有黍，此等传来已久，非始于近日。惟瓜瓠茄芥葱韭之类，则自款贡以来，种种俱备。"[4]

通婚现象也逐渐多了起来。"始，青酋岁以十月得往东祭先人坟墓，边吏辄私劳以金、衣，费凡百余金。骄如是，安在其能制其死命乎？甚至部夷若虎儿合气妻我希含儿，小小四娶我歌儿，腮汗妻我顶子尖胯，羊羔子妻我张氏，唱小厮妻我小厮儿，薛目妻我吴氏。且役使我把汉、黄天禄、百户赵思景，为买屋居以居之。名为守贡，而一岁之间，仅以半载往胡中，他皆居汉室，妻汉妇，偃然忘其为胡虏也者。嗟而土室之人，携我塞上歌儿舞女，喋喋而咕咕，陋固何当乎！曩者张断事寿朋论之，始知江充徙戎，原非过计。"[5]此处所称"青酋"，即喀喇沁部首领青把都。族际通婚可以说是最深入的民族交融，青把都所部不少牧民"居汉室，妻汉妇，偃然忘其为胡虏"，反映出各民族深入交往交融的历史事实。

四、余论

各民族交往交流交融是历史发展的必然趋势。各民族在历经迁徙、贸

---

[1] 瞿九思.万历武功录：卷10：东三边四·黑石炭列传：301.
[2] 萧大亨.北虏风俗//薄音湖，王雄.明代蒙古汉籍史料汇编：第二辑.
[3] 杨嗣昌.杨文弱先生文集：卷七，边情疏，《四库禁毁书丛刊》集部第69册影中国科学院图书馆藏旧抄本：123-125.
[4] 萧大亨.北虏风俗，薄音湖，王雄.明代蒙古汉籍史料汇编：第二辑.
[5] 瞿九思.万历武功录：卷9：中三边三·青把都传：151.

易、婚嫁，甚至矛盾冲突、碰撞独立过程中，交往范围不断拓宽，交融程度不断加深，推动中华民族共同体不断发展壮大。从历史上来看，游牧经济的单一性和脆弱性，决定了其对中原农业、手工业经济有着很大的依赖性，这种依赖性推动北方游牧民族与中原农耕民族进行各种形式的经济交流，保持紧密的政治经济联系。明朝后期，"隆庆封贡"实现后，长城沿线广泛开设马市族人民睦邻相处，"边民垦田塞中，夷众牧马塞外"[1]，民间贸易广泛开展，"大抵因贡为市，中国以段布皮物市易房马，房亦利汉财物，交易不绝，诚所谓贸迁有无，胡越一家"[2]。长城南北政治经济上的紧密联系，推动各民族的交往交流交融不断拓宽加深，为清朝大一统的实现奠定了基础。

崇祯初年，因右翼诸部被林丹汗征服，明朝宣布取消蒙古各部市赏，"以市赏日坏，徒耗金钱隳军实。因卜素没，革其赏"[3]。此处卜即第四代顺义王卜石兔汗，素即素囊，为土默特部另一重要首领素囊，俺答汗子不他失礼与大成比妓所生子，曾与卜石兔争夺顺义王位。长城沿线贸易市场关闭后，民间私市贸易重新兴起。崇祯七年末八年初，土默特部导引漠北喀尔喀部到杀胡口堡卖马，事后宣大总督杨嗣昌上报朝廷的奏疏中提到："臣查去岁宣云未开市口，而关门哨骑截获蟒缎、茶叶、水银、烟酒等物，细载累累，是则除宣云另有透贩之处，未开市口别藏滥出之奸，此明白可据之一案也。"[4]可见，明朝虽然关闭了互市市场，但长城沿线民间贸易并未完全中断，私市贸易重新兴起，蟒缎、茶叶、水银、烟酒等各种货物仍然由长城关口不断输出。

明末档案也提供了有关民间私市贸易的更加生动翔实的案例。如《宣

---

[1] 明世宗实录：卷251，嘉靖二十年七月丁酉.
[2] 焦竑.通贡传//薄音湖，王雄.明代蒙古汉籍史料汇编：第二辑[M].呼和浩特：内蒙古大学出版社，2006：441.
[3] 崇祯长编：卷1，崇祯元年六月辛丑.
[4] 杨嗣昌.杨文弱先生文集：卷七：边情疏，四库禁毁书丛刊：集部（69）：123-125.

大巡按梁云为路将通夷骗银开衅谨请题参究处事题本》（崇祯八年九月初六日）就记载了监视宣府镇太监王坤题参宣府东路永宁参将张国威"贪利通夷，违禁开衅"的案件[1]。张国威纵容家丁李天亮、傻郭三等人带领哨探军兵出边，假名哨探，"每班二十名出边，短哨五日一回，长哨每十日一回"，实则砍伐松柏木带回出售，从崇祯五年十一月起一直持续到七年七月案发止。其中，李天亮原系山西平遥县人，于万历三十七年被掳出边，在草地长期生活并娶妻生子，至崇祯五年带着妻儿回到内地，投充张国威家丁。傻郭三、李天亮"因出边惯熟，且有李天亮丈人外夷猛克兔相通，因此与猛克兔买茶买布"。猛克兔等给予李天亮银270两及银碗一个、银杯盘一付，委托其置买货物。傻郭三、李天亮"每月买茶约有五六十包，一年约有六七百包，每包值铜钱六文。每月又夹带买布十一二匹，一年约有一百三四十匹，每匹值银三钱四五分，共买一年，约用银四十两，余银傻郭三分使八十两，其余杯盘银子俱李天亮收去使了"。后来由于银货纠纷，李天亮被猛克兔射死。猛克兔还转托长哨李三等人购买茶叶布匹。案件中还有其他牧民亦请托砍手马仲元购买货物，"比因砍木日久，有敖目部夷闻知，思得连年与里边不和，意要买货。见得砍手马仲元等人常川在外砍木识熟，遂付与马仲元银大小五锭，内小锭重三二两，中锭重二十五两，大锭重四十两，共银一百三十三两"。审问此案的明朝官员也感叹："通夷买货之由，初不过李天亮自虏归来，只为一二姻娅辈，少少作盗买茶布之佣，而日久事熟，渐愈滥觞，出哨者遂多效而尤之，走死地如鹜也。"

从档案记载看，这个案子中有几点值得注意：一是案件持续的时间较长，涉及的人数较多，这说明当时的"通夷买货"不是个案个例，而是比较多见的；二是蒙古族牧民手中有来自明朝的大小银锭，这些银锭应是牧民在

---

[1] 明代档案汇编.第20册.第1623件//宣大巡按梁云为路将通夷骗银开衅谨请题参究处事题本：崇祯八年九月初六日.南宁：广西师范大学出版社，2000：125-135.

之前的互市贸易中得到的；三是李天亮与猛克兔的翁婿关系，说明民间通婚的事例不少。

上述档案所载是明末长城沿线民间贸易和民族交往交融的一个生动案例。它表明，长城南北的经济联系和各族人民之间的友好交往始终是无法隔绝和阻断的，长城内外各族人民的交往交流交融仍然在继续发展，"贸迁有无，胡越一家"才是历史发展的主流。

习近平总书记指出："一部中国史，就是一部各民族交融汇聚成多元一体中华民族的历史，就是各民族共同缔造、发展、巩固统一的伟大祖国的历史。"明后期长城沿线民间贸易的繁荣发展和各民族的交往交流交融，为这一论断提供了一个生动鲜活的历史注脚。

作者：于默颖，内蒙古社会科学院历史研究所研究员

本文为2022年度内蒙古自治区社会科学院铸牢中华民族共同体意识研究基地课题成果

/内蒙古自治区社会科学院铸牢中华民族共同体意识研究基地成果集/

考古视域下的先秦时期北方地区的民族交融地带

李春梅

先秦时期是华夏民族和周边各民族的孕育形成时期，也是中国历史各民族交往交流交融历史的开端。夏商周三代更迭，华夏民族的政治区域——中原地区不断向四周拓展，华夏民族也因不断整合、吸纳周边民族而发展和壮大。至春秋时期，"中原"的概念初步形成，泛指黄河中下游地区，大体包括今河南全省、山东西部、河北南部、山西南部和陕西关中东部地区。[1]与中原相邻的北方相当于今天的陕西中北部和关中以西、山西中北部、河北中北部、内蒙古中南部等，即本文所言的北方地区，基本处于战国中后期秦、赵、燕长城以南、"中原"北缘之间。这一地区是先秦时期北方各民族活动、迁徙往来的重要地带，也是与华夏民族交往交流交融的主要发生地。

与夏商周时期的中原地区（黄河中下游）相比，该地区自然条件比较复杂，降雨量较少，多山地、丘陵、台地，但也不乏平原、盆地以及季节性河流、湖泊，为生息于其中的各民族从事多种生产生活方式提供了丰富的资源。同时，区域内的诸地理单元与中原地区也几乎没有不可逾越的天然阻碍，"内外环境都有利于人口和牲畜的流动及农耕等业的生产与产品流

[1] 段宏振.中原的形成：以先秦考古学文化格局的演进为中心，考古学研究[M]. 北京：文物出版社，2012.

通"[1]。因此，在中国相对封闭的地域内，先秦时的各民族之间交往绵绵不绝，历久弥新，推动着中国内涵的丰富和外延的扩展。

北方各族与华夏民族几乎有着共同的历史开端，甲骨卜辞、铜器铭文和先秦古籍等史料都留下了他们的身影，包括薰育、鬼方、猃狁、戎、狄、羌、夷等。考古资料明确显示，先秦时期，邻近中原的北方各地，分布着诸多具有土著特征的文化区，其创造主体无疑是以上各民族和没有留下名字的族群、民族。本文主要通过考古学研究成果来考察先秦时期北方与中原的物质文化交流，从中探索该时期各文化交往过程中所形成的文化交错地带。这些交错地带为下一个政权的政治和文化拓展创造了条件，奠定了基础，推动中原疆域不断北拓。

一、夏代晚期至早商时期

夏代晚期至早商时期，代表中原的考古学文化主要是二里头文化和二里岗文化。二里头文化被学界定为夏代晚期文化，主要分布在今河南省西部黄河以南的伊河、洛河、颍河、汝河流域和山西省南部的汾河下游及涑水流域[2]，中心在河南伊洛地区，也是夏晚期的中心统治区域。公元前1550年左右，与二里头文化同时并相邻的先商文化——下七垣文化南迁进入郑州地区，发展为二里岗文化[3]。

（一）与二里头文化直接交往的文化

与二里头文化发生更为直接交往的文化主要是下七垣文化、岳石文化。

---

[1] 晓克.草原文化史论[M].呼和浩特：内蒙古教育出版社，2007：14.
[2] 李伯谦.夏文化与先商文化关系探讨[J].中原文物，1991（1）.
[3] 也有学者认为，二里岗文化不是由漳河型文化（下七垣文化类型之一）直接发展而来，而是吸收和改造了漳河型文化和二里头文化的一些因素发展而来，因为二里岗文化的独特因素是主要部分，在豫东商丘附近寻找先商文化是一条途径。（程平山，二里岗文化刍议[J].华夏考古2001.）

下七垣文化分布在豫北冀南地区的漳河流域，其核心区在石家庄滹沱河流域以南的漳河、滏阳河及洺河的中上游地区，位于二里头文化的东北部。二者以沁水为界，沁水东、西两岸是这两种文化发生交流、碰撞的主要地区。二里头文化对下七垣文化的影响较大，二里头文化中的平口瓮、捏沿罐、大口尊等在下七垣文化所在的沁河东岸发现得更多。[1]

岳石文化的大约年代在公元前1800年至前1450年之间，分布在今山东全省、河南东部、苏皖北部一带，向北进入河北和辽东半岛南端。对于二里头文化的东缘，有学者认为应在杞县—淮阳—沈丘—阜阳一线，与岳石文化分布区的西缘（大致河北省东部的运河—鲁西、鲁西南—杞县、柘城、鹿邑一线）交接[2]；也有学者认为二里头文化"分布区域东缘在豫东杞县、商丘县一带，豫东东部的夏邑、永城、柘城等地区发现有岳石文化的遗存……豫东商丘地区也属于文化交会地带"[3]。可见，二里头文化与岳石文化发生交汇交往的地区主要在靠近中原地区的豫东和鲁西南地区。岳石文化高于当时的夏文化，通过豫东和鲁西南文化边缘地带的过渡影响到二里头文化分布区的腹地。

（二）与二里头文化发生间接交往的文化

与二里头文化发生间接交往的北方文化主要有齐家文化、朱开沟文化、夏家店下层文化。二里头文化与这些文化并不相邻，但却有很多相互交流的因素。

齐家文化（公元前2200年—前1700年）与二里头文化的年代重合时间较长，其分布区的东缘在陕西关中西部，接近于二里头文化分布区的西缘——关中东部、渭南、华县和商州地区。一些学者认为位于关中东部、陕南一带的东龙山文化是齐家文化、二里头文化交往的重要媒介，三种文化在这里交

---

[1] 李伯谦.夏文化与先商文化关系探讨[J].中原文物,1991（1）.
[2] 宋豫秦.夷夏商三种考古学文化交汇地域浅谈[J].中原文物,1992（1）.
[3] 程平山.二里岗文化刍议[J].华夏考古,2001（4）.

流碰撞。如，二里头文化的花边高领圆腹罐更多地发现于东龙山文化中，东龙山文化大量出土的长颈双耳罐、单耳长颈壶、三耳罐在齐家文化中是常见器物；齐家文化出土的陶盉，与二里头文化的同类器形相似。同时，"可能正是通过东龙山文化这个中介，齐家文化较成熟的青铜工业也影响了二里头文化，使后者的青铜文明到二里头二期后迅速发展起来"[1]。齐家文化晚期从甘青向关中东进到达河渭之间，二里头文化二、三期向西扩展至关中地区，东龙山文化最终应被二里头文化取代，此后迎来了早商文化。

朱开沟文化年代相当于夏代至早商时期，主要分布在河套地区的鄂尔多斯高原、凉城县一带，南及陕北窟野河流域。二里头文化分布范围最北抵达沁河及晋南，与朱开沟文化相距较远，直接交往的可能性较少。但朱开沟文化出土的小型方杯、双系罐、浅斜腹盆、折沿碗等陶器，都与二里头文化的器型相类似，同时还有吸收二里头文化因素又经过改造的石刀等。有学者认为，朱开沟文化中的夏文化因素很可能是位于二者之间的白燕文化传入的。因为白燕文化对下七垣文化形成产生重要影响，"长治地区东部的漳河一带可能是白燕文化和下七垣文化的交汇区域"[2]。此外，晋中地区太原狄村、东太堡、许坦等遗址出土的器物也包含有二里头文化、下七垣文化和白燕文化等多元因素。所以有学者认为，朱开沟文化出土的带钮罐，被认为是早期土著因素与下七垣、二里头文化碰撞、融合的结果[3]。二里头文化有不止一条途径可以影响到朱开沟文化。

夏家店下层文化（公元前20世纪—前14世纪），分布中心在老哈河和大凌河中上游地区，南抵燕山山脉。同样，夏家店下层文化将很多中原文化因素融合到自身文化之中。如，大甸子墓地出土了较多具有二里头文化特征的

---

[1] 蒋刚.太行山两翼北方青铜文化的演进及其与夏商西周文化的互动[D].吉林大学博士论文.2004.
[2] 蒋刚.论白燕文化及其相关问题[J].考古与文物，2009（5）.
[3] 王乐文.试论朱开沟文化的起源、发展与消亡[J].北方文物，2006（3）.

器物：陶爵、陶斝、陶盉、玉圭、锥形玉佩饰等，其中陶爵、陶斝等器物的演变序列与二里头文化基本一致。鬶、罐、鬲等彩绘陶器上的饕餮图案，与二里头文化饕餮纹相类似[1]。据此，有学者认为夏家店下层文化的社会形态可能与同时期的夏王朝处于同一发展水平[2]。对于夏家店下层文化中的二里头文化因素的来源问题，学者们认为，夏家店下层文化是豫北冀南后岗二期文化因遭遇突发事件，居民远距离迁徙到西辽河流域，吸收当地原居民的文化成分而产生[3]；夏家店下层文化中的二里头文化因素可能是有来自中原地区的夏遗民与北方草原居民融合的结果[4]等。

如上所述，二里头文化与其他各考古学文化交往交流的主要发生在关中东部、晋中南、冀南、鲁西北、豫东、鲁西南地区，使夏文化的影响力由统治区域（豫西、豫中、豫东西部、关中东部和晋南）向四周扩散，以文化为先导凝聚了更多族群、民族，推动了中原范围的扩大，为商政权及其文化的进一步拓展奠定了基础。

二里头文化与以上相距遥远的文化的交往，既说明了中原二里头文化的魅力和生命力，而且与遥远的北方也有一定的通道，或者以其他考古学文化为媒介，或者是随较大规模的人群迁徙、远距离征战被带入等。这些交往通道、交往方式或人群的走向很可能成为此后更大范围、更多直接面对面南北方文化交往的纽带。如有学者指出，夏代时期，汾河谷地北端一带，是中原与北方互动的重要前沿，多种文化系统在此交流碰撞[5]。类似多文化交汇处、交往通道的探索有助于更加明晰早期各民族的交往途径、方式，而且也是后世交通、人口流动、政治治理的参考和基础。

---

[1] 杜金鹏.试论夏家店下层文化中的二里头文化因素[J].华夏考古，1995（3）.
[2] 郭大顺，张星德.东北文化与幽燕文明[M].南京：凤凰出版社，2004：327.
[3] 王立新，等.夏家店下层文化渊源刍论[J].北方文物，1993（2）.
[4] 杜金鹏.试论夏家店下层文化中的二里头文化因素[J].华夏考古，1995（3）.
[5] 段宏振.太行山脉东西两翼：中原与北方青铜文化互动的重要通道.三代考古[M].北京：科学出版社，2009.

(三)与先商、早商文化直接交往的文化

与先商、早商文化发生交往的考古学文化主要有岳石文化、大坨头文化、朱开沟文化、夏家店下层文化。与二里头文化相比,下七垣文化、二里岗文化与以上文化更为邻近。二里岗文化发展时,不仅继承了下七垣文化,占领和取代了二里头文化分布区及其辐射地区,还包含一定数量的岳石文化等其他地区的文化因素,形成了一个更大的中原文化圈,成为一个比夏朝版图大得多的统一王朝。

下七垣文化与岳石文化相邻,下七垣文化对岳石文化的影响多体现在鲁西北地区,如在平、章丘、青州等地的遗存多受到下七垣文化的影响,而与二里头文化无多大联系[1]。二里岗文化向东介入后,中原文化推进到泰沂山脉以西、淄河、弥河流域,将山东北部和西部的岳石文化渐渐融合进来[2]。岳石文化被迫向东压缩至胶莱平原、胶东半岛、鲁东南沿海地区分布。二里岗文化早期所具有的岳石文化因素"所占比例偏少,主要器物有素面陶、素面中口罐等"[3]。因二里岗文化的东进,具有典型特征的商式青铜器在山东中部、南部发现数量颇多。这一地区还出现一些商文化聚落遗址,如济南大辛庄遗存就反映了二里岗、殷墟文化与岳石文化互相渗透、影响和交融的关系,是此时期文化交流的一个缩影。

下七垣文化与大坨头文化以拒马河、易水为界南北对峙,大坨头文化分布在燕山南麓,西达张家口壶流河流域,南抵拒马河、易水。大坨头文化很早就受先商文化的影响,其分布地域内偏南的先商成分多,偏北的土著成分多[4]。而先商文化中特别是其北部有很多北方文化因素,如环首刀、喇叭形耳环、有恐镞等北方系青铜器。大坨头文化因素的鼓腹鬲、折肩鬲等在下

---

[1] 方辉.岳石文化的分期与年代[J].考古,1998(4).
[2] 李伯谦.从殷墟青铜器族徽所代表的族氏的地理分布看商王朝的统辖范围与统辖措施.考古学研究六.北京:科学出版社,2006.
[3] 程平山.二里岗文化渊源当议[J].华夏考古,2001(4).
[4] 杨建华.试论夏商时期燕山以南地区的文化格局[J].北方文物,1999(3).

七垣文化中的数量多而且分布广。大坨头文化中未发现典型的二里头文化因素，说明夏代晚期中原文化还未影响到冀西北、京津唐地区[1]。二里岗文化北渐占据冀南、冀中易水流域后，继续向冀北推进，与大坨头文化互相交流吸收的因素增多，而且是越靠近早商文化区，商文化特征越明显。大坨头文化的、罐、簋、盆、假腹鬲、折沿实足根鬲等陶器具有典型的二里岗文化特征，出土的随葬器物有成组的青铜礼器和武器，绝大部分青铜器的器类、形制、纹饰都与商文化的雷同。随着二里岗文化的拓展，大坨头文化向东收缩并逐渐衰落、消亡。

（四）与早商文化间接交往的文化

二里岗文化给周邻文化以巨大影响，对周围地区产生了强烈的辐射和吸附[2]。朱开沟文化与中原文化的交流更加频繁，晚期阶段的很多遗物都具有二里岗文化因素。如陶簋、折沿分裆鬲以及大三角形纹、大十字镂孔、兽面纹等；青铜礼器（铜鼎、爵等）与商式典型器物基本一致，中原系武器群（戈、刀、镞等）制作比较粗糙；陶器上的云雷纹装饰以及陶鬲的方唇口作风体现了二者的融合。而二里岗文化中的乳状肥袋足、无发达实足根陶鬲，则是来自对朱开沟文化因素的吸收。这些文化交往显示朱开沟文化接受和吸收了商文化的兵器、盛储器、部分礼器，并存在一定程度的融合[3]。

对于早商文化与朱开沟文化之间交往规模的扩大、频繁的人群往来，有学者认为可能是通过战争的形式来完成的[4]，有学者认为早商文化是通过冀西北桑干河流域或者洋河向西进入朱开沟等地区的[5]。李伯谦先生认为早商

---

[1] 蒋刚.试析夏商西周文化和冀西北、京津唐地区北方青铜文化的关系[J].北方文物，2007（4）.

[2] 袁行霈，严文明.中华文明史：第一卷[M].北京：北京大学出版社，2006：179.

[3] 杨建华，等.欧亚草原东部的金属之路：丝绸之路与匈奴联盟的孕育过程[M].上海：上海古籍出版社，2017：134.

[4] 杨建华，邵会秋.欧亚草原东部金属之路的形成[J].文物，2017（6）.

[5] 蒋刚.山西、陕北及内蒙古中南部夏商西周时期青铜文化的演进[J].中国历史文物，2008（5）.

文化沿汾河谷地向北越过层层山峦直接影响着朱开沟文化[1]。

夏家店下层文化与早商文化不毗邻，但因二里岗文化强烈北渐，夏家店下层文化晚期的器物风格仍有不少中原文化因素。夏家店下层文化的云雷纹以及鬲、甗等器物造型和三分面的彩绘部位，都与商代青铜容器的风格相似[2]。墓葬中出土的彩绘陶器、铜权杖首、仿铜器的陶爵、陶斝、成组玉器等，反映了器物的礼器性质，表明夏家店下层文化居民的社会等级、礼仪制度已形成，青铜文化高度发达[3]。

总的说来，虽然相距很远，但中原文化的绳纹鬲、绳纹甗、绳纹深腹罐、大口尊、深腹盆、假腹豆、爵、斝、簋、蘑菇钮器盖等陶器都渗透到朱开沟文化、大坨头文化、夏家店下层文化中[4]。需要指出的是，此时期的齐家文化、朱开沟文化、大坨头文化、夏家店下层文化遗址都出土了青铜器，显示北方地区已经进入了青铜时代，而且北方系青铜文化与中原青铜器的关系十分密切。有学者研究认为，二里头文化时期，中原青铜器就已经与北方产生联系。因为二里头文化的部分青铜器在其制作过程中融入了北方系青铜文化的因素，而且朱开沟文化早期和夏家店下层文化的青铜器与中原系统最为接近[5]。

二里岗文化不仅覆盖了二里头文化分布区，还将势力伸展到渭河南岸，并囊括了黄河中下游地区同时并存的其他一些文化。商早期的政治中心在今河南颍水流域的登封、禹州一带[6]，所控北部疆域扩展到今河北南部（保定、石家庄以南）、山西中南部、山东泰沂以西、西达关中东部（陕西咸阳附近），将控制区域从黄河中游地区扩展至黄河下游地区，所及势力范围更

---

[1] 李伯谦.关于考古学文化互动关系研究[J].南方文物，2008（1）．
[2] 郭大顺，张星德.东北文化与幽燕文明[M].南京：凤凰出版社，2004：305．
[3] 苏秉琦.中国文明起源新探[M].北京：人民出版社，2013：111．
[4] 韩建业.二里头—二里岗时代文化上的早期中国[J].中原文化研究，2014（6）．
[5] 杨建华，等．欧亚草原东部的金属之路：丝绸之路与匈奴联盟的孕育过程[M].上海：上海古籍出版社，2017：34-35．
[6] 周书灿.再论新砦遗址的性质与功能[J].中州学刊，2018（10）．

广、更远。原受夏文化影响及辐射的关中东部、晋中南、冀南、豫东、鲁西北、鲁西南地区基本纳入商朝的控制范围。与商朝所控地区相邻的北部——关中西部、山西中北部、河北中北部、京津唐地区、山东中部都不同程度地受到早商文化的影响,成为早商时期中原与北方交往交流交融的主要发生地。这一地带分布着较多的文化遗存,既与商文化有密切联系,又具有典型的北方土著文化特色。有学者根据早商文化对北方文化渗透的程度将其分为两个层级:在第一层级的区域内有数量较多的商文化因素,逐渐向着商文化面貌演变;在第二层级区域只有个别商文化因素,土著成分更多[1]。

二、晚商至西周时期

晚商时期,商统治区域向南收缩,商文化圈相对缩小。具体地说,晚商文化退出晋西南的汾水下游、涑水流域和晋东南,晋中地区的晚商墓葬遗存虽有殷墟文化的类型,但与北方青铜文化的交往关系十分显著;冀西北、京津唐地区的早商文化南撤,易水流域基本成为商代晚期的北部边缘,数量较多的晚商铜器群主要分布在保定以南、唐河流域,保定以北地区的晚商因素则十分稀少,因为北部被北方考古学文化占据[2];在西北方,晚商文化势力退出关中西部,代之而起的是吸收了北方和西北方诸多文化因素的先周文化[3]。

虽然此时商朝控制区域和商文化的直接分布区缩小,但商文化与周边各考古学文化的交流融合并没有中断。基本连成一片的中原文化又面对新一轮的北方文化,主要有辛店文化、寺洼文化、西岔文化、李家崖文化、魏营子

---

[1] 蒋刚.夏商西周文化对其西方和北方地区文化渗透的方向性与层级性[J].考古,2008(12).
[2] 李伯谦.张家园上层类型若干问题的研究[M].考古学研究(二).北京:北京大学出版社,1994.
[3] 张天恩.关中商代文化研究[M].北京:文物出版社,2004:347.

文化、围坊三期文化、夏家店上层文化、张家园上层文化等。

（一）西北方的文化交流

商周时期，由于气候变化、其他文化因素的渗透等原因，原以农业经济为主、兼有畜牧经济的齐家文化分化出了畜牧经济更加明显的辛店文化、寺洼文化等[1]。辛店文化、寺洼文化与齐家文化有大面积重合，不同的是，寺洼文化向东向南发展，辛店文化向西发展。

寺洼文化主要分布在洮河中下游、白龙江、西汉水流域，年代约相当于商末至西周晚期。寺洼文化与先周、西周文化有较长、较多的时空交叉，其相同或相似因素比较多。如：寺洼文化墓葬中出土的铜戈、铜镞、铜刀等青铜器，联裆鬲、联裆、罐等陶器，其形制与西周时期的器形相同或相似。基于此，有学者认为寺洼文化可能是周文化形成和发展的一种重要因素[2]，但也有学者研究认为两者并没有纵向上的源流关系[3]。

辛店文化分布主体在大夏河、湟水流域和兰州附近，年代相当于商代中晚期到西周早期。辛店文化中常见的双耳袋足鬲与西周早期的陶鬲近似，彩陶上的连续回纹与云雷纹等，与西周青铜器上的纹饰雷同，辛店文化明显受到中原文化的影响[4]。

（二）正北方的文化交流

西岔文化主要分布在南流黄河东岸的内蒙古清水河县，其典型器物双整筒腹鬲，多见于关中地区的周文化遗存。西岔文化有与中原式样相近的铜戈。

李家崖文化主要分布在陕北和晋西北黄河两岸，汾河右岸至吕梁山区、洛河上游、延河、清涧河、无定河流域，年代相当于商代晚期到西周早期，

---

[1] 张忠培.齐家文化研究（下）[J].考古学报，1987（2）.
[2] 胡谦盈.甘肃庄浪县徐家碾寺洼文化墓葬发掘纪要[J].考古，1982（6）.
[3] 刘军社.试论先周文化与相邻诸文化的关系[J].考古与文物，1994（4）.
[4] 郝树声.简论甘肃地区的古文化与中原及周邻文化的互动与影响[J].甘肃社会科学，2003（6）.

繁荣期在殷商时期。李家崖文化与殷商、先周、西周早期文化的关系密切，出土有大量的中原青铜器组合，其中很多是殷墟常见器形，有的铜器上还有铭文。中原商文化陶器的典型特点——三角纹、云雷纹、圆圈纹等也见于李家崖文化的簋等陶器的装饰上。李家崖文化中的先周文化、西周早期文化因素，包括折肩罐、陶豆、花边鬲等陶器，绳纹、方格乳钉纹、云雷纹等纹饰，弓形器、管恐斧、管恐戚、恐孔星状器等青铜器。

围坊三期文化主要分布在燕山南麓，西起太行山，东至滦河流域，南至拒马河一带，年代约为公元前13—前11世纪。学界普遍认为围坊三期文化是继承大坨头文化发展而来。围坊三期文化与商文化相邻，出土有鼎、爵、簋、等中原典型商文化青铜礼器组合。弓形器、金臂钏、金耳环等北方式实用器组合与商青铜器并存。围坊三期文化似乎还接受了周人的礼制信仰，学者们认为这大概与西周燕国分封于此有很大关系。

张家园上层文化分布在燕山以南、北易水流域以北、滦河流域以西、太行山北段以东的广大区域。有些学者认为，张家园上层文化与围坊三期文化有明显的继承关系，但以永定河为界，东、西面还有一定差异[1]。张家园上层文化出土了数量较多的商文化因素和部分周文化因素的器物。如，商文化因素的鬲、簋、罐等。土著文化因素与商周文化因素融合而成的器物也明显增多，如形体较大的弧裆陶鬲等[2]。西周早期，张家园上层文化中的北京琉璃河一带成为燕国贵族的直接占领区域，不断受到燕文化的挤压和渗透，到西周晚期，张家园上层文化几乎被西周燕文化占据，京津唐地区大部分纳入中原文化区[3]。而张家园上层文化的一部分居民向北越过燕山进入今承德地

---

[1] 蒋刚,王志刚.关于围坊三期文化和张家园上层文化的再认识[J].考古,2010(5).
[2] 蒋刚.太行山两翼北方青铜文化的演进及其与夏商西周文化的互动[D].吉林大学博士论文,2004.
[3] 蒋刚.试析夏商西周文化和冀西北、京津唐地区北方青铜文化的关系[J].北方文物,2007(4).

区[1]。

(三)东北方的文化交流

魏营子文化分布在医巫闾山、燕山、达努鲁儿虎山之间,分布中心在大小凌河流域,年代约为公元前13—前10世纪。魏营子文化因区与夏家店下层文化努鲁儿虎山以东的分布区有部分重合,因此承袭了夏家店下层文化的很多因素[2]。魏营子文化出土有多批中原式青铜器,尤其在喀左一带有许多晚商至周初的窖藏铜器。有学者认为,这些珍贵器物的拥有者应当是魏营子文化居民中的上层贵族,他们与中原王朝关系甚密,接受了来自中原王朝所赠予的重器[3]。也有学者认为这是上层贵族通过某种手段直接或间接由燕国得到的[4]。

夏家店上层文化主要分布在燕山以北的西拉木伦河、老哈河流域上、中游,年代相当于西周早期至春秋中期,繁荣时期是西周晚期到春秋早期。夏家店上层文化晚期,其分布重心南移,与相邻的中原燕文化关系密切。夏家店上层文化出土了大量的中原式鼎、罍、盉、壶、尊、匜以及带完整铭文的簋等青铜礼器和戈、钺等青铜兵器,也有仿效中原同类器物的个别器类。墓葬中所出的青铜礼器包括商末周初至春秋初的各个时代且毫无固定的搭配[5],对于这一迹象,学者们有不同看法,认为可能是夏家店上层文化的贵族把这些青铜器看作一种战利品[6],或者是作为财富以炫耀[7],或者只是贵

---

[1] 乌恩岳斯图.北方草原考古学文化研究:青铜时代至早期铁器时代[M].北京:科学出版社,2008:255.
[2] 郭大顺.试论魏营子类型[M].考古学文化论集:第一辑,北京:文物出版社,1987.
[3] 乌恩岳斯图.北方草原考古学文化研究:青铜时代至早期铁器时代[M].北京:科学出版社,2008:110.
[4] 王立新.辽西区夏至战国时期文化格局与经济形态的演进[J].考古学报,2004(3).
[5] 林法.东胡与山戎的考古探索[M].环渤海考古国际学术讨论会论文集.北京:知识出版社,1996:181.
[6] 朱永刚.夏家店上层文化向南的分布态势与地域文化变迁[M].庆祝张忠培先生七十岁论文集.北京:科学出版社,2004:434.
[7] 王立新.辽西区夏至战国时期文化格局与经济形态的演进[J].考古学报,2004(3).

族之间的政治互动，不一定是对中原文化的认同[1]，等等。

（四）小结

以上所及考古学文化大致分布在关中西部、山西中北部、内蒙古中南部、河北中北部、燕山南北、燕山南北及西辽河流域。物质文化上反映出来的南北交流说明不同区域的人们对彼此文化，尤其是在生产技术和经验方面的接受和认同是频繁交流的基础和前提。同样，北方文化内中原因素的多少与距离中原的远近有密切关系。反过来，接受中原文化的程度越深，接受并纳入中原政权治理的可能性越大。周文化与寺洼文化等交错分布的泾、渭河上游地区、甘肃陇东被纳入周王朝的统治区域。周文化进入洛河上游和清涧河下游地区后，便取代了李家崖文化。西周中期，晋中地区被周文化、晋文化占据。西周晚期，燕文化占据了张家园上层文化的大部区域，冀中、京津唐地区纳入西周文化分布区[2]。而未融入中原政权治理的北方地区，从商代晚期开始出现了文化上的趋同性，横向交往越来越多，文化面貌具有一定的相似性。

在夏商政治疆域基础上，西周文化分布的北界推至陕北无定河至宁夏南部清水河、甘肃洮河一线、汾河谷地北部、河北省北部和辽宁省西部。受二里头、二里岗等中原文化影响的三北边界又有一部分纳入西周王朝的治理范围，"一日而尽有夏商之民、尽有夏商之地、尽有夏商之财。"[3]随着西周的整合和北方各侯国的经营，北方文化及其创造主体大多进入西周的统治区域和文化影响范围，尤其中原北部交错杂居着不同民族，直到春秋时期，"陇以西有绵诸、畎戎、狄源之戎，在岐、梁、泾、漆之北有义渠、大荔、乌氏、朐衍之戎，而晋北有林胡、楼烦之戎，燕北有东胡、山戎"[4]。

---

[1] 李健菁.民族、生态、资源的对话：以夏家店上层文化与"山戎"文化为例[M].边疆考古研究：第1辑.北京：科学出版社，2002：240-254.
[2] 蒋刚.冀西北、京津唐地区夏商西周北方青铜文化的演进[J].考古学报，2010（4）.
[3] 高诱，注.吕氏春秋.上海书店，1986：322.
[4] 汉书：卷94[M].匈奴传上.北京：中华书局，1962：3747.

三、东周时期

东周时期，随着中原政治势力的北拓，南北文化交流的地域整体北移。北方文化的横向交流更为突出，由点到面，形成特色鲜明的北方文化带。中原文化面对的北方考古学文化主要包括：陇山地区的杨郎文化、河西走廊的沙井文化、内蒙古中部的桃红巴拉等诸遗存、冀北山地的玉皇庙文化、辽西地区的十二台营子文化、井沟子文化等等。它们在北方系青铜器、北方人群的生业方式、殉牲习俗等方面具有游牧文化的一些特征，而且大多进入铁器时代。依据现有文献资料，各考古学文化的所属民族也得到了更多的探讨。

（一）西北方

杨郎文化主要分布在宁夏中南部和甘肃东部地区，即以六盘山为中心的陇山地区，年代属于春秋早中期至战国时期。杨郎文化盛行直线式洞室墓，普遍殉牲，随葬品以北方系青铜器为主，是甘宁地区北方系青铜器发展最重要的地区。杨郎文化遗存中普遍发现有东周时期的铜戈、车事、毂、装饰有变形云纹的当卢、铜镜、圭形带饰等。关于杨郎文化的族属，大多认为是戎人，但具体又有义渠戎[1]、朐衍戎[2]、乌氏之戎[3]等不同意见。

沙井文化主要分布在河西走廊东端，东南到兰州永登、榆中，年代相当于西周晚期至战国之间。从沙井文化众多的动物纹青铜牌饰、青铜器、殉牲、随葬品看，畜牧业经济是其主要成分，具有浓郁的游牧区域特色。沙井文化也受到中原西周、春秋时期文化的影响，小铜镜上有对称龙纹，铜镞两侧带翼等。沙井文化中还有一些明显来自中原地区的矛、锥、铲、鐏等铁

---

[1] 钟侃，韩孔乐.宁夏南部春秋战国时期的青铜文化[M].中国考古学会第四次年会论文集.北京：文物出版社，1985.
[2] 周兴华.宁夏中卫县狼窝子坑的青铜短剑墓群[J].考古，1989（11）.
[3] 罗丰.固原青铜文化初论[J].考古，1990（8）.

器。[1]沙井文化的族属是月氏先祖已基本达成共识。

（二）正北方

内蒙古中部地区有大量属于春秋至战国时期北方民族遗存，包括内蒙古杭锦旗桃红巴拉墓地、伊金霍洛旗公苏壕墓葬、准格尔旗西沟畔墓地、准格尔旗玉隆太墓葬、杭锦旗阿鲁柴登墓葬、乌拉特中后联合旗呼鲁斯太墓葬、凉城县毛庆沟墓地、凉城县饮牛沟墓地、凉城县崞县窑子墓地、兴和县沟里头墓葬、和林格尔新店子墓地、和林格尔范家窑子铜器群、凉城县忻州窑子墓地等。这些遗存在生业模式，以羊为主的殉牲习俗，随葬品有车马器、工具兵器、服饰品和陶器四大类等方面有着很多的一致性。对于这些遗存是否能被归类为某一文化或是否为游牧民族遗存，考古学界持有不同意见。

玉皇庙文化以北京延庆玉皇庙墓地而得名，主要集中在太行山脉以北的冀北山地，包括军都山和燕山一带。玉皇庙文化有属于燕或中原系统的器物：饰重环纹的铜鼎、饰蟠螭纹的铜缶、饰勾云纹的铜豆以及铜盘、画、鬲、壘、敦、杯等青铜容器，有的铜器上还带有铭文[2]。其中，圆首扁茎柱脊直刃剑、扁茎无格直刃剑、戈以及折角形器、车轮、铃、吊环和饰有蟠螭纹图案的车事等车马器，均明显受中原文化的影响。有学者认为玉皇庙文化的文化特征，接近于从冀北、晋北直到内蒙古、宁夏地区的北方民族文化，与分布于蒙古草原的匈奴文化比较，有很多一致之处[3]，可能是匈奴文化的源头之一[4]。关于玉皇庙文化的族属，主要有山戎[5]说和代[6]说。也有学者认

---

[1] 李吉和.中国西北少数民族通史：先秦卷[M].北京：民族出版社，2009：123.
[2] 河北省博物馆，文物管理处.河北省出土文物选集[M].北京：文物出版社，1980（30）.
[3] 郭大顺，张星德.东北文化与幽燕文明[M].南京：凤凰出版社，2004：511.
[4] 韩建业.春秋战国时期长城沿线游牧民族的地下世界[J].南方文物，2008（4）.
[5] 靳枫毅.军都山玉皇庙墓地的特征及其族属问题[M]//苏秉琦与当代中国考古学.北京：科学出版社，2001：194-214.
[6] 林沄.关于中国对匈奴族源的考古学研究[C]//林法学术文集.北京：中国大百科全书出版社，1998：368-386；韩嘉谷.从军都山东周墓谈山戎、胡、东胡的考古学文化归属[M]//内蒙古文物考古文集.北京：中国大百科全书出版社，1994：336-347；杨建华.冀北周代青铜文化初探[J].中原文物，2000（5）；乌恩岳斯图.考古学文化研究：青铜时代至早期铁器时代[M].北京：科学出版社，2007：296.

为是白狄[1]、无终戎[2]、狄人[3]等。

（三）东北方

辽西地区的南部以努鲁儿虎山为界，以东为十二台营子文化，以西为水泉文化，以农业为主；北部分布着井沟子文化，以游牧经济为主。十二台营子文化、水泉文化、井沟子文化相互交往密切，南部的十二台营子文化、水泉文化都不同程度地受到中原文化的影响。

十二台营子文化分布在努鲁儿虎山和医巫闾山之间，年代相当于西周中期至战国中期。十二台营子文化的墓葬中常见来自中原诸侯国，特别是燕国的文化遗物，有兵器、青铜容器、工具及车马器。关于十二台营子文化的族属有貊族[4]、东胡[5]说。

水泉文化分布在努鲁儿虎山以西地区，年代在春秋晚期至战国中期。中原文化和燕文化对水泉文化有较深影响，在水泉墓地出土有中原式青铜戈和鼎、豆、盘、匜、盒等仿燕陶礼器[6]。有学者认为水泉文化的族属与貊族有关[7]。

井沟子文化分布在辽西地区北部，年代大约在春秋晚期至战国早期。其青铜器以装饰品居多，武器工具类较少。学界推断井沟子居民的生业以游牧经济为主，从其年代、地域范围、经济形态等方面看，与文献所记载的东胡十分吻合，更重要的是井沟子出土人骨的基本体质特征与东胡后裔——鲜卑、

---

[1] 杨建华.春秋战国时期中国北方文化带的形成[M].北京：文物出版社，2004：80-83.
[2] 陈平.略论"山戎文化"的族属及相关问题[J].华夏考古，1995（3）.
[3] 洪猛.玉皇庙文化研究述略[J].草原文物，2020（1）.
[4] 郭治中.内蒙古东部区新石器：青铜时代的考古发现与研究[M].内蒙古文物考古文集：第二辑，北京：中国大百科全书出版社，1997.
[5] 马艳，郑君雷.林西井沟子的早期游牧遗存及其他[J].考古，2013（12）.
[6] 索秀芬，李少兵.内蒙古地区早期铁器时代考古学文化与周围的关系[J].内蒙古社会科学，2016（3）.
[7] 郭治中.内蒙古东部区新石器：青铜时代的考古发现与研究.内蒙古文物考古文集：第二辑，北京：中国大百科全书出版社，1997.

契丹十分接近[1]。因此，井沟子文化的族属为东胡的结论已被一些学者接受。

东周时期各考古学文化之间的横向交流呈现很多共性。如，杨郎文化、沙井文化、玉皇庙文化都与内蒙古中南部地区的青铜文化有密切关系。甚至沙井文化的青铜器，与内蒙古中南部地区的青铜器有极高的相似度，而与同属于甘青地区青铜时代的齐家、四坝、辛店、寺洼等考古文化的青铜器关联度并不高[2]。

北方各考古学文化的横向联系、交流以及它们之间的共性，反映了当时人们的交往、联系十分频繁普遍，有更多长距离活动的基础和条件。根据集中在以陇山为中心的甘宁地区，以鄂尔多斯、岱海为主的内蒙古地区，以桑干河、燕山为中心的冀北地区的东周时期考古遗存（墓葬），有学者分析了"中国北方文化带"的形成过程、特点及其所受到的中原农业文明与欧亚草原游牧文明的影响，并指出，文化上接受中原影响的冀北和甘肃庆阳地区后来都归为中原文化的版图，其他地区（宁夏固原、银南、内蒙古河套与阴山南北）的中原文化多没有与当地文化产生融合，只是一种简单的借用，直至长城在这一地带的建立[3]。秦、赵、燕北拓和长城的修筑，上述地区的大部分也被纳入中原王朝的治理体系。

四、结语

自然环境是人类赖以生存和发展的物质基础，对人类生存方式、生产方式都有着重要影响。为了生存，各民族在既定的自然环境中生息繁衍、劳动实践，适应、利用着自然生态，改善着生存条件。先秦时期，由于地理环境、

---

[1] 朱泓.东胡民族种考[J].文物.2006（8）.
[2] 李勇杰.甘肃沙井文化中的青铜器[N].甘肃日报.2019（8）.
[3] 杨建华.春秋战国时期中国北方文化带的形成[M].北京：文物出版社，2004：165，142.

人类繁衍、交通条件等客观因素的限制，华夏民族与周边民族基本处于比较分散、地广人稀的状态。处于文化边缘交错地带的各民族人群以自发、小范围、无组织的自然交往为主，通过人口的流动随时随地、自然而然地发生交流互动，应是当时民族交往的主流和常态。根植于自身生存与发展情境下而产生的更高需求、认同和向往推动着各民族的交往生生不息、连绵不绝。风流云散的各民族因此而广泛与持续地联系在一起，形成一个个开放多元、相互依存的有机体。

首先，各考古学文化大都建立在当地土著文化的基础上，保持着本地特色。各考古学文化及创造主体在生存发展过程中，承受前代和周边的文明，不断仿制、创新，施之于特定的环境中，渐渐形成多元的生活与文化，为当地沉淀着经济、社会、生存开发、人文思想等丰富深厚的文化内涵和底蕴，孕育出与众不同的民族生存文化空间。当然，这一过程中，各种文化不断地继承与被继承、融合与被融合，交织在一起，或被兼并，或被分化，一部分文化及其创造主体消失。

其次，北方地区内的物质文化交流承载着三代时期南北文化系统交流互动的深刻印记。经过一定程度的沉淀，具有越来越多共同点的人们逐渐形成新的统一体并呈现新的文化特征。新统一体及新文化在更大的范围内又同其他民族继续交往交流交融。势力强、规模大、生存能力强的民族继续发展，弱小的力量不断被融合。如此循环往复，滚雪球式的发展、前进，形成了你中有我、我中有你、相互关联的系统。由于中原夏商周王朝的统一及文化的影响，中原对北方的影响更深入、强烈，在文化边缘的交错地带有更多中原因素时，就可能成为中原文化拓展的过渡带，为下一个政权政治疆域和文化的拓展创造条件，奠定基础，推动中原疆域向周边扩展。

再次，经过春秋战国时期的大动荡、大融合后，北方地区在长城之外形成了一个文化更为统一,基本上是纯游牧的文化带[1]。长城以南的戎狄等各民族不断与华夏民族融合,双方密切联系的各类通道成为后世交通、人口流动、政治治理的基础。此后,长城以北各北方民族统一于匈奴,长城以南各民族融入中原,南北两个系统的整合汇聚是先秦时期近两千年民族交融历史的延续、递进与升华,为秦汉统一政权的北部边疆和民族融合带来了新的格局、内容和挑战,推动着交错地带继续北拓,并向东西延展。

因此,华夏民族的形成,不仅是中原夏、商、周诸族之间的交流融合,同时期周边其他各民族也是华夏民族及中华民族、中华文明的重要奠基者和传承者,是中国古代边疆变迁过程中的重要经营者和开拓者。

总之,比较观察不同时空情境下各考古学文化的交往,考察相似性质之间的联系、联系通道、族群的移动及其动因等问题,是梳理各民族交往交流交融内容之后进一步探索中华民族共同体形成的底蕴和根基的问题。因先秦文献资料十分稀少,本文不得不依靠考古研究做一肤浅尝试,但限于本人的学术视野和水平,尤其是考古学方面的知识更是短板,文中一定有很多不恰当之处,敬请方家斧正。

作者:李春梅,内蒙古自治区社会科学院历史研究所研究员

本文为2022年度内蒙古自治区社会科学院铸牢中华民族共同体意识研究基地课题成果

---

[1]林沄.夏至战国中国北方长城地带游牧文化带的形成过程(论纲)下[J].燕京学报,2003(14).

清代鄂尔多斯地区汉蒙民族交往交流交融历史

萨日娜

一、清代鄂尔多斯地区各蒙旗与汉地边界

明代，鄂尔多斯（Ordos）又译作"阿尔秃斯""斡尔笃思"等，来源于元代的"斡尔朵"一词。15世纪中叶，管理成吉思汗陵帐八白室的人众入居河套后，逐渐形成鄂尔多斯部，内分左、右翼十二鄂托克。该部以主持祭祀成吉思汗八白室而显赫于蒙古诸部。鄂尔多斯初期的统治者为达延汗曾祖父阿噶巴尔斤济农和叔父孛罗忽济农。15世纪后期，达延汗镇压右翼叛乱后，将自己的第三子巴尔苏博罗特济农分封到鄂尔多斯部，巴尔苏博罗特成为右翼万户的盟主。明嘉靖元年（1522年），其子衮弼哩克墨儿根继承了济农之位。有九子，分牧而处，清代鄂尔多斯七旗札萨克皆其后裔。天聪九年（1635年），后金大军在和硕墨儿根贝勒多尔衮的率领下，在鄂尔多斯托里图地方俘获林丹汗之子额哲等人。此前，额磷臣济农乘机私分察哈尔部众而归。后金发现后索要察哈尔部千余户，额磷臣归还。和硕贝勒岳托驻兵归化城后，颁授条约于鄂尔多斯部与归化城土默特部，将额磷臣纳入后金统治。天聪九年（1635年）至顺治六年（1649年）间，清朝统治者恢复了额磷臣济

农号，却未在鄂尔多斯部设旗。鄂尔多斯诸部台吉在额磷臣济农的率领下，经常到盛京觐见皇太极并受到赏赐。随着清军入关和对李自成余部军事行动全面展开，鄂尔多斯部承担了重要的军事任务和地位。直到顺治六年（1649年），清朝在鄂尔多斯编佐设旗，将鄂尔多斯部众编设六旗后增设一旗，自此鄂尔多斯七旗正式登上历史舞台。[1]清朝统一全国后，为了加强对蒙古地区的控制，从顺治时期开始实行"封禁政策"严禁蒙旗之间、蒙旗与汉地之间的政治、经济、文化等方面的交流。清初这一政策减少了蒙旗之间争夺游牧地引起的纷争，但是实际上，民人流入蒙地并不能禁绝，因为鄂尔多斯地区土地较为适合耕种，沿长城、黄河各县民人在康熙末年不断涌入资源富饶的鄂尔多斯地区开垦、经商等。由于，清代内地民众因自然灾害严重等原因需进入蒙旗开垦、经商，蒙旗方面也需要中原地区粮食、茶叶等日常生活用品。康熙后期至乾隆时期，清廷对蒙地采取明禁暗弛态度，使得"封禁政策"向相反的方向发展，促使更多的内地民人进入鄂尔多斯蒙地开垦、经商，从而有了汉蒙民族之间更进一步交往交流交融的深层次意义。

伊克昭盟位于清朝内扎萨克蒙古西南部。清代鄂尔多斯七旗内部真正划定边界时间是乾隆五年（1740年）伊克昭盟七旗王公聚集于囊苏因庙（今乌审召），在盟长齐旺班珠尔的主持下，划定了七旗的界线，绘制了全盟地图。七旗札萨克还在地图上加盖印章，将地图呈交清廷理藩院，并附有报告，记述了表示各旗边界的地名。地图为手工绘制而成，收录地名近400个，史料价值极高。同治十三年（1874年）又绘制了全盟七旗地图。自此，鄂尔多斯七旗边界更加明确了。

那么，清代鄂尔多斯东北界归化城土默特，西界阿拉善、南界陕西长城、北界乌拉特。东、西、北三面临黄河，自山西偏头关至陕西宁夏街，延长一千余公里。"在归化城西二百八十里河套内，东至归化城土默特界，

---

[1]〔清〕张穆.蒙古游牧记：卷6[M].太原：山西人民出版社，1991：110.

西至喀尔喀界，南至陕西长城界，北至乌拉特界，东西北三面皆距黄河，自陕西偏头关至甘肃、宁夏边外，延长二千里有奇，至京师一千一百里。"鄂尔多斯南面与内地宁夏、山西、陕西毗连；鄂尔多斯七旗内，杭锦、达拉特两旗，远居后套，不与内地相毗连。其余五旗，均与山、陕沿边州县接壤。西：曰鄂托克旗，与宁夏平罗县、定边接壤；曰乌审，与靖边、怀远、榆林、神木接壤；曰札萨克，与神木接壤。曰郡王，与神木、府谷县接壤；曰准噶尔，与府谷、河曲、偏关接壤。[1]由此看出，鄂尔多斯地区接连内地，移民容易进入蒙旗。对此札萨克衙门档案也有记载，"自府谷县至宁夏之一地段为陕西省辖地。自保德州至河曲县一段均为陕西省辖地。贝子纳木扎勒多尔济与山西省隔河相望"。可窥知山西省、陕西省与鄂尔多斯蒙旗边界。

中原移民进入鄂尔多斯地区的路线基本上可以归纳为三种：第一条自土默特沿黄河西进而达鄂尔多斯达拉特旗和杭锦旗；第二条自陕西北越长城至乌兰木伦、榆林、哈柳等河流域；第三条自宁夏黄河进入其东岸一带。此三条路线分别与山西、陕西、宁夏三省移民有关。他们带着自己的文化习俗、生活方式进入鄂尔多斯地区后，必然与展开交往交流交融。第一条流入的主要是山西人，第二条和第三条流入的则分别为陕西人和甘肃人。这些移民经过较长时间与蒙古民族的磨合，形成了较为稳定的多民族移民群体。

二、清代内蒙古鄂尔多斯地区移民形成

从清代内蒙古地区多民族移民形成过程来看，各地均有较为明显的特征，移民来源、原因、类型、迁移路线、生活状况等均有所差异。从清代鄂尔多斯蒙旗的移民形成来看大多为无组织的移民，他们进入鄂尔多斯地区

---

[1] 哈斯巴根.18—20世纪前期鄂尔多斯农牧交错区域研究——以伊克昭盟准噶尔旗为中心[D].内蒙古大学博士论文.2005.

以后为了生存从事各种行业，但主要从事农业生产，最终打破了该地区单一的游牧文化形态，重构了经济、社会、人文的构成，并带动了后来的移民文化潮。下面分析一下鄂尔多斯地区移民的主要来源。

中原地区曾是中国历史上农业经济和文化最为发达的地区，也曾是人口最密集的地区，在清代自然灾害最多的时期，尤其是山西、陕西、山东等省为重。与此相比，鄂尔多斯地区土地广阔并且挨着黄河，土地情况基本与黄土高原大致相同。由于鄂尔多斯地区接壤内地移民容易进入蒙旗，其中山西移民的规模比较大。山西省、陕西省北部地区是黄土高原，土地干旱、雨水少，土地能够承载的人口极为有限，到了康乾时期战争、自然灾害等频发，矛盾日益突出。因而山西大多移民迁入内蒙古中西部地区行商或耕种为生。关于鄂尔多斯各蒙旗移民的来源，从已有的史料来看，除宁夏、山西、陕西等地外，还有绥远、山东、河南、河北等地人口也进入该地区行商或租种土地为生。乾嘉时期是移民流入鄂尔多斯地区的高峰期，民人来自宁、陕、山及归化城土默特、阿拉善和硕特旗等周边蒙旗及内地行省，其中以临界宁夏平罗县，陕西省定边、靖边、榆林、怀远（今横山区）、神木、府谷等县，山西河曲县民人为主。陕西、山西、宁夏等地因自然灾害，自然环境十分恶劣，因而民人大量外出寻求生存，涌入蒙旗谋求活路。而鄂尔多斯各蒙旗成为他们的主要迁入地。蒙旗蒙古王公方面也需要内地民人进入蒙地开垦。

总的来说，鄂尔多斯地区的移民主要来自陕西、山西、甘肃等地，通过"走西口"等方式移民到鄂尔多斯地区。"走西口"的主要地区是山西西北的保德、河曲和偏关三县，山西雁北地区的朔县、平鲁、左云、右玉、山阴等县，陕北的府谷、神木、榆林、横山、靖边、定边和甘肃的农民及工商业者。民人进入鄂尔多斯地区有以下原因。客观方面：一是清代伊克昭盟自然条件优越，适宜开垦；二是清代前中期，移民迁出地人地矛盾尖锐；三是清统治者政策的支持，主要包括清朝前中期移民开垦禁令的松弛和清末蒙地官垦；主观方面：蒙古贵族因自然灾害或债务主动放垦，吸引了大量移民。

移民的主要生计方式：山西省、陕西省北部地区是黄土高原，高寒少雨，人口多，自然灾害频繁；而鄂尔多斯地区地广人少，处于蒙古高原。嘉庆十一年（1806年），"除挖煤处多数民人带妻儿来住外，又胡都根额赫地方住有清水河民和同一河处的董三、董余种兄弟两人带妻儿，在包儿哈苏台河住，买酒。又有哈喇吉台等地住有人还开店铺"[1]。道光五年（1824年），管本旗三十里牌界内事务之喇嘛日嘎波报称，"不缴纳租征收租钱时，府谷县所属巴尔哈孙地方的体泰兴馆、粮铺、缸馆、永辉店等民人，不缴纳租钱，……不知春来冬归之例"。[2]从以上得知他们开店铺定居于蒙地。此时的内地商人主要以行商为主，出发时用牛车将各种商品载上，有的用牲畜驮运，三五人为一个队，自己带口粮、炊具、帐篷等，到鄂尔多斯各蒙旗进行商业贸易活动。他们有多年行走的经验，通晓当地语言跟风俗人文。随着"黑界地"的开放，部分行商转变为坐商。他们进入蒙旗，建立固定的商号。鄂尔多斯地区固定商号如下：郡王旗最大的商铺是天太成号，于同治七年由神木来此地，主要从事贩卖茶布和皮毛……商务之外，该店还经营垦牧。该店共有伙计五十余人，牛十犋，耕地三十余顷。[3]郡王旗第二个大的商铺是聚义盛，此外还有规模不等的大小商铺。他们在给蒙旗缴纳一定数量的税额。这些商人除经营货物外，也经营买卖土地等。到了清末，移民商人的发展规模逐渐扩大，并呈现区域性的分布规律。他们从蒙古王公或者牧民那里获得土地，再把土地承包给那些内地来的民人，渐渐变成有雄厚物资的商人团体。

---

[1]金海，等.准格尔旗札萨克衙门档案译编：第一辑[M].呼和浩特：内蒙古人民出版社，2008：92.

[2]金海，等.鄂尔多斯札萨克贝子协理台吉等致府谷县衙门文书//准格尔旗札萨克衙门档案：第二辑[M].呼和浩特：内蒙古人民出版社，2008：208.

[3]内蒙古图书馆.内蒙古历史文献丛书·之六[M].呼和浩特：远方出版社，2007：334.

随着鄂尔多斯地区垦种人数的增加，出现了聚落"伙盘"形式。神木县"邑处极边，多沙岗石碛，幅员虽广，而可耕之地计以顷亩，诚不及沃野之十之二三耳。"[1]山西宁武府的偏关等地，"地脊而少田，田多在山上，农人岁耕所获盖少，又无桑柘麻枲，故其人艰于衣食"。[2]陕西怀远县境内"多沙碛高阜，可耕土地甚少"，"地有开垦而粮无增加，境内无地可耕者皆租蒙古地亩"。[3]清朝允许鄂尔多斯招民垦种后，进入鄂尔多斯地区的农民主要是来自山陕近边地区的贫困民人。

鄂尔多斯地区移民从事农业和商业之外，还有不少民人通过挖苁蓉、甘草、采矿、采盐、代木、牧业等多种渠道进入蒙旗。每年越界进入鄂尔多斯地区从事各种活动。以挖甘草、苁蓉等维持生活的民人必须持有鄂尔多斯蒙旗发给的执照方可挖取。民人从事牧业主要是为了补充其日常生活开支。移民在蒙地也从事矿产开采，主要指盐矿和碱矿。盐矿的分布主要集中在鄂托克旗；碱矿的开采主要集中于乌审旗和扎萨克旗两旗。民人对鄂尔多斯地区的开采客观上促进了鄂尔多斯地区的工矿业的发展，同时增加了清政府的财政收入。

三、清代内蒙古鄂尔多斯地区移民管理

清代前期，针对蒙古地区的禁封政策几度因为灾荒、战争等情况有所松弛，陕西、山西、宁夏及原进入归化城土默特的民人纷纷越境来到鄂尔多斯蒙旗，形成与蒙旗原有的蒙古人之外的新的势力。为了有效控制和管理入境民人，清政府在民人聚集的蒙地实施蒙旗管理蒙古族，厅县管理民人的

---

[1]〔清〕王致云，等.神木县志：卷4，建置·里甲[M].北京：经济日报出版社，1990：59.

[2]〔清〕曾国荃.山西通志：卷99：风土上，道光二十一年.

[3]〔清〕何炳勋.增修怀远县志：卷2：种植，道光二十二年.

管理策略,并设立理藩院的派出机构——康熙四十七年(1708年)和六十一年(1722年)分别设立了宁夏、神木理事司员衙门协调汉蒙交涉事务,管理民人耕种事宜。乾隆八年(1743年)清廷在沿边宁夏、神木、安边等处设立了三个理事同知,规定"蒙古民人之间一切私垦、欠租等事宜,所辖地方官吏咨行该同知就近查明审理。如系蒙古民人之间平常争讼,该管同知可直接申办后,呈报理藩院司员、道员会同照例查办"[1]。随着移民规模的不断扩大,对其进行有效管理逐渐成为一个重要的社会问题。在清代的不同时期,伊克昭盟内各个旗的基层管理人员也有区别。基本管理官员主要有负责收租和看管旗界的总甲、牌头以及监督服役、出租土地的大庆和达鲁噶。此外,由于各种因素各民族之间经常会发生一些纠纷,对于这些纠纷案件的审理,总体上是两地官员共同处理,但具体情况视案件的大小、复杂程度而有所区别。

民人进入鄂尔多斯始于康熙三十六年(1697年)。该年,清廷准许鄂托克旗扎萨克贝勒松阿喇布奏请的"今乞于定边、花马池、平罗城三处,令诸蒙古就近贸易。又边外车林他拉、苏海阿鲁等处,乞发边内汉人与蒙古人一同耕种"[2]。自此,鄂尔多斯蒙旗开始招民垦种。其后,更多来自山西、陕西等地的民人通过"走西口",历经"雁行""寄民""定居"等阶段[3]。在这一过程中,鄂尔多斯地区由原来的游牧社会转向农牧交错的社会。为了协调蒙民交涉事宜,理藩院专门派遣理事司员、理事同知等官员到汉蒙交界地。康熙年间,清政府为了缓和鄂尔多斯沿边一带的蒙古民人交涉事件,于康熙四十七年(1708年)设立宁夏理事司员,宁夏理事司员管理鄂托克旗事务。其中神木理事司员自康熙六十一年(1721年)由宁夏移驻神木

---

[1] 清圣祖实录:卷181,康熙二十六年二月乙亥条.
[2] 清圣祖实录:卷181,康熙二十六年二月乙亥条.
[3] 哈斯巴根.18—20世纪前期鄂尔多斯农牧交错区域研究——以伊克昭盟准噶尔旗为中心[D].内蒙古大学博士论文.2005:38.

后，负责"管理鄂尔多斯七旗蒙古民人交涉事件"。自此，"鄂尔多斯七旗之案，神木、宁夏二司会同管理……惟神木、宁夏司官径行报院"[1]的情况延续到清朝灭亡为止。

虽然宁夏、神木两处理事司员的设立"对调解和缓和初期寄民与蒙古人之间发生的冲突起到了非常重要的作用"[2]，由于理事司员对地方无直接管辖权，在处理沿边蒙古民人交涉案件时遇到诸多困难。后来，为了解决办理蒙古民人事务中理藩院与地方官员互不统辖、办案效率低等问题，乾隆八年（1743年）清廷在沿边宁夏、神木、安边等处设立三个理事同知，规定"口内民人出关垦种之事宜，理应派专员办理"。据查，蒙古事务，由理藩院官吏办理，而出关民人之事地方难以办理，因掌管钱粮、刑罚，事务繁杂，难以分身。据查，应该同知之地方为榆林府所辖榆林、怀远、神木、府谷、葭州等五洲县。神木地处中心，现已有同知一员，即可协助办理，无须增设。延安府所辖之靖边、定边二县中，定边所辖之安边堡居中。安边未增设有同知衙门，理应设一官吏。延安府新设捕盗通知一名，驻府南城。延安境内盗贼事略少，尚未设置同知衙门。故将延安府同知之缺改为驻安边地方理事同知，捕盗事照例旧协办。现将增设同知衙门所需之银两发放至安边，令其择地建衙。养廉银、俸禄、书吏、衙役均授予该同知。据查，自宁夏所辖之花马池之横城一段，设有驻宁夏理事司员同知一员，各项垦种事宜，交由该同知协助办理。如此变通设置专门承办蒙古、民人事务之管理，边墙地带大小各事，皆可得以妥善办理"[3]。自此，鄂尔多斯地区蒙古民人交涉案件的审理中形成理事司员衙门、蒙旗、厅县等多方复杂审理的状况。

---

[1] 大清会典：卷68，"理刑清史司"，光绪二十五年重修本.
[2] 哈斯巴根.鄂尔多斯农牧交错区域研究（1697—1945）[D].博士学位论文 2005：92.
[3] 苏德毕力格.准格尔旗札萨克衙门档案：第1卷[M].赤峰：内蒙古科技出版社，2011：25.

总的来说，宁夏、神木理事司员是管理鄂尔多斯七旗蒙古与民人交涉案件，理事司员的主要任务就是组织协调蒙旗与府、州、厅、县同知共同处理蒙古与民人交涉事件。宁夏、神木理事司员的主要职责相同，但由于神木理事司员驻于内地神木县、鄂尔多斯地区商业不发达等原因，职责方面还处于不太成熟阶段。但是宁夏、神木理事司员代表理藩院协调蒙旗与地方关系，处理交涉案件以及协调汉蒙民族关系，对于维护边疆安定起到了重要作用。

四、移民影响及移民文化

清代鄂尔多斯地区由于移民的大量涌入，各民族杂居程度比较明显。就鄂尔多斯地区而言，移民对鄂尔多斯地区的社会结构、生产关系、社会关系及社会发展等各方面产生了巨大的影响。清代时期的移民、蒙地开垦等社会活动和厅县设置、蒙旗权力交错的情况在鄂尔多斯地区尤为突出。移民的介入不仅改变了蒙旗原有的游牧方式，更是改变了清廷分离的统治策略。移民的进入使各民族之间的交往交流交融更为深入，在政治、经济、文化等方面有了很大的变化。因此，对清代鄂尔多斯地区移民管理问题的探索不仅能反映这一地区的社会变迁，也能间接折射出整个清代蒙古族社会的变化和清朝对蒙古族政策的变化。清政府蒙地实行盟旗制，划定边界，严禁越界游牧。这一制度一定时期内减少了蒙古各部因争夺牲畜、牧场而引起的纷争，使得边外蒙古出现了"无盗贼，驼马牛羊不必防守，生计周全，牲畜繁盛"[1]的局面。但因划定边界而导致蒙古族地区游牧经济的脆弱性完全展现出来，一遇灾荒，只坐等清政府的赈济。这时受到频繁自然灾害影响的鄂尔多斯蒙古王公开始向清政府表达申请沿边县各民族进入蒙地的需求。为了满足广大牧民的粮食需求，开垦土地，种植五谷，已势在必行。

---

[1]〔清〕张穆.蒙古游牧记：卷6[M].太原：山西人民出版社，1991.

(一)移民对政治生活的影响

清朝从雍正朝开始在内蒙古地区设置府州厅县。府州厅县等机关的设置，强化了内蒙古地区的统治职能，缩小了蒙古王公的封建领地和统治范围，从而削弱了蒙古王公的封建特权，促使蒙古社会内部发上了巨大的变化。清初，为了禁止汉蒙民族之间的交往，实施"封禁"政策，严禁汉族移民进入蒙地开垦土地并划出条形"禁留地"。康熙中叶以后，鄂尔多斯地区的游牧经济的单一性以及汉地自然灾害等导致晋陕汉民不顾违禁越过长城到蒙地垦殖谋生。而鄂尔多斯地区沿长城黄河地带地势平坦，适合耕种，吸引了很多失去土地的移民。在这种人地紧张的条件下，鄂尔多斯地区的移民发展起来。

康熙年始，宁夏一带的内地民人大批进入鄂尔多斯地区，成为雁行人，历史上民间称为"走西口"。清朝政权稳定之后，"走西口"活动始于康熙二十一年（1692年），是随着清朝"绿营军"驻防内蒙古地区实行"开边制"开始的。移民从内地自然灾害严重的地区进入沿边的蒙旗，以归化城、河套地区为活动中心，集中生活在乌兰察布盟、伊克昭盟和阿拉善地区。在康雍时期，"山、陕北部贫民，由土默特向西，私自向蒙人租地垦种，而甘省边氓亦逐渐开垦。于是伊盟七旗境内，凡邻黄河、长城处，所在有汉人足迹。"[1]《陕西通志稿》说"以蒙垦言之，榆林近边六县（榆、府、神、横、定、靖）居民生计多恃租种蒙地，计东西广千余里，南北袤百里、二百里不等。名为蒙地，实汉、唐之上郡、朔方、胜、夏各州地也。清初边地租种，至乾隆、道光以后租垦益多"[2]。雍正以后，很多内地民人不断涌入蒙地开垦。在清代前期，边墙内的陕西、山西等地的民人到蒙地耕种，春出秋归，渐渐地在蒙地定居下来，他们开垦的土地成为"伙盘地"。

---

[1] 督办运河工程总局编辑处.调查河套报告书.京华印书局，1923：219.
[2] 续修陕西通志稿，转引自王来刚《清代内蒙古地区的汉人移民史研究》：苏州大学硕士学位论文，2004.

清代鄂尔多斯地区实行盟旗制度。在蒙旗制度是基本政治组织，其最高长官是札萨克，总管旗内一切事务；此外还有协理台吉、官旗章京、梅伦章京等大小职务。旗下面的基层组织为苏木，设苏木章京。随着移民的进入，鄂尔多斯地区的行政组织也发生了变化。蒙旗在其内部设置相关组织和人员，国家方面也设置官员管理各民族之间发生的各种事务。内蒙古地区未设立州、县、理事司员等之前，蒙旗对于所管地界拥有绝对的管辖权。在蒙旗司法实践中，佐领等基层官员有权审理各种纠纷和轻微民事事件。在理事司员设立之前，基层上报旗印务处的案件，一般由协理台吉、官旗章京、梅伦章京等官员审理后呈报札萨克裁决。

清政府在鄂尔多斯地区设置的职官有两种。其一就是理事官。清初鄂尔多斯地区设置了绥远城将军、宁夏城守都司，对蒙地实施监督。由于宁夏地处鄂尔多斯各蒙旗较远，康熙四十七年（1708年）予以裁撤，改设理事官员2人。康熙六十一年（1722年）定制，分驻宁夏、神木。康熙末年开始出边耕种的民人越来越多，各民族纠纷以及越界耕种之事也越来越多，远在宁夏的理事司员对鄂尔多斯南部各县的各民族纠纷有鞭长莫及之感，于是在康熙六十二年（1722年）覆准："瑚坦河朔至中卫沿边鄂尔多斯六旗，原设办理蒙古事务官二人会同该札萨克办理完结，均驻扎宁夏，如关系神木、榆林等处蒙古事务，遥办恐致迟误，将理事官二员，分驻宁夏一人、神木一人。"[1]。其二，理事同知、通判。清代在沿边地区指派同知、通判负责负责一些事务，称理事厅。乾隆八年（1743年），为管理鄂尔多斯地区的，清政府将理藩院派驻宁夏、神木之间的延安府所属安边堡增设理事同知，专门管理鄂尔多斯南部的各民族交涉事件。于乾隆二十五年（1776年）和乾隆四十一年（1766年）分别设立6个理事厅。由此，在鄂尔多斯形成6个管理边内移民事件的理事厅，即宁夏同知、神木同知、安边同知、萨拉齐同知、托

---

[1]〔光绪〕钦定大清会典事例，光绪二十五年本（1899）.

克托通判和清水河通判等。但是随着管理民人的理事司员、同知、通判等官员专管蒙古民人交涉事件，就连蒙古族人之间发生的纠纷案件，也会直接报告给理事司员。清代晋陕地区向边外移民使鄂尔多斯地区蒙旗性质体制发生了质的变化，由原来的单一的游牧社会渐渐变为各民族交融的双重政治体制。

总的来说，清政府对蒙古族地区实行蒙旗制度的同时，为了更有效地管理汉蒙民族问题，汉蒙接壤的地区设置了府州厅县等机关，强化了鄂尔多斯地区的统治职能，缩小了蒙古王公的封建领地和统治范围，从而削弱了蒙古王公的封建特权，促使蒙古族社会内部发生了巨大的变化。清政府为了更好地管理汉蒙事务建立的理事司员对处理鄂尔多斯地区蒙旗和内地民人的矛盾有很大帮助，有利于妥善处理蒙旗与内地的问题，进而加强了鄂尔多斯地区民族交往交流交融。

（二）移民对经济生活的影响

清初，鄂尔多斯地区的政治环境较为复杂。清廷为了维护统治，必须对鄂尔多斯地区严加防范，防止蒙古族与内地民人联系，清廷采取了特殊措施。顺治年间，清廷沿鄂尔多斯部落南边长城北侧划了一条南北五十里，东西延伸二千多里的禁地，即人们所说的"黑界地"。"黑界地"是相对于"白界地"而言的。据《神木县志》载，"黑界地"意为不耕之田，"白界地"意为"伙盘地"，即可耕之田。在其禁留地，既不允许民人耕种，更不允许蒙古人逾越。经顺治、康熙前后五十余年的治理，清廷统治基本稳定，清廷对蒙地的控制也渐渐松弛，原划定的"黑界地"，允许汉民来开垦，也许可蒙民来此放牧。随着，清政府政策的松弛，民人不断涌入鄂尔多斯地区，该地区耕地面积不断扩大。[1]康熙三十三年（1693年）鄂托克旗贝勒松阿喇布奏准："与民人合伙耕种。"

---

[1]〔清〕丁锡奎.靖边县志稿：卷一：户口，文海出版社影印本，1970.

移民在蒙古族地区的活动初期较简单，主要分为经商、务农、放牧及采矿等。鄂尔多斯地区邻近陕西、山西，当时有很多保德州的（今山西保德、河曲县）民人，十年九不收，男人走口外，女人挖野菜的比较多。他们由于黄河泛滥生活窘迫，背井离乡、不畏艰辛，一代又一代地来到鄂尔多斯从事农耕活动。但蒙古族自古不善于农业，因此"田土播种后，即各处游牧，谷虽熟，不事刈获，时至霜陨，亦不收敛，反谓岁歉"[1]。针对这种情况，清政府诏令理藩院派遣熟悉农业的官员去蒙古族地区"教彼耕种"[2]教蒙古族耕地的事情。在鄂尔多斯等地"蒙古亦习耕作"，不少土地变为"耕熟之地"。但是大多数蒙古族不善于耕种，因而有些内地官员到清政府"乞发边内汉人与蒙古人一同耕种"[3]。雍正十年（1732年）鄂尔多斯荒歉，"蒙民乏食"，也向清政府提出"情愿招民越界种地收租取利"，清政府对鄂尔多斯诸旗呈请"听其自便"，支持塞外民人垦种蒙地发展农业。"从此内地民人以口外种地为恒产，蒙古人亦资地租为赡养"[4]。

在清一代鄂尔多斯地区是蒙古族的游牧地，牧业经济是蒙古族赖以生存的主要经济方式，蒙古族主要依靠"上天"的经济形式。牧业经济主要依靠大自然，一旦遇到自然灾害，蒙古族无法抵御。移民的到来，使农业经济迅速发展，弥补了牧业经济的单一性。蒙古族也逐渐学会了农耕技术，运用犁具、锄头、镰刀、扁担等工具，种地普遍使用牛、马，改变了古老的粗放型耕作方式，提高了土地的利用效率，增加了粮食产量。移民的到来使农业在鄂尔多斯地区迅速地发展，对原有牧业经济的发展起到了补充作用。鄂尔多斯地区出现了一些不同身份的人，如商人、地主、揽头、雇工。另外，移民除农民外还有很多工商业者，他们的到来推动了原有的工商业的发展，对

---

[1] 清圣祖实录：卷191，康熙三十七年十二月丁巳．
[2] 清圣祖实录：卷203，康熙四十年三月丁未．
[3] 清圣祖实录：卷181，康熙三十六年二月乙亥．
[4] 张鹏一．河套图志：卷4"屯耕"，1917年在山草堂铅印，抄本．

城镇的建设起到了重要的作用。内地移民到鄂尔多斯地区后,带来的是中原先进的农业技术,如耕、耙等技术,改良土壤,施肥浇水,选用良种,因地种植栽培。蒙古族在招民垦种中也逐渐学会了生产技术。蒙古族与民人长期共同生活劳动当中,逐渐学会了一些适应蒙地自然环境的新技术。如鄂尔多斯地区使用水渠灌溉方面的技术。道光年间黄河改行南道,南道与旧道之间因黄河水冲刷形成肥沃土地,地商根据本区西南高东北低的自然地形,开成灌溉渠道。在咸丰年间特别是同知末年后的数十年间,开挖了三四十条引水干渠,比较重要的干渠有永济渠、刚济渠、通济渠等。[1]

鄂尔多斯地区自古以来是蒙古族游牧活动的重要地点,游牧经济是蒙古族赖以生存的主要经济方式。他们的生活用品粮食、盐、铁器等都需要靠汉地的农业经济来维持。而蒙古族居住于北方地区,不善于经营农业经济。移民的到来,农业经济的发展,弥补了牧业经济的缺陷。移民到蒙地开垦土地、经营商业,对蒙古族地区的经济发展也带来了很大的影响。移民除当农民外很多经营工商业,他们的到来推动了原有的落后的工商业的发展脚步,对蒙旗的发展起到了重要的带动作用。自清初以来,在蒙地掀起扩旧增新、大力兴建寺院之风,由于清朝统治者的提倡,陕西、山西、甘肃等地大批破产农民,便以此为由,大量涌入鄂尔多斯蒙地开垦土地、经营商业贸易。

总的来说,各民族之间的混合居住加强了畜牧业和农业的互补性,广泛使用牛马用于生产生活进而发展了蒙旗的农业经济。清代鄂尔多斯地区的经济结构、经济方式有很大的发展,畜牧业、农业、采矿等的广泛开发,促进了当地经济的全方位发展。

(三)移民对当地文化的影响

清代鄂尔多斯地区迁入大量的移民,不仅促进了鄂尔多斯地区的开发,

---

[1]参见绥远省政府编印《绥远概况》,第五编第二章,第13—18页,民国二十二年,苏州大学图书馆藏,转引自王来刚《清代内蒙古地区汉人移民史研究》.苏州大学硕士学位论文,2004:33.

也在与蒙古族交往中影响了婚俗、语言文字、信仰等很多方面。移民的涌入，不仅为游牧民族带来了农业，而相应的农耕文化也融入蒙古族之中，蒙古族的生产生活发生了重大的变化。受汉族影响，蒙古族开始从事农耕，从传统的蒙古包而盖起房子开始了定居的生活模式。在饮食上，移民的融入改变了蒙古族的饮食结构，他们从原来的以肉食为主转为吃粮食，辅以蔬菜、水果等。在汉蒙杂居的地区，蒙古族接受了汉族民间信仰，采纳了汉族的土葬方法，普遍存在汉蒙民族通婚现象。而进入蒙古族地区的汉族也率先学习了蒙古民族的生产生活方式。移民也开始吃肉喝奶茶，有的居住蒙古包，养起了牛羊。鄂尔多斯蒙古族的传统饮食分为"红食""白食"——以奶为原料制成的食品，蒙古语称"查干伊德"，即"白食"；以肉类为原料制成的食品，蒙古语称"乌兰伊德"，意为"红食"。蒙古族饮食大致分为奶食、肉食、粮食三种。蒙古族的红食主要有牛羊肉，交通工具以勒勒车和骑马。以牛、马等大牲畜为主要生产力的农耕文化的大力发展，致使蒙古族以牛羊肉为主食的饮食习惯，不得不改为以粮食为主导，如蒙古族学会了养猪、吃猪肉，准格尔旗蒙古族"早午多食小米稠粥，午间或食荞面"等。

清朝移民从"雁行""寄民"到蒙地定居，与当地的社会生活经历了一个漫长的磨合过程，使得双方群体互相影响，改变了原有的生活方式与习俗。在迁入鄂尔多斯地区的过程中，各民族之间的通婚对移民定居有重大的影响。清朝初期到鄂尔多斯地区的农民，大多为生活无着落的单身汉。在蒙地而言他们作为少数群体，除砍柴不许越界，收养不准出圈外，迫使"依蒙族，习蒙语，行蒙俗，入蒙籍，娶蒙妇"[1]。虽然清政府方面严禁汉蒙通婚，但私娶私嫁者仍源源不断地出现。至致乾隆十五年清政府颁布禁婚令。嘉庆年间又规定：娶蒙古女为妻的汉人死后，其妻及子给所属札萨克或呼图克图为奴，对汉蒙通婚者加重惩治，延及子嗣。各民族通婚是民族关系的一

---

[1] 沈鸣诗.朝阳县志：卷26"种族"，1930年铅印本．

种重要表现之一。民人为了与蒙古族搞好关系，不仅给蒙古族赠送"办地人情"，还起了蒙古族名字，娶蒙古族妇女为妻的案例比较多。清廷一直有禁止汉蒙通婚的禁令，乾隆五十二年（1787年）时"将禁止民人娶蒙古妇女之例停止"[1]，但到嘉庆六年（1801年）又重新禁止民人与蒙古族妇女通婚。[2]到嘉庆道光时期，鄂尔多斯地区各民族关系进入了一个新的历史阶段。随着移入的汉民的数量逐渐多，他们之间避免不了发生各种矛盾，但是比之前相比矛盾有所减少。各民族经过长年的交流交往交融，逐渐形成了默契。

朝廷命令只影响到了蒙旗地方在处理汉蒙通婚案件时的审判尺度，并没有有效地控制民人与蒙古族妇女通婚的情况。道光九年"钦命驻神木办理蒙古民人事务理事司员觉罗吉致鄂尔多斯札萨克准格尔贝子等，为札饬事。今贵旗披甲衮格巴勒来文内称：之前本人曾将此案告状至贝子诺彦与协理台吉处，后协理台吉喇西苏荣……民人与蒙古妇女通婚事……其二牛惧地及房产等；民人高家雇佣蒙古波日胡耕种并与其妻私通……此些蒙古族妇女均与贝子及协理台吉等所属旗民"[3]，随着民人大量涌入蒙旗，强抢、私自通婚的现象越来越多。然而，清朝法令在禁止汉蒙通婚的逐步升级与屡宣不废的政策使汉蒙通婚一直存续了下来。

总的来说，清代鄂尔多斯地区各民族之间的生活习惯方面的相互补充，生活方式、饮食、习惯、宗教等多个方面相互学习吸收，促进了蒙古族地区文化习俗的全面发展，进而加强了各民族文化上的互鉴吸收。

---

[1] 金海, 等.编译.准格尔旗札萨克衙门档案译编：第一辑[M].呼和浩特：内蒙古人民出版社, 2007：103.

[2] 金海, 等.编译.准格尔旗札萨克衙门档案译编：第一辑[M].呼和浩特：内蒙古人民出版社, 2007：103.

[3] 金海, 等.编译.准格尔旗札萨克衙门档案译编：第一辑[M].呼和浩特：内蒙古人民出版社, 2007：229.

五、清代鄂尔多斯地区移民对当今社会的启示

在2021年中央民族工作会议上，习近平总书记指出，"要促进各民族交往交流交融。充分考虑不同民族、不同地区的实际，统筹城乡建设布局规划和公共服务资源配置，完善政策举措，营造环境氛围，逐步实现各民族在空间、文化、经济、社会、心理等方面的全方位嵌入"[1]。这些论述为新时代党的民族工作指明了方向，也为学界开展民族交往交流交融研究提供了思想引领。清代鄂尔多斯地区各民族之间的交往交流交融为当今社的民族团结发展提供了一定的经验和启示。

（一）婚俗的交往交流交融

自清代以来，鄂尔多斯地区汉蒙交错杂居过程中，空间互嵌发挥着举足轻重的作用，因为不同的民族居住在一起是促进民族关系和谐的重要因素，能使各族人民相互往来、频繁联系，从而相互学习生产生活知识，增进感情，有利于促进各民族互相帮助、互相包容、互相尊重、互相学习，共同繁荣发展，从而成为一个不可分割、心灵相通的共同体。移民成为内蒙古历史上较为普遍的特殊社会群体，对鄂尔多斯地区民族交流交往交融产生很大的影响。随着当今社会经济文化的发展，各民族之间的交往更加频繁，人们的婚姻观念开始发生明显的变化，各民族间通婚现象越来越普通。在这一过程中，各民族增进了解，抛弃偏见，相互尊重，不断铸牢中华民族共同体意识。

（二）经济和社会生活的交往交流交融

清代鄂尔多斯地区移民的生产方式以经商和务农为主，并辅以放牧、采

---

[1]习近平在中央民族工作会议上强调 以铸牢中华民族共同体意识为主线 推动新时代党的民族工作高质量发展[N].人民日报，2021-08-29（1）.

矿等活动。移民商人在蒙地受到较为严格的控制，经过清中期的缓慢发展，在清末势力日益壮大，逐步成为蒙地经济的控制者。移民商人在蒙地经营的货物品种比较繁杂，丰富了蒙古族民众的物质生活，促进了清代蒙古族社会经济的发展。部分鄂尔多斯蒙古族开始放弃游牧生活，过上定居生活，进入蒙古族地区的民人逐渐经营畜牧业。

当今鄂尔多斯地区有很多汉族牧民和经营农业的蒙古族农民逐渐成为一个社会普遍现象。汉族农业者与蒙古族牧民之间经济生活上成为相互学习，共同进步、和谐发展。当今社会蒙古族与汉族之间的交往交流交融发展是也是一个动态发展进步的过程，且一定程度上表现为相互融合发展。各民族间经济和社会的相互学习对当今社会各民族之间全方位嵌入有很大帮助。

（三）语言文字的交往交流交融

语言文字的相互学习也是汉蒙民族文化交往交流交融的重要手段。清朝初期移民为了融入蒙古族社会，也开始学习蒙古语、起蒙古族名。因为与民人交流的需要，蒙古族王公贵族、蒙古族民众学习汉文的多了起来，至清末蒙古族当中开始使用汉名的情况也多了起来，甚至很多汉蒙接连的地区开始使用汉地地名。民族交往交流交融的发展并非受单一因素影响，而是多重因素共同作用的结果。语言作为交流联系的一种重要工具，是进行沟通的主要方法。语言既是表达的主要方式，又是文化的媒介，有效交流对于深化汉蒙民族交往交流交融至关重要。当前，鄂尔多斯蒙古族在日常生活中使用国家通用语言文字进行沟通，国家通用语言文字在促进各族人民沟通交流中发挥着重要作用。

六、小结

清朝初期对蒙古族聚集的地区属地实施封禁和汉蒙分治政策。但是，随着清朝统一全国，从康乾时期开始大量的民人进入蒙地开垦。随着清初官方招募移民，移民人口的数量不断增加，封禁政策受到前所未有的冲击。移民问题也成为鄂尔多斯地区重要的社会问题，移民涌入内蒙古鄂尔多斯地区，对鄂尔多斯地区民族结构、行政制度、经济布局等均有了较大的变革。移民成为内蒙古历史上较为普遍的特殊社会群体，使鄂尔多斯地区民族交流交往交融很大的影响。

近年来围绕鄂尔多斯地区汉族移民展开研究的论著不断出现，弥补了很多空缺。民族交往交流交融是当今社会的民族发展的重要途径，已成为新时代我国重要的民族工作的时代课题。从历史发展脉络来看，清代作为我国历史上民族融合与发展的重要时期，为现代内蒙古地区的民族格局奠定了基础，且留下了很多珍贵的档案史料，亟待学界整理研究。

作者：萨日娜，内蒙古自治区社会科学院历史研究所副研究员

本文为2022年度内蒙古自治区社会科学院铸牢中华民族共同体意识研究基地课题成果

互嵌式社区各民族音乐文化的交融共生与创新研究
——以鄂温克族自治旗群众性文艺会演为例

郭晶晶

一、问题的提出

多民族相互嵌入的论述多次在中央民族工作会议、全国民族团结进步表彰大会等重要场合从不同维度反复强调。在2021年8月召开的第五次中央民族工作会议上，习近平总书记提出，"逐步实现各民族在空间、文化、经济、社会、心理等方面的全方位嵌入"[1]。由此，"民族互嵌"的理论内涵从社区环境和社会结构的二维互嵌，提升到空间、文化、经济、社会、心理五个维度的全方位互嵌。"'民族互嵌'的提出，代表着党中央对我国民族关系的深刻认识和全面把握。"[2]民族互嵌是深化各民族交往交流交融、巩固民族团结和铸牢中华民族共同体意识的重要途径。

---

[1]习近平在中央民族工作会议上强调 以铸牢中华民族共同体意识为主线 推动新时代党的民族工作高质量发展[N].人民日报，2021-08-29（1）.

[2]朝克赛，阿拉坦宝力格.内蒙古牧区多民族乡村社区互嵌研究——以罕乌拉嘎查为例[J].中华民族共同体研究，2022（3）：133.

目前，"民族互嵌"逐渐成为学术界研究的热点问题。吴月刚、李辉[1]、王希恩[2]等学者对"互嵌"概念和内涵进行研究；郝亚明从理论和实践两个层面就"民族互嵌与民族关系"问题展开研究，认为，"民族互嵌式社区环境的主要特征是各民族人口在特定空间中混杂居住，并在族际交往交流的过程中形成交融共生的社会关系"[3]。罗彩娟[4]、张彦君[5]等学者以微观社区为例，探讨文化共生与民族互嵌对于铸牢中华民族共同体意识的重要意义。刘国强、古棋予以铸牢中华民族共同体意识的视角探讨民族互嵌，认为其功能是"将不同民族结合起来，营造社会结构、互相利益、社会参与的关联，形成有机团结的局面"[6]。学术界关于民族互嵌的研究不断丰富，为民族互嵌相关研究继续深化奠定了基础。空间互嵌不仅局限于居住空间，还应该包括共同居空间内的学习空间、娱乐空间和文化空间。回顾已有的研究成果，目前学术界对于空间互嵌的研究多以宏观层面的历史叙述和理论讨论为主，少有微观个案研究，更缺乏对多民族聚居的共有文化空间具体事件或活动的研究。

民族音乐文化是中华优秀传统文化的重要组成部分，承载着历史积淀和厚重内涵。本文以鄂温克族自治旗（以下简称"鄂温克旗"）为调查社区，这里作为"多民族互嵌式"社区，极具典型性与代表性。以互嵌式社区的文艺会演作为案例研究，旨在从微观视角探析互嵌式社区各民族音乐文化交往交流交融的基本形态与特征。研究表明，多民族聚居地区群众性文艺会演作为共同仪式空间的群众活动，是文化互嵌最直接的体现之一。各民族音乐

---

[1] 吴月刚，李辉.民族互嵌概念刍议[J].民族论坛，2015（11）.
[2] 王希恩.民族的融合、交融及互嵌[J].学术界，2016（04）.
[3] 郝亚明.民族互嵌与民族交往交流交融的内在逻辑[J].中南民族大学学报（人文社会科学版），2019（3）：10.
[4] 罗彩娟.从家族、地域认同到"命运共同体"：传统村落互嵌式民族关系的构建[J].广西民族研究，2020（1）.
[5] 张彦君.内蒙古自治区民族互嵌式治理问题研究[J].阴山学刊，2020（5）.
[6] 刘国强，古棋予.民族互嵌对铸牢中华民族共同体意识的意涵[J].天津市社会主义学院学报，2021（3）.

文化在群众性文艺会演中交往互动、交流互鉴、交融共生，并得以传承与创新，以此被赋予了新的蕴含和时代价值，使其日益成为增强国家认同、助力经济社会发展、加强民族团结等新的符号和新的载体，以期铸牢中华民族共同体意识。

二、互嵌式社区民族音乐文化的多元构成与认同

多民族互嵌式村落共同体是地缘共同体建设的重要路径。[1]滕尼斯认为，社区是一种具有情感归属和价值认同的社会生活形态。罗伯特·帕克提出社区包含三个基本要素：区域内一定数量的人口；他们所生活的土地以及区域中每一个人在日常生活中的相互依赖关系。[2]在费孝通看来，社区是血缘与地缘共同构筑的中国基层社会基本形态。

鄂温克旗成立于1958年，地处内蒙古自治区东北部，隶属于呼伦贝尔市。从历史上看，这里曾是东胡、匈奴、鲜卑、契丹、蒙古等北方游牧民族和部落的聚居地，有着丰富的历史文化底蕴。清朝雍正十年（1732年）以来，为稳固边疆的安定，清朝政府将生活在大兴安岭和嫩江流域的鄂温克人、达斡尔人、鄂伦春人迁至呼伦贝尔一带。1743年蒙古族厄鲁特部迁入以及1918年后蒙古族布里亚特部的不断迁入，使这里逐渐呈现出"大杂居、小聚居"民族分布格局。

---

[1]沙彦奋，马丹妮．多民族互嵌式村落共同体建设与基层社会治理转型——基于宁夏AH移民村的调查[J].贵州民族研究，2023（4）.
[2]郝亚明．民族互嵌与民族交往交流交融的内在逻辑[J].中南民族大学学报（人文社会科学版），2019（3）：10.

表1　2016年鄂温克旗各城乡、苏木人口（民族结构）统计表

序号	地区	汉族	蒙古族	达斡尔族	鄂温克族	满族	回族	朝鲜族	俄罗斯族
1	巴彦托海镇	6165	7046	7657	3409	252	146	20	10
2	大雁镇	56793	4498	1711	516	2137	946	86	119
3	伊敏河镇	15305	4402	1544	480	931	205	71	31
4	红花尔基镇	1831	1475	157	110	48	20	16	0
5	巴彦塔拉民族乡	170	416	1508	298	10	10	0	0
6	锡尼河西苏木	26	3852	152	221	0	0	2	0
7	锡尼河东苏木	316	3271	375	1248	8	3	0	8
8	巴彦嵯岗苏木	66	289	433	766	1	2	0	8
9	伊敏苏木	245	1180	249	1474	6	0	0	1
10	辉苏木	221	1450	99	2952	18	5	0	6
	总计	81138	27879	13885	11474	3411	1337	195	183

表1为鄂温克旗统计局于2016年为笔者提供的人口统计数据。从基层社区单元来看，全旗4个镇、1个乡、5个苏木、44个嘎查、25个社区，均呈现出多个民族共同生活的形态。以旗政府所在地——巴彦托海镇为例，它位于鄂温克族旗北端，与呼伦贝尔市人民政府所在地海拉尔区相距9千米。巴彦托海镇下辖安门、赛克、艾里3个社区和团结、巴彦托海、马蹄坑、雅尔斯4个行政村。全镇有汉族、鄂温克族、蒙古族、达斡尔族、满族、回族、鄂伦春族、朝鲜族、赫哲族、锡伯族、俄罗斯族等。

"民族互嵌，既是各民族群众交往交流交融历史进程的现代呈现，也是人口流动的现实表征"[1]。随着城镇化的推动与建设，城镇规模在不断扩

---

[1] 刘永刚，胡玲惠.民族互嵌社区：中华民族共同体建设的社会治理路径[J].西北民族大学学报（哲学社会科学版），2022（5）：118.

大，人口流动使得城镇人口数量不断增加，多民族共居已成为城镇中新的居住模式。从旗域内人口流动来看，一方面，越来越多的人因务工、求学、陪读、婚姻、经商、定居等原因离开家乡，从农村牧区流向城镇。而外地民众因寻求发展而迁移至边疆地区生活，这种双重的穿越与流动造就了互嵌式社区"你中有我，我中有你"的多元一体的新形态的形成。

鄂温克旗民族众多，区域内的民族音乐文化资源较为丰富，如鄂温克族的民歌赞达拉嘎、歌舞阿罕拜、说唱尼玛罕，达斡尔族的民歌扎恩达勒、歌舞鲁日格勒和阿罕拜、说唱乌春，蒙古族布里亚特部落的民歌讷日格耶恩乃道、乌查因道、摇浩尔因，蒙古族厄鲁特部落的短调民歌、乐器托布舒尔、歌舞萨吾尔登等等。

鄂温克旗旗域内的各民族在共同生活的家园中创造了独具特色的艺术传统，充分体现了地域音乐文化的多样性，其中最为突出的表现为，在对本民族艺术传统高度自觉的同时，各民族音乐文化间在相互吸收、相互借鉴的基础上，进行再创造，从而提升了本民族的艺术品格。以达斡尔族民歌和鄂温克族民歌的比较分析为例，如下。

谱例1：《树与鸟的歌》

树与鸟的歌

达斡尔民歌

谱例2：《红花尔基的樟树》

红花尔基的樟树

鄂温克民歌

《树与鸟的歌》（见谱例1）和《红花尔基的樟树》（见谱例2）分别为流传在鄂温克旗的达斡尔族民歌和鄂温克族民歌。从音乐形态来分析，这两首民歌调式、结构和音乐风格较为相同，且乐句的开始音和乐句的结束音也相同，显然，是同一首民歌的不同变体。之所以有这样的现象，与达斡尔族、鄂温克族自古以来长期生活在一起有密切的关系。从这两首民歌的旋律特征来看，《树与鸟的歌》旋律较简单、朴素，保持着古老的音乐形态形式；而《红花尔基的樟树》的旋律体现出鄂温克族民歌中五声音阶式级进的小波浪式旋律线特征，使得整首民歌的旋律更加华丽。从演唱风格来看，这两首民歌变体在演唱风格上存在差异，主要是受地域文化等因素的影响，使得各变体具有独特的韵味和表演力。从歌词内容来看，《红花尔基的樟树》歌词中有"为革命事业在奋斗"的内容，显然这是一首"新民歌"。传统民歌被注入时代的新鲜血液，被赋予传统音乐文化以新的内涵。

又如谱例3，《烟草叶儿正开放》这首达斡尔族民歌是多民族音乐文化相互交融、相互认同的典型案例。

谱例3:《烟草叶儿正开放》

烟草叶儿正开放

达斡尔民歌

歌词内容：

烟草叶儿正开放，达斡尔民族多兴旺；
稠李子叶儿密茫茫，蒙古民族多兴旺；
杨树叶儿宽又长，鄂温克民族多兴旺；
麻的叶儿吐芳香，鄂伦春民族多兴旺。

从旋律来看，这首民歌在保持原有民歌的旋律特征的同时，融入了汉族民歌音阶和旋律线，进一步丰富了达斡尔族民歌的旋律特征。从歌词内容来看，《烟草叶儿正开放》这首民歌反映了各民族与自然和谐共生的生活智慧，赞美了各民族的兴旺发达，体现出各民族和睦相处、共同繁荣的精神面貌。《烟草叶儿正开放》正是反映了各民族音乐文化的互鉴与认同以及各民族音乐文化交流交融的历史事实。多民族音乐的交流交融正是人们下意识地以"求同""求和"为基础，形成既有汉族吸收各少数民族，又有各少数民族吸收汉族，还有各少数民族之间的延伸性交融。[1]

---

[1] 王昆普，叶子. 藏彝走廊多民族音乐交流交融下的文化共享与认同——以藏族扎木聂与彝族月琴为例[J]. 民族学刊，2022（11）：123.

三、群众性文艺会演：互嵌式社区各民族交融共生的媒介

作为一种公共的文化行为，群众性文艺会演是多民族互嵌式社区共有的文化空间，亦指在这一共有的文化空间里由政府的官方组织，各民族群众共同参与其中，将各民族创造、多民族共享的音乐文化融汇一体，单独或同台演出，具有汇报、相互学习、交流经验的功能作用。文艺会演中的歌曲、舞蹈与乐器不仅能够满足人民的精神需求，同时在会演场域中，以音乐文化为载体，还能促进各民族交往交流交融。

（一）群众性文艺会演是促进各民族音乐交融共生的平台

群众性文艺会演作为生活实践中的重要组成内容，已成为互嵌式社区各民族群众日常生活中不可缺少的文化活动。多民族互嵌式社区的群众性文艺会演场域往往是由多元主体共同营造和促成的共同仪式空间，即这样的音乐文化发生的场域不仅仅由一个民族的人参与其中，而是由互嵌式社区内多个民族的群众共同参与，并以音乐文化作为载体进行交往互动。以鄂温克旗每年夏季举行的"伊敏河之夏"文艺会演和"欢乐草原季"全旗苏木嘎查、社区群众文艺会演为例。作为多民族互嵌式社区各民族共参共建共享的文化活动，"伊敏河之夏"文艺会演每2年举办一次，至今已举办20余年。"欢乐草原季"全旗苏木嘎查、社区群众文艺会演自2016年以来，已经举行了4届。"伊敏河之夏"和"欢乐草原季"全旗苏木嘎查、社区群众文艺会演已被打造为地域性的文化品牌。从表2能够看出，2020年举行的第三届"欢乐草原季"全旗嘎查、社区群众文艺会演，有来自鄂温克旗各苏木嘎查、社区的48支演出团体参加演出。

表2　第三届"欢乐草原季"全旗嘎查、社区群众文艺会演情况（2020年）

时间	场次	演出团体		
8月2日	第一场	全旗群众专场		
8月3日	第二场	巴彦塔拉乡布拉尔嘎查	锡尼河东苏木维特很嘎查	巴彦塔拉乡伊兰嘎查
8月4日	第三场	巴彦塔拉乡温都尔嘎查	红花尔基镇安园社区	锡尼河东苏木巴彦乌拉嘎查
8月5日	第四场	伊敏苏木吉登嘎查 伊敏苏木红花尔基嘎查	辉苏木嘎鲁图嘎查	伊敏苏木毕鲁图嘎查 伊敏苏木苇子坑嘎查
8月6日	第五场	伊敏苏木巴音塔拉嘎查 伊敏苏木阿贵图嘎查	锡尼河东苏木布日都嘎查	伊敏苏木伊敏嘎查伊敏苏木伊敏社区
8月7日	第六场	锡尼河西苏木巴彦呼硕嘎查	辉苏木阿尔善诺尔嘎查	巴彦托海镇安门社区
8月8日	第七场	巴彦托海镇艾里社区	大雁镇雁北社区	巴彦查岗扎格达木丹嘎查
8月9日	第八场	锡尼河东苏木哈日嘎那嘎查	巴彦塔拉乡朝格嘎查	巴彦托海镇赛克社区
8月10日	第九场	大雁镇胜利社区	巴彦塔拉纳文嘎查	大雁镇永安社区
8月11日	第十场	伊敏河镇滨河社区	锡尼河西苏木西博嘎查	伊敏河镇永丰嘎查
8月12日	第十一场	伊敏河镇新源社区	锡尼河西苏木特莫呼珠嘎查	伊敏河镇伍牧场社区
8月13日	第十二场	锡尼河西苏木好力宝嘎查	巴彦查岗莫和尔图嘎查 巴彦查岗阿拉坦敖希特嘎查	锡尼河东苏木孟根楚鲁嘎查
8月14日	第十三场	辉苏木喜桂图嘎查辉苏木巴彦敖拉嘎查	锡尼河东苏木孟根社区 巴彦塔拉乡尔嘎查	辉苏木乌兰宝力格嘎查 辉苏木辉道嘎查
8月15日	第十四场	艺敏艺术培训中心专场		
8月16日	第十五场	鄂温克旗义工联合会专场		
8月17日	第十六场	彩虹艺术培训中心专场		

在乡村振兴背景下，群众性文艺会演与旅游业相结合，节庆文化带动了地方旅游业的发展，群众性文艺会演成为加强地方与游客之间交流互动的重要载体。地方政府以节日节庆中的群众性文艺会演为契机，将演员与观众、地方群众与外地游客齐聚在一起，共度节日的同时，共同分享着地方文化。从参与的主体来看，以民众自发的组织转为由旗、镇、苏木、嘎查党委和政府、相关单位部门来组织。民间艺人或是群众将民族音乐通过舞台化的展示与实践，实现了不同民族间音乐文化的交往和互动，同时也共同成为互嵌式社区群众文艺会演的物质层面和精神层面的载体和内核。文艺会演的参与者不仅包括当地各民族群众，还包括来自全国各地的游客。他们除了欣赏到独特的地域风景，还能欣赏到各民族的传统音乐文化等民族歌舞表演。文艺会演中体现出的民族认同、区域认同和国家认同在参与主体的共同实践中不断的推进和深化。"不同民族的个体注重自身的地域属性的同时，更强调群体意识，形成有共同文化要素作为基础的共同体"[1]。

（二）群众性文艺会演是连接各民族音乐交融共生的纽带

涂尔干指出，"集体意识源自个人之间的社会互动形式，即现在称之为'仪式'的社会行为"[2]。互嵌式社区群众性文艺会演不仅扩展了各民族交往交流交融的维度和空间，同时以跨民族歌舞展演的形式，让其他民族或者其他地区的民众了解不同民族的文化，既强化了族群内部的联系，又以此构建当地长久而稳定的民族关系，推动了地方民族团结进步事业的发展。

民族音乐文化是中华民族优秀传统文化的重要组成部分，承载着各民族的历史、风俗和精神风貌。群众性文艺会演中各民族的音乐表达，不仅传承民族音乐的内涵，同时成为互嵌式社区各民族群众相互交往联系、相互交

---

[1] 罗彩娟，蓝尉铭.以节为媒：民族交往交流交融的新机制——以广西布努瑶祝著节为例[J].湖北民族大学学报（哲学社会科学版），2022（2）.
[2] 涂尔干.渠东，等.译.宗教生活的基本形式[M].上海：上海人民出版社，1999：11-12.

流、交融共生的重要媒介。在群众性文艺会演中，不同民族之间的民族音乐所承载的文化记忆在舞台展演中通过"自观"与"他观"的文化交流方式被唤醒甚至强化，而文化记忆是民族音乐文化交融的前提和基础，是现在对过去的重构，它为文化认同提供了鲜活的历史素材。舞台上的演员通过各自的表演实践，使得不同民族的演员之间有了一次音乐文化交流互动的机会，促进了音乐技艺的传播。而台上的展演实践，使得观众在欣赏表演的过程中，不仅对各民族的音乐风格、传统习俗和历史文化有了更深入的了解，同时观众在欣赏过程中，可以感受到不同民族文化的碰撞与交融。演员与观众在文艺会演的平台上促进"你中有我、我中有你"文化共生互鉴形态的形成，勾勒出一幅民族团结的和谐画面。

文艺会演作为跨族群、跨村落、跨地区的文化活动，将演员、观众、游客聚集到一起，呈现了一次盛大的歌舞视听展演。一方面，文艺会演中的歌舞实践能够推动内部的文化认同，同时，随着歌舞实践中各民族音乐文化的不断交流互鉴，更大范围内共创和共享各民族丰富的音乐文化，从而把互嵌式社区各民族群众紧密联系在一起，带来了"多元共生、交融而合"的新格局。另一方面，在共同的时间、空间中，所有参与人员将注意力集中到各民族音乐文化表演实践中，使得整个会演过程充斥着一种族群认同、区域认同，乃至上升到国家认同的氛围。共同的情感在各民族参与主体间被一次次强化。

由此可见，互嵌式社区共同仪式空间的文艺会演具有重要的社会整合功能。共同空间的群众性文艺会演，将民族文化与社区生活紧密结合起来，为民众提供了丰富多彩的文化盛宴。这不仅丰富了辖区居民的精神文化生活，提高了民众的幸福感，还促进了互嵌式社区各民族之间的交流与互动。与传统的族群内部的歌舞表演相比较，群众性文艺会演更能够增强地缘共同体中的情感归属与认同。人们在文艺会演这一特定场域中，基于共同的心理诉求和情感倾向，互视互鉴、互融互利，加深了各民族之间的交往互动。

四、民族音乐文化在群众性文艺会演的交流互鉴中的传承与创新

互嵌式社区民族文艺会演的创造性转化的最大动力在于在文艺会演打通并连接各民族传统与现代、地方与国家等多重符号，使得传统与现代、本土与外来的民族音乐文化内容有机嵌入。在共同仪式空间中，各民族群众通过各自的歌舞叙事，实现对各民族音乐文化记忆的客观表达，使得不同民族文化文艺不断被传播与交流。一场场由各民族群众参与的文艺会演，将各民族的文化记忆聚集到一起。一方面，共同仪式空间的文艺会演能够使各民族内部成员更加了解本民族的民族歌舞文化，以此强化民族的文化记忆。另一方面，共同仪式空间的文艺会演为各民族的音乐文化共同构筑了一次交流的平台。借助群众性文艺会演的展演方式，互嵌式社区各民族独特的音乐文化纷纷亮相，从而被认知、记忆与传承[1]。

群众性文艺会演形成了各民族音乐文化创造性转化的共生共有共享空间。在传统社会中，各民族传统音乐文化依附于特定的礼俗空间，传统音乐形式以各民族日常生活场景的空间为载体，以面对面的方式开展。而现代社会中，各民族传统音乐文化是以更大的空间范畴来作为展演的场所。以2017年夏季举行的鄂温克旗第十届"伊敏河之夏"文艺会演伊敏苏木专场演出为例，见表3。

表3　鄂温克旗第十届"伊敏河之夏"文艺会演伊敏苏木专场演出节目单

演出形式	节目名称	表演者
独唱	鄂温克民歌	木兰（毕鲁图嘎查）
独唱	《故乡》	诺敏（伊敏嘎查）
舞蹈	阿汗贝	吉登嘎查牧民

[1]李玉雄,韦承艳.以少数民族节庆为载体铸牢中华民族共同体意识——基于龙胜各族自治县节庆文化的调查[J].民族教育研究,2023（2）.

续表

演出形式	节目名称	表演者
独唱	《满都海》	娜仁其木格
齐奏	陶布秀尔齐奏	江格尔陶布秀尔文化协会
二重唱	《双》	萨如拉、乌尼德格吉日
舞蹈	沙吾尔登	伊敏苏木中心校
独唱	鄂温克民歌	乌吉木（红花尔基嘎查）
服饰表演	鄂温克服饰表演	毕鲁图
合唱	厄鲁特民歌	阿拉坦杭盖厄鲁特民歌协会
舞蹈	向着明天的太阳一起出发	阿贵图、巴音塔拉嘎查
独唱	《我的母亲》	达日登
独唱	鄂温克歌曲	阿丽曼
舞蹈	《沙吾尔登》广场舞	伊敏苏木老年艺术团
二重唱	红歌联唱	萨仁格日勒、特牧热

伊敏苏木为多民族杂居之地。从表3中鄂温克旗第十届"伊敏河之夏"文艺会演伊敏苏木专场演出的节目来看，传统音乐依然保留了其独特的地域特色。整场会演中展示了鄂温克族民歌、民间歌舞以及蒙古族厄鲁特部落的民歌、乐器陶布舒尔、民间歌舞萨吾尔登。在文艺会演中，传统音乐呈现出多样化的发展态势，有效促进了多民族互嵌式社区不同时空音乐文化的传承与创新。

从创新表演形式来看，文艺会演中的传统音乐形式在保持传统特色的基础上，尝试与现代音乐元素相结合，运用现代作曲技术创作了具有跨界风格的音乐作品。这些新作品既继承了传统音乐的精髓，又展现了当代音乐创作的活力，为传统音乐的传承与发展注入新的生命力。而传统音乐与舞蹈等其他艺术形式的跨界合作，丰富了传统音乐的表现形式，拓展了其艺术领域。跨界合作，让观众重新审视了传统音乐的价值。

从节目的主题内容来看，文艺会演中的传统音乐作品融入现代生活，以传统音乐的形式表现当代人的生活和情感，有些作品中还融入了社会主义核心价值观，以民族音乐文化为载体演绎鄂温克旗各民族群众团结一心、守望相助，共筑祖国北疆亮丽风景等内容，既保留了传统音乐的特色，又能引起观众的共鸣。

从现场的舞台演绎效果来看，现代舞美技术在群众性文艺会演中的应用，为传统表演艺术带来了全新的演绎创新。文艺会演不再只是单纯的演唱和表演，而是更加注重表演者与观众之间的互动交流。这种转变使得群众性文艺会演变得更加生动、有趣，观众不再是被动的接受者，而是可以积极参与其中，体验更加沉浸式的艺术享受。在这个过程中，新媒体技术的应用起到了至关重要的作用。光影技术和灯光效果的巧妙运用，不仅能够创造出独特的视觉效果，还能够烘托出文艺会演的氛围，使得整个表演更加引人入胜。这种现代技术的融入，不仅提升了观众的视觉体验，也让传统音乐文化焕发出新的生机和活力。通过这种方式，传统音乐文化得以与现代审美相结合，更具时尚感和时代感，从而吸引更多的观众参与和欣赏。

五、结语

本文初步勾勒了多民族互嵌式社区群众性文艺会演所呈现出各民族音乐交往交流交融现状，以及多民族互嵌式社区各民族音乐文化在交往互动、交流互鉴、交融共生中的传承与创新等问题。各民族音乐文化原本属于各民族独有的历史记忆，在现代社会的各民族交往交流交融的过程中被重新建构起来，唤醒了集体记忆，增强了族群认同、区域认同，进而推进国家认同的发展进程，促进地方经济和民族团结进步事业的发展。

通过对鄂温克旗民族文艺会演的考察，多民族互嵌式社区既是群众自行娱乐空间，更是文化交流空间。作为一种新的符号和文化载体，群众性文艺会演是各民族经济、政治、思想、文化交往的总和。在群众性文艺会演中，每一位参与者都是民族文化的承继者和传播者，他们以歌舞为载体，使得不同民族的文化在共有仪式空间中不断接触，在相互借鉴中持续进行着各民族音乐文化的交流，通过共有的文化符号，进一步拉进了各民族之间的距离。互嵌式社区的群众性文艺会演既能能够积极推动空间社区内各民族社会交往、文化交流、结构交融，与此同时，群众性文艺会演作为共同的仪式空间还可以实现各民族音乐文化的转型和再生产，使得各民族音乐文化在共有仪式空间中得以传承与创新，而被赋予新的内涵和功能。

本文认为，文化传播是文化互嵌的重要机制，是互嵌式社区各民族音乐文化在共同生存空间中促进各民族音乐的交往交流交融的载体。作为一种新的文化符号和文化载体，可以说，互嵌式社区共有仪式空间的文艺会演不仅能够不断加深社区空间各民族成员彼此交流互动关系，同时还使得在各民族空间互嵌的基础上联动各民族文化互嵌与心理互嵌，为铸牢中华民族共同体意识发挥重要的作用。

首先，群众性文艺会演作为互嵌式社区各民族音乐文化传承与发展的重要载体，通过丰富多样的表演形式，展现了中华优秀传统文化的魅力。一方面，群众性文艺会演积极传承了中华优秀传统文化。在会演中，各民族传统音乐文化都有所体现，这些表演形式不仅让广大群众感受到了中华优秀传统文化的底蕴，还激发了对传统文化传承的热情。另一方面，在文化传播的过程中，各民族音乐可以吸收其他文化的精华，将其融入自身音乐创作中，从而激发创新活力，丰富音乐表演形式和内涵。

其次，互嵌式社区文艺会演是展示各民族文化的重要平台。通过丰富多彩的文艺表演,传播各民族优秀文化,为各民族提供了一个交流互动的平台,有助于增进各民族间的相互了解,促进各民族间的平等、团结、和谐,从而构建一个美好的共有家园。同时,互嵌式社区文艺会演能够增强民众对社区文化的认同感,有助于增强各民族对中华文化的认同感,进而促进社区内部的团结和谐。与此同时,互嵌式社区各民族文艺会演旨在挖掘、保护和传承各民族优秀传统文化,弘扬民族精神,为中华民族共同拥有和传承的文化底蕴贡献力量。

最后,互嵌式社区群众性文艺会演中各民族音乐文化的传承与创新,以寓教于乐的方式,以社会主义核心价值观为核心,传递正能量,激发各民族共同奋斗的精神力量,增强民族凝聚力和向心力,引导各民族各民族共同为实现中华民族伟大复兴的中国梦而努力,打造更加紧密的中华民族共同体,为国家的繁荣富强提供坚实的民族基础。

作者:郭晶晶,内蒙古自治区社会科学院文学研究所副研究员

本文为2022年内蒙古自治区社会科学院铸牢中华民族共同体意识研究基地课题成果

第七编

内蒙古民族团结进步创建理论与实践研究

内蒙古自治区开展民族团结进步创建工作的经验

娜仁其木格　金　洁　钱　程

民族团结进步创建工作既是中国民族工作的重要组成部分，也是凝聚各民族、各方面力量共同推进民族团结事业的重要载体，还是新时代党的民族工作高质量发展的重要抓手。中国共产党第二十次全国代表大会报告指出要全面推进民族团结进步事业，充分证明中国民族团结进步事业取得了一定成效。在此基础上，中国在新时代新征程上应当把握好"全面"的深刻内涵，不断书写中国民族团结进步事业新篇章。从中华人民共和国成立初期发端于地方的民族团结进步宣传月，到改革开放时期加入"进步"的内涵[1]，再到新时代加入"创建"内容；从中国共产党第十一届中央委员会第三次全会后各地利用民族传统节日、州庆、县庆等节点开展民族团结宣传教育活动，到兵地共建、多级联创、典型示范等各种形式的创新发展，随着时代的发展而发展，[2]民族团结从宣传教育层面逐渐延伸到各领域的各项工作，内容、形式、内涵日益丰富、不断完善。2014年中央民族工作会议提出"创建活动"，此时以"一项活动"的形式开展民族团结进步创建工作。2019年，

---

[1] 中共中央统一战线工作部、国家民族事务委员会.中央民族工作会议精神学习辅导读本[M].北京：民族出版社，2022.

[2] 国家民族事务委员会.中央民族工作精神学习辅导读本（增订版）[M].北京：民族出版社，2019：88.

全国民族团结进步表彰大会强调:"要把民族团结进步创建全面深入持久开展起来,创新方式载体,推动进机关、进企业、进社区、进乡镇、进学校、进连队、进宗教活动场所等"[1]。2021年,中央民族工作会议指出:"要深入开展民族团结进步创建,着力深化内涵、丰富形式、创新方法"[2]。这些重要部署进一步为深化民族团结进步创建工作提供了明确工作思路和根本遵循。自1984年以来,中国共产党内蒙古自治区委员会、内蒙古自治区人民政府以"民族团结进步月"为契机,在内蒙古自治区党政机关到基层集中开展民族理论政策宣传和一系列活动,经过长期实践成为内蒙古自治区推动民族团结进步事业的具有代表性、感召力、影响力的一项工作。民族团结进步创建工作范围不断扩大、领域不断拓展、内涵不断丰富,成为新时代做深、做细、做实中国共产党的民族工作的重要实践。

本文基于实践,分析论述内蒙古自治区开展民族团结进步创建工作积累的经验。

一、中国共产党的领导是开展民族团结进步创建工作的根本保证

习近平总书记指出:"中国共产党的领导是民族工作成功的根本保证,是维护中华民族大团结的根本保证。"内蒙古自治区始终坚持和加强中国共产党对民族工作的全面领导,着力健全体制机制,切实做好顶层设计谋划,为民族团结进步创建工作的稳步开展提供了组织力和领导力。内蒙古自治区坚持发挥中国共产党内蒙古自治区委员会领导揽全局、协调各方的核心作用,带动各族人民开启民族团结进步创建工作的新局面。中国共产党内蒙古自治区委员会认真贯彻落实中国共产党的民族工作方针,研究拟订民族工作

---

[1] 习近平谈治国治理(第三卷)[M].北京:外文出版社,2020.
[2] 习近平谈治国治理(第四卷)[M].北京:外文出版社,2022:247.

的政策和重大措施，稳妥处理民族工作中的重大问题，促进了内蒙古民族团结进步事业的全面深入发展。自2011年中国共产党内蒙古自治区委员会宣传部、中国共产党内蒙古自治区委员会统一战线工作部、内蒙古自治区民族事务委员会联合发布《关于进一步开展民族团结进步创建活动的实施意见》以来，内蒙古自治区不断贯彻落实党中央相关决策部署。2014年，内蒙古自治区制定了民族团结进步创建工作实施方案，各盟市相应制定了开展民族团结进步创建工作的实施方案。2020年，中国共产党内蒙古自治区委员会、内蒙古自治区人民政府为进一步贯彻落实中共中央办公厅、国务院办公厅《关于全面深入持久开展民族团结进步创建工作铸牢中华民族共同体意识的意见》精神，出台实施意见，为扎实做好新时代内蒙古民族团结进步创建工作提供了重要政策依据。2021年1月30日，内蒙古自治区第十三届人民代表大会第四次会议通过了《内蒙古自治区促进民族团结进步条例》，为新时代做好民族团结进步创建工作提供了法治保障，将民族团结进步创建工作纳入内蒙古自治区国民经济和社会发展第十四个五年规划纲要和2035年远景目标纲要，为做好"十四五"时期的民族团结进步创建工作提供了重要保障。内蒙古自治区各盟市、旗县市区也加快了健全领导机制的步伐，进一步推动了民族团结进步创建工作的组织力。

内蒙古自治区把中国共产党的领导贯穿至民族工作全过程，不断夯实中国共产党在民族工作领域的领导地位，逐渐完善民族团结进步创建工作的领导力和组织力，稳步提升了民族团结进步创建工作的质量，进一步保障了中国共产党在新征程上继续全面深入持久开展民族团结进步创建工作的领导核心地位。

二、重点突破引领是开展民族团结进步创建工作的重要体现

内蒙古自治区开展民族团结进步创建工作初期，依据各盟市开展民族团结进步创建工作所具备的实际条件，内蒙古自治区民族事务委员会选树了兴安盟、鄂尔多斯市准格尔旗、包头市达茂旗、呼伦贝尔市莫力达瓦达斡尔族自治旗等示范区试点，重点突破开展民族团结进步创建活动。由内蒙古自治区民族事务委员会、各盟市政府、各盟市民族事务委员会、内蒙古自治区内外不同领域专家组成专家组，对内蒙古自治区民族团结进步创建工作进行专项指导，各重点示范区因地制宜，逐渐探索总结出结合当地实际的民族团结进步创建工作方法和内容。

第一，推动精准创建。内蒙古自治区在推动"八进"活动过程中，根据不同领域、行业、受众群体，有侧重地突出创建重点，使民族团结进步创建工作更加贴近实际、贴近各族群众。"进乡镇"注重将民族团结进步创建工作融入脱贫攻坚、乡村振兴战略；"进社区"注重为各族群众排忧解难、提供生活便利，加强交流、交往、交融等。内蒙古自治区充分发挥"八进"的领域特点，从实际需求着手推进"八进"精准到位。

第二，加强典型培育。内蒙古自治区支持、鼓励各盟市各单位积极创建、命名示范区示范单位的工作。自2012年至今，内蒙古自治区先后创建全国民族团结进步示范区示范单位56个，兴安盟、呼伦贝尔市、鄂尔多斯市、呼和浩特市、阿拉善盟先后创建成为全国民族团结进步创建示范盟（市）。内蒙古自治区现有自治区级民族团结进步示范单位278个，各盟市、旗县（市、区）结合实际，培树命名了盟市级、旗县级的民族团结进步示范区示范单位，已经在内蒙古自治区范围内初步形成了各具特色的民族团结进步示范群。

第三,加强动态管理。目前,内蒙古自治区民族团结进步示范区示范单位形成常态化开展自查工作模式,在一定程度上推动了示范区示范单位转型升级、发挥功能。截至2021年底,国家级、自治区级民族团结进步示范区示范单位全面开展自查,针对查出的问题提出整改措施,不断巩固和提高创建工作的质量。内蒙古自治区先后三次召开全区民族团结进步创建经验交流现场会,三次组织全区民族团结进步创建单位互相观摩、互相学习的活动,促进各示范区示范单位之间的广泛深入交流和相互学习,不断提升民族团结进步创建工作的水平。

重点突破引领,将内蒙古自治区的民族团结进步创建工作不断扩展、纵深推进,示范区示范单位切实发挥示范引领作用,典型规模快速壮大,社会效应日益凸显,基本形成自治区、盟市、旗县、乡村多级联动创建格局。

三、创新工作模式是开展民族团结进步创建工作的关键环节

内蒙古自治区紧密联系地区特点,创新民族团结进步创建工作的模式和方法,力求提质增效,不断提升民族团结进步创建工作的实质性,切实有效保障了民族团结进步创建工作在内蒙古地区的全面、深入、持久开展。

内蒙古自治区民族团结进步创建工作的创新主要表现在以下几个方面。

第一,创新工作方式。内蒙古自治区形成统筹资源、部门联合、优势互补,各族人民共同做好民族团结进步创建工作的合力,充分发挥社会领域对民族工作的作用。内蒙古自治区在编制《内蒙古自治区民族团结进步创建发展规划(2021—2025年)》过程中,创新编制工作方式,广泛听取专家、内蒙古自治区民族事务委员会委员、实际工作者的意见,吸纳基层人民群众的实际需求,不断充实规划内容,增强规划的实效性,为做深、做实民族团结进步创建工作提供了重要保障。内蒙古自治区在国家提出民族团结进步创建

工作"七进"的基础上，增加了"进网络"，形成"八进"民族团结进步创建工作，尝试通过"互联网+"模式实现线上和线下结合推进民族团结进步创建工作，不断创新民族团结进步创建工作领域，探索推动民族团结进步创建工作"进景区""进家庭"等。

第二，创新宣传方式。内蒙古自治区在采取传统宣传教育基础上，探索新颖、立体的宣传教育方式开创新时代宣传教育工作，通过全国民族团结进步个人分享个人故事、挖掘当地生动的民族团结故事、守护边疆的典型故事等形式开展宣传教育，中国共产党内蒙古自治区委员会宣传部会同内蒙古自治区文学艺术联合会策划，编绘"石榴籽"绘本丛书，完善少年儿童宣传教育途径，讲好中国故事，不断创新宣传教育方式。同时，内蒙古自治区利用学习强国、钉钉软件、网络开展宣传教育，充分推进"互联网+"模式，不断实现了宣传教育的全覆盖、全方位、全领域。

第三，创新工作模式。内蒙古自治区以民族团结进步创建示范单位为重要载体，建立三级工作机制，充分发挥和利用示范单位的特色优势，不断创新民族团结进步创建工作的实现途径，使实践工作从宣传教育层面逐步向实实在在工作层面转变，例如探索开展"民族团结进步创建进社区+党建"活动，打造"中华民族一家亲""党徽照耀石榴红"等党建联合体品牌，不断推动党建同民族团结进步创建工作的深层次融合发展。内蒙古自治区民族事务委员会、内蒙古自治区民政厅联合印发《深入推进民族团结进步创建进社区工作方案》，在社区工作中充分调动社区干部、志愿者和社团组织的积极性，不断发挥其作用，把民族团结进步创建工作同社区的各项工作高度联系、精准对接，形成社区民族团结进步创建工作的有效合力，不断完善民族团结进步创建"进社区"[1]的纵深发展。

---

[1] 中共中央统一战线工作部，国家民族事务委员会. 中央民族工作会议精神学习辅导读本[M]. 北京：民族出版社，2022.

民族团结进步创建工作的创新为实现"共同团结奋斗,共同繁荣发展"提供了实践基础和思想动力,在实践中逐渐提升工作成效,民族团结进步创建工作的主题、内容、形式,工作思路、模式都呈现了新形态,取得了良好的社会效益,为内蒙古自治区今后的民族团结进步创建工作奠定了坚实基础。

四、加强宣传教育是开展民族团结进步创建工作的重要途径

组织开展民族团结宣传教育,是党和国家民族工作的一项重大决策。新时代内蒙古自治区以铸牢中华民族共同体意识为主线,不断完善宣传教育工作。内蒙古始终针对不同对象和受众特点,注重运用"滴灌式""精准化"的方式,在干部教育、中共党员教育、国民教育、社会教育中不断增加民族团结内容,坚持把民族团结进步宣传教育贯穿于民族团结进步创建工作的全过程、全方位。

第一,加强经常性、全域性宣传教育。中国共产党内蒙古自治区委员会统一战线工作部、中国共产党内蒙古自治区委员会宣传部、内蒙古自治区民族事务委员会在2020年和2022年两次联合印发《关于在全区各族干部群众中继续开展马克思主义民族观和党的民族政策宣传教育活动的通知》,要求各级党委政府、各地各部门将这项重要任务常抓不懈,推动民族团结教育制度化、常态化、大众化。

在干部、党员教育方面,内蒙古自治区始终坚持把中国共产党的民族理论政策和法规制度纳入各级党委中心组学习和各级党校(行政学院)培训计划,并作为窗口单位和服务行业的业务培训必修课,作为领导干部思想理论教育的重要内容,为提高领导干部理性处理民族问题的能力和各级干部了解掌握民族政策提供了重要的途径。

在国民教育方面,内蒙古自治区坚持把民族团结宣传教育融入国民教育的全过程，根据青少年各个阶段的特点深入探讨推进民族团结宣传教育"进学校、进课堂、进教材"的形式、方式、途径，不断推动内蒙古自治区大学、中学、小学思想政治课一体化建设。

在社会教育方面，内蒙古自治区坚持把民族团结进步教育纳入社会教育全过程，广泛开展多层次、多领域、多样化的"结对子""心连心""一家亲"等各民族共同参与的联谊活动。

第二，扩展民族团结进步教育载体。内蒙古自治区利用各类讲堂、文化活动场所，依托铁路、公路、民航、银行、政务服务大厅等服务行业、窗口单位，大力开展民族团结进步宣传教育，通过传统媒体和新型媒体相结合的方式充分发挥媒体宣传教育的主要作用；多渠道组织拍摄民族团结主题微视频、微电影等作品；逐步拓展到公共文化设施建设、城市标志性建筑建设、旅游景观陈列等方面，不断增强宣传教育的时效性和全面性。

第三，坚持集中开展宣传教育。内蒙古自治区利用每年五月的"马克思主义民族理论、党的民族政策宣传月"、五月最后一周的"民族法治宣传周"、九月的"民族团结进步活动月"开展各类活动，每两年召开一次民族团结进步创建工作经验交流现场会，每五年召开一次民族团结进步表彰大会。内蒙古自治区结合上述活动，在全区范围内集中开展和举办事迹报告会、宣讲、专题讲座、专题培训、书画大赛、知识竞赛、展览展示、歌舞表演等丰富多彩的专项活动，形成了定期、广泛、集中开展宣传教育的强大阵容。

内蒙古自治区多年的民族团结进步宣传教育经验，呈现了内容上丰富多彩，对象上全方位的特点，从机关干部到基层老百姓，从幼儿到大学生，以不同形式接受民族团结进步宣传教育，为提高各民族的凝聚力、向心力，巩固和发展社会主义新型民族关系提供了重要基础。

五、增强各族群众思想认识是民族团结进步创建工作的深层内涵

民族团结进步创建工作坚持以增强各族群众思想认识为核心开展各项工作，百年民族工作历程凝聚了各族群众思想共识。民族团结进步创建工作包含了四个层面的内涵："民族"指明了这项工作的设立是基于民族因素的考虑，中国的56个民族都是这项工作的主体；"团结"是这项工作的重要目标和实现任务之一，是凝聚全国各族人民的集体智慧和强大合力，在共同团结奋斗中达到共同繁荣发展的目标；"进步"是指各民族共同进步，是民族团结进步创建工作的方向；"创建"是全国各民族在推进民族团结进步事业的理论和实践中逐渐探索、效果显著的工作，这项发端于基层的活动符合各民族群众共同奋斗、共同繁荣发展的需求，得到了国家层面的肯定和推广[1]。四个层面的内涵相互联系、相互促进，形成完整统一的整体，四个层面的深刻内涵充分说明这项工作的目标和任务，展现了中国民族工作的历史脉络、时代特色、现实需求、价值取向。从基层的教育活动上升至国家层面的民族工作内容，充分展现了民族团结进步创建工作的本质和思想内涵。随着中国历史进程发生的深刻变化，多年来在增强各族人民思想认识方面发挥了积极作用，实践了教育活动引导人们行动的理念，逐渐成为中国民族工作不可或缺的重要内容。

不同历史时期民族团结进步事业的目标、实践要求、特点有所不同，不断增强各族群众思想认识始终贯彻其中，成为民族团结进步创建工作的深层内涵。民族团结进步创建工作要始终着眼于维护中华民族的大团结、着眼于汇聚中华民族牢不可破的凝聚力、着眼于进一步加强新型民族关系、着

---

[1]陈乐齐，李俊杰，等.民族团结进步创建工作理论与实践创新研究[M].北京：民族出版社，2015.

眼于弘扬以爱国主义为核心的民族精神、着眼于实现中华民族伟大复兴中国梦。[1] "五个着眼于"充分阐释了中国开展民族团结进步创建工作的立足点、落脚点、深刻内涵,以最大限度调动各族人民有利于铸牢中华民族共同体意识的积极因素,动员全体中华儿女围绕实现中华民族伟大复兴中国梦一起来想、一起来干,对坚定"五个认同"、牢固树立"四个与共"共同体理念、增强"三个离不开"思想起到了重要作用,为开展民族团结进步创建工作提供了重要思想基础。经多年实践不断凝聚内蒙古干部和群众团结奋斗的力量,开创了新时代内蒙古自治区民族团结进步事业的良好局面,为共建美好家园、共创美好未来汇聚了强大的思想合力。

六、全面、深入、持久是开展民族团结进步创建工作的客观要求

全面、深入、持久是开展民族团结进步创建工作的客观要求。"全面"强调的是覆盖面,民族团结进步创建工作要覆盖政治、经济、社会、文化、生态等各个领域,使这项工作不断从思想认识层面纵深至实际行动;"深入"强调的是内涵,内容的深入,生动提升内涵的深刻、深邃,最终以潜移默化的形式把各族干部群众的思想和行动统一到党中央的决策部署上来,凝聚人心、汇聚力量;"持久"强调的是持续时间,不仅利用每年的"一周两月"宣传教育活动,而且注重持久、平时、日常,逐渐形成常态化民族团结进步创建工作模式。

内蒙古始终探索全面、深入、持久开展民族团结进步创建工作,中国共产党内蒙古自治区委员会、内蒙古自治区人民政府高度重视这项工作,把加强民族团结进步创建工作作为社会稳定和长治久安的基础性工作来抓。从民

---

[1] 陈乐齐,李俊杰,等.民族团结进步创建工作理论与实践创新研究[M].北京:民族出版社,2015.

族团结进步创建工作的实践看，民族团结进步创建工作多年来以实现中国梦为目标，在内容上更加突显中华民族共同体意识和中华民族共有精神家园；在方式上更加突出人文化、实体化、大众化；在主要对象上更加突出分众化和精准性，使民族团结进步创建工作更加贴近实际、贴近生活、贴近群众。从民族团结进步创建工作效果方面来看，民族团结进步创建工作不仅在思想方面起到积极作用，而且在物质方面起到了推动作用，中国共产党内蒙古自治区委员会以共同富裕为目标，实施国家兴边富民、人口较少民族发展等措施，全面推进脱贫攻坚，经内蒙古自治区各族人民的共同团结奋斗与全国一道全面建成小康社会，历史性地解决了绝对贫困问题，夯实了物质基础，让各民族共享改革发展成果，"内蒙古的今天是各族群众共同奋斗的结果，内蒙古的明天仍然需要各族群众团结奋斗"[1]。全面、深入、持久开展民族团结进步创建工作显然对内蒙古自治区各项事业的发展起到了积极作用。民族团结进步创建工作不仅促进了各民族间的交往、交流、交融，而且在一定程度上强化了各民族的中华民族共同体意识，对实现当地社会稳定、经济社会发展具有推动作用[2]。

习近平总书记强调，"实现中华民族伟大复兴的中国梦，就要以铸牢中华民族共同体意识为主线，把民族团结进步事业作为基础性事业抓好。"[3] 民族团结进步创建工作是民族团结进事业的重要载体，秉持了各项工作"要往实里抓、往细里做，有形、有感、有效"的工作准则，做了很多看得见、摸得着的工作，也做了一些"润物细无声"的事情，获得良好的社会效应。民族团结进步创建工作从基层教育活动上升至国家层面的民族工作内容，从单一宣传教育拓展到各个领域的各项工作，从思想认识方面纵深到实际行动

---

[1] 习近平在参加内蒙古代表团审议时强调 不断巩固中华民族共同体思想基础 共同建设伟大祖国 共同创造美好生活[N].人民日报.2022-03-06.
[2] 王延中，随青.中国民族发展报告（2018）——民族团结进步创建[M].北京：社会科学出版社，2018：9.
[3] 习近平谈治国理政（第三卷）[M].北京：外文出版社，2020.

方面，取得了一定的实实在在成效。民族团结进步创建工作在实践中积累了中国共产党的领导是根本保证，重点突破引领是重要体现，创新工作模式是关键环节，加强宣传教育是重要途径，增强各族群众思想认识是深层内涵，全面、深入、持久是客观要求等六个方面的经验，既为新征程上全面推进民族团结进步事业奠定了坚实的基础，也为中国式现代化全面推进中华民族伟大复兴提供了丰富的内蒙古民族团结进步创建经验。

作者：娜仁其木格，女，内蒙古自治区社会科学院铸牢中华民族共同体意识研究院院长，研究员

金洁，女，内蒙古自治区社会科学院民族研究所研究员

钱程，女，内蒙古自治区社会科学院民族研究所助理研究员

原文发表于《内蒙古民族大学学报》（社会科学版）2022年第6期

民族团结进步创建案例分析
——以阿拉善盟为例

张 宁

习近平总书记在2019年召开的全国民族团结进步表彰大会上的讲话中指出："实现中华民族伟大复兴的中国梦，就要以铸牢中华民族共同体意识为主线，把民族团结进步事业作为基础性事业抓紧抓好。"[1]习近平总书记的重要讲话为进一步深化民族团结进步事业指明了根本方向、明确了根本遵循、注入了创新动力。阿拉善盟创建民族团结进步示范盟是内蒙古自治区民族团结进步创建工作的重要组成部分。2017年开始，阿拉善盟提出创建"全国民族团结进步示范盟"，全盟上下紧紧围绕铸牢中华民族共同体意识工作主线，构筑中华民族共有精神家园，进一步巩固和发展平等团结互助和谐的社会主义民族关系。经过5年不懈努力，2023年1月阿拉善盟被国家民委命名为"第十批全国民族团结进步示范区示范单位"。

---

[1] 习近平在全国民族团结进步表彰大会上的讲话[N].光明日报.2019-9-28.

一、阿拉善盟创建"全国民族团结进步示范盟"基本情况[1]

（一）阿拉善盟概况

阿拉善盟位于内蒙古自治区最西部，地处呼包银榆经济区、陇海兰新经济带交汇处，东、东北与乌海、巴彦淖尔、鄂尔多斯三市相连，南、东南与宁夏回族自治区毗邻，西、西南与甘肃省接壤，北与蒙古国交界，边境线长735千米，总面积约27万平方千米，占内蒙古自治区总面积的22.8%。属内陆高平原地区，地势南高北低，沙漠戈壁相间，周围丘陵相连，群山环抱。干旱少雨，风大沙多，冬寒夏热，四季气候特征明显。阿拉善盟是多民族聚居地区，居住着汉族、蒙古族及其他少数民族，是内蒙古面积最大、人口最少的盟市。根据第七次全国人口普查数据，全盟常住人口中，汉族人口为19.72万人，占75.17%；蒙古族人口为5.01万人，占19.10%；其他少数民族人口为1.5万人，占5.74%。2023年，全盟地区生产总值增长4.6%，规模以上工业增加值增长3.4%，固定资产投资增长14%。[2]

（二）阿拉善盟民族团结进步实践历程

阿拉善盟具有开展民族团结进步创建的良好基础。清代有土尔扈特部万里东归的民族壮举，土尔扈特部回归清朝后融入当地民族，为此后边疆建设和民族团结带来积极影响。1958年，航天城建设伊始，额济纳人民为了新中国的航天事业，举家迁出世代居住的故土，创造出"三易旗府"最好牧场为航天的佳话。20世纪六十年代初，"三千孤儿入内蒙"谱写了中华民族一家亲的佳话，阿拉善盟成为30名南方孤儿最西端的家，阿拉善人民始终书写着民族团结的佳话。自2017年提出创建"全国民族团结进步示范盟"以

---

[1] 文中数据除特别标明作者，均采自阿拉善盟民委提供的资料.
[2] 以上数据均来自阿拉善盟行政公署.http://www.als.gov.cn/.

来，阿拉善盟坚持将民族团结进步与经济、政治、文化等各项工作同步落实。2018年盟委办公室、行署办公室印发《阿拉善盟创建"全国民族团结进步示范盟"实施意见》，推动民族团结进步创建工作不断走深走实。2022年阿拉善盟出台《阿拉善盟民族团结进步创建发展规划（2021—2025年）》及《阿拉善盟民族团结进步创建"八进"工作实施方案》，明确了"十四五"时期民族团结进步创建工作的指导思想和基本原则、发展定位和总体目标，创新打造了"携手共筑中国梦、英雄精神满驼乡"创建品牌，提出了"一区一带三个融入"创建思路，着力打造"东风航天城+额济纳军地民族团结进步创建示范区""国境线军民民族团结进步创建示范带"。据不完全统计，截至2023年底阿拉善盟先后创建6个国家级、49个自治区级民族团结进步示范区示范单位，其中2023年第九批全区民族团结进步示范区示范单位命名8个，2023年第五批全盟民族团结进步示范区示范单位命名36个（具体情况详见下表）。

表1 阿拉善盟全国民族团结进步示范区示范单位名单

年份	阿拉善盟全国民族团结进步示范区示范单位名单
2016	内蒙古自治区公安边防总队阿拉善盟公安边防支队
2016	阿拉善右旗
2018	额济纳旗东风镇
2019	额济纳旗
2022	内蒙古出入境边防检查总站阿拉善边境管理支队
2023	阿拉善盟

表2　2023年阿拉善盟第九批全区民族团结进步示范区示范单位名单

2023年阿拉善盟第九批全区民族团结进步示范区示范单位	
内蒙古哈伦能源集团有限责任公司	额济纳旗苏泊淖尔苏木
阿拉善右旗阿拉腾朝格苏木那仁布拉格嘎查	阿拉善左旗乌斯太镇玛拉沁社区居民委员会
孪井滩生态移民示范区腾格里额里斯镇乌兰哈达嘎查	策克口岸经济开发区党群工作部
阿拉善盟融媒体中心	阿拉善盟文化旅游广电局

表3　2023年阿拉善盟第五批全盟民族团结进步示范区示范单位名单

2023年阿拉善盟第五批全盟民族团结进步示范区示范单位	
阿拉善左旗蒙古族实验小学	阿拉善左旗南环街道八卦泉社区
内蒙古哈伦能源集团有限责任公司	阿拉善左旗新华街道民族街社区
阿拉善左旗巴彦浩特清真寺	阿拉善左旗消防救援大队
阿拉善左旗政务服务局	阿拉善右旗水务局
阿拉善右旗巴彦高勒苏木党群服务中心	阿拉善右旗曼德拉苏木人民政府
阿拉善右旗公安局	阿拉善右旗骆驼产业发展中心
内蒙古电力（集团）有限责任公司阿拉善盟阿右旗供电分公司	中共额济纳旗委员会组织部
额济纳旗委党校（行政学校）	额济纳旗巴彦陶来苏木人民政府
额济纳旗达来呼布镇苏泊淖尔社区	额济纳旗小学
额济纳旗农村信用合作联社	额济纳旗苏泊淖尔苏木伊布图嘎查
阿拉善高新技术产业开发区（乌斯太镇）行政审批和政务服务局	阿拉善高新技术产业开发区（乌斯太镇）第三幼儿园

续表

国家税务总局内蒙古阿拉善高新技术产业开发区税务局	阿拉善孪井滩生态移民示范区行政审批和政务服务局
国家税务总局内蒙古阿拉善盟孪井滩生态移民示范区税务局	策克出入境边防检查站
阿拉善边境管理支队算井子边境派出所	阿拉善职业技术学院
中央储备粮库阿拉善直属库公司	阿拉善盟行政公署办公室
阿拉善盟人力资源和社会保障局	中共阿拉善盟直属机关工作委员会
阿拉善盟水务局	阿拉善盟审计局
阿拉善盟林业和草原局	阿拉善盟文化旅游广电局

阿拉善盟积极申报国家及自治区级民族团结进步示范区示范单位，并取得一定成绩。此外，在盟内积极开展评选活动，2017年以来每两年开展一次全盟民族团结进步示范区示范单位评选工作。

二、阿拉善盟创建"全国民族团结进步示范盟"的主要举措

经过多年的积累，阿拉善盟在全国民族团结进步示范盟创建过程中探索出较为成熟的做法，主要采取了如下措施。

（一）健全组织体系，高位推进创建工作

阿拉善盟始终坚持把民族团结进步事业作为基础性事业抓紧抓好，把民族团结进步创建工作摆在重要位置，形成了党委领导、政府负责、部门推进、全社会通力合作的工作格局，确保民族团结进步创建工作始终高位推动。实行领导责任制和年度目标责任考核制，并将其纳入绩效考核体系。把铸牢中华民族共同体意识纳入党的建设和意识形态工作责任制，纳入政治考

察、政绩考核、政治巡查，纳入各级财政预算，不断优化创建机制，推进民族团结进步创建工作常态化、规范化、制度化。

（二）贯彻新发展理念，推动地区高质量发展

推动民族团结进步促进经济社会同步发展。经济高质量发展是民族团结进步的物质基础，民族团结进步是保障经济高质量发展的重要条件。阿拉善盟立足基本盟情，主动适应经济发展新常态，牢固树立新发展理念，突出区域特色，坚持稳中求进，在推动地方经济高质量发展的同时注重对生态环境的保护，加快推进转型发展、创新发展、绿色发展，增强地区可持续发展能力。

加快推动产业转型升级。始终从党和国家工作大局出发谋划发展产业，紧扣"五大任务"深化供给侧结构性改革，坚持稳中求进工作总基调，瞄准高质量发展目标，坚持强龙头、补链条、聚集群，以打造高端产业链、加快推动新能源、优化布局促招商为举措，着力推动产业转型升级，助力全盟经济社会高质量发展。[1]加快推进盐化工、煤化工、精细化工等传统产业转型升级，大力培育文化旅游、清洁能源、骆驼产业、沙产业等特色优势产业，初步形成了具有阿拉善特色的区域竞争力的现代化产业体系。全盟"十四五"新能源规划建立13个新能源基地，新能源装机2.5亿千瓦。

利用得天独厚的资源禀赋，全面推进风光资源规模化开发，着力建设亿千万级新能源大基地。大力发展沙产业，研发锁阳、肉苁蓉等药食同源产品，构筑"一核三平台三带多基地"的产业布局，充分利用沙生动植物和矿物质资源富集优势，积极发掘中医药发展潜力，建设天然疗沙基地、室内疗沙、盐疗、药浴等医疗、保健、康养一体化专业科目，逐步形成中医药与生态产业融合发展的良好局面。

---

[1]阿拉善盟行政公署.加快产业转型升级助力经济高质量发展.https://fgw.als.gov.cn/art/2023/4/3/art_1093_490682.html#:

大力加强基础设施建设。立足盟经济发展实际,加快重点领域基础设施建设,促进重大项目建设提质增速,努力优化基础设施布局、结构、功能和发展模式,着力提高保障经济社会高质量发展的能力,不断改善各族群众生产生活条件。全面构建"北开南优、西联东拓、内畅外达"的交通运输大通道,基本建成"畅达便捷、开放融合、安全绿色、智慧高效"的现代化公路交通运输体系。不断改善城乡宜居环境,深入实施退牧还草、天然林保护等重点生态保护修复工程,建设完成内蒙古西部荒漠综合治理一期项目,高质量承办全国荒漠化综合防治现场会,荒漠化治理"阿拉善模式"得到有效推广。[1]

(三)强化宣传教育,夯实铸牢中华民族共同体意识思想基础

以宣传教育为先导,多层次、全方位开展民族团结宣传教育,讲好阿拉善故事,使中华民族共同体意识深入人心,不断增强各族群众的"三个离不开""四个自信""五个认同"。

扎实开展民族团结进步宣传教育,制定铸牢中华民族共同体意识宣传教育活动方案,将铸牢中华民族共同体意识纳入干部教育、党员教育、国民教育、社会教育,推进民族团结进步教育进机关、进企业、进社区、进乡镇、进学校、进连队、进宗教活动场所、进网络。社区利用自身优势举办居民趣味运动会、邻里节、百家宴等群众性联谊活动,通过专题学习、宣讲、故事讲述等多种形式营造良好的民族团结氛围,进一步促进各民族交往交流交融。在学校,通过举办民族团结演讲比赛、绘画比赛、歌唱比赛等让铸牢中华民族共同体入心入脑。依托党校等机构,在全盟分级组建讲师团,年均开展宣讲320场次。依托网络媒体在"驼乡e站"APP、微信公众号等平台开设民族政策专栏,推广相关政策知识,运用直播平台邀请盟内相关专家向群众

---

[1] 阿拉善盟行政公署.2024年阿拉善盟政府工作报告.https://www.als.gov.cn/art/2024/2/7/art_122_522678.html.

解读民族政策，不断拓宽宣传教育的广度和深度，增进民族团结意识，增强社会凝聚力和向心力。

（四）坚持保护与传承并举，促进优秀传统文化创造性转化、创新性发展

近年来，阿拉善盟坚持以铸牢中华民族共同体意识为主线，注重挖掘历史文化资源，精心培育民族团结进步的深厚土壤，先后实施定远营周边环境综合整治工程及恢复修缮、商业街建设等系列工程，令古城面貌焕然一新。升级打造阿拉善盟图书馆，完成博物馆非遗专题和岩画专题升级改造工程。加强非物质文化遗产保护与传承。依托额济纳旗胡杨林旅游区，在国庆节和胡杨节期间组织非遗项目《萨吾尔登》《土尔扈特民歌》《陶布秀尔弹唱》等特色舞蹈及传统音乐巡回演出。以胡杨节为契机，以非物质文化遗产展览馆为平台，大力宣传地区非物质文化遗产。推动非物质文化遗产进校园，开设刺绣、棋类、长调、古筝、呼麦、沙画、马头琴、陶布秀尔、萨吾尔登等民族传统文化特色班，设置专门学习教室及专业教师，学生根据兴趣爱好自由选择。

充分发挥乌兰牧骑优势，助力民族团结进步创建工作。盟乌兰牧骑将铸牢中华民族共同体意识融入作品创作和表演之中，推出一场专题晚会、一次主题巡演、一项常态化主题演出的"三个一"宣传演出活动，深入农村牧区、街道社区、边防哨所等基层一线演出80余场次，惠及群众2万余人次。在文艺作品创作中汲取各民族优秀文化，创作《东风—呼啸起》《胡杨红》《阿拉善传奇》等具有地方特色的优秀作品。

（五）聚焦互嵌式发展，优化各民族共建共创环境

以城乡社区为平台，从居住生活、文化娱乐等日常环节入手，积极创造各民族共居共学、共建共享、共事共乐的条件，大力构建互嵌式社会结构和社区环境，促进各民族和睦相处、和谐发展。将各民族流动人口纳入城市流动人口服务管理体系，与宁夏银川市、甘肃金昌市等毗邻地区签订联创共建，制定出台《阿拉善盟实施各族青少年交流计划的工作方案》《关于实施各族群众互嵌式发展计划的工作方案》《阿拉善盟关于旅游促进各民族交往交流交融计划的工作方案》，启动各族群众互嵌式发展试点工作，组织开展"铸牢中华民族共同体意识争做新时代青少年"研学交流活动、"银阿少年手拉手同心筑梦向未来"青少年交流活动等一系列丰富多彩的活动。以社区为单位组织开展居民运动会、民族大舞台等各类演出和观摩活动，通过专题学习、宣讲、故事讲述等，用丰富多彩、喜闻乐见的形式营造良好社会环境。

积极推进军民深度融合发展。深入开展双拥共建，不断完善工作机制、创新工作方式，带领周边群众加入守边固防行动，开展联防联治、自防自治活动，协助边防做好维稳管理，努力打造"千里边关示范带"。成立"边境一家亲"抵边医务室，扎实开展为民办实事，在抢险救灾、乡村振兴、维护稳定、矛盾纠纷、医疗服务等事关群众利益的重点工作上持续发力，逐渐形成亲如一家的军民关系。全盟3旗均被评为"自治区双拥模范旗"，额济纳旗连续6次荣获"全国双拥模范旗"称号。

自创成民族团结进步示范盟以来，阿拉善盟牢牢把握铸牢中华民族共同体意识工作主线，把民族团结进步创建作为推动各项事业发展的有效抓手，把实现好、维护好、发展好各族人民根本利益作为民族团结进步事业的出发点、落脚点，全方位、多角度、各领域聚力创建工作。将"全国民族团结进步示范盟"创建作为全盟发展战略，不断寻求创新思路，努力使民族团结进步创建人文化、常态化、精细化、长效化发展，开创了民族团结进步新局面。

三、阿拉善盟创建"全国民族团结进步示范盟"的经验及启示

自2017年以来，全盟上下坚持以习近平新时代中国特色社会主义思想

为指导，深入学习贯彻习近平总书记关于加强和改进民族工作的重要思想和对内蒙古重要指示精神，以铸牢中华民族共同体意识为主线，推动民族团结进步创建工作走深走实，奋力开创了全盟民族团结进步事业新局面，主要形成如下经验及启示。

（一）加强党对民族工作的全面领导是创建活动的重要前提

加强和完善党对民族工作的全面领导，坚持把学习贯彻习近平总书记关于加强和改进民族工作的重要思想作为重大政治任务，持续在学懂弄通做实上下功夫，教育引导全盟各级党组织和广大党员干部准确把握这一重要思想的丰富内涵、核心要义和实践要求，做到处理民族问题不出错、协调民族关系不走样、推动民族工作不跑偏。建立民委委员制度，协调各方力量，动员各种资源，形成推进新时代党的民族工作的强大合力。建立旗（区）、苏木镇（街道）、嘎查村（社区）三级民族工作网络，推动形成横向到边、纵向到底的民族工作网络。在社区构建"1+X+N"社区治理模式，实行"定格、定人、定责"，做到网中有格、格中有人、人头有责。

（二）不断创新宣传教育是创建工作的重要途径

广泛深入开展民族团结进步教育是促进民族团结进步事业的基础性和长期性工作。开展民族团结宣传教育，必须坚持从实际出发，区分层次、区别对象，努力增强宣传教育的针对性。阿拉善盟紧密联系当地经济发展实际、各族干部群众思想实际、当地的历史文化传统，努力把民族团结宣传教育成果转化为各民族人民团结友爱、携手奋进的良好氛围，转化为推动社会发展、促进社会和谐的实际行动，转化为实现中华民族伟大复兴的强大动力。

（三）强化引领示范是创建工作的重要举措

强化引领示范是民族团结进步创建的宝贵精神财富。阿拉善盟在民族团结进步创建工作中积极申报国家级、自治区级民族团结进步示范区示范单位，并命名了5批盟级民族团结进步示范单位，表彰盟民族团结进步模范集体和模范个人。这些示范单位和模范个人的涌现为阿拉善盟推动地区经济快速发展、社会全面进步、民生持续改善、民族团结和谐作出了突出贡献，为民族团结进步创建带来了丰富的精神财富。

（四）发展和改善民生是创建工作的根本

发展是民族工作的立足点。改善民生是民族工作的重要基础，也是首要任务。阿拉善盟始终把发展和改善民生作为核心，深入推进乡村振兴，着力提升社会保障水平，不断加快社会事业发展，大力推进产业转型升级，不断加强基础设施建设，努力增强人民群众获得感、幸福感、安全感。

（五）不断推进军民深度融合发展是创建工作的有力支撑

通过军民融合发展促进民族团结进步，既是军民深度融合发展的要求，又是新时代推进民族团结进步事业的重要举措。阿拉善盟因为地理位置的特殊性有长达735千米的边境线，有16.8万平方千米的边境管理地区，涉及区域面积大，因此军民融合是阿拉善民族团结进步创建工作的一项重要内容。阿拉善盟充分发挥优势，加强生态守边、产业守边、职业守边和智慧守边，打造千里示范带。开展军民结对互助，带动更多边境牧民参与沙产业、驼产业、奇石产业和旅游产业等特色产业中，不断营造军民融合的良好氛围。

作者：张宁，内蒙古自治区社会科学院民族研究所助理研究员

本文为内蒙古自治区社会科学院铸牢中华民族共同体意识研究基地研究成果

/内蒙古自治区社会科学院铸牢中华民族共同体意识研究基地成果集/

不断巩固和加强各民族大团结

娜仁其木格

铸牢中华民族共同体意识是立足于世界百年未有之大变局和中华民族伟大复兴战略全局两个大局作出的重大战略部署,从政治高度、历史深度、现实维度来充分认识铸牢中华民族共同体意识的重大意义。习近平总书记参加十三届全国人大五次会议内蒙古代表团审议时再一次强调"民族团结是我国各族人民的生命线,中华民族共同体意识是民族团结之本,把民族团结上升为生命线来高度概括了民族团结工作的重要性、必要性、紧迫性,这深刻揭示了新时代我国民族工作取得历史性成就背后的精神密码,是新时代铸牢中华民族共同体意识为主线开展各项工作的前进方向、重要遵循。

一、中华民族共同体意识是民族团结之本

中华民族共同体意识是中国历史发展的必然产物,中华民族共同体在中国5000年历史中形成,在中国共产党成立100年历程中不断发展、巩固、深化,各民族共同"开拓的疆域、书写的历史、创造的文化、培育的精神"——这精辟概括了形成中华民族共同体的历史渊源。"四个共同"既是中华民族共同体形成的基本条件,也是中华民族共同体不断发展壮大的根本原因；既是中华民族共同体意识形成的基础，也是维系中华民族共同体意识的纽带。充分说明了疆域、历史、文化、精神是中华民族共同的珍贵财富，是推动维护中华民族大团结、中华民族伟大复兴中国梦重大决策的强大动力及必备思想条件。

各民族团结、社会关系和谐关乎国家兴旺、社会安定、人民幸福，是党和国家各项事业的出发点和落脚点。我国是统一的多民族国家，各民族团结和谐，则国家兴旺、社会安定、人民幸福；反之，则国家衰败、社会动荡、人民遭殃，这是深刻总结历史经验教训得出的重要结论，从我国、世界历史看由于衰败、动荡而人民遭殃的例子比比皆是，以史为鉴，总结经验、吸取教训是当前做好民族工作的重要任务。我国历史上国力强盛、经济发达、文化繁荣时期都在国家统一、社会安定环境下实现，如秦汉雄风、盛唐气象、康乾盛世是各民族共同铸就的辉煌，这些辉煌取决于团结和谐，团结和谐环境为共同繁荣发展提供了有利条件。"国家兴旺、社会安定、人民幸福"是人民所盼，政之所向，国家所需，更是以"人民为中心"发展理念的最鲜明的特征，也是团结和谐的最终价值取向、表现形式、行动实践。

回顾中国共产党100年，无论在革命时期还是建设时期，都把民族团结作为党的民族工作的基本目标。百年来中国共产党团结一切可以团结的力量、调动一切可以调动的积极因素，最大限度凝聚起共同奋斗的力量，创造了一个又一个奇迹，实现了一个又一个共同目标任务，我们取得的一切成就，是中国共产党人、中国人民、中华民族团结奋斗的结果，团结奋斗是中国人民创造历史伟业的必由之路，历史上形成的各民族团结奋斗为"共同建设伟大祖国，共同创造美好生活"奠定了坚实的基础，如在打赢脱贫攻坚战、抗击新冠肺炎疫情等等，全国各族人民团结奋进、手足相亲、守望相助，充分展现了中华民族大团结的伟力，这取决于全国各族人民团结一心为共同目标奋斗的结果，团结是战胜一切困难的强大力量，是凝聚人心，成就伟业的重要保证。

　　民族团结是社会凝聚力的基本内容，习近平总书记提出，"国家的统一，人民的团结，国内各民族的团结，这是我们的事业必定要胜利的基本保证"。民族团结事业在中华民族共同体意识框架下推进将会取得实质性成效，要坚持绵绵用力、久久为功，把加强民族团结作为战略性、基础性、长远性工作持续做。把铸牢中华民族共同体意识作为新时代党的民族工作的主线，为实现中华民族伟大复兴中国梦"寻求最大公约数、画出最大同心圆"。

二、民族团结是促进各民族交往交流交融的纽带

　　民族团结说到底是人与人的团结，民族团结是各民族交往交流交融的纽带。各民族之所以团结融合，多元之所以聚为一体，源自各民族文化上的兼收并蓄、经济上的相互依存、情感上的相互亲近，源自中华民族追求团结统一的内生动力。在历史发展进程中，我国各民族不断增进共同性、尊重和包容差异性，各民族和睦相处、和衷共济、和谐发展的良好局面更加稳固。

　　一部中国史，就是一部各民族交融汇聚成多元一体中华民族的历史，就是各民族共同缔造、发展、巩固统一的伟大祖国的历史。近代以来各民族把自己的命运同中华民族的命运连接在一起，团结一心、保家卫国，各民族交往交流交融更加频繁，在无数次血与火的洗礼中，巩固了中华民族同舟共济、荣辱与共不可动摇的信念。各民族经过长期交融汇聚，不断迁徙、杂居、通婚、商贸等形式多样的交流方式，在经济上相互补充，在文化上相互学习，逐渐形成了政治上团结统一的局面、分布上的交错杂居、居住上的互嵌模式，构筑了"你中有我、我中有你，你离不开我、我离不开你"的不可分割的中华民族共同体。各民族多年来相互了解、相互尊重、相互包容、相

互欣赏、相互学习、相互帮助,在革命、建设、发展各项事业中创造了共同团结奋斗共同繁荣发展的景象。当前,我国各民族之间交往交流交融比历史上任何一个时期都密集,民族团结为各民族更加广泛交往、全面交流、深度交融起到推动作用,不断促进了各民族在中华民族大家庭中像石榴籽一样紧紧抱在一起。

促进各民族在理想、信念、情感、文化上的团结统一,团结统一在相互认同的基础上实现。文化认同是最深层次的认同,是民族团结之根、民族和睦之魂,情感认同根基。文化认同是形成共同体意识的重要要素,是实现思想、信念、情感认同的路径,团结统一是凝聚在一起的牢固精神纽带,使中华民族共同体意识植根于心灵深处、付之于行动的重要途径。各民族在多年的交往交流交融中不断增进了情感、文化认同,由空间的交集,逐渐实现了文化、经济、社会交流,促成了心理、精神层面的认同,在共居共事共学中增进了各民族间的情感联结,呈现了"心聚在了一起,共同体意识空前增强"的境地,情感融在一起,心贴在一起,逐渐促进了思想、信念、情感、文化团结统一,为逐步实现各民族在空间、文化、经济、社会、心理等全方位嵌入提供了重要保障,使中华民族共同体意识更加牢不可破。

习近平总书记提出,"只有铸牢中华民族共同体意识,夯实我国民族关系发展的思想基础,推动中华民族成为认同度更高、凝聚力更强的命运共同体",这明确指出了建设什么样的命运共同体,"认同度更高、凝聚力更强"是铸牢中华民族共同体意识的两个鲜明特质,如此"高强"的命运共同体在各民族团结基础上实现,将是促进各民族更加广泛、深度交往交流交融的重要体现。

三、"有形、有感、有效"是铸牢中华民族共同体意识重要工作方式

铸牢中华民族共同体意识是新时代党的民族工作的"纲",所有工作要向此聚焦,思想的深度决定行动的高度,思想认识达到了一定高度,所有工作会迎刃而解,聚焦思想认识是开创民族工作的核心。秉持各项工作"要往实里抓、往细里做,有形、有感、有效"工作导向,要深刻领会抓实、做细提升工作质量的基本遵循,最终要体现在实际工作成效、效果上。高质量发展需要开展更加实实在在、细致入微的工作提质增效,着力完善各项工作中不足,是推进各项工作有利于铸牢中华民族共同体意识的有效途径。这是铸牢中华民族共同体意识从理论到实践的过程,从思想认识层面转为实际行动层面的实践过程,为新时代如何持续在维护各民族大团结、铸牢中华民族共同体意识等重大问题上不断提高思想认识和工作水平提供了重要行动指引和具体举措、方式、方法。

铸牢中华民族共同体意识从增强思想认识,向实践行动纵深至潜移默化的境地,把握铸牢中华民族共同体意识具体工作措施,做看得见、摸得着的工作,也要做大量"润物细无声"的事情是新时代铸牢中华民族共同体意识的重要工作方式、方法。其一,不断巩固中华民族共同体思想基础。积极引导各族群众牢固树立休戚与共、荣辱与共、生死与共、命运与共的共同体理念,不断巩固中华民族共同体思想基础,进一步增强"三个离不开"、"五个认同"思想,提升各族干部群众增强做深做细做实工作的思想认识,更要提升做深做细做实实际工作的本领。其二,进一步注重宣传教育工作。宣传教育工作要下沉基层,注重深度、广度和实效性,把铸牢中华民族共同体意识的工作要求贯彻落实到历史文化宣传教育、公共文化设施建设、城市标志性建筑建设、旅游景观陈列等各个方面、各个领域。其三,深入、持久开

展民族团结进步创建工作。我国民族团结进步创建工作取得了一定成效，要着力深化内涵、丰富形式、创新方法，进一步坚持重在平时、重在交心、重在行动、重在基层的理念，按照人文化、实体化、大众化总要求，全面深入持久开展创建工作，让中华民族共同体意识根植各族群众心灵深处。其四，夯实铸牢中华民族共同体意识物质基础。民族地区要立足资源禀赋、发展条件、比较优势等实际，找准把握新发展阶段、贯彻新发展理念、融入新发展格局、实现高质量发展、促进共同富裕的切入点和发力点。要支持民族地区实现巩固拓展脱贫攻坚成果同乡村振兴有效衔接，促进农牧业高质高效、乡村宜居宜业、农牧民富裕富足，最终实现各族人民共同富裕为铸牢中华民族共同体意识提供物质基础。我国很多民族工作已经迈出了"看得见、摸得着"工作步伐，下一步始终坚持"润物细无声"工作原则，多做一些争取"人心"的工作、贴近老百姓的接地气的事情，不断增强各族群众获得感、幸福感、安全感，让老百姓也共享我国高质量发展成果。

民族团结是我国各族人民的生命线，中华民族共同体意识是民族团结之本，"生命线"的根基在于中华民族共同体意识，唯独牢固维系中华民族共同体意识才能更加夯实这根"生命线"的长度、深度、广度，才能不断巩固中华民族共同体思想基础，使全国各族人民将自觉从党和国家工作大局、从中华民族整体利益出发，为开启全面建设社会主义现代化国家、向第二个百年奋斗目标凝聚起团结奋斗的强大精神动力、汇聚起共同富裕的磅礴力量。

作者：娜仁其木格，内蒙古自治区社会科学院铸牢中华民族共同体意识研究院院长，研究员

原文发表于《内蒙古日报》2023年6月13日05版

/内蒙古自治区社会科学院铸牢中华民族共同体意识研究基地成果集/

发挥制度优势推进内蒙古现代化建设

李梅英

习近平总书记2023年6月在内蒙古考察时指出："铸牢中华民族共同体意识是新时代党的民族工作的主线，也是民族地区各项工作的主线。民族地区的经济建设、政治建设、文化建设、社会建设、生态文明建设和党的建设等，都要紧紧围绕、毫不偏离这条主线。无论是出台法律法规还是政策措施，都要着眼于强化中华民族的共同性、增强中华民族共同体意识。"铸牢中华民族共同体意识是党的民族工作开创新局面的必然要求，只有顺应时代变化，按照增进共同性的方向改进民族区域自治制度，才能把新时代党的民族工作做好做细做扎实。民族区域自治是中国共产党运用马克思列宁主义解决我国民族问题的基本政策，是国家的一项基本政治制度。民族区域自治制度实行的初衷、坚持的依据、完善的目标就在于维护国家统一、民族团结。实践证明，民族区域自治制度符合我国国情，在维护国家统一、领土完整，在维护民族平等团结、促进民族地区发展、增强中华民族凝聚力等方面都起到了重要作用。

内蒙古自治区是在马克思主义民族理论与党的民族政策指引下，率先在全国建立的第一个少数民族自治区。内蒙古自治区成立后，各族人民群众始终坚守自治区成立时确立的"建立各民族间亲密合作团结互助的新民关系，消除一切民族间的隔阂与成见，共同建设新内蒙古"[1]的庄严承诺，坚定不移践行党的民族政策，有力保证了民族区域自治制度始终沿着维护国家统一、各民族共同团结奋斗的正确方向发展。历史和实践充分证明，在内蒙古实行和坚持70多年的民族区域自治制度发挥了巨大作用。随着进入新时代我国社会主要矛盾的转化，特别是内蒙古全方位建设模范自治区之际，顺应时代变化，按照增进共同性的方向优化完善民族区域自治制度，强化区域内各民族的思想和行动的共同体意识，为推进内蒙古现代化建设提供制度保障。

民族区域自治制度以制度自信，推动中华民族共同体建设。民族区域自治制度是马克思主义民族理论中国化的产物，具有与时俱进的内在品质，因而其坚持和完善的一个关键要旨，就在于激发并巩固对民族区域自治的制度自信，从而在凝聚起整个共同体发展的政治基础上推动中华民族共同体建设。实行民族区域自治制度，是中国共产党经过长期探索、反复比较，依据国情、顺应民意作出的正确抉择，是中国共产党在多民族国家政治制度问题上的一个伟大创举，具有鲜明的中国特色。民族区域自治制度保障了少数民族实行民族区域自治的权利，又实现了国家在政治上的高度统一，有机结合了中央集权与区域自治，形成了中国历史上空前的民族大团结的局面。因为只有"在真正民族平等和真正民族团结的大前提下，各民族才谈得上互相帮助，互相学习，相互交流，相互促进，共同繁荣，共同发展。"[2]必须坚持和完善民族区域自治制度，是习近平总书记关于加强和改进民族工作的重要思想的重要内容之一。这强调了民族区域自治制度作为我国一项基本政治制度不可动摇的重要地位，为我们更好地坚持和完善民族区域自治制度提供了根本遵循，为推进新时代党的民族工作高质量发展提供了制度保障，是我们政治优势的具体表现。民族区域自治制度增强着各民族对伟大祖国、中华民

---

[1]内蒙古自治政府暂行组织大纲.1947-4-27.
[2]彭英明.论新世纪阶段中国特色民族理论的新发展[J].中南民族大学报（人文社会科学版）.2005（4）：29.

族、中华文化、中国共产党、中国特色社会主义的认同感，能巩固汉族和少数民族以及少数民族之间相互依赖的关系，增强了中华民族的凝聚力。

中国近现代自主解决民族问题的历史实践中，中国共产党开启了中国特色解决民族问题道路的新探索，以民族区域自治为标志，由此推进了中华民族共同体建设的全新历程。党的十九届六中全会通过的《中共中央关于党的百年奋斗重大成就和历史经验的决议》强调，"党坚持和完善民族区域自治制度，坚定不移走中国特色解决民族问题的正确道路，坚持把铸牢中华民族共同体意识作为党的民族工作主线"。这明确表达了党在民族议题上对制度坚持、道路坚定和共同体坚固一以贯之的立场与追求。习近平总书记在党的二十大报告中指出："以铸牢中华民族共同体意识为主线，坚定不移走中国特色解决民族问题的正确道路，坚持和完善民族区域自治制度，加强和改进党的民族工作，全面推进民族团结进步事业。"[1]这实际上指明了民族区域自治优化完善的方向，赋予民族区域自治以新的使命担当。改革开放40年，特别是党的十八大以来，内蒙古自治区始终坚持民族区域自治制度，发展了平等、团结、互助、和谐的社会主义民族关系，巩固了各民族大团结、国家统一和边疆稳定，促进了自治区经济社会各项事业健康发展，为我国民族地区实施民族区域自治制度树立了光辉典范，为丰富和发展中国特色社会主义政治制度提供了宝贵经验，为中华民族共同体建设创建了制度保障，作出了重要贡献。

民族区域自治制度以制度精神，融入铸牢中华民族共同体意识。在民族区域自治的认知域中，共同体精神进一步突出地呈现为铸牢中华民族共同体意识的精神，并与以爱国主义为核心的中华民族精神形成紧密关联。《民族区域自治法》中规定："实行民族区域自治，体现了国家充分尊重和保障

---

[1]习近平.高举中国特色社会主义伟大旗帜　为全面建设社会主义现代化国家而团结奋斗——在中国共产党第二十次全国代表大会上的报告[M].北京：人民出版社.2022：39.

各少数民族管理本民族内部事务权利的精神，体现了国家坚持实行各民族平等、团结和共同繁荣的原则。……今后，继续坚持和完善民族区域自治制度，使这一制度在国家的社会主义现代化建设进程中发挥更大的作用。"说明民族区域自治制度具有维护国家统一，促进民族团结的共同体制度精神。铸牢中华民族共同体意识是维护各民族根本利益的必然要求，只有铸牢中华民族共同体意识，构建起维护国家统一和民族团结的坚固思想长城，各民族共同维护好国家安全和社会稳定，才能有效抵御各种极端、分裂思想的渗透颠覆，才能不断实现各族人民对美好生活的向往，才能实现好、维护好、发展好各民族根本利益。要紧紧抓住铸牢中华民族共同体意识这条主线，加强民族团结，根本在于坚持和完善民族区域自治制度。对民族区域自治制度精神的坚守，进一步明晰了完善民族区域自治和铸牢中华民族共同体意识在长期历史发展中形成的政治上团结统一，文化上兼容并蓄，经济上相互依存，情感上相互亲近，你中有我、我中有你、谁也离不开谁的共同体意识，以及休戚与共、荣辱与共、生死与共和命运与共的共同体理念，精神培育尤为关键。

培养并坚守民族区域自治的制度精神，以中华优秀传统文化的和谐大一统理念来滋润民族地区的独特文化，逐步实现民族地区各族人民心中的中华民族共同体意识。对于民族整体而言，民族文化是一个民族的灵魂、精神坐标和价值体系。用民族区域自治制度来保护民族文化的同时在少数民族人民心中逐步推进以爱国主义为核心的中华文化。培养并坚守民族区域自治的制度精神，就是要让各族人民在实际行动和生活的层面逐渐形成有利于平等团结互助和谐、有利于交往交流交融、有利于共建共治共享、有利于凝聚中华民族共同体的道德情操与精神情感，进而逐步形成各族人民维护国家统一、促进民族团结的行动自觉，让制度之治的运作效能发挥出来。

内蒙古自古以来就是祖国北部多民族的聚集地区。在历史发展的长河中，内蒙古各族人民之间形成了"同呼吸、共命运"的关系，树立了做好民族工作、维护民族团结的高度自觉。深入总结内蒙古自治区成立至今发展进步的成功经验，深刻认识实行和坚持民族区域自治的重要性，对巩固和发展来之不易的大好局面，以铸牢中华民族共同体意识为主线，加快内蒙古发展的步伐，加强民族团结，无疑都具有重要的现实意义和深远的历史意义。

民族区域自治制度要与时俱进，承担中华民族伟大复兴的使命。让民族区域自治制度承担起中华民族伟大复兴的使命，是推动民族区域自治与时俱进、实现制度变迁的重要动力。制度竞争是综合国力竞争的重要方面，制度优势是一个国家赢得战略主动的重要优势。历史和现实都表明，制度稳则国家稳，制度强则国家强。坚持和完善中国特色社会主义制度、推进国家治理体系和治理能力现代化，是关系党和国家事业兴旺发达、国家长治久安、人民幸福安康的重大问题。习近平总书记说："制度更加成熟更加定型是一个动态过程，治理能力现代化也是一个动态过程，不可能一蹴而就，也不可能一劳永逸。我们提出的国家制度和国家治理体系建设的目标必须随着实践发展而与时俱进，既不能过于理想化、急于求成，也不能盲目自满、故步自封。""在实际工作中，必须突出坚持和完善支撑中国特色社会主义制度的根本制度、基本制度、重要制度，着力固根基、扬优势、补短板、强弱项，构建系统完备、科学规范、运行有效的制度体系。"[1]民族区域自治制度是中国特色社会主义制度中的基本政治制度之一，随着进入新时代我国社会主要矛盾的转化，民族区域自治制度也需要与时俱进，应和时代所需，增强其共同体精神，加强其公民意识、法治意识、中华民族共同体意识，强化其责任和义务，承担中华民族伟大复兴的使命。

制度政治学所言的制度变迁，并不是指制度颠覆或制度取消，而在于在

---

[1] 中共中央宣传部.习近平新时代中国特色社会主义思想学习纲要[M].北京：人民出版社.2023：92.

阶段性的创新完善中实现制度认同与优化。70余年来，民族区域自治实施的不同阶段都有着特定历史时空背景下的时代形势与议题，在经历了政策化、制度化、法治化后，进入新时代的民族区域自治所要明确的是将在坚持与完善制度规范与法治规范的过程中，要与时俱进，以铸牢中华民族共同体意识为主线，进一步推动整个共同体的团结进步发展与复兴。在制度环境、制度使命已经发生变化的当下，民族区域自治制度在实践中也必须不断发展完善。通过明确复兴使命，来明确各族人民共同奋斗的聚焦点和方向感，进而为推进中华民族共同体建设提供应有的认同域。

民族区域自治制度实行的初衷是在国家的统一领导下保障少数民族平等权利，因此之前一直单方面强调民族区域自治中的自治机关行使自治权的问题，也取得了相应的成果，但政治生活中的权利与义务是不可分离的，享有权利就必须承担相应的义务。然而，民族区域自治制度的现行架构，涉及权利的内容比较多，偏重于权利的方面；涉及义务的内容比较少，义务的方面强调不够，同时，也缺乏保证义务得以履行的机制。习近平总书记说："实现中华民族伟大复兴的中国梦，就要以铸牢中华民族共同体意识为主线，把民族团结进步事业作为基础事业抓紧抓好。"铸牢中华民族共同体意识是中国共产党立足世界百年未有之大变局和中华民族伟大复兴的战略全局作出的重大战略部属。在国家层面对民族政策方面已强调各个民族内在联系和促进民族间的共同性，无论是出台法律法规还是政策措施，都要着眼于强化中华民族的共同性、增强中华民族共同体意识。党的十八大以来，习近平总书记提出了中华民族伟大复兴的中国梦，将中华民族伟大复兴与建设社会主义现代化国家的目标有机地结合在一起。这意味着要以中华民族为历史文化标识来凝聚国民共识、加强国民整合、凝聚国民力量，包含着通过有效的国民整合来巩固国家的团结，增强国家的竞争力，为国家发展注入强劲力量的治国理念。这样的思想和理念，应体现在优化和完善后的民族区域自治制度当中，特别是内蒙古办好落实"五大任务"和全方位建设模范自治区两件大事之际，顺应时代变化，按照增进共同性的方向改进民族区域自治制度，强化区域内各民族的思想和行动的共同体意识，为全力办好两件大事提供制度保障，努力在新征程上闯出一条适合治理边疆民族地区的现代化制度之路。

作者：李梅英，内蒙古自治区社会科学哲学与宗教研究所研究员

原文发表于《卷宗》2023年10月

"三千孤儿入内蒙"历史佳话的深刻内涵和时代价值

娜仁其木格

习近平总书记在参加十三届全国人大四次会议内蒙古代表团审议时指出,"新中国成立后,内蒙古创造了'齐心协力建包钢'、'三千孤儿入内蒙'等历史佳话",这是内蒙古自治区红色资源,更是赢得"模范自治区"荣誉的重要元素。"三千孤儿入内蒙"是在特定历史条件下演绎的一段故事,这段故事蕴含着丰富的内涵,是铸牢中华民族共同体的珍贵养料,是内蒙古各族人民共同团结奋斗,共同繁荣发展的牢固根基。这对我们今天牢固树立"三个离不开"思想、自觉增强"五个认同"、铸牢中华民族共同体意识具有重大的教育意义。

一、"三千孤儿入内蒙"历史背景及历程

20世纪60年代初,我国连续三年遭受自然灾害,全国各地出现不同程度的粮荒。在江浙一带的农村受灾地区,许多家庭选择将幼年子女遗弃到上海等大城市,上海孤儿院为此收留了比正常年份多几倍的弃婴。

（一）"三千孤儿入内蒙"历史背景

1958年到1959年间，时任国家妇女儿童工作的康克清先后到安徽、上海、江苏等省市调查时发现孤儿院、育婴堂已经饱和，但还是不断地送来孤儿、弃婴，育婴堂无法给孩子提供牛奶、肉食，由于食品严重不足，孤儿们因营养不良患病、夭亡的现象时有发生。康克清立即向周恩来总理汇报此事，在周恩来总理的指示下，康克清找到时任内蒙古自治区主席乌兰夫，她向乌兰夫提出"能否给江南几个城市孤儿院的孩子们一些奶粉"[1]时，乌兰夫答应提出的建议，当即决定从内蒙古向上海紧急调一批奶粉、炼乳、乳酪。考虑到给一批奶粉等援助只是暂时性的，乌兰夫征求内蒙古其他领导同志的意见后，决定将上海的孤儿接到内蒙古，让牧民们抚养。

乌兰夫向周恩来总理汇报了与康克清同志商量的意见和内蒙古接收、安排的设想及准备情况。周恩来总理表示内蒙古地广人稀，特别是牧区缺小孩子，牧民又很喜欢，多收养些南方孤儿，帮助解决燃眉之急，并且对发展牧区人口和以后建设有好处，符合'人畜两旺'的要求。但要注意把工作组织好，把孩子们安排好。乌兰夫表示一定会安排好，准保他们吃得胖胖的，长得壮壮的。[2]这些孤儿们找到了最好的归宿。

（二）形成"三千孤儿入内蒙"历史佳话历程

内蒙古最早接纳外省市孤儿是在1958年9月。当时，内蒙古自治区党委下达了接收移入儿童的指示，从安徽接运了304名孤儿，安置在了锡林郭勒盟。这些孩子70%营养不良，身体状况不太好，由于路途劳累，水土、饮食不适，孩子们来到锡林郭勒盟就感染流行性感冒，得了肺炎、腹泻等疾病。为此，锡林郭勒盟卫生厅有关同志、内蒙古医院院长、小儿科主任分头到东苏旗和西苏旗组织当地医务力量进行抢救治疗，并随即抽调内蒙古各地40多

---

[1]康克清回忆录[M].北京：解放军出版社，1993：400.
[2]乌兰夫.乌兰夫回忆录[M].北京：中央文献出版社，2013：200.

名医务人员和在东苏旗工作的内蒙古布杆菌病防治组的工作组人员,组织成若干抢救小组,在全盟开展了紧急抢救工作。

乌兰夫主席发出紧急指示:"争取时间,采取积极有效的措施,保证做到不再继续死亡,扭转局面。"自治区卫生厅厅长胡尔钦亲自到锡林郭勒盟督查抢救工作,他从这次督查、走访调查抢救工作中总结了一些经验,认为"接纳孤儿应当在各个盟市设立儿童保健站,先让所有接收的儿童在保健站集中养育一段时间,增强孩子体质,适应北方气候、地理环境,待孩子们习惯了再送到各个旗保育院继续适应后再让牧民接走,对营养不良、有疾病的孩子采取不同养育措施",后来他提出的集中保健儿童的建议被采纳。到1960年锡林郭勒盟再次移入儿童时,就由盟委书记挂帅,成立了接运儿童工作指挥部,抽调70人组成移入儿童工作组,分两批从上海、常州接受移入儿童338名,由于准备工作充足,采取集中保育孩子等措施,避免了像1958年一样不幸死亡事件,这为今后内蒙古接收和安排南方孤儿积累了宝贵的经验。

内蒙古自治区党委专门召开会议讨论移入儿童工作,各级党组织对于移入内蒙古孤儿都给予了高度重视。为了接收和安排这批南方孩子,在内蒙古自治区党委的统一领导下,组成了妇联、卫生、民政、经营业、公安各部门参加的"迁入儿童筹备委员会",抽调了一批医护和保育人员,负责孩子们的医疗保育工作。内蒙古自治区卫生厅制定了《关于1960年移入婴儿计划的请示》,不久内蒙古自治区党委下达了《关于1960年移入儿童计划的请示的批复》,同意卫生厅上报的请示。这保障了"三千孤儿入内蒙"的各项工作。

为了让南方孩子们得到妥善安置,内蒙古作出决定,"计划新建大型育婴院5处,每所收容200名婴幼儿,分别设在内蒙古自治区医院、包头市、锡林郭勒盟、乌兰察布盟、呼伦贝尔盟",同时在哲里木盟、昭乌达盟、伊克昭盟、巴彦淖尔盟、呼和浩特市分别设收容100名儿童的中型育婴院1处。[1]内蒙古自治区卫生厅向内蒙古自治区党委上报1960年从南方移入940名儿童的计划，并制定了各盟市移入儿童人数。

第一批接运孤儿工作人员于1960年4月15日从包头市前往上海，从此，内蒙古自治区各盟市开展了分批前往上海、浙江、江苏、安徽等地接运孤儿的工作。1960年至1963年间，内蒙古自治区11个盟市、37个旗县陆陆续续接受安置来自上海、浙江、江苏、安徽等地3000多名孤儿。这些孩子被接来时小的只有两三个月，大的也只有7岁，多数身体很瘦弱。1960年哲里木盟接收的60名孤儿大多患病，为了让孩子们一边治病一边适应环境，盟卫生、民政部门专门为孤儿们在医院设立了托儿所，给孩子治病、调养身体，待适应北方气候后再让牧民领养。[2]

在乌兰夫的建议与积极协调下，内蒙古成为安置孤儿最多的北方省份，极大缓解了国家的压力。乌兰夫批示"收一个，活一个，壮一个"，每批孤儿到达内蒙古后，都要进行全面的身体检查。身体好、年龄大一点儿的在医院或育婴院集体休养，然后便直接送到牧区，由牧民领养。年幼患病的孤儿则安置在专设的育婴院待上一段时间，对他们进行治疗，待恢复健康后被陆续送往牧区，[3]牧民们亲切地称"三千孤儿"为"国家的孩子"，这些"国家的孩子"没有忘记祖国、草原母亲的爱，他们以报效祖国的胸襟在各自岗位上作出了贡献，感恩"母亲"们的养育之恩，更是感激给予生存权的祖国母亲。

---

[1] 中共内蒙古自治区委员会党史研究室.内蒙古百年大事回眸[M].呼和浩特：内蒙古人民出版社，2008：335.
[2] 中共内蒙古自治区委员会党史研究室.内蒙古百年大事回眸[M].呼和浩特：内蒙古人民出版社，2008：337.
[3] 中共内蒙古自治区委员会党史研究室.内蒙古百年大事回眸[M].呼和浩特：内蒙古人民出版社，2008：336.

二、"三千孤儿入内蒙"历史佳话的深刻内涵

20世纪60年初国家秉持"人民至上、生命至上"理念,在周恩来总理的关怀下,内蒙古自治区党委的统一领导下,有序、周密地开展了"三千孤儿入内蒙"工作,草原母亲们以一份沉甸甸的责任感完成了这项艰巨而光荣的使命,这段历史蕴含着丰富的内涵,也给我们后人留下了最可宝贵的精神财富。

(一)充分体现了中国共产党的领导力

中国共产党自成立以来以强大的领导力、组织力团结带领各族人民取得了革命、建设、改革的伟大成就。中国共产党是中国特色社会主义事业的领导核心,处在总揽全局、协调各方的地位。党的领导是各项工作的根本保证,是我国政治稳定、经济发展、民族团结、社会稳定的根本点。内蒙古自治区党委、政府决定接受南方孩子后高度重视这项工作,专门召开会议讨论,并成立"迁入儿童筹备委员会",组织、协调各方力量全力保障该项工作的顺利、有序开展,从政府、干部到普通老百姓都肩负了国家交给的这项重任,带着一份责任感完成了这份使命。

"三千孤儿入内蒙"历史佳话深刻揭示了党同人民的关系,体现了党全心全意为人民服务的宗旨。国家总理周恩来同志得知南方孩子们生活困境后,第一时间想方设法解决这些孩子们的温饱问题,后来周总理在病榻上还向乌兰夫询问这些孤儿的情况,他始终牵挂着这些南方孩子。党和政府特别关心孩子们健康成长,"三千孤儿入内蒙"后,即使困难时期国家配给南方孩子们每人每月10斤大米,保障孩子们的营养。负责国家妇女儿童工作的康克清、内蒙古自治区人民政府主席乌兰夫都对孩子们给予了无比的关怀,他们的牵挂、关怀体现了中国共产党的人民情怀,充分体现了中国共产党的领

导力。

（二）生动诠释了"以人民为中心"的发展理念

坚持"以人民为中心的发展"理念，是习近平新时代中国特色社会主义思想的核心要义，"人民至上、生命至上"是该理念的重要表现形式。习近平总书记指出"人民至上、生命至上，保护人民生命安全和身体健康可以不惜一切代价"，这充分体现了国家以保障人民生命安全为首要任务。党和国家把"人民之上、生命之上"理念融入至国家发展战略中，特别是重大灾难之际"人民之上、生命之上"理念体现得更加突出，如唐山大地震、汶川地震、98洪水、"非典"、"新冠肺炎疫情"等灾难来临时，中国共产党无论付出多大牺牲和代价，始终不渝、毫不动摇战胜一切困难，心系百姓，挽救一个个生命，把"以人民为中心的发展思想落实到各项实际工作之中"。

"人民至上"是中国共产党治国理政最鲜明的价值取向，翻开"三千孤儿入内蒙"历史，我们无法用文字、用语言来表达国家对于孤儿们的关怀，为他们出生在共产党领导的中国和伟大的社会主义时代[1]而骄傲。生存权没有年龄之分，三千孤儿中最小的两三个月，最大的7岁，即使两三个月的孩子在中国共产党的关怀下也能实现生存权利，延续生命，这样的"人民至上、生命至上"理念为中国的发展注入了强大的活力。

（三）中华民族精神的真实写照

中华民族精神是维系中华各族人民共同生活的精神纽带，支撑中华民族生存、发展的精神支柱，是推动中华民族走向繁荣、强大的精神动力，是中华民族永远的精神火炬，是中华民族之魂。"在五千年的发展中，中华民族形成了以爱国主义核心的团结统一、爱好和平、勤劳勇敢、自强不息的民族精神。"[2]这种爱国主义精神为核心的民族精神在不同的历史时期，适

---

[1] 何守中. 一桩义举千秋佳话——读《乌兰夫与三千孤儿》[J]. 实践.1998.4.
[2] 中国共产党第十六次全国代表大会文件汇编[M].北京：人民出版社，2002：38.

应时代需求，经历了创新发展，各族人民以实际行动不断充实着中华民族伟大精神。"民族精神作为一种精神力量，生生不息，继往开来，继承发展，始终与中华民族的前途命运息息相关，以解决中华民族的发展和进步为标准。"[1]这段历史佳话是中华民族伟大精神的真实写照。

"在党的阳光照耀下，从党的领导人到普通工作人员，到广大百姓，每个人都把自己对社会的奉献作为自己应尽的义务，这是一种伟大的中华民族精神"[2]，特定的历史时期造就不同的感人事迹、感动人物，内蒙古自治区为接纳孤儿们，草原母亲们为"国家孩子"付出了很多努力，奉献了自己的青春，用"母爱"书写了担当、奉献精神，充实了中华民族精神，为中华文化提供了丰富的养料。

（四）铸牢中华民族共同体意识的必由之路

习近平总书记在2019年9月召开的全国民族团结进步表彰大会上发表的重要讲话中明确提出，"要以铸牢中华民族共同体意识为主线，推动中华民族走向包容性更强、凝聚力更大的命运共同体"，"包容性"是"铸牢中华民族共同体意识"的一种方式，"凝聚力"是"铸牢中华民族共同体意识"的表现形式。60多年前，内蒙古草原上出现了很多没有血缘关系的母女、母子们。在草原母亲的温暖怀抱里这些孤儿深深感受到党和国家、内蒙古各族人民养育他们的深情厚谊。他们从小生活在草原，早已把草原视为"家"，与草原母亲们建立了友善、和睦、温馨的"一家"。直到现在，这些南方孤儿们都会说"他们永远是草原的孩子"。虽刚来到草原时不适应，但与草原人民一同走过了风风雨雨，同呼吸、共命运、心连心，从相互包容逐渐走向情感认同，从相互交往交流最终实现交融，呈现了"心聚在了一起，共同体意识空前增强"的境地，书写了在中国共产党英明领导下，内蒙古各族人民

---

[1] 刘书林.毛泽东的民族精神[M].北京：中国社会科学出版社，2015.
[2] 张锦贻.民族性·历史感·时代精神——评《三千孤儿与草原母亲》[J].内蒙古教育，1998（6）.

交往交流交融的光辉历史。在多年的交往交流交融中不断增进了情感认同，情感上的相互认同是凝聚在一起的牢固纽带，是铸牢中华民族共同体意识的必由之路。

四、"三千孤儿入内蒙"历史佳话时代价值

"三千孤儿入内蒙"历史佳话具有鲜明的时代价值，通过干部群众深入学习"三千孤儿入内蒙"历史佳话进一步汇聚各族人民团结向上的内在动力，进一步培育各族人民担当、奉献精神，使之成为建设内蒙古自治区强大的精神力量，做到"学史力行"。

（一）学习党史鲜活素材

党的历史是最好的教科书和营养剂。2021年是中国共产党成立100周年，中国共产党在革命、建设、改革时期书写了很多经典历史佳话，习近平总书记指出"人民是历史的创造者，人民是真正的英雄。波澜壮阔的中华民族发展史是中国人民书写的"[1]。每一项事业的发展都离不开人民的身影，他们无形中肩负着建设国家的使命。

在举国上下学党史之际，要组织好广大党员、干部重点学习党史，做到学史明理、学史增信、学史崇德、学史力行，做到学党史、悟思想、办实事、开新局。这样鲜活的历史佳话将成为学习党史的重要素材，不仅是当下的学习素材，还应成为永久性学习样板。我们要运用好这些教科书和"营养剂"，充实我们党史学习的内容。

（二）进一步增进民族团结的宝贵资源

我国一直以来高度重视民族团结进步事业，构建和谐民族关系，和谐民族关系是民族团结的基础，民族繁荣发展的根基。早在1938年毛泽东提出

---

[1] 习近平谈治国理政（第三卷）[M].北京：外文出版社，2020：139.

"团结各民族为一体……同时与汉族联合建立统一的国家"[1]，1950年又一次指出"团结少数民族很重要"，从此"民族团结"为我国构建统一多民族国家奠定了重要思想基础，我国领导人对团结少数民族方面提出了很多重要指示，并始终践行民族团结事业。习近平总书记强调，中国共产党的领导是民族工作成功的根本保证，也是各民族大团结的根本保证。各民族在相互适应中逐渐形成相互尊重、理解、帮助的社会条件，从而建立了和谐的社会关系。[2]平等、团结、互助、和谐的民族关系是民族地区发展的重要基础。构建什么样的民族关系关乎地区稳定，关乎经济社会发展。1979年，邓小平指出，"我国各兄弟民族经过民主改革和社会主义改造，结成了社会主义的团结友爱、互助合作的新型民族关系"[3]，进一步加强了内蒙古自治区坚持构建新型民族关系，保障了和谐社会环境，构建了牢固的"民族团结"思想基础。这段历史佳话深情演绎了一部部民族团结一家亲真实故事，草原母亲们与3000多名孤儿像爱护自己眼睛一样呵护民族团结，像石榴籽一样紧紧抱在一起，是进一步增进民族团结的宝贵资源。

（三）凝聚干事创业的精神支柱

"十九大"报告提出"满足人民过上美好生活的新期待，必须提供丰富的精神食粮"，中华民族伟大复兴不仅是物质复兴，更是精神复兴。"人无精神则不立，国无精神则不强"。"三千孤儿入内蒙"历史佳话是激励干部、群众凝心聚力的精神纽带，进一步汇聚各族人民团结向上的内在动力，培育各族人民担当、奉献精神的重要红色资源，使之成为建设内蒙古高质量发展的精神支撑，汇聚实现各民族共同团结奋斗、共同繁荣发展的精神动力，是激发实现中华民族伟大复兴信心和动力的源泉。

中国共产党的领导力、"以人民为中心的发展"理念对"三千孤儿入

---

[1] 黄光学.当代中国的民族工作（上）[M].北京：当代中国出版社，1993：36.
[2] 郝时远.中国共产党怎样解决民族问题[M].南昌：江西人民出版社，2018：272.
[3] 金炳镐.民族关系理论通论[M].北京：中央民族大学出版社，2007：11.

内蒙"历史佳话的形成起到了重要作用,草原母亲们的担当、奉献精神进一步充实了中华民族伟大精神。这将成为党史学习重要素材、增进民族团结的宝贵资源、凝聚干事创业的精神支柱,会进一步夯实实现"中华民族伟大复兴"的各方力量。

作者:娜仁其木格,内蒙古自治区社会科学院铸牢中华民族共同体意识研究院院长,研究员

原文发表于《呼伦贝尔学院学报》2022年第1期